Evert Gummesson

Relationship-Marketing: Von 4P zu 30R

Evert Gummesson

Relationship-Marketing: Von 4P zu 30R

Wie Sie von den 4 Marketingprinzipien zu den 30 Erfolgsbeziehungen gelangen

verlag moderne industrie

Die Deutsche Bibliothek – CIP-Einheitsaufnahme

Gummesson, Evert:
Relationship-Marketing : von 4P zu 30R ; wie Sie von den 4 Marketingprinzipien zu den 30 Erfolgsbeziehungen gelangen / Evert Gummesson. [Aus dem Engl. übertr. von Barbara Foramitti]. - Landsberg/Lech : mi, Verl. Moderne Industrie, 1997
Einheitssacht.: Relationship marketing <dt.>
ISBN 3-478-24010-7

Aus dem Englischen übertragen von Barbara Foramitti

Internet: http://www.mi-verlag.de

Titel der englischen Ausgabe: „Relationship Marketing: From 4Ps to 30Rs“

Umschlaggestaltung: Felix Weinold, Schwabmünchen
Satz: Kaltner Media GmbH, Bobingen
Druck und Bindung: Himmer, Augsburg
Printed in Germany 240 010/1097
ISBN 3-478-24010-7

Inhaltsverzeichnis

Der Autor

Dr. Evert Gummesson ist Professor für Dienstleistungsmanagement und Marketing an der Fakultät für Betriebswirtschaft der Universität Stockholm, Schweden, und Managementberater. Sein Marketinghandbuch wurde in Schweden in den letzten zwanzig Jahren regelmäßig überarbeitet und neu aufgelegt. 1977 veröffentlichte er das erste Buch über Dienstleistungsmarketing in Skandinavien und wurde im Journal of Retailing (herausgegeben von der New York University) als einer der internationalen Pioniere des Dienstleistungsmarketing portraitiert.

Dr. Gummesson hat außerdem auf dem Gebiet der Unternehmensstrategie und des Qualitätsmanagements umfassende Forschungen betrieben und publiziert. Er ist Mitbegründer des Forschungszentrums für Dienstleistungen CTF und der Konferenzreihe über Dienstleistungsqualität QUIS. 1994 initiierte und leitete er den ersten internationalen Forschungsworkshop über Dienstleistungsproduktivität. Er besitzt 25 Jahre Erfahrung in der Wirtschaft als leitender Angestellter und Berater und hält häufig Vorträge bei Tagungen, in Unternehmen und an Universitäten in der ganzen Welt.

Sein Werk über Relationship-Marketing erschien 1995 in Schweden und wurde von drei Buchklubs für Marketing und Management zum Buch der Saison gewählt. Das Buch bietet einen umfassenden Überblick über Relationship-Marketing und verleiht diesem aufstrebenden Marketingbereich eine einzigartige Struktur. Der Schwedische Marketingverband verlieh diesem Werk den Preis des besten Marketingbuchs 1995.

Referenzen:

„Evert Gummesson bietet einen lebendigen Nachweis der Allgegenwärtigkeit von Beziehungen in Marketingphänomenen. Wohin man blickt, sieht man Beziehungen. Jedes Unternehmen muß die für seinen Erfolg entscheidenden Beziehungen identifizieren und in optimaler Weise pflegen."
Dr. Philip Kotler
S.C. Johnson & Son, Professor für internationales Marketing, Kellogg Graduate School of Management, Northwestern University, USA

„Die Ideen in Gummessons Buch werden trendbestimmende Realitäten im neuen, von Netzwerken und Beziehungen geprägten Kontext der heutigen Wirtschaft sein. Besonders wichtig für jeden Manager, ob er nun für spezielle Marketing-

aspekte der Wertschöpfung des Unternehmens verantwortlich ist oder zum allgemeinen Management gehört."
Dr. Peter Lorange
Präsident von IMD und The Maucher Nestlé, Professor, Lausanne, Schweiz

„Evert Gummesson fordert den Leser auf, Relationship-Marketing auf eine neue, spannende Weise zu betrachten. Ein faszinierendes, lesenswertes Buch."
Dr. Leonard L. Berry
J.C. Penney, Professor für Einzelhandel und Professor für Marketing, Texas A&M University, USA

Korrespondenzadresse:
Dr. Evert Gummesson
Universität Stockholm, School of Business
S-10691 Stockholm, Schweden
Telefon +46-8-162840 oder +46-8-7531434
Telefax +46-8-153054
E-mail: eg@fek.su.se

Vorwort und Danksagungen

Relationship-Marketing (RM) ist ein neues Marketingkonzept – eine Herausforderung für die etablierte Theorie und Praxis des Marketingmanagements. Es zeichnet sich bereits ab, daß RM eine Paradigmenverschiebung im Marketingbereich bewirken wird. Obwohl RM in den 90er Jahren einen internationalen Durchbruch erlebt hat, gehen die Vorstellungen darüber, was Relationship-Marketing eigentlich ist, weit auseinander. Dieses Buch stellt meinen Beitrag zur Erforschung und Definition dieser neuen Form des Marketing dar. Das Ergebnis meiner Arbeit drückt sich im Ansatz der „30R“ mit den „30 Marketingbeziehungen“ als Kernstück aus.

Für mich begann alles im Jahr 1968, als ich von einer großen internationalen Unternehmensberatungsfirma eingestellt wurde. Die Realität führte mir drastisch vor Augen, wie sehr ein Unternehmensberater von Netzen langjähriger Beziehungen abhängig ist. Im Herbst 1982 nahm ich an der 2. American Marketing Association Conference über Dienstleistungsmarketing teil. Bevor ich nach Europa zurückflog, verbrachte ich einige geruhsame Tage in den Everglades in Florida, wo ich Zeit und Muße fand, um mir Gedanken über die Ähnlichkeit zwischen dem Dienstleistungsmarketing und dem vernetzten Ansatz der Europäer beim industriellen Marketing zu machen. Das war die Geburtsstunde des ersten Entwurfs eines neuen Marketingkonzepts, in dem Beziehungen, Netzwerke und Interaktionen die Hauptvariablen sind.

Ich brauchte fünfzehn Jahre, um das, was ich damals in Florida intuitiv erfaßt hatte, zu vertiefen und weiterzugeben. Bei der Jahreskonferenz der EMAC (European Marketing Academy), die 1983 in Grenoble, Frankreich, abgehalten wurde, stellte ich die neuen Ideen das erste Mal vor und das zweite Mal bei einer von der American Marketing Association veranstalteten Konferenz. Die Begeisterung der Zuhörer hielt sich in Grenzen. Beim First Nordic Meeting on Service Management in Helsinki, Finnland, war das Echo schon positiver, und ich kann mich sogar an einen begeisterten Teilnehmer erinnern. Doch weder die Zeit noch meine Gedanken oder meine Darstellung waren damals wirklich reif.

Nun aber ist der richtige Zeitpunkt gekommen. Einhellig betonen Praktiker und Wissenschaftler in aller Welt, wie wichtig Faktoren wie Kundenbindung, Kundenbetreuung, langfristige Beziehungen, Netzwerke, Outsourcing, gemeinsame Wertschöpfung und Allianzen im Marketing sind. RM ist zu einem verbindenden Begriff geworden. Bei Markteinführungen und Marketingtagungen wird zunehmend auf RM gesetzt. RM-Zentren werden eingerichtet. In den wenigen Jahren seit Mitte der 90er Jahre ist so viel über RM geschrieben worden, daß man es kaum mehr überschauen, geschweige denn lesen und verdauen kann.

Ich hatte ausreichend Gelegenheit, mein RM-Konzept zu testen und auszuarbeiten, es mit den Überlegungen anderer zu vergleichen und mir Feedback zu beschaffen. Einer der ersten Tests wurde durch einen Bericht ermöglicht, der von der schwedischen Forschungsinstitution Marketing Technology Center (MTC) veröffentlicht wurde und 1987 vom Journal of Long Range Planning und seinem Herausgeber Bernard Taylor in gekürzter Form übernommen wurde. Mein damaliges Konzept umfaßte neun Beziehungen. Im Jahr 1992 lud mich das Management Centre Europe ein, bei seiner globalen Marketingkonferenz in Paris ein Referat vor etwa hundert Führungskräften zu halten, und Christer Engléus vom Informationskollegiet gab mir die Möglichkeit, vor einem breiten Publikum in Stockholm zu sprechen. Die Beziehungen waren inzwischen auf 22 erweitert worden. Weitere wichtige Gelegenheiten zur Präsentation meiner Ideen waren für mich die EMAC-Tagungen 1994 an der Universität Limburg, Maastricht, Niederlande, und 1995 an der ESSEC, Paris-Cergy.

Seitdem konnte ich meine Vorstellungen in zahlreichen Vorträgen vor Studenten, akademischen Forschern, Geschäftsleuten und Regierungsvertretern in Europa, Nordamerika und Australien erproben und weiterentwickeln. Die meisten Reaktionen, die ich in den letzten Jahren erhielt, waren hilfreich und konstruktiv, reichen jedoch von geradezu beschämendem Beifall bis zu autoritären und arroganten Warnungen, ich sei auf dem falschen Weg. Ich höre zu und versuche zu verstehen, aber es ist meine Verantwortung und mein Vorrecht, zu entscheiden, welche Vorschläge und Anregungen ich übernehme und welche ich ablehne.

Viele Menschen haben mich durch ihre Arbeiten angeregt; dies kommt in der Bibliographie zu diesem Buch zum Ausdruck. Viele von ihnen sind Freunde geworden, sie haben durch ungezwungene Diskussionen und persönliche Kommentare wichtige Beiträge geleistet. In Gesprächen, Briefen und Faxen hat mir Philip Kotler von der Northwestern University wichtige Erkenntnisse für mein RM-Konzept geliefert. Da RM sich teilweise aus den Bereichen Dienstleistungsmarketing, Dienstleistungs- und Qualitätsmanagement entwickelt hat, haben mich zahlreiche Forscher aus diesen Sparten beeinflußt. Unter den Vertretern der nordischen Schule seien hier genannt: Christian Grönroos und Kaj Storbacka von der Schwedischen Hochschule für Wirtschafts- und Betriebswissenschaften, Helsinki, Finnland; Uolevi Lehtinen, derzeit Präsident der Universität Tampere, Finnland; Bo Edvardsson und sein Team vom Forschungszentrum für Dienstleistungen (CTF) der Universität Karlstad, Schweden. In Nordamerika waren es unter anderen Len Berry von der Texas A&M University und Parsu Parasuraman von der University of Miami, die schon frühzeitig die Bedeutung des RM-Konzepts im Dienstleistungsmarketing betonten; Eb Scheuing von der St. John's University, New York, im Rahmen unserer Zusammenarbeit für die internationale Tagungsreihe Quality in Services (QUIS) und die International Service Quality Association (ISQA).

Viele andere gaben mir großzügig Gelegenheit, über RM zu sprechen und zu schreiben, unter anderen David Ballantyne von der Monash University in Melbourne, Australien, und Martin Christopher und Adrian Payne von der Cranfield School of Management, Großbritannien – selbst Autoren erfolgreicher Werke über RM; Michael Baker, Michael Thomas und Andy Lowe von der University of Strathclyde, Glasgow; Mike Saren und Douglas Brownlie von der University of Stirling, Schottland; Tony Cunningham und Liam Glynn vom University College Dublin, Irland; Steve Brown von der Arizona State University in Verbindung mit dem Universitätskonsortium der American Marketing Association in Scottsdale; Jagdish Sheth und Atul Parvatiyar von der Emory University bei einer RM-Tagung in Atlanta; Johan Olaisen von der Norwegischen Hochschule für Betriebswirtschaft (BI), Oslo, Norwegen, im Rahmen der Jahrestagungen der Norwegischen Marketingvereinigung; Colin Armistead und Richard Teare von der Universität Bournemouth, Großbritannien; Willem Verbeke von der Erasmus-Universität in Rotterdam, Niederlande, der mich auf den Widerspruch aufmerksam machte, der zwischen RM und Wettbewerb in seiner Extremform – Hyperwettbewerb – liegt; sowie Anton Meyer von der Ludwig-Maximilians-Universität, München und Brigitte Pfeiffer, durch die es mir ermöglicht wurde, anläßlich des Marketingtages der Deutschen Marketing-Vereinigung zu sprechen.

Unter all jenen, die mich mit Material, Kommentaren oder auf sonstige Weise unterstützt haben, seien genannt: Bo Hedberg, Kaj Sköldberg und Richard Gatarsky von der Fakultät für Betriebswirtschaft der Universität Stockholm, die Studenten seiner Marketing-Akademie sowie, im Rahmen einer lebhaften Diskussion an der Universität, George Fisk, derzeit an der Emory University; Kjell Ängelid und Leif Edvinsson, Manager der Skandia Versicherungsgesellschaft; Göran Liljegren, Leiter des MTC; Kazimierz Rogozinski, Forschungsstipendiat der Academia Ekonomiczna, Polen; Åke Ortmark, Redakteur, Autor und Fernsehpersönlichkeit; mein langjähriger Freund Carl-Gunnar Thor, Marketingstratege; Caroline Monthelie, Präsidentin von InfoNet Scandinavia und Dr. Frank Jacob von der Freien Universität Berlin, der durch die Überprüfung der übersetzten Fachbegriffe einen nicht einfachen, aber sehr wertvollen Beitrag zu diesem Buch geleistet hat. Schließlich möchte ich mich bei meiner Lektorin Andrea Zetzsche bedanken, deren Enthusiasmus und Blick fürs Wesentliche die Arbeit erheblich erleichtert hat, so daß das Buch sehr viel schneller als gedacht fertiggestellt werden konnte.

Trotz der langjährigen Arbeit, die ich in dieses Thema investiert habe, verstehe ich dieses Buch lediglich als Zwischenetappe auf einer Reise ohne Ende. Die Weiterentwicklung des Wissens, sei es in der praktischen Arbeit, in Lehrinstitutionen oder in der akademischen Forschung, kann immer nur Fortschritte erzielen, niemals endgültige Ergebnisse. RM wird sich in den kommenden Jahrzehnten weiterentwickeln, aber auch Kontroversen und einen Wettstreit zwischen Professoren, Beratern und Autoren auslösen.

Stockholm, August 1997
Evert Gummesson

Abschnitt 1

Einführung in das Relationship-Marketing (RM)

Der 1. Abschnitt (Kapitel 1) präsentiert das Thema des Buches sowie eine Übersicht und führt in das Konzept des Relationship-Marketing (RM) ein. Er befaßt sich mit einigen Grundlagen des Marketing sowie mit der Bedeutung des gesunden Menschenverstands, mit der Fähigkeit, Marketing aus verschiedenen Blickwinkeln – in unserem Fall durch die „Beziehungsbrille" – zu betrachten und eine Verlagerung der Paradigmen im Marketingbereich vorzunehmen. Das Kapitel schließt mit einem Überblick über die allgemeinen Merkmale von Beziehungen und einer Zusammenfassung der dreißig Beziehungen (Relationships) des RM, den „30R".

Kapitel 1
Marketing neu gedacht

Gegenstand und Aufbau

Dieses Buch beschäftigt sich mit der Frage: „Was kann man daraus lernen, wenn man Marketing als ein Geflecht von Beziehungen, Netzwerken und Interaktionen betrachtet, und was kann man mit diesem Wissen erreichen?" Dieser Marketingansatz wird als *Relationship-Marketing (RM)* bezeichnet.

Ziel dieses Buches ist es, einen realistischeren Ansatz für das Marketingmanagement zu finden. Das Buch wendet sich an all jene, die ihre Marketingkenntnisse weiterentwickeln wollen, an Praktiker wie an Studenten und akademische Forscher. Da Marketingmanagement in der heutigen Geschäftswelt sämtliche Tätigkeitsbereiche durchdringt und sich nicht länger auf die Marketing- und Verkaufsabteilungen beschränkt, ist das Buch auch für Führungskräfte und Manager der verschiedensten Bereiche von Interesse.

Kapitel 1 enthält eine Einführung in das RM und seine dreißig Beziehungen, die „30R". In *Abschnitt 2*, bestehend aus den *Kapiteln 2* bis *5*, wird jede Beziehung auf ca. fünf bis zehn Seiten erläutert, und zwar sowohl grundsätzlich als auch anhand von Anwendungsbeispielen. In *Abschnitt 3* befaßt sich *Kapitel 6* mit den Auswirkungen des RM, und zwar sowohl im Hinblick auf das Unternehmen selbst – Rentabilität, Marketingplanung und -kontrolle, Organisationsstruktur – als auch auf die Marktwirtschaft in ihrer Gesamtheit; *Kapitel 7* präsentiert die Theorien und Erfahrungen, die mein RM-Konzept geprägt haben, und erklärt, wie es aus ihnen abgeleitet wurde. Das Kapitel schließt mit einer Zusammenfassung der Beiträge des RM zu einer Paradigmenverschiebung im Marketingbereich.

Das Buch, insbesondere die Darstellung der „30R" in den *Kapiteln 2* bis *5*, ist gewissermaßen enzyklopädisch aufgebaut, so daß der Leser immer das gewünschte Thema nachschlagen kann, ohne den gesamten Text lesen zu müssen. *Kapitel 7* wendet sich in erster Linie an jene, die sich für die Theorie interessieren, und ist daher für den Praktiker möglicherweise von geringerer Bedeutung.

Was ist RM?

Meine Definition von RM ist folgende:
Relationship-Marketing ist Marketing, betrachtet als ein Geflecht von Beziehungen, Netzwerken und Interaktion.

Beziehungen setzen mindestens zwei Parteien voraus, die miteinander in Verbindung stehen. Die grundlegende Beziehung im Marketingbereich ist jene zwischen einem Lieferanten und einem Kunden (Abbildung 1.1).

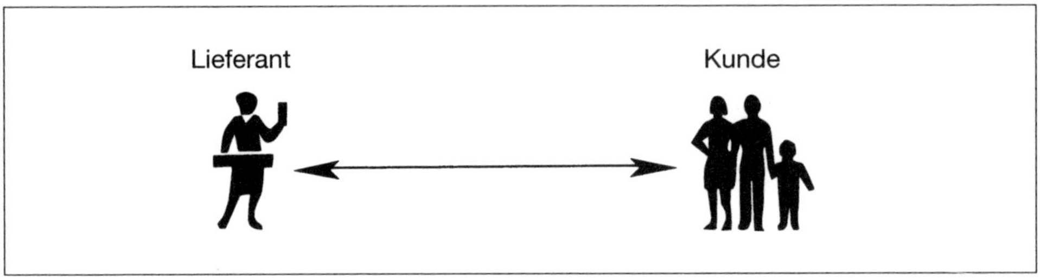

Abbildung 1.1: Die grundlegende Marketingbeziehung

Ein *Netzwerk* ist eine Gruppe von Beziehungen, wobei diese Beziehungen ein immens komplexes Muster bilden können. Abbildung 1.2 zeigt ein einfaches Beispiel.

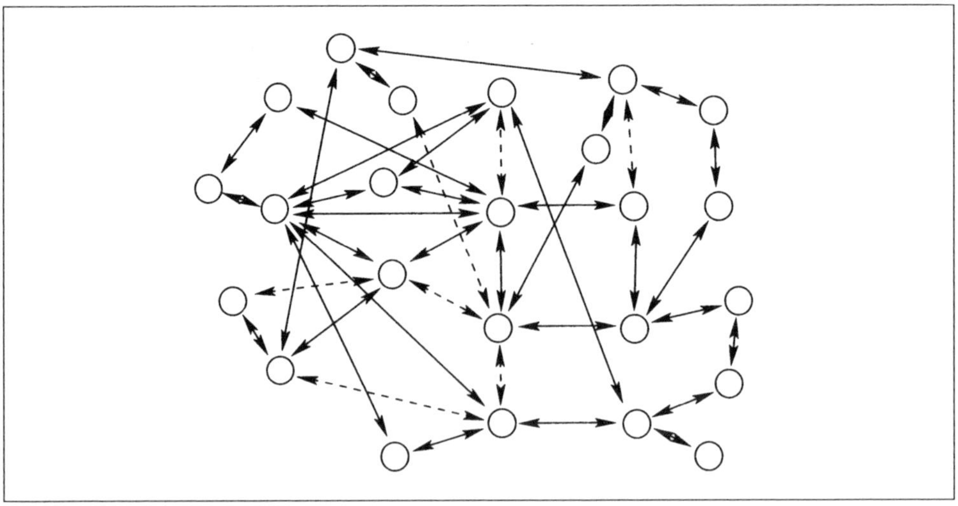

Abbildung 1.2: Ein Beziehungsnetz

In jeder Beziehung, ob einfach oder komplex vernetzt, treten die Parteien aktiv zueinander in Verbindung. Dies bezeichnet man als *Interaktion*.

Hier einige Beispiele aus der Vielfalt der Marketingsituationen, in denen Beziehungen entstehen:

- Im großen internationalen Royal Orchid Sheraton Hotel in Bangkok, Thailand, sind alle Mitarbeiter des VIP-Trakts angewiesen, jeden Gast mit Namen anzureden. Man erwartet von ihnen auch, daß sie sich schnell mit den Gewohnheiten und Vorlieben der Gäste vertraut machen. Christer, der das bekannte und beliebte Gasthaus Ulla Winbladh in Stockholm, Schweden, führt, ist immer an Ort und Stelle und lebt in einer Wohnung über dem Restaurant. Er behält Gäste und Personal ständig im Auge, achtet auf die Stimmung und sorgt dafür, daß alles reibungslos abläuft. Er kennt viele seiner Gäste und heißt sie persönlich willkommen. „Man muß seine Gäste mögen“, sagt er, „anders geht es in diesem Beruf nicht.“
- Anstatt eine Vielzahl von Lieferanten zu niedrigsten Preisen um Verträge wetteifern zu lassen, entscheiden sich immer mehr Firmen für enge Beziehungen zu einer begrenzten Anzahl von Lieferanten. Zu Beginn der 90er Jahre reduzierte Motorola die Anzahl seiner Lieferanten um 70 %, 3M um 64 % und Ford um 45 %. Die Informationstechnologie (IT) kann den Aufbau enger Vernetzungen zwischen Kunden und Lieferanten erleichtern. Ein extremes Beispiel ist Procter & Gamble, weltweit größter Hersteller von verpackten Konsumgütern, der eine Verbindung mit Wal-Mart, dem größten Einzelhandelsunternehmen der Welt, einging. Gemeinsam bauten die Unternehmen ein EDV-System auf, das die Produktion der Waren anhand der Verkäufe in den Geschäften online koordiniert.
- Immer häufiger werden durch die Vernetzung kooperierender Unternehmen neue Ressourcen aufgebaut. In den frühen 90er Jahren ging IBM mit einigen seiner wichtigsten Kunden, Konkurrenten und Lieferanten Allianzen ein. Zu ihnen gehörten Toshiba (gemeinsames Werk in Japan für Farbbildschirme), Mitsubishi (verkauft IBM-Großcomputer in Japan unter eigenem Namen), Intel (gemeinsame Chip-Entwicklung), Apple (gemeinsame Entwicklung von Betriebssystemen und Technologien zur Integration von Sound, Daten, Grafik und Video), Lotus (IBM fungiert als Agent für Lotus-Software), Sears (gemeinsame Eigentümerschaft von Prodigy, Software für Teleshopping) und Siemens (gemeinsame Chip-Entwicklung). Außerdem arbeitet IBM in Nordamerika mit etwa 4000 Firmen zusammen.[1]
- Der dänische Industrielle Maersk McKinney Möller verkehrt mit Königen, Präsidenten, Ministern und den mächtigsten Geschäftsleuten der Welt. Als persönlicher Freund von Thomas Watson war er mehrere Jahre als einziger

[1] Laut Angaben eines Artikels in Fortune (Kirkpatrick 1992, S. 120).

Nicht-Amerikaner Vorstandsmitglied von IBM. Diese persönlichen und gesellschaftlichen Beziehungen auf höchster Ebene erlauben es ihm, den Markt zu beeinflussen, ermöglichen ihm aber auch den Zugang zu einem außerhalb des Marktes befindlichen Netzwerk. Letzteres besteht aus jenen Entscheidungsträgern, die über die soziale Macht verfügen, Richtlinien zu beeinflussen, finanzielle Unterstützung zu gewähren, „Türsteher" zu umgehen und bürokratische Abläufe zu beschleunigen.

Diese Beispiele geben einen kleinen Einblick in die Bedeutung von Beziehungen, Netzwerken und Interaktion. Sie zeigen, wie wichtig persönliche Verbindungen und Informationstechnologie sind – an der Basis und auf Regierungsebene, bei lokalen Kleinunternehmen und weltweiten Giganten, in den verschiedensten Ländern und Kulturen.

Im ersten Beispiel standen die persönlichen Kundenbeziehungen im Mittelpunkt. Es ist wichtig, daß sich die Gäste im Royal Orchid Sheraton und im Gasthaus Ulla Winbladh wohl fühlen und daß sie wiederkommen. Langfristige Kundenbeziehungen entstehen durch treue Kunden, die ihren Freunden und Bekannten Gutes über das Hotel und den Gasthof berichten. Sie verkörpern die Kundenbindung, die Empfehlungen und die Mundpropaganda, die manchmal als einziger Zweck des RM dargestellt werden.

Aber RM geht weit darüber hinaus. Das zweite Beispiel zeigt, daß es für ein Unternehmen effizienter sein kann, nur einige wenige Lieferanten (oder nur einen einzigen) und weniger Kunden zu haben. Die Kooperation wird zur Schlüsselstrategie des Marketing. Durch die Koppelung des Bestellwesens mit dem Lieferwesen werden dauerhafte Beziehungen zementiert, und diese Beziehungen werden zum Bestandteil der Organisationsstruktur. Marketing- und Beschaffungskosten – die sogenannten Transaktionskosten – werden niedrig gehalten, Einkauf und Verrechnung vereinfacht.

Das dritte Beispiel veranschaulicht, daß heute nicht einmal weltweite Giganten wie die amerikanische IBM, die japanische Toshiba und die deutsche Siemens ihre Produkte und Dienstleistungen ganz allein entwickeln, produzieren und vermarkten können. Sie gehen Allianzen mit Kunden, Mitbewerbern, Mittelsleuten und anderen ein, um Zeit und Kosten zu sparen und sich Zugang zu den Märkten zu verschaffen. Im Interesse aller Betroffenen legen die Unternehmen ihre Ressourcen zusammen.

Im vierten Beispiel werden Beziehungen auf einer dem eigentlichen Markt übergeordneten Ebene geknüpft. Um auf einem Markt präsent zu sein, müssen gewisse Voraussetzungen erfüllt sein. Königshäuser, Politiker, Botschafter, Regierungsbeamte und andere werden eingesetzt, um diese Voraussetzungen zu schaffen. Dies geschieht auf höchster Ebene, wo Freundschaft und politische Unterstützung eine entscheidende Rolle für den Markterfolg spielen.

Dieses Buch handelt von diesen Beziehungen und von anderen mehr. Die Beziehungen werden angeführt, beschrieben, analysiert, veranschaulicht und diskutiert.

Aber das ist noch nicht genug. Eine berechtigte und zentrale Frage für jedes Unternehmen ist auch, ob RM sich auszahlt. Die Antwort ist, daß RM einen Weg zu einer besseren Kundenbindung bietet und damit zu besseren finanziellen Ergebnissen. Aber RM ist mehr als eine weitere Trickkiste zum Kundenfang – es bietet eine breite Palette von Voraussetzungen für ein effizienteres Management und Marketing. Dies wird im Laufe dieses Buches noch weiter ausgeführt.

Definition:	Argumentation:
Relationship-Marketing ist Marketing, betrachtet als ein Geflecht von Beziehungen, Netzwerken und Interaktion.	• Bessere Kundenbindung und damit bessere finanzielle Ergebnisse. • RM bietet Voraussetzungen für effizienteres Management und Marketing.

Tabelle 1.1: RM: Was und warum?

Die Gesellschaft ist ein Netzwerk von Beziehungen!

Beziehungen sind das A und O menschlichen Verhaltens. Wenn wir die gesellschaftlichen Beziehungsnetzwerke auflösten, würden wir damit die Gesellschaft auflösen, und die Welt bestünde nur noch aus isolierten Einsiedlern. Es gäbe keinen Markt mehr, und Marketing würde aus zweierlei Gründen überflüssig. Der kurzfristige Grund ist, daß Einsiedler für sich allein leben. Sie züchten ihre eigenen Schafe, die ihnen Wolle, Käse und Fleisch liefern; sie bauen ihr eigenes Gemüse an; sie nähen ihre eigenen Kleider. Sie brauchen kein Handy, weil es niemanden gibt, den sie anrufen möchten.

Der langfristige Grund ist, daß die menschliche Rasse nach einer Generation ausgestorben wäre. Aber wenn es stimmt, daß die Natur von sich aus nach Vermehrung strebt, dann würden aus diesen Einzelgängern bald wieder Paare und Familien entstehen, und die atomisierte Welt der Eigenbrötler würde sich wieder in ein komplexes Netzwerk von Beziehungen verwandeln.

Marketing und Geschäftstätigkeit sind untergeordnete Gruppen oder Merkmale dieses gesellschaftlichen Netzwerks. Daher fällt es schwer zu glauben, daß den Beziehungen, den Netzwerken und der Interaktion in der allgemeinen Marketingliteratur bisher so wenig Aufmerksamkeit geschenkt wurde. In der Praxis standen die Beziehungen stets im Mittelpunkt der Unternehmen. *Es ist eine erstaunliche „Leistung", daß die Beziehungen so lange aus der Marketingtheorie ausgeklam-*

mert geblieben sind. Nun ist es an der Zeit, daß wir uns einige unangenehme Fragen stellen. Zweifellos wurden wir von autoritären, neoklassischen Wirtschaftstheorien in die Irre geführt, denen zufolge Märkte aus standardisierten Waren und anonymen Massen bestehen, deren Verhalten simplen, abgegrenzten Gesetzmäßigkeiten folgt. Nach diesen Theorien gibt es keine persönlichen Beziehungen, sondern nur die Preisbeziehungen, die ich lieber als Nullbeziehung bezeichnen möchte.

Im Gegensatz dazu ist unser tägliches Leben als Bürger und Familienmitglieder von Beziehungen durchzogen. Wir haben Beziehungen im Beruf, zu den Nachbarn, zu Geschäften und anderen Lieferanten. Autofahren ist eine komplexe gesellschaftliche Interaktion mit anderen Fahrern auf einem Straßennetz. Wir haben Freunde oder Freundinnen, gehen feste Partnerschaften ein, heiraten, haben Affären, lassen uns scheiden. Oft wird die Ehe als Metapher für Geschäftsbeziehungen herangezogen: Man schließt eine Ehe mit einem Kunden, man läßt sich von einem Lieferanten scheiden. Als weitere Metapher wurde auch „Business Dancing" ins Spiel gebracht.[2] Tanzen ist eine dynamische Beziehung. Man kann jemanden zum Tanzen auffordern. Man kann einen harmonischen Walzer tanzen, aber man kann dem Partner auch auf die Zehen treten. Peters[3] drückt dies noch eindrucksvoller aus: „Der globale Tanz der heutigen Wirtschaft ist kein Walzer von Strauß. Es ist Breakdance und Street Rap zugleich. Das effektive Unternehmen ähnelt eher dem Karneval von Rio als der Pyramide am Nil."

Beziehungen sind für Konsumenten ebenso wie für Geschäftsleute von zentraler Bedeutung. Handwerker tauschen Dienstleistungen mit anderen Handwerkern aus, die sie kennen und denen sie vertrauen. Das erste, was mir über die Geschäftswelt gesagt wurde, war, daß man gute Verbindungen braucht und daß es hilfreich ist, hochgestellte Verwandte zu haben und Mitglied in den richtigen Klubs zu sein. Leute, die sich kennen, machen miteinander Geschäfte, und der Verkäufer lädt den Käufer zum Essen ein. Als Individuen gehen wir freiwillig formelle Beziehungen ein, indem wir uns Vereinigungen anschließen. Der Rotary Club zum Beispiel bringt Menschen verschiedener Branchen und Berufe zusammen. Die Rotarier lernen einander kennen – zwar nicht, um über den Klub Geschäfte abzuschließen (dies ist verboten) – aber trotzdem erleichtern die sich zwischen den Mitgliedern entwickelnden Freundschaften oft Geschäftsbeziehungen.

Beziehungen zwischen Kunden und Lieferanten sind die Grundlage jeder Art von Marketing. Im gegenwärtigen Paradigma des Marketingmanagements ist ein Großteil der Vermarktung durch Massenwerbung und Massenvertrieb auf unpersönlichen Austausch reduziert. Der Hersteller bietet Produkte und Dienstleistun-

---

2 Wilkinson und Young (1994).

3 Peters (1992, S. 17).

gen über einen Zwischenhändler an, und der Konsument bietet Geld. Hersteller und sogar Einzelhändler sind nichts anderes als Namen, ja manchmal völlig anonym für die Konsumenten, die ihrerseits lediglich als Statistik aufscheinen. Diese Beschreibung paßt nicht recht zur Realität der Gesellschaft.

Im Gegensatz dazu konzentriert sich RM in erster Linie auf das *Individuum*, auf das Segment des einzelnen, auf Eins-zu-eins Marketing. Aber es richtet sich auch an Gruppen von Gleichgesinnten, an Neigungsgruppen. Die Mitglieder einer solchen Gruppe verbindet ein gemeinsames Interesse, sie wollen eine Beziehung zum Lieferanten, zu seinen Produkten und Dienstleistungen, und auch eine Beziehung untereinander. Sie bilden eine *Gemeinschaft*, eine Untergruppe der Gesellschaft auf der Basis von Beziehungen.

Die Wurzeln des RM

Beziehungen waren stets ein zentrales Element jeder Handelstätigkeit. Doch mit dem Industriezeitalter und seiner Massenproduktion von standardisierten Konsumgütern entstand das Massenmarketing. Die Marketingtheorie, die in dieser kurzen Zeitspanne der Menschheitsgeschichte vorherrschte, entwickelte und orientierte sich an einigen wenigen Typen von Produkten und Kunden. Sie interessierte sich weder für Dienstleistungen – obwohl Dienstleistungen den Hauptanteil der wirtschaftlichen Tätigkeit darstellten – noch für ein Marketing von Unternehmen zu Unternehmen, das heißt gegenüber anderen Firmen. Auf diesen beiden Gebieten waren Beziehungen in der Marketingpraxis auch im Industriezeitalter von zentraler Bedeutung.

Forschung und Praxis der letzten zwanzig Jahre heben die Bedeutung von Beziehungen, Netzwerken und Interaktion ganz besonders hervor. Der Begriff Relationship-Marketing und seine Abkürzung RM gewinnen in den 90er Jahren internationale Verbreitung und Akzeptanz. Eine ungeheure Fülle an Publikationen zum Thema RM erscheint in vielen Sprachen.

Ich reserviere den Begriff RM für die aktuellen Entwicklungen von Theorie und Praxis des Marketing mitsamt allen Beziehungen, Netzwerken und Interaktionen, die seine Kernvariablen bilden. In der Marketingpraxis hat es seit jeher Beziehungen gegeben, aber RM bietet nun eine Marketingtheorie für die Gesellschaft von heute und morgen und die in ihr vorherrschenden Bedingungen.

Die stärker profilierten Marketingbereiche, die zur Entwicklung meines RM-Konzepts beigetragen haben, sind das *Dienstleistungsmarketing* und der *Netzwerkansatz* des industriellen Marketing (Business-to-Business). Beziehungen, Netzwerke und Interaktion spielen in der *traditionellen Literatur des Marketingmanagements* und ihrer *Theorie des Marketing-Mix*, den vielzitierten 4P *(product, price, promotion, place)*, nur eine begrenzte Rolle. Der Marketing-Mix bildet nach wie vor die Grundstruktur der meisten Marketinglehrbücher. Er bezieht sich in erster Linie auf Massenmarketing und standardisierte Konsumgüter. Dennoch wird er meistens – und fälschlich – als allgemeingültige Marketingtheorie präsentiert. Die *Literatur zum Thema Vertriebsmanagement* beinhaltet zwar beziehungsorientierte Ansätze, beschränkt diese jedoch auf die Fähigkeit eines Verkäufers, den Kunden zum Kauf zu bewegen. Ein komplexeres Beziehungsbild wird in der Literatur über *Allianzen* geboten.

Weitere Beiträge zum RM kommen auch aus dem Bereich *Total Quality Management (TQM)*, der wachsenden Einfluß auf die Marketingpraxis ausübt. Die Entwicklung des Qualitätsmanagements seit den 20er Jahren und insbesondere in den 80er Jahren hat jedoch noch keinen Eingang in die Marketingtheorie, die Handbücher und die Marketingkurse gefunden. TQM hat das Konzept der *Beziehungsqualität* hervorgebracht, wo der Qualität der Beziehungen derselbe Stellenwert beigemessen wird wie der Qualität von Produkten und Dienstleistungen.[4]

RM ist auch ein Ergebnis – oder möglicherweise eine Ursache – neuer Organisationsmodelle, in denen die Rollen des Lieferanten und des Kunden nicht so eindeutig abgegrenzt sind, wie Abbildung 1.1 vermuten läßt. Diese „Verwischung" wird in Abbildung 1.2 deutlicher, wo Lieferanten und Kunden in einem Netzwerk von Beziehungen zu vielen anderen – Mitbewerbern, Zwischenhändlern, Forschungsinstituten – interagieren können. Neue Organisationen entstehen, und wir beginnen, Organisationsmuster zu erkennen, die schon lange bestanden, die wir aber noch nicht klar wahrgenommen hatten. RM zwingt zu einer engeren Verbindung von Marketing und Organisationsstruktur. Diese neue Organisationsphilosophie und -praxis wird durch das Konzept der *imaginären Organisation* verkörpert.

Vereinzelte Beiträge zum RM sind auch in anderen Theorien zu finden. Da Theorien und wissenschaftliche Publikationen sich nur mit Fragmenten der Realität beschäftigen, ist es außerdem unerläßlich, das Wissen des *reflektierenden Praktikers* in sie einfließen zu lassen. Unternehmensleiter, Marketingmanager, Unternehmensberater und andere bringen ihre Erfahrung durch ihre praktische Arbeit in der Unternehmensentwicklung ein, aber auch in Form von Referaten, Gesprächen, Abhandlungen, Artikeln und Handbüchern. Als Konsumenten, und hoffentlich als *reflektierende Konsumenten*, sammeln wir permanent Erfahrungen. Wir sollten also unser eigenes Wissen und unsere eigenen Erfahrungen – unser *Vorverständnis* – als Quelle für das Verständnis des Marketing nicht unterschätzen. Die persönliche Erfahrung und das Gespür des Praktikers werden in akademischen Kreisen oft als „unsachlich" abgetan. Dennoch zeichnet sich der

---

4 Gummesson (1987; 1993; S. 228 – 230); siehe auch Grönroos und das Konzept der funktionellen Qualität (1990, S. 37 – 42, 65 – 66).

Trend ab, *stillschweigendes Wissen* anzuerkennen – ein Wissen, das keine Sprache hat, das Kundige aber in ihrer praktischen Arbeit anwenden.[5]

Die grundlegenden Marketingwerte

Die „neue“ IBM ist überzeugt, größere Vorteile aus langfristigen Beziehungen mit ihren Kunden ziehen zu können; Sony Thailand erklärt seine Absicht, vom exzessiven Massenmarketing abzurücken und zum Relationship-Marketing überzugehen; und überall in der Welt verkünden Banken als neue Strategie die Stärkung ihrer Kundenbeziehungen.

Um in das RM einzusteigen, ist es ganz wesentlich, die grundlegenden Werte dieses Konzepts zu begreifen. Seit Anfang der 70er Jahre unterscheide ich zwischen der *Marketingabteilung* (inklusive Verkauf) und der *Marketingfunktion*, um zu betonen, daß Marketing und Verkauf mehr sind als nur die Tätigkeit einer spezialisierten Abteilung. Die Marketingorientierung muß die gesamte Organisation durchdringen wie auch die Gedanken und Handlungen des Managements. Dies ist eine alte Überlegung, die sich als äußerst schwierig zu vermitteln und durchzusetzen erwiesen hat. Ich verwende gegenwärtig die Begriffe Vollzeitvermarkter (*full-time marketer* – FTM) und Teilzeitvermarkter (*part-time marketer* – PTM), um zu verdeutlichen, daß jeder, unabhängig von seiner Aufgabe und seiner Qualifikation, entweder teilzeitlich oder vollzeitlich Einfluß auf die Kundenbeziehungen ausübt. In diesem Sinne ist Marketingmanagement zum *marketingorientierten Management* geworden.

Die Quintessenz des *Marketingkonzepts* liegt darin, die Bedürfnisse der Kunden und ihre Vorstellungen von Qualität und Wert zu verstehen. Wenn eine Firma Waren und Leistungen anbietet, die ein Bedürfnis befriedigen und für den Kunden Wert schaffen, den Kunden zufriedenstellen und seinen Qualitätsvorstellungen entsprechen, hat diese Firma die besten Chancen auf Erfolg. Dies steht im Gegensatz zum *produktionsorientierten* Ansatz, dem zufolge der Kunde gezwungen ist, das zu kaufen, was zur Verfügung steht, oder gar nicht zu kaufen. Letzterer ist typisch für Märkte mit einem Nachfrageüberschuß und Märkte zentraler Planwirtschaften. Das Marketingkonzept findet seinen plakativen Ausdruck in der Devise *„Der Kunde im Mittelpunkt!“*.

Der Managementtheoretiker Peter Drucker hat einmal gesagt: „Das Problem an den guten Ideen ist, daß sie schnell in harte Arbeit ausarten.“ Es gibt unweigerlich ein Auseinanderklaffen von Idee und Umsetzung. Diese Kluft kann durch eine inkompetente Umsetzung oder durch einen Mangel an Tatkraft bedingt sein,

---

[5] Der Begriff des reflektierenden Praktikers wird von Schön (1983) ausgeführt; Vorverständnis und Verständnis sind zentrale Konzepte der Hermeneutik; siehe Gummesson (1991, S. 50 – 72); zum stillschweigenden Wissen siehe Polanyi (1962).

aber auch durch das Unvermögen, das Wesentliche zu begreifen. Möglicherweise mangelt es an Daten oder an der Fähigkeit, diese Daten zu sinnvollen Mustern zusammenzufügen, um die Entscheidungen und Handlungen zu erleichtern. Diese Schwierigkeiten werden durch zumindest vier „Zufallsgrößen" bestimmt: durch die Kunden, die Konkurrenz, die allgemeine Wirtschaftslage und den technologischen Wandel. Keine dieser Variablen oder ihre Wechselwirkungen können mit Genauigkeit vorausgesagt werden.

Die Lücke kann auch dadurch entstehen, daß die Betroffenen das Marketingkonzept nicht verinnerlicht haben. Vielleicht betrachten sie es einfach als Modetheorie, die zu verfechten „in" ist, oder als schlauen Trick zum Kundenfang. Die neuen Werte haben die alten nicht beseitigt, sondern nur in eine Ecke gedrängt, von wo aus sie ständig wieder auszubrechen versuchen. *Ich meine, daß unzutreffende Grundwerte und Vorgehensweisen – das falsche Paradigma – das größte Hindernis auf dem Weg zum Marketingerfolg darstellen. Wenn Marketingfachleute und Management RM nicht als natürlichen Vorsprung begreifen und akzeptieren, wird es keine positiven Ergebnisse bringen.*

Auch im *staatlichen Sektor* findet das Marketingkonzept vermehrt Anwendung. Wiesen seine Vertreter das Marketing früher zurück, so haben die internationale Welle von Privatisierung, Deregulierung und Forderung nach Wettbewerb sowie das Scheitern der gelenkten Planwirtschaft einen Wandel erzwungen. Nationale, regionale und lokale Behörden sind aber nach wie vor Opfer bürokratisch-gesetzlicher Werte, die dem Marketingkonzept zuwiderlaufen.[6] RM ist auch für öffentliche Organisationen ein gültiges Konzept, und es wird immer klarer, wie Marketing auch auf öffentliche Behörden zum Vorteil des Konsumenten/Bürgers angewendet werden kann.

Ich bin überzeugt, daß RM ein neues Marketing-Paradigma und die Ansätze zu einer neuen Theorie darstellt. RM sollte nicht mit dem *Beziehungsverkauf*[7] verwechselt werden, der nur die Perspektive des Lieferanten berücksichtigt und kein Augenmerk auf den Kunden und die interaktive Beziehung richtet. Die Initiative obliegt dem Verkäufer und hängt davon ab, „...wie gut die Beziehung vom Verkäufer gepflegt wird".[8] Beziehungsqualität und langfristige Beziehungen werden in diesem Sinne zum Vertrauen des Kunden in den Verkäufer auf der Grundlage der gegenwärtigen und früheren Leistungen des Verkäufers.[9]

Ein wesentliches Merkmal des RM besteht in der Betonung der *Zusammenarbeit*. Dazu gehört, daß man die Lieferanten, die Kunden und andere als *Partner*

---

[6] Die bürokratisch-gesetzlichen Werte sind durch Starrheit, mangelnde Anpassungsfähigkeit, juristischen Jargon, Anwendung nicht funktionierender Gesetze und Regelungen, mehr Interesse an Ritualen als an Resultaten sowie die Abwertung des Kunden zum Nebenprodukt des Systems gekennzeichnet (siehe Gummesson 1993, S. 40 – 42).

[7] Sheth (1994).

[8] Levitt (1983, S. 111).

[9] Crosby, Evans und Cowles (1990).

ansieht und nicht als Gegner. Bei RM geht es darum, daß beide Seiten gewinnen *(Win-win-Situation)* und nicht darum, daß es einen Gewinner und einen Verlierer gibt *(Win-lose-Situation)*, also um ein *Plussummenspiel* und nicht um ein *Nullsummenspiel*. In einem Plussummenspiel erhöht jede Partei den Wert für die andere, im Nullsummenspiel ist der Gewinn des einen der Verlust des anderen. Von allen Betroffenen wird ein konstruktives Verhalten erwartet, und alle sollen aus der Beziehung einen Vorteil ziehen. Die Handlungsinitiative kann nicht einem Lieferanten oder einer einzelnen Partei im Netzwerk vorbehalten bleiben; jedermann im Netz darf und soll aktiv werden.

Wenn diese Voraussetzungen erfüllt sind, können die Beziehungen sich langfristig und dauerhaft etablieren. Für einen Lieferanten ist es wichtig, bestehende Kunden zu halten, eine Tatsache, die immer häufiger hervorgehoben wird. Die *Dauerhaftigkeit* der Beziehung wird zum Marketingziel. Bislang hatte man der Akquisition neuer Kunden zuviel Aufmerksamkeit geschenkt und der Pflege bestehender Kunden zuwenig. RM fördert die *Kundenbindung* und wirkt der *Loslösung von Kunden* entgegen; es fördert in erster Linie das *Bindungsmarketing* und erst in zweiter Linie das *Akquisitionsmarketing* – das Werben neuer Kunden.

In diesem Sinne mag RM als naiv-idyllisches und harmloses Programm erscheinen.[10] RM erfordert in größerem Maße ethisches Verhalten als traditionelles Marketing. Doch nicht jeder Marktteilnehmer stützt seine Tätigkeit auf RM-Werte, wie sie hier dargelegt werden. Wettbewerb bedeutet, daß man gegen jemanden gewinnt, andere vielleicht sogar zerstört, daß man zeigt, wer der Größte, der Beste und der Reichste ist. Kurzsichtige Gier wiegt stärker als langfristiges Überleben. Für manche hat dieser Kampf einen Wert an sich. Eine der Strategien in der Welt des *Hyperwettbewerbs* lautet: „Gleichzeitige und aufeinanderfolgende strategische Vorstöße", definiert als „...eine Reihe von Handlungen mit dem Zweck, die Konkurrenz zu überwältigen oder zu verwirren, den Status quo zu verändern, um sich neue Vorteile zu verschaffen und jene der Konkurrenz abzubauen". Außerdem verwenden extrem konkurrenzorientierte Firmen diese Vorstöße dazu, „Mitbewerber zu bedrängen, zu lähmen, in die Irre zu führen oder zu blockieren".[11]

Obwohl Zusammenarbeit die Kerneigenschaft des RM ist, gehört es zu meinem RM-Konzept, daß *für eine funktionierende Marktwirtschaft sowohl Wettbewerb als auch Zusammenarbeit wesentlich sind*. Das traditionelle Marketing gibt den Vorteilen des Wettbewerbs den Vorrang. Es betrachtet Zusammenarbeit als Hemmschuh für die Kräfte des Marktes. Diesem Irrglauben unterliegen offensichtlich gewisse Politiker und sonstige Befürworter des Wettbewerbs als Allheilmittel für alle Probleme der Gesellschaft – als Gegenreaktion auf die sozialisti-

---

[10] Siehe Lowe (1995, S. 244).

[11] D'Aveni (1994, S. 34).

sche Zentralisierung der Wirtschaftsplanung und auf starre Vorschriften und Institutionen.

RM kontra Transaktionsmarketing

RM wird oft als Gegenteil des *Transaktionsmarketing* dargestellt.[12] Beim Transaktionsmarketing sagt die Tatsache, daß ein Kunde ein Produkt gekauft hat, nichts über die Wahrscheinlichkeit eines erneuten Kaufs aus, nicht einmal dann, wenn bereits eine Reihe von Käufen stattgefunden hat. Ein Kunde greift vielleicht wegen hoher Umstiegskosten wiederholt auf denselben Lieferanten zurück, ohne sich diesem jedoch verbunden zu fühlen oder mit ihm in eine engere Beziehung treten zu wollen. Transaktionen haben weder Geschichte noch Gedächtnis, und Gefühle spielen in ihnen niemals eine Rolle.

Beim RM steht die Loyalität, insbesondere die Kundenloyalität, im Vordergrund. Die unterste Stufe auf der „Loyalitätsleiter"[13] ist der Kontakt mit einem *potentiellen Kunden*, der hoffentlich zum tatsächlichen *Kunden* wird und einen ersten Kauf tätigt. Wiederholt kaufende Kunden sind *Stammkunden*; sie sind wiedergekommen, und eine langfristige Beziehung ist im Aufbau. Auf den nächsten Stufen wird der Stammkunde zum *Unterstützer* und schließlich zum *Werber* für den Lieferanten.

Das Transaktionsmarketing kennt keine Ambitionen, die Loyalitätsleiter zu erklimmen. Dennoch ist es oft eine realistische und funktionelle Möglichkeit. Es ist durchaus möglich, daß ein Kunde eine standardisierte Ware zum niedrigsten Preis innerhalb einer bestimmten Lieferfrist und auf einem bestimmten Qualitätsniveau kaufen möchte. Solche Geschäfte werden zum Beispiel auf Metallbörsen gemacht. Ein Konsument kauft sich vielleicht nur einmal oder einige Male im Leben eine Wohnung – und braucht selten mehr als eine Blinddarmoperation. Die Informationstechnologie bietet neue Alternativen und kann die Suche des Konsumenten nach dem niedrigsten Preis eines Markenprodukts erleichtern. Die Deregulierung der Telekommunikationsdienste ermöglicht es dem Konsumenten, jenen Betreiber auszuwählen, der für eine spezifische Destination zu einem spezifischen Zeitpunkt die niedrigsten Gebühren verrechnet.

Doch selbst ein Einmalgeschäft kann tiefgreifende interaktive Beziehungen bedeuten. Wenn eine Firma neue Büros baut, kann diese Bautätigkeit ein oder zwei Jahre lang intensive Interaktionen mit der Baufirma und einem Netzwerk von Zulieferanten mit sich bringen. Vielleicht wird diese Firma in den nächsten

[12] Siehe Bund Jackson (1985a), die sich im Rahmen des Business-Marketing mit den Konzepten Transaktionsmarketing und Relationship-Marketing beschäftigt.

[13] Christopher, Payne und Ballantyne (1991, S. 22).

Jahrzehnten aber keine neuen Büros mehr bauen. Bei einer Operation und einem Krankenhausaufenthalt kommt es zu einer intensiven und schmerzlich intimen Interaktion, doch beide Parteien hoffen, daß die Beziehung hinfällig wird, wenn der Patient genesen ist.

Es ist auch möglich, daß man keine Beziehung wünscht und nur in Ruhe gelassen werden möchte. In Brisbane, Australien, fuhr ich mit dem Taxi vom Flughafen zu einem Hotel in der Stadt, eine etwa zwanzig Minuten lange Fahrt. Der Fahrer stellte mir die üblichen Fragen: „Woher kommen Sie? Sind Sie schon einmal in Brisbane gewesen?" Als er erfuhr, daß dies nicht der Fall war, begann er mir alles mögliche über die Brücken, die Pferderennbahnen, die Kirchen und die Sehenswürdigkeiten zu erzählen, an denen wir vorbeifuhren. Nach einem langen Tag und meiner Anreise aus Melbourne war ich müde, und in einer Stunde sollte ich an einer Geschäftsbesprechung im Hotel teilnehmen. Ich hatte keine Lust, ihm zuzuhören. Ich wollte keine Beziehung knüpfen. Der Fahrer meinte es gut und wollte sich gastfreundlich zeigen, mich vielleicht sogar zum Stammkunden machen. Ich weiß nicht, wann ich wieder nach Brisbane kommen werde, aber ich werde mich höchstwahrscheinlich in der Schlange um ein Taxi anstellen und in den ersten freien Wagen einsteigen. An Orten, wo ich öfter Taxi fahre, kann ich einem bestimmten Taxiunternehmen den Vorzug geben, wenn es sich als verläßlich erwiesen hat. Wenn ich ein VIP-Kunde bin, kann ich vielleicht sogar die „geheime" Telefonnummer erhalten.

Transaktionsmarketing kann als Nullpunkt der *RM-Skala* angesehen werden. Das Spektrum der Beziehungen kann dann so lange ausgeweitet werden, bis Kunde und Lieferant praktisch ein und dieselbe Organisation sind.[14]

Die Tatsache, daß sich dieses Buch mit RM beschäftigt und Beziehungen als wesentlich für das Marketing ansieht, bedeutet keineswegs, daß hier einem religiösen Glauben an Beziehungen als magische Lösung sämtlicher Marketingprobleme das Wort geredet werden soll. Im Gegenteil wissen wir, daß menschliche Beziehungen eine Quelle unerfreulicher Streitereien wie auch unendlicher Freude sein können. Wir können ohne sie jedenfalls nicht leben. Der größte Teil der Weltliteratur und der Unterhaltung handelt von den Beziehungen zwischen Mann und Frau, Eltern und Kindern, Polizei und Gangstern und nicht zuletzt auch von den Beziehungen zwischen den Teilnehmern der Geschäftswelt. Der Erdöl-Tycoon J.R. der Seifenoper „Dallas" ist ein internationales Rollenbeispiel für die von Geldgier getriebene Manipulation aller Arten von Beziehungen geworden, sei es im Bereich von Ölverträgen, in der Politik oder in Familienangelegenheiten.

RM bedeutet nicht, daß eine Beziehung aufrechterhalten werden soll, wenn sie schlecht funktioniert; sie sollte in diesem Fall geändert oder abgebrochen wer-

[14] Siehe auch das „Kontinuum der Marketingstrategie" bei Grönroos (1990, S. 144 – 148) sowie eine Weiterentwicklung dieser Skala bei Lehtinen, Hankimaa und Mittilä (1994).

den. Langfristige Beziehungen und Kundenbetreuung sind nicht gleichzusetzen mit der Aufnahme von Kunden in die „geriatrische Abteilung" des Lieferanten, wo man sie am Bett festschnallt und an Lebenserhaltungsmaschinen anschließt. Genauso unrealistisch ist die Vorstellung, daß Beziehungen für immer harmonisch bleiben. Man soll sie jedoch auch nicht unbedingt gleich abbrechen, wenn es zu Konflikten kommt. Es ist oft möglich, sie wiederherzustellen und zu verbessern, oder sie bleiben trotz Konflikt für die betroffenen Parteien die beste Wahl.

Bund Jackson[15] faßt in kurzen Worten eine vernünftige RM-Strategie zusammen: „Relationship-Marketing ... kann äußerst erfolgreich sein, wo es angebracht ist – kann aber auch kostspielig und ineffektiv sein, wo dies nicht der Fall ist. Umgekehrt kann Transaktionsmarketing ... vorteilhaft und erfolgreich sein, wo es angebracht ist, aber ein ernsthafter Fehler sein, wo dies nicht der Fall ist."

Gesunder Menschenverstand, Urteilsfähigkeit und Intuition

Unternehmensführung dreht sich um zwei ewige Themen:

- *Darauf achten, daß man etwas anzubieten hat, und*
- *darauf achten, daß man es zu einem höheren Preis verkauft, als es gekostet hat.*

Die Grundidee ist einfach; sie ist nichts weiter als eine Frage des gesunden Menschenverstands. Das Problem liegt in der Umsetzung. Dinge wie gesunder Menschenverstand, Urteilsfähigkeit, Instinkt oder Intuition kommen in der Marketingliteratur nicht vor. Interessant und anregend finde ich die Definition des gesunden Menschenverstands im Brewer's Dictionary of Phrase & Fable aus dem Jahre 1870:

„Gesunder Menschenverstand [common sense] bedeutet nicht den Verstand, der allen gemein [common] ist ... sondern den Punkt, wo alle fünf Sinne zusammenkommen, den angenommenen Sitz der Seele, wo diese beurteilt, was ihr von den Sinnen unterbreitet wird, und die Handlungsweise bestimmt."

Ich würde vorschlagen, daß wir nicht nur unsere fünf Sinne nutzen sollten, sondern unsere gesamten Fähigkeiten, also auch unsere Intelligenz, unsere Gefühle (man spricht heute von „emotionaler Intelligenz"), unsere männlichen und weiblichen Instinkte und, falls wir sie haben, auch übersinnliche Wahrnehmungen. Die Komplexität der heutigen Märkte und Organisationen, die ständige Weiterentwicklung der Technologie und die Vielfalt der Waren und Leistungen verber-

[15] Bund Jackson (1985a, S. xi).

gen das Offensichtliche, und wir verlieren uns in einem Irrgarten. Unternehmen wachsen, und Mitarbeiter verlieren den Überblick über den Sinn ihrer Arbeit. Als Scandinavian Airlines in den frühen 80er Jahren zum Umschwung ansetzte, gehörten zu den eingesetzten Instrumenten die sogenannten „Lächelkurse". Unter anderem brachte man den Leuten bei, daß es wichtig ist, die Kunden anzulächeln; man wirkt sympathischer, als wenn man ein gelangweiltes und desinteressiertes Gesicht macht. Gesunder Menschenverstand und Urteilsvermögen mußten wieder in den Vordergrund rücken. Sie waren in der bürokratisierten und standardisierten Massenproduktion der Industriegesellschaft verlorengegangen. Nordstrom, eine außerordentlich erfolgreiche Kaufhauskette in den USA, sagt in seinem Mitarbeiterhandbuch unter dem Titel „Nordstrom-Regeln":

„Regel Nr. 1: Setzen Sie in allen Situationen Ihr gesundes Urteilsvermögen ein", und fügt hinzu: „Es gibt keine zusätzlichen Regeln."

Wir müssen „zurück zum Grundlegenden" finden oder besser gesagt „vorwärts zum Grundlegenden" streben; es geht nicht darum, zu einer früheren Gesellschaft zurückzukehren, sondern sich den Bedingungen der Gegenwart und der Zukunft anzupassen. Ohne in der Vergangenheit stecken zu bleiben, ist es jedoch oft sinnvoll, die Geschichte einer Fachrichtung zurückzuverfolgen. So wird zum Beispiel Peter Drucker oft als der erste zitiert, der das Marketingkonzept in einem klassischen Managementbuch im Jahre 1954[16] formulierte: „Marketing ... ist die gesamte Geschäftstätigkeit, betrachtet aus dem Blickwinkel des Endergebnisses, das heißt aus der Perspektive des Kunden." Im Jahre 1976 schlug Baker folgende Definition des Marketing vor: „Marketing beschäftigt sich mit gegenseitig zufriedenstellenden Austauschbeziehungen." Beide Zitate fügen sich perfekt in die heutige Marketingvorstellung ein.[17]

Jean-Claude Larreché von der Managementhochschule INSEAD, Frankreich, der analytische und quantitative Marketing-Strategiemodelle entwickelt hat, spricht von „le coup d'œil", dem Blick.[18] Gemeint ist die Fähigkeit, mit einem Blick zu erfassen, was wichtig ist und was man diesbezüglich unternehmen kann. Es ist die Anwendung des stillschweigenden Wissens, das aus angewandter Erfahrung, Intuition und Urteilsvermögen entsteht. Viele haben vom „Management by walking around" gesprochen, also vom „Management durch Herumgehen", von der Fähigkeit zu führen, indem man im entsprechenden Moment am Ort des Geschehens präsent ist. Das Konzept der „schnellen Auffassung" wird in der Wissenschaft verwendet und bedeutet die Notwendigkeit für

[16] Drucker (1954, S. 36).

[17] Zur Diskussion über Vergangenheit und Gegenwart des Marketing siehe Baker, 1995a und 1995b.

[18] Aus einem Referat von Larreché bei der 2. Globalen Marketingkonferenz, Marketing Center Europe, Paris, Mai 1992.

den Wissenschaftler, eine Situation oder ein Problem rasch einschätzen zu können.[19]

Das bedeutet nicht, daß die alten Theorien ausgedient haben. Es bedeutet nur, daß wir unsere Fähigkeit ausbauen müssen, *sowohl* die systematische Analyse als auch persönliche Erfahrungen und Einblicke zu nutzen.

Die Realität des Marketing verlangt von uns, mit komplexen Zusammenhängen, Paradoxen, Unsicherheiten, Zweideutigkeiten und Instabilitiät zu leben. Viele Märkte bieten ein chaotisches Erscheinungsbild, aber das Chaos birgt Chancen für jene, die sie erfassen und sie besser zu nutzen wissen als die Konkurrenz. Als europäische Firmen vor mehr als hundert Jahren nach Südamerika gingen, war dies ein Wagnis. Viele dieser Wagnisse waren erfolgreich und riefen die weltweiten Konzerne von heute ins Leben. Gegenwärtig sind die ehemaligen Sowjetstaaten chaotische Märkte mit einem gewaltigen Potential. Es mag sein, daß wir das Bedürfnis haben, die Ungewißheit zu reduzieren; aber die Marktwirtschaft baut auf einem dynamischen Wandel auf, der nur teilweise vorhersehbar ist.

Die Beziehungsbrille: Paradigmenverschiebung oder des Kaisers neue Kleider?

Grundsätzlich geht es also beim Marketing darum, etwas zu verkaufen und dafür einen Preis zu erhalten. Das war schon immer so und wird auch so bleiben. Die Marketingarena jedoch ändert sich. Die Wertvorstellungen ändern sich, die Kaufkraft ändert sich, und die Technologie schafft neue Angebote. Die Spielregeln werden durch politische Ereignisse und Entscheidungen, wie die Mitgliedschaft in der Europäischen Union (EU) oder neue Steuern, neu geschrieben.

Das bedeutet, daß wir neue Ansätze brauchen, welche die Märkte von heute widerspiegeln und uns helfen, uns in diesen Märkten zurechtzufinden. Es gibt keine allgemeine Marketingtheorie, die uns erlaubt, alles zur gleichen Zeit zu sehen. Neue Kategorien, Konzepte, Modelle und Theorien wirken wie Brillen, durch die wir die Welt wahrnehmen. Weisen die Gläser die falsche Krümmung auf, sehen wir die Welt verschwommen. Sind sie getönt, kann sie düster wirken, obwohl es in Wirklichkeit sonnig ist. Manche Gläser verbessern unsere Sicht der nächsten Nähe, andere unsere Fernsicht. Da Marketing ein komplexes Gebiet ist, reicht eine einzige Brille nicht aus. Es gibt bifokale Gläser, die zwei Perspektiven ermöglichen, aber wir brauchen mehr als zwei. In diesem Buch geht es um die *Beziehungsbrille* (Abbildung 1.3). Wenn wir durch diese Brille blicken, sehen

[19] Patton (1990, S. 134) erwähnt dies als Forschungsstrategie für Spezialwissenschaften, wo ein qualitativer, induktiver Ansatz verfolgt wird.

wir nur Beziehungen, Netzwerke und Interaktion. Mein RM-Konzept dreht sich um das, was ich durch diese Brille sehe.

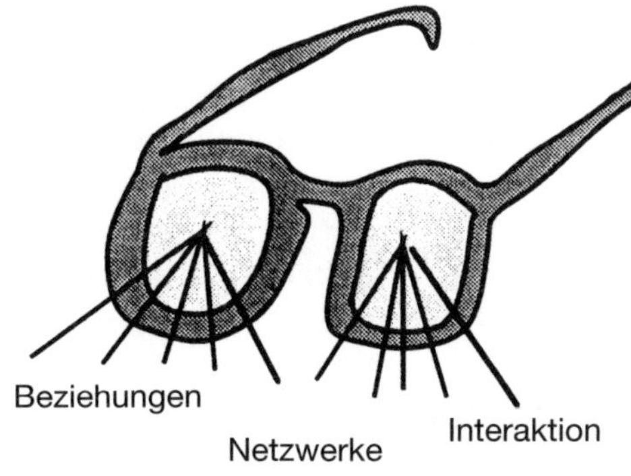

Abbildung 1.3: RM definiert als Blick durch die Beziehungsbrille, die nur auf Beziehungen, Netzwerke und Interaktion fokussiert.

Neue Konzepte, Modelle und Theorien können sich oft als des Kaisers neue Kleider entpuppen, und nur das unschuldige Kind traut sich das Offensichtliche auszusprechen: „Aber er hat ja gar nichts an!“ Ich bin jedoch zu dem Schluß gekommen, daß die RM-Kleider sowohl sichtbar als auch greifbar sind. Ich glaube, daß RM mehr gesunden Menschenverstand in das Marketing einfließen läßt und daß es in einer verwirrenden Welt, in der die Marktteilnehmer nach einem Sinn suchen, wichtige Phänomene sichtbar macht. Es bleibt den Lesern überlassen, RM an ihrer eigenen Realität zu erproben und ihre eigenen Schlüsse zu ziehen. Wenn Marketingverantwortliche oder Verkäufer ein Gefühl von *déjà vu* verspüren oder ihnen etwas bewußt wird, das sie vielleicht schon lange geahnt oder sogar angewendet haben, ohne es artikulieren zu können, dann bedeutet das, daß dieser Text realitätsnahe ist und Gültigkeit besitzt.

RM wird in den *Kapiteln 2* bis *5* anhand von dreißig Beziehungen – den 30R – analysiert. Wie alles andere auch ist dies meine persönliche Vorstellung, und andere stellen RM teilweise auf andere Weise dar, wie dies später noch aufgezeigt werden wird. Dies ist mein Versuch, meine Tätigkeit als Forscher, Berater und Ausbilder, aber auch als privater Konsument zu vermitteln. Meine Sicht des RM basiert auf Forschung und praktischer Erfahrung – meiner eigenen und anderer Leute. Da wissenschaftliche Forschung den Zweck hat, unser Denken zu erneuern und unsere Einsichten zu verfeinern, sind mir andere, bessere Ansätze jederzeit willkommen.

Meine Schlußfolgerung ist, daß eine radikale neue Denkweise im Marketing – eine Paradigmenverschiebung – notwendig ist. Um eine solche Verschiebung zu erreichen, genügt es aber nicht, neue Wege des Denkens zu beschreiten, sondern sie muß sich auch in der Tat manifestieren. Forschung und Erfahrung lassen allgemeine Merkmale von Beziehungen erkennen, die uns helfen können, einzelne Aspekte von Beziehungen und Netzwerken zu verstehen und einzuschätzen. Diese Merkmale werden im nächsten Abschnitt präsentiert, gefolgt von einem Überblick über die dreißig spezifischen Beziehungen, die meiner Ansicht nach im Bereich des marketingorientierten Managements Anwendung finden.

Allgemeine Merkmale von Beziehungen, Netzwerken und Interaktion

Beim Studium von Beziehungen, Netzwerken und Interaktion kristallisiert sich eine Reihe von allgemeinen Merkmalen heraus. Diese können für Klassifizierungen, Vergleiche und Definitionen der verschiedenen Beziehungstypen hilfreich sein. In Abschnitt 2, der eine Beschreibung der 30R enthält, werde ich die Bedeutung dieser Merkmale laufend an Beispielen erläutern.[20]

Zusammenarbeit: Zusammenarbeit ist ein grundlegendes Merkmal der Beziehungen zwischen Lieferanten, Kunden, Konkurrenten, Unternehmensberatern und anderen. Die Zusammenarbeit kann sich auf ein einzelnes Geschäft beziehen oder kontinuierlich bestehen. Der Grad der Zusammenarbeit kann mit dem Grad des Wettbewerbs zusammenhängen.[21] Eine Situation mit geringem Wettbewerb und geringer Zusammenarbeit zwischen zwei oder mehr Unternehmen kann ein guter Ausgangspunkt für eine Erweiterung der Zusammenarbeit sein. Ein hoher Grad an Zusammenarbeit bei einem geringen Grad an Wettbewerb schafft die Basis für eine langfristige und harmonische Beziehung. Ist der Anteil der Zusammenarbeit unbedeutend und nimmt der Wettbewerb überhand, wird es notwendig sein, entweder die Beziehung abzubrechen oder sich bewußt um ihre Stärkung zu bemühen.

Wichtigkeit, Abhängigkeit und Engagement: Wenn eine Beziehung wichtig ist, sind wir von ihr abhängig und müssen uns also für ihr Funktionieren engagieren. Wenn eine Lieferung verspätet erfolgt, kann dies zum Stillstand einer gesamten Fabrik oder Baustelle führen, insbesondere im Rahmen eines Just-in-Time-Pro-

[20] Tiefgehende Analysen von Beziehungen, Netzwerken und Interaktion bieten die Studien der IMP-Gruppe. In diesen Studien geht es um Business-Marketing und folglich um Beziehungen zwischen verschiedenen Unternehmen; siehe auch Kapitel 7 sowie die von Ford (1990), Axelsson und Easton (1992) und Håkansson und Snehota (1995) herausgegebenen Werke. Soziologie und Psychologie befassen sich mit den Beziehungen zwischen Individuen und Gruppen, aber diese Analysen der sozialen Beziehungen und Netzwerke haben das Marketingmanagement bis jetzt nur geringfügig beeinflußt; siehe Granovetter (1973, 1985), Bossevein (1976) und Scott (1991). Falls nichts anderes angegeben ist, stützt sich dieser Abschnitt vorwiegend auf diese Quellen.

[21] Nach Wilkinson und Young (1994).

duktionssystems (JIT). Die Abhängigkeit wird auf dramatische Weise offensichtlich, wenn es zu Notfällen kommt, zum Beispiel wenn man einen Krankenwagen oder die Feuerwehr braucht. Es gibt auch alltägliche, banale Abhängigkeiten – vom Telefon, von der Zeitung, von öffentlichen Verkehrsmitteln für die Fahrt zur Arbeit und zurück. Im Dienstleistungsmarketing sind drei Ebenen von Abhängigkeit und Engagement definiert worden.[22] Auf der ersten Ebene werden die Kunden in erster Linie durch niedrige Preise angezogen. Die Wirkung dieser Anziehung schwindet rasch, wenn die Konkurrenz ihre Preise ebenfalls senkt. Ebene eins ist meist leicht nachzuahmen. Auf der zweiten Ebene hat sich die Beziehung vertieft. Es ist nicht mehr eine Preisbeziehung allein, sondern es besteht auch eine Kommunikation mit dem Kunden, etwa ein Kontakt von Angesicht zu Angesicht oder ein persönlich adressiertes Mailing. Auf der dritten Ebene kommt eine strukturelle Dimension hinzu, was bedeutet, daß die Parteien ihre Ressourcen zusammengelegt haben und daher sehr um das Funktionieren der Beziehung bemüht sind. Das Produktions-, Verkaufs- und Liefersystem von Procter & Gamble und Wal-Mart ist ein solches Beispiel.

Vertrauen, Risiko und Unsicherheit: Vertrauen wird oft als Quintessenz einer Beziehung angesehen. Die Konsumenten vertrauen einer Fluggesellschaft, einem Klempner oder einem Arzt, aber auch einer bestimmten Marke oder Firma. Unternehmensberater leben vom Vertrauen ihrer Kunden; eine „objektive" Messung ihrer Leistungen ist weder möglich noch sinnvoll. Ein bestimmter Anwalt oder Buchhalter kann für eine Person wichtig sein und muß im Bedarfsfall verfügbar sein; der Klient will sich möglicherweise nicht an jemand anders wenden, auch wenn er in der selben Kanzlei arbeitet. Oft kennen wir das, was wir kaufen, nur zum Teil – wir kaufen aus Vertrauen; zum Beispiel wenn wir von unserem Zahnarzt eine Wurzelbehandlung durchführen lassen. Was eine Versicherungspolice wirklich bedeutet, wissen wir erst, wenn wir einen Anspruch anmelden; wahrscheinlich haben wir zuvor das Kleingedruckte und die Bestimmungen unserer Haushaltsversicherung oder unserer Rentenvorsorge nicht wirklich begriffen. Diese Unwissenheit schafft Unsicherheit. Allianzen sind ein großes Risiko; es kann zu Streitigkeiten kommen, eine Partei kann sich das Wissen der anderen zunutze machen, ohne eine Gegenleistung zu erbringen. Ein Unternehmen kann eine Vertrauensbeziehung zu einer Bank haben, was Kreditentscheidungen erleichtert. Eine Bank geht ein Risiko ein, wenn sie einem Konsumenten oder einem Unternehmen Geld leiht, und der Kreditnehmer geht das Risiko ein, Opfer willkürlicher Entscheidungen des Bankdirektors zu werden. Der Grad und die Bedeutung des Vertrauens können von Kultur zu Kultur und von Land zu Land sehr verschieden sein.[23]

Macht: In einer Beziehung ist die Macht nur selten symmetrisch verteilt, so daß beide Parteien gleich viel Macht besitzen. Eine asymmetrische Beziehung bedeu-

[22] Berry und Parasuraman (1991, S. 136 – 142).
[23] Siehe Fukuyama (1995).

tet, daß eine Partei schwächer ist und sich möglicherweise ausgenützt fühlt, aber die Beziehung kann dennoch eine Funktion haben, wenn es für die schwächere Partei keine bessere Alternative gibt. Sie kann auch als ungerecht empfunden werden, und die schwächere Partei wird sich dann bei der ersten Gelegenheit aus dieser Beziehung lösen. Patienten mit Zahnschmerzen sind Zahnärzten und ihrer Bereitschaft, sie zu behandeln, ausgeliefert; möglicherweise einer Notambulanz, wo Patienten Stunden warten müssen. Die Machtsymmetrie kann sich ändern. Ein Unternehmen in einem boomenden Markt kann an einem Engpaß an Komponenten leiden – in dieser Situation liegt die Macht beim Lieferanten. Wenn der Bedarf aber zurückgeht, kann der Kunde Preisminderungen und günstigere Lieferfristen aushandeln. Seine Position bis zum Äußersten auszunutzen ist für eine dauerhafte Beziehung schädlich; ein gewisses Maß an gutem Willen und Entgegenkommen wird von allen Parteien erwartet.

Langlebigkeit: Es wurde bereits betont, daß die langfristige Beziehung ein Eckpfeiler des RM ist – im Gegensatz zum Transaktionsmarketing, das durch Einzelgeschäfte und Kundenpromiskuität gekennzeichnet ist. Die Begriffe der Dauerhaftigkeit, der Bindung und der Loslösung wurden bereits definiert. Eine langfristige Beziehung kann für alle Parteien wirkungsvoller sein, insbesondere wenn der Aufbau der Beziehungen längere Zeit in Anspruch nimmt, wie dies im industriellen Marketing häufig der Fall ist. Die Kosten für einen Wechsel können hoch sein, und keine Beziehung sollte an Unachtsamkeit oder mangelndem Interesse zerbrechen. Die Parteien lernen, mit ihrer Beziehung umzugehen und sie zu ihrem Vorteil zu nutzen. Manchmal ist es vernünftig, eine Beziehung abzubrechen. Sie ist vielleicht überholt oder hat ihren Reiz verloren. So ist es zum Beispiel sinnvoll, von Zeit zu Zeit die Werbeagentur zu wechseln, um die Kreativität zu stimulieren.

Häufigkeit, Regelmäßigkeit und Intensität: Gewisse Beziehungen sind häufig und regelmäßig aktiv, wie etwa die Fahrt zum Arbeitsplatz und zurück oder Bankgeschäfte. Die schwedische Eisenbahngesellschaft befördert gemäß einem Langzeitvertrag mit einem fixen Zeitplan täglich Papierrollen aus Schweden zu Zeitungsdruckereien in London. Andere Beziehungen sind selten, wie etwa die Beauftragung eines Bestattungsunternehmens oder eines Immobilienmaklers, aber die Bindung an einen spezifischen Anbieter kann dennoch stark sein. Die Ausbildung kann eine intensive Beziehung über mehrere Jahre erfordern, eine Herzoperation andererseits eine nur einige Tage dauernde, jedoch intensive Beziehung. Die Beziehung zu einem Nahversorger kann dauerhaft sein und häufig aktiviert werden, aber sie ist nicht notwendigerweise besonders intensiv.

Nähe und Distanz: Die Nähe kann physisch, geistig oder emotional sein. Die physische Nähe fördert oft den geistigen und emotionalen Kontakt. Unternehmen, die im Ausland Geschäfte machen wollen, müssen dort oft eine kontinuierliche Präsenz aufbauen, um sich Glaubwürdigkeit zu verschaffen. Zwischen einzelnen Ländern bestehen kulturelle Unterschiede, und ethnische oder religiöse Gruppen können trotz physischer Nähe Distanz schaffen. Gewisse Beziehungen können sehr persönlich werden, insbesondere wenn man oft zusammenkommt und sich auch privat trifft. Andere sind distanzierter in dem Sinn, daß sie über Maschinen und EDV laufen, wie etwa Geldautomaten oder Telefonbanking. Nähe verstärkt das Gefühl von Sicherheit. Beziehungen werden nur zum Teil in Verträgen festgelegt, und ein wesentlicher Anteil besteht aus stillem Einverständnis zwischen den Parteien. Konsumenten sind oft weit von den Herstellern entfernt, die sich auf Ferninformationen von Zwischenquellen stützen müssen, zum Beispiel auf Berichte von Marktforschungsinstituten.

Formelle und informelle Beziehungen: Handelsbeziehungen sind normalerweise eher informell als formell. Als Konsumenten haben wir selten einen Vertrag oder eine sonstige schriftliche Verpflichtung einzuhalten, aber es gibt auch Ausnahmen. Als Mitglieder eines Golfklubs verpflichten wir uns, strenge Regeln einzuhalten, und können im allgemeinen nicht einfach zu einem anderen Klub wechseln; damit der Versicherungsschutz in Kraft tritt, kann uns eine Rentenversicherung zwingen, bei einer Versicherungs- oder Finanzierungsgesellschaft zu bleiben, und die Zahlungen und Verträge sind formell und genau geregelt. Wenn wir die Regeln nicht einhalten, kann man uns eine Strafe auferlegen oder uns sogar als Kunden aufgeben. Je besser wir die Leute in einem kleinen Geschäft kennen, um so informeller kann die Beziehung sein. Sie können uns außerhalb der Öffnungszeiten Zutritt gewähren oder uns Kredit geben, wenn wir unsere Geldbörse vergessen haben. Im industriellen Marketing ist Informalität oft eine zwingende Notwendigkeit. Probleme werden am Telefon gelöst, und die Parteien vertrauen einander. Verhandlungen und Informationsaustausch können am Golfplatz oder in einer Bar stattfinden und manchmal wichtige Geschäfte mit langfristigen Auswirkungen nach sich ziehen.

Routine: Eine häufige Beschwerde über die Ehe lautet, daß Romantik und Spannung mit den Jahren nachlassen; nach einer Zeit der Leidenschaft wird die Beziehung zur Routine. Obwohl dies langweilig klingt, kann Routine jedoch die Voraussetzung für Leistungsfähigkeit und Kosteneffizienz sein – in kommerziellen Beziehungen ebenso wie in der Ehe. Bankgeschäfte über Computer und Telefone werden heute zur Routine, und die Tage, in denen man – wie es heute noch vielfach üblich ist – zur örtlichen Bankfiliale geht, vom Bankangestellten begrüßt wird und mit ihm plaudert, sind vielleicht gezählt. Selbst wenn Sie der Meinung sind, mit Ihrer örtlichen Filiale zu telefonieren, werden Sie vielleicht digital auf eine freie Leitung eines Kundendienstes geschaltet, die sich irgendwo im Land befinden kann. Im Investitionsgütermarketing werden Lieferroutinen erstellt, und Kunde wie Lieferant halten bestimmte Rituale und Standardverfahren ein. Doch Kunden können sich auch von Lieferanten abwenden, die sich an ihnen nicht interessiert zeigen. Man muß also abwägen – zwischen Routine und Standardverfahren für eine rasche und kostengünstige Abwicklung einerseits und andererseits dem Gefühl, daß die Beziehung lebt und sich weiterentwickelt.

Inhalt: Der Inhalt einer Geschäftsbeziehung wird traditionell als wirtschaftlicher Austausch angegeben. Eine Partei bietet Waren und Leistungen, die andere bietet Geld; Waren- und Leistungsflüsse gehen in die eine Richtung, finanzielle Flüsse in die andere. In diesem Sinn bedeutet Marketing Austausch. In der neuen Marketing- und Managementtheorie wird die Beziehung immer stärker als Interaktion und gemeinsame Wertschöpfung verstanden. Der Inhalt einer Beziehung ist oft Wissen und Information. Dies begründet zum Beispiel Allianzen zur Produktentwicklung oder den Beitritt eines Hotels zu einem Reservierungsnetzwerk. Auf diese Weise kann ein Unternehmer „größer werden, ohne zu wachsen". Die Koordination und gemeinsame Nutzung von Ressourcen für Produktion und Vertrieb kann eine wichtige Rolle spielen; so können konkurrierende Zeitungen eine gemeinsame Druckerei und einen gemeinsamen Abonnementvertrieb betreiben, um Kosten einzusparen.

Persönliche und soziale Eigenschaften: Dazu gehören Alter, Geschlecht, Beruf, Ausbildung, Persönlichkeitstyp, geographische und soziale Mobilität, persönliche Züge, wie z.B. Machtgier, sowie die Fähigkeit, Vertrauen zu gewinnen. Charme, Charisma, persönliche Ausstrahlung und Chemie gehören hierher, alles Phänomene, die schwer zu analysieren sind, die wir aber erkennen, wenn wir ihnen begegnen. In der Analyse sozialer Netzwerke wird versucht, Beziehungsmuster zu identifizieren: Cliquen, Cluster, Blöcke usw. Die Analyse bietet Matrizen und Strukturbeschreibungen von persönlichen Beziehungen. Das Soziogramm ist eine graphische Technik zur Veranschaulichung von Beziehungsmustern zwischen Einzelpersonen. Beziehungen können ersten Grades sein (zu Freunden), zweiten Grades (zu Freunden von Freunden), dritten Grades usw. Die Beziehungen können direkt sein oder über einen Vermittler laufen.

Oft wird die Frage gestellt, welche Merkmale die wichtigsten sind. Man sollte sich, optimal nach Pareto, auf jene Merkmale konzentrieren, die den Löwenanteil der Wirkung ausmachen. Manche meinen, daß Macht immer ein entscheidender Faktor ist, andere halten Engagement und Vertrauen für wichtig.[24] Die meisten Eigenschaften sind nicht klar abgegrenzt und überlappen sich in vieler Hinsicht.

Rangordnungen sind oft irreführend, da die jeweilige Bedeutung eines Merkmals situationsabhängig ist. Wenn zum Beispiel das Vertrauen als gegeben angesehen wird, dann wird dieses Merkmal erst dann bemerkt werden, wenn das Vertrauen mißbraucht wird. Um erfolgreich zu sein, muß man in diesem Fall vertrauenswürdig sein, aber dies unterscheidet die Parteien nicht voneinander. Dazu bedarf es eines anderen Merkmals, etwa besserer sozialer Kontakte.

[24] Zur Machtfrage siehe z. B. Thorelli (1986, S. 38); zu Engagement und Vertrauen siehe Morgan und Hunt (1994).

Die allgemeinen Merkmale von Beziehungen können zur Beurteilung einer Beziehung, ihrer Weiterentwicklung oder ihrem Abbruch beitragen. Aber sie können für sich allein nicht als Grundlage für Marketingentscheidungen, Planung und Durchführung dienen. Selbst wenn jedes dieser Merkmale ein interessantes Phänomen zum Ausdruck bringt, müssen sie in ein Verhältnis zueinander gebracht werden. Ich habe mich daher dafür entschieden, Beziehungstypen zu definieren, die sich aus zahlreichen Merkmalen zusammensetzen und die im Marketingmanagement zu erkennen sind.

Die 30R des RM: Einführende Beschreibung der dreißig Beziehungen

Die Philosophie des RM und die Beispiele müssen in greifbare, systematisch definierte Beziehungen umgesetzt werden, die zum Bestandteil der Marketingplanung eines Unternehmens werden können. In diesem Sinne wurden dreißig Beziehungen – die 30R (Relationships) – definiert. Sie sind in Tabelle 1.2 angeführt und kurz erläutert. Mit Ausnahme der ersten Beziehung – *R1: Beziehung zwischen einem Lieferanten und einem Kunden*, die Grundlage des Marketing – sind die Beziehungen nicht nach ihrem Stellenwert gereiht. Ihre Bedeutung ist je nach Unternehmen und Markt verschieden. Bei der Lektüre sollte man stets den Standpunkt des RM im Auge behalten und sich die Frage stellen: Wenn wir Marketing als ein Geflecht von Beziehungen, Netzwerken und Interaktion verstehen, was können wir erkennen und wie können wir diese Erkenntnisse nutzen?

Die Beziehungen werden wie folgt zusammengefaßt:

Die ersten beiden Beziehungstypen sind *Marktbeziehungen*, also Beziehungen zwischen Lieferanten, Kunden, Mitbewerbern und anderen Marktakteuren. Sie bilden die Grundlage des Marketing, orientieren sich nach außen und beziehen sich auf den jeweiligen Markt. Einige betreffen die Beziehungen sowohl zu den Konsumenten als auch zu anderen Organisationen, andere sind entweder konsumentenbezogen oder bestehen *zwischen verschiedenen Organisationen.* Zu den Marktbeziehungen zählen:

- *Klassische Marktbeziehungen* (R1 bis R3): Die klassischen Marktbeziehungen sind *die Lieferant-Kunden-Dyade, die Triade Lieferant-Kunde-Mitbewerber* sowie *das physische Vertriebsnetz;* sie werden in der allgemeinen Marketingtheorie umfassend behandelt.
- *Besondere Marktbeziehungen* (R4 bis R17): Es handelt sich hier um bestimmte Aspekte der klassischen Beziehungen, wie etwa *die Interaktion in der Servicebegegnung oder der Kunde als Teilnehmer an einem Kundenbindungsprogramm.*

Die letzten beiden Typen sind Beziehungen, die *außerhalb des Marktes* bestehen und auf die die Marktbeziehungen nur einen mittelbaren Einfluß haben:

- *Megabeziehungen* (R18 bis R23) sind allgemein gesellschaftliche, dem Markt übergeordnete Beziehungen. Sie bieten eine Plattform für Marktbeziehungen und betreffen die Wirtschaft und die Gesellschaft im allgemeinen. In diese Gruppe gehören *Megamarketing* (Lobbying, öffentliche Meinung und politische Macht), *Megaallianzen* (wie die EU, die ein neues Marketingumfeld in Europa schafft) und *gesellschaftliche Beziehungen* (wie freundschaftliche oder ethnische Bande).
- *Nanobeziehungen* (R24 bis R30) sind den Marktbeziehungen untergeordnet; es handelt sich um Beziehungen innerhalb einer Organisation (*innerorganisationelle Beziehungen*). Die nach außen geknüpften Beziehungen werden von sämtlichen internen Aktivitäten beeinflußt. Beispiele für Nanobeziehungen sind etwa die *Beziehungen zwischen internen Kunden und zwischen internen Märkten,* die infolge der verstärkten Einrichtung von unabhängigen Profitcentern, Abteilungen und Geschäftsbereichen innerhalb einer Organisation entstehen. Die Grenzen zwischen externen und internen Beziehungen sind oft verschwommen; es ist eine Frage des Schwerpunkts. So ist zum Beispiel das physische Vertriebsnetz (R3) Bestandteil eines Logistikflusses, der interne wie externe Kunden gleichermaßen betrifft.

Klassische Marktbeziehungen (Kapitel 2)

R1
Die klassische Dyade: die Beziehung zwischen einem Lieferanten und einem Kunden
Dies ist die „Mutterbeziehung“ des Marketing, der eigentliche Wertaustausch, der die Grundlage jeder Geschäftstätigkeit bildet.

R2
Die klassische Triade: das Drama der Dreiecksbeziehung Kunde-Lieferant-Mitbewerber
Der Wettbewerb ist eine zentrale Komponente der Marktwirtschaft. Im Wettbewerb entstehen Beziehungen zwischen drei Parteien: zwischen dem Kunden und dem gegenwärtigen Lieferanten, zwischen dem Kunden und den Konkurrenten des Lieferanten und zwischen den Mitbewerbern.

R3
Das klassische multidimensionale Netz: Vertriebskanäle
Der traditionelle physische Vertrieb und das moderne Vertriebsmanagement, das Produkte, Dienstleistungen, Menschen und Informationen umfaßt, besteht aus einem Netz von Beziehungen.

Besondere Marktbeziehungen (Kapitel 3)

R4

Beziehungen über Vollzeitvermarkter (full-time marketers, FTMs) und Teilzeitvermarkter (part-time marketers, PTMs)

Die Mitarbeiter von Marketing- und Verkaufsabteilungen – FTMs – sind professionelle Beziehungsknüpfer. Alle übrigen, die andere Hauptfunktionen ausüben, aber dennoch direkten oder indirekten Einfluß auf die Kundenbeziehung nehmen, sind PTMs. Es gibt auch eine Beteiligung von FTMs und PTMs außerhalb der Organisation.

R5

Die Servicebegegnung: Interaktion zwischen dem Kunden und dem Service-/Kontaktpersonal

Die Produktion und Durchführung von Dienstleistungen setzt den Kunden in eine interaktive Beziehung zu den Mitarbeitern des Dienstleisters, man spricht in diesem Zusammenhang häufig von einem Augenblick der Wahrheit.

R6

Der vielköpfige Kunde und der vielköpfige Lieferant

Die Vermarktung an andere Organisationen – industrielles Marketing oder Business Marketing – setzt oft Kontakte zwischen einer Vielzahl von Einzelpersonen der beiden Organisationen voraus.

R7

Die Beziehung zum Kunden des Kunden

Um erfolgreich zu sein, ist es oft notwendig, auch den Kunden des Kunden zu verstehen und sich als Lieferant Gedanken darüber zu machen, was man tun kann, um den Kunden des Kunden zum Erfolg zu verhelfen.

R8

Enge und distanzierte Beziehungen

Im Massenmarketing geht die Kundennähe verloren, und die Beziehung wird distanziert; sie stützt sich auf Umfragen, Statistiken und schriftliche Berichte.

R9

Die Beziehung zum unzufriedenen Kunden

Der unzufriedene Kunde empfindet eine besondere Art von Beziehung, die intensiver ist als im Normalfall und vom Lieferanten oft schlecht gehandhabt wird. Die Art und Weise, wie eine Beschwerde erledigt wird – die Behebung des Problems –, kann für die weitere Qualität der Beziehung entscheidend sein.

R10

Die Monopolbeziehung: der Kunde oder der Lieferant als Gefangener

Wenn der Wettbewerb unterbunden wird, kann der Kunde dem Lieferanten ausgeliefert sein – oder umgekehrt. Einer von beiden wird zum Gefangenen.

R11

Der Kunde als „Mitglied"

Um eine dauerhafte und langfristige Beziehung aufzubauen, werden die Kunden immer öfter als Mitglieder in verschiedene Kundenbindungsprogramme aufgenommen.

R12
Informatik: die elektronische Beziehung
Die Informationstechnologie – Telekommunikation, Computer, TV – gehört heutzutage zu jeder Art von Marketing und bringt neue Beziehungsformen hervor.

R13
Parasoziale Beziehungen: Beziehungen zu Symbolen und Objekten
Es gibt nicht nur Beziehungen zu Menschen und physischen Phänomenen, sondern auch zu inneren Bildern und Symbolen, wie etwa zu einem Markennamen oder einem Firmenimage.

R14
Die nichtkommerzielle Beziehung
Es handelt sich hier um die Beziehung zwischen dem öffentlichen Sektor und den Bürgern/Kunden; in diese Gruppe fallen aber auch freiwillige Organisationen und sonstige Aktivitäten außerhalb der profit- und geldorientierten Wirtschaft, wie sie etwa in Familien stattfinden.

R15
Die grüne Beziehung
Umwelt- und Gesundheitsfragen gewinnen langsam, aber stetig an Bedeutung und schaffen über die Gesetzgebung, die Stimme meinungsbildender Konsumenten, das veränderte Konsumverhalten und die Ausweitung der Kunden-Lieferanten-Beziehung auf Recyclingprozesse neuartige Kundenbeziehungen.

R16
Die gesetzlich begründete Beziehung
Die Beziehung zu einem Kunden kann manchmal vorwiegend auf der Basis gesetzlicher Verträge und der Gefahr eines Rechtsstreits existieren.

R17
Das kriminelle Netz
Das organisierte Verbrechen stützt sich auf engmaschige, oft undurchdringliche Netze im Dienste einer illegalen geschäftlichen Zielsetzung. Diese Netze existieren weltweit und scheinen weiter zu wachsen, werden aber in der Marketingtheorie nicht berücksichtigt. Sie können das Funktionieren eines ganzen Marktes oder Industriezweiges beeinträchtigen.

Megabeziehungen (Kapitel 4)

R18
Persönliche und gesellschaftliche Netze
Die persönlichen und gesellschaftlichen Netze können für die geschäftlichen Netze bestimmend sein. In manchen Kulturen werden Geschäfte sogar ausschließlich zwischen Freunden und Freunden von Freunden abgeschlossen.

R19
Megamarketing: Der eigentliche „Kunde“ ist nicht unbedingt auf dem Markt zu suchen
Unter gewissen Umständen ist es notwendig, Beziehungen zu Regierungen, Gesetzgebern, einflußreichen Persönlichkeiten und ähnlichen zu knüpfen, um eine Vermarktung auf operationaler Ebene überhaupt erst zu ermöglichen.

R20
Allianzen verändern die Marktmechanismen
Allianzen bedeuten engere Beziehungen und Zusammenarbeit zwischen Unternehmen. Der Wettbewerb wird damit teilweise ausgeschaltet, aber die Zusammenarbeit ist notwendig, damit die Marktwirtschaft funktionieren kann.

R21
Die Wissensbeziehung
Wissen kann zur wichtigsten strategischen und kritischen Ressource werden, und die „Aneignung von Wissen“ ist oft der Beweggrund für das Eingehen von Allianzen.

R22
Megaallianzen verändern die Grundvoraussetzungen des Marketing
Die EU (Europäische Union) und die NAFTA (North America Free Trade Agreement) sind Beispiele von Allianzen, die über einzelne Unternehmen oder Industrien hinausgehen. Sie bestehen auf der supranationalen Regierungsebene.

R23
Die Beziehung zu den Massenmedien
Die Medien können günstige oder schädliche Auswirkungen auf das Marketing haben, und sie üben einen besonderen Einfluß auf die öffentliche Meinung aus. Die Beziehung zu den Medien ist entscheidend für die Art und Weise, wie diese ein bestimmtes Thema behandeln.

Nanobeziehungen (Kapitel 5)

R24
Marktmechanismen werden in das Unternehmen hineingetragen
Indem in einer Organisation getrennte Profitcenter eingerichtet werden, wird ein unternehmensinterner Markt geschaffen, und es entstehen intern wie extern neuartige Beziehungen.

R25
Interfunktionale und interhierarchische Abhängigkeit: die Beziehung zwischen internen Kunden und internen Lieferanten
Die gegenseitige Abhängigkeit verschiedener Ebenen und Abteilungen eines Unternehmens ist als ein Prozeß von Beziehungen zwischen internen Kunden und internen Lieferanten anzusehen.

R26 **Qualität als Beziehungsstifter zwischen den technischen Funktionen und dem Marketing** Das moderne Qualitätskonzept schlägt eine Brücke zwischen Produktplanung, Produktion und sonstigen technologischen Aktivitäten sowie dem Marketing. Es betrifft die unternehmensinternen Beziehungen genauso wie die externen Kundenbeziehungen.
R27 **Internes Marketing: die Beziehungen zum „Mitarbeitermarkt"** Internes Marketing kann insofern als Teil des RM angesehen werden, als es die Beziehungen zu den externen Kunden auf unmittelbare Weise unterstützt.
R28 **Die zweidimensionale Matrix** Die Matrixorganisation ist häufig in Großunternehmen zu finden, insbesondere bei den Beziehungen zwischen Produktmanagement und Vertrieb.
R29 **Die Beziehung zu externen Anbietern von Marketingdienstleistungen** Externe Dienstleister verstärken die Marketingfunktion durch eine Reihe von Dienstleistungen, wie sie etwa Werbeagenturen oder Marktforschungsinstitute anbieten, aber auch in den Bereichen Verkauf und Vertrieb.
R30 **Die Beziehung zu Eigentümern und Geldgebern** Eigentümer und sonstige Geldgeber bestimmen teilweise die Bedingungen, unter welchen die Marketingfunktion ausgeübt werden kann. Die Beziehung zu ihnen beeinflußt die Marketingstrategie.

Tabelle 1.2: Die dreißig Beziehungen des RM, die 30R

Definition und Inhalt der 30R entspringen meiner Interpretation dessen, was praktisch und theoretisch von Bedeutung ist. Dahinter steht meine Prägung durch die induktiven Methoden der empirischen Forschung, insbesondere die Idee der fundierten Theorie[25] und die Forderung nach Hellhörigkeit und Aufgeschlossenheit. Wenn man sich auf spezifische Fragen konzentriert – in unserem Fall auf die drei Kernvariablen: Beziehungen, Netzwerke und Interaktion –, zeichnen sich Muster ab. Das Ergebnis sind dreißig Beziehungen. Ich erhebe keinen Anspruch auf endgültige Klassifizierung und Wahrheit; dies wäre ein Widerspruch zur

[25] Mein Forschungsansatz im Marketing- und Managementbereich wurde von gewissen Prinzipien der „fundierten Theorie" beeinflußt, insbesondere der Darstellung von Glaser (1992). Glaser erklärt (S. 4): „Der Forscher muß Geduld haben und darf die Daten nicht aus Angst oder Ungeduld erzwingen ... *Er muß darauf vertrauen, daß sich etwas herausstellen wird, dann geschieht es auch.*" (Hervorhebung durch den Autor dieses Buches) Im Laufe des Forschungsprozesses kristallisieren sich ganz von selbst Muster und Kategorien heraus, welche die für die Beziehungen charakteristischen Kerneigenschaften aufzeigen, ohne daß der Forscher versucht, sie aus den empirischen Daten hervorzuzwingen.

Philosophie der induktiven Forschung. Jeder, der in der Lage ist, weitere Beziehungen aufzuzeigen, die bestehenden zu komprimieren oder eine sinnvollere Klassifizierung zu finden, sei dazu ermutigt.

In ihrem Buch „From Tin Soldiers to Russian Dolls“ verwendet Sandra Vandermerwe (1993) die Metapher der Zinnsoldaten und der russischen Holzpuppen, um die Verwaltung der aufkommenden Dienstleistungsgesellschaft zu beschreiben. Die Zinnsoldaten stehen für ein veraltetes Management-Paradigma, das auf der strengen militärischen Hierarchie aufbaut; sie stehen fein säuberlich in Reih und Glied und befolgen Befehle und Vorschriften. Die Puppen stehen für das neue Paradigma des Netzwerks oder der imaginären Organisation. Eine russische Puppe besteht aus ineinander verschachtelten Puppen, die in endloser Reihe voneinander abhängig sind. Das Buch hat mich zur Zeichnung der „Beziehungspuppe“ inspiriert, um die Logik des RM und seiner organisationellen Abhängigkeiten zu veranschaulichen (Abbildung 1.4). Das Bild zeigt Beziehungsschichten, die zwar miteinander verbunden, aber gleichzeitig verschiedenartig sind.

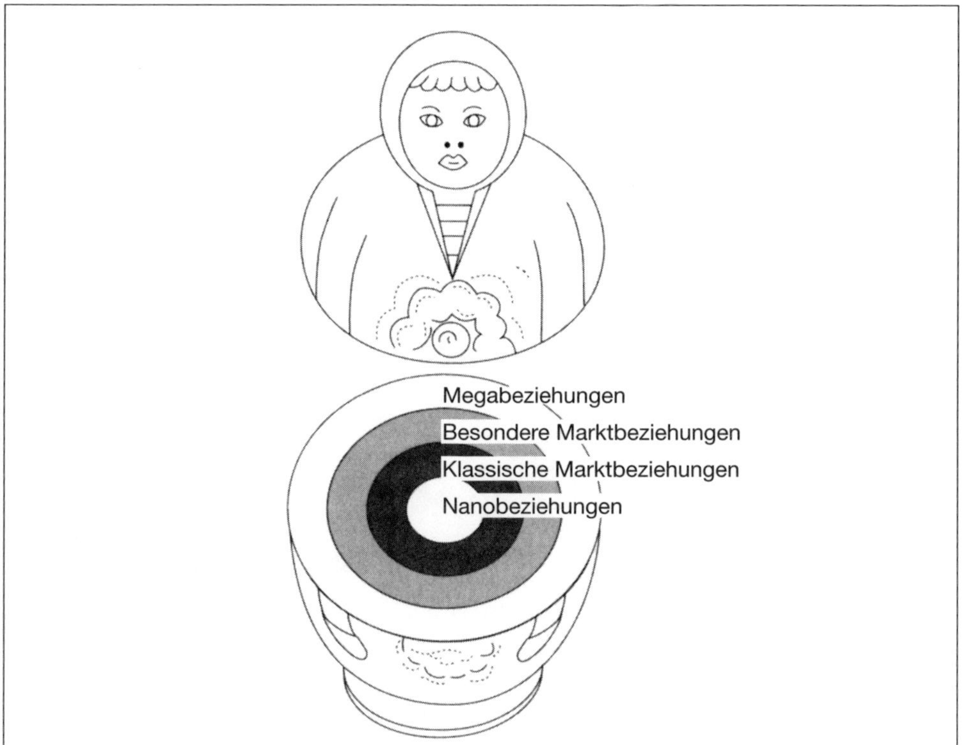

Abbildung 1.4: RM dargestellt als russische Puppe, die sogenannte „Beziehungspuppe“. Die Metapher der russischen Puppe stammt von Sandra Vandermerwe (1993). Die Metapher wird hier mit ihrer Genehmigung verwendet.

Die beiden mittleren Puppen stehen für die Marktbeziehungen. Die Nanobeziehungen sind der Mittelpunkt und bilden gemeinsam mit den Megabeziehungen (den äußeren Puppen) die Voraussetzungen für die Marktbeziehungen. Die Metapher darf nicht zu weit getrieben werden, aber sie illustriert Verbindungen und Abhängigkeiten, die eine Firma bei der Organisation ihres Marketing berücksichtigen sollte. Die Puppe wird zum Symbol der imaginären Organisation, wo die Abgrenzung zwischen Organisation, Markt und Gesellschaft nicht so eindeutig ist wie in der traditionellen Organisationstheorie und Wirtschaftswissenschaft.

Die 30R werden in den folgenden vier Kapiteln näher erläutert.

Abschnitt 2

30R: Die dreißig Marketingbeziehungen (Relationships)

Im ersten Abschnitt wurde RM als radikal neuer Marketingansatz, als neues Paradigma präsentiert. Die dreißig Beziehungen wurden vorgestellt und kurz erläutert. In diesem Abschnitt sollen diese Beziehungen dem Leser nähergebracht werden, indem wir auf die Idee eingehen, die hinter jeder einzelnen Beziehung steckt, und diese durch Beispiele veranschaulichen. Die Definition der 30R hat den Zweck, eine wirksame und sinnvolle Nutzung des RM für die Marketingplanung und die Umsetzung von Marketingaktivitäten zu ermöglichen. Es werden nicht unbedingt immer alle 30 Beziehungen für jedes Unternehmen und in jeder spezifischen Marketingsituation unmittelbar von Interesse sein; vielmehr geht es darum, ein „Beziehungsportefeuille" zusammenzustellen.

Behalten Sie bei der Lektüre den Grundgedanken des Buches im Auge. RM wurde definiert als Marketing, gesehen als ein Geflecht von Beziehungen, Netzwerken und Interaktion. Der Leser soll die Beziehungsbrille aufsetzen und sich stets fragen: „Wenn wir Marketing als Beziehungen, Netzwerke und Interaktion betrachten, was erkennen wir, und wie können wir diese Erkenntnisse nutzen?" Die einzelnen Beziehungen müssen nicht unbedingt in numerischer Reihenfolge gelesen werden; konzentrieren Sie sich auf diejenigen, die Ihnen für Ihre Zwecke wesentlich erscheinen.

Abschnitt 2 besteht aus den Kapiteln 2 bis 5. Die Gliederung wurde in Tabelle 1.2 dargestellt: Kapitel 2 handelt von den klassischen Marktbeziehungen, Kapitel 3 von den besonderen Marktbeziehungen, Kapitel 4 von den Megabeziehungen und Kapitel 5 von den Nanobeziehungen.

Kapitel 2
Klassische Marktbeziehungen

Die ersten drei Beziehungen sind Marketingklassiker, auch wenn wir sie hier durch die Beziehungsbrille betrachten. Die Beziehung zwischen dem Kunden und dem Lieferanten (R1) – die klassische Dyade – bildet die Grundlage geschäftlichen Austauschs und geschäftlicher Interaktion; sie ist die Mutterbeziehung des Marketing. Hinzu kommt noch eine dritte Kraft: der Wettbewerb als notwendiges Element jeder Marktwirtschaft. Die Beziehung zwischen einem Kunden, seinem aktuellen Lieferanten und den Mitbewerbern dieses Lieferanten bildet die klassische Triade (R2). Der physische Vertrieb schließlich war immer eine zentrale Komponente des Marketing. Er hat sich zum sogenannten Channel Management ausgeweitet und stellt sich hier als ein Netzwerk von Beziehungen dar: das klassische Vertriebsnetz (R3).

Relationship 1
Die klassische Dyade: die Beziehung zwischen einem Lieferanten und einem Kunden

Die Beziehung zwischen demjenigen, der etwas verkauft, und demjenigen, der etwas kauft, bildet *die klassische Marketingdyade, eine Zweiparteienbeziehung.* Dies ist die *Mutterbeziehung des Marketing* (Abbildung 2.1).

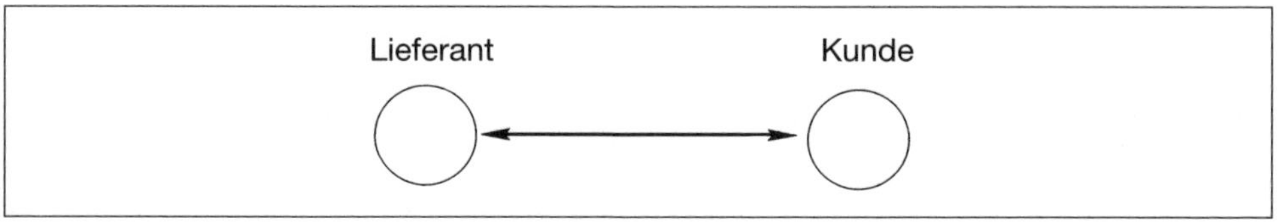

Abbildung 2.1: Die klassische Dyade: die Beziehung zwischen einem Lieferanten und einem Kunden

Die zwei miteinander interagierenden Parteien sind ein *Lieferant* und ein *Kunde.* Unter Kunde ist meistens ein *externer Kunde* zu verstehen; der heute weitgehend anerkannte Begriff des internen Kunden fällt in den Bereich der Nanobeziehungen (R25). Falls nichts anderes angegeben ist, ist unter „Kunde" immer ein externer Kunde gemeint.

Der Lieferant ist der *Verkäufer*; er kann durch einen *Verkaufsmitarbeiter* vertreten sein, dessen Aufgabe der persönliche Verkauf ist. In letzterem Sinn besteht eine Beziehung von Angesicht zu Angesicht oder eine Beziehung durch Briefe, Telefon, Fax, Internet oder sonstige Medien.

In individuellen Marktbeziehungen interagiert ein Kunde mit einer anderen Einzelperson, sei es mit einem Verkaufsmitarbeiter oder einem sonstigen Angestellten des Verkäuferunternehmens. Im Beziehungsverkauf beschränkt sich die Dyade auf die Beziehung zwischen dem Verkaufsmitarbeiter und dem Kunden.

Marktbeziehungen entstehen auch zwischen Unternehmen, Industrien, Regionen, Ländern und Ländergruppen. Wenn die Verkaufssituation umfassender und komplexer ist, wird die Verkaufstätigkeit zur *Verhandlung*. Der Verkäufer wird zum *Verhandler*, und die Verhandlungen werden oft von Teams auf beiden Seiten geführt.

Das Konzept des *interaktiven Marketing* – im Gegensatz zum *traditionellen* oder *Massenmarketing* – bietet eine erweiterte Sichtweise des persönlichen Verkaufs.[1] Es stellt die Bedeutung der Interaktion zwischen den beiden Parteien in den Vordergrund. Es lehrt uns auch, daß für den Verkauf wichtige Beziehungen oft nicht vom Verkaufspersonal an sich gepflegt werden, sondern von anderen Mitarbeitern, die in persönlichen Kontakt zu den Kunden treten – etwa das Kontaktpersonal einer Dienstleistungsfirma oder alle Personen, die an großen industriellen Geschäften beteiligt sind.

Lange wurde der *Pflege der bestehenden Kundschaft* weniger Wert beigemessen als der *Akquisition neuer Kunden*. Der Verkäufer, der neue Kunden gewinnen konnte, galt als dynamisch; wer „nur" alte Kundenbeziehungen pflegte, gehörte zum alten Eisen, wirkte verbraucht und Neuem gegenüber verschlossen. Heutzutage stehen *Pflege, Betreuung und Weiterentwicklung bestehender Beziehungen* im Vordergrund. Die Strategie lautet: die eigenen Kunden umwerben, bevor man beginnt, um die Kunden des anderen zu werben.

Ein Grund, warum man in bestehende Kunden investieren sollte, liegt in der zunehmenden Erkenntnis, daß die Kunden für ein Unternehmen eine knapp werdende Ressource darstellen; ein anderes Argument lautet, daß es kostspielig ist, neue Kunden zu werben. Folglich rücken langfristige, stabile Beziehungen in den Vordergrund. Berry[2] definiert RM als „das Anbahnen, Erhalten und ... Verbessern von Kundenbeziehungen", wobei die erste Priorität des Marketing darin besteht, „die Kundenbasis zu bewahren". Das Anwerben neuer Kunden ist eine der ersten Stufen im Marketingprozeß und nicht etwa die letzte. Die zweite Stufe – der Aufbau dauerhafter Geschäftsbeziehungen – ist der anspruchsvollste Teil des Marketing.

---

[1] Siehe auch Grönroos (1990, S. 140 – 142).

[2] Berry (1983, S. 25).

Die Begriffe *Bindungsmarketing* und *Null-Abgang*[3] betonen die Bedeutung der Beziehung zu bestehenden Kunden. Der letzte Begriff entstand in Anlehnung an die „Null-Fehler"-Qualitätsstrategie. Diese Strategie schreibt vor, daß ein Unternehmen die Qualität kontinuierlich weiterentwickeln muß, um fehlerfreie Waren und Dienstleistungen anbieten zu können. Null-Abgang bedeutet eine Beziehung, von der sich niemand lossagt, wodurch der Kundenverlust gleich Null ist. Diese Strategie bedeutet nicht, daß Kunden um jeden Preis gehalten werden müssen. Wenn ein Kunde keinen Bedarf an unserem Angebot hat oder auf Dauer keinen Gewinn bringt, sollte seine Loslösung gefördert werden. Es sollte eine laufende *Kundenmigration* geben; Kunden können zu uns *zuwandern* oder zu anderen Lieferanten *abwandern*. Das ist ein Element der freien Marktwirtschaft. Was die Null-Abgang-Strategie wirklich will, ist, daß kein Kunde wegen eines mangelnden Interesses seitens des Lieferanten, verspäteter Lieferungen, schlampigem Service oder falscher Preispolitik abfallen sollte.

Entscheidend ist hier die Frage, bis zu welchem Punkt es sich auszahlt, eine Beziehung aufrechtzuerhalten, und wann man sich besser damit abfindet, daß der Kauf ein einmaliges Geschäft bleiben wird. In Vertriebskreisen hört man oft, daß es fünf- bis zehnmal soviel kostet, einen neuen Kunden zu gewinnen, als einen alten Kunden zu erhalten. Ich weiß nicht, inwieweit dies bewiesen ist, aber es ist zu einem allgemeinen Schlagwort geworden. Auf die finanziellen Auswirkungen des RM werden wir in Kapitel 6 noch ausführlicher zurückkommen.

Eine Verkäuferweisheit besagt: „Beim Verkauf geht es in Wirklichkeit nicht darum, etwas zu verkaufen, sondern darum, Kunden zu gewinnen." Diese Strategie ist in Verkaufsschulungen vielfach als Erfahrung aus der Praxis gelehrt worden. Weniger sicher ist, inwieweit jeder diese Strategie auch versteht und lebt. Carl Sewell in Dallas, der erfolgreichste Cadillac-Händler der Welt, hat sie jedenfalls begriffen und handelt danach. Autos verkaufen bedeutet für ihn, lebenslange Beziehungen zu jedem einzelnen Kunden aufzubauen. Er schätzt, daß jeder Kunde 332 000 US$ wert ist. Soviel geben Cadillac-Kunden voraussichtlich in ihrem Leben für den Kauf und die Wartung ihres Autos aus. Als ein Mittel, die Beziehung zu verstärken, hält Sewell die Reparaturwerkstätten auch am Samstag und in den Abendstunden offen. Sein Beziehungscredo definiert er wie folgt:[4]

- „Wenn du deine Kunden gut behandelst, kommen sie immer wieder, weil sie dich mögen.
- Wenn sie dich mögen, geben sie mehr Geld bei dir aus.
- Wenn sie mehr Geld ausgeben, bekommst du Lust, sie besser zu behandeln.

[3] Der Begriff „Null-Abgang" (zero defection) stammt von Reichheld und Sasser (1990).

[4] Sewell (1990, S. xviii).

- Wenn du sie besser behandelst, kommen sie immer wieder, und der Kreislauf beginnt von vorne."

Gegen dieses Credo gibt es kaum etwas einzuwenden; es ist einfach eine Frage des gesunden Menschenverstands. Gesunder Menschenverstand ist es auch, wenn Frau Kajsa Jansson, eine erfolgreiche Volvo-Händlerin, sich speziell um weibliche Kundinnen bemüht und einen Klub für Frauen eingerichtet hat, die mehr über Autos erfahren möchten. Wie Sewell wendet auch sie ihren gesunden Menschenverstand an.

Nun stellt sich die Frage, ob es überhaupt möglich ist, eine Beziehung herzustellen, wenn man es mit Tausenden oder gar Millionen von Kunden zu tun hat, wie beispielsweise im Konsumgüterbereich. Bleibt da Massenmarketing durch Werbung und Supermärkte nicht die einzige Möglichkeit? Im Massenmarketing ist der Kunde anonym. Der Kontakt durch „Massenkommunikation" ist *mittelbar, unpersönlich* und geht nur in *eine Richtung*. Eigentlich kann man hier gar nicht mehr von Kommunikation sprechen, denn diese muß in beide Richtungen gehen und ist nur beim persönlichen Verkauf möglich. Bestenfalls handelt es sich um *Information*[5], im schlimmsten Fall ist es einfach nur *Lärm*.

Im rationalistischen Sinne der westlichen industrialisierten Welt sind die Kosten für die Pflege persönlicher Beziehungen zu hoch, insbesondere wenn das Produkt oder die Leistung billig ist oder der Preisdruck hoch ist. So werden die Beziehungen mechanisch; groß angelegtes Massenmarketing macht es möglich. Das Konzept des Selbstbedienungladens basiert auf dem Paradigma der Massenproduktion und der Massenvermarktung. Persönliche Beziehungen werden durch Verpackungen ersetzt, die Produkt- und Preisinformationen bieten, und der Konsument packt die Waren selbst in seinen Korb oder seinen Einkaufswagen.

Von der individuellen Beziehung zur Massenbeziehung gibt es zahlreiche Übergangsformen. Der Begriff des *individualisierten Massenmarketing* klingt vielleicht wie ein Widerspruch in sich, erweist sich aber zunehmend als erfolgreiche Marketingstrategie. Slater Mensware in Glasgow, Schottland, ist ein Beispiel dafür. Das Unternehmen ist der größte Herrenausstatter der Welt, und am Eingang prangt als Beweis ein Diplom des Guinness-Buchs der Rekorde. Das Geschäft garantiert einen Lagerbestand von mindestens 12 000 Anzügen (inklusive bekannter Modemarken) und ein Preisniveau, das 25 bis 50 % unter dem Durchschnitt liegt. Der Kunde wird sofort von einem Verkäufer betreut, der hilfsbereit ist, ihn aber auch in Ruhe läßt, wenn er sich lieber allein umsehen möchte. Man kann sich an jeden beliebigen Verkäufer wenden, keiner scheint den Kunden vor seinen Kollegen abschirmen zu wollen. Die Verkäufer beraten den Kunden hinsichtlich Farbe und Paßform. Die Maße für die Änderungen werden unverzüglich

---

[5] Edfeldt (1993, S. 100).

genommen, die Änderungen werden kostenlos angeboten und sind am folgenden Tag, in dringenden Fällen auch innerhalb einer Stunde oder noch schneller durchgeführt. Bei Kunden aus Übersee werden die Papiere für die Steuerrückzahlung ausgefüllt, ohne daß man darum bitten muß. Die Papiere müssen beim Verlassen des Landes vom Zoll abgezeichnet und an eine bestimmte Adresse gesendet werden; Slater liefert das adressierte Kuvert mit Briefmarke gleich mit. Wer es wünscht, kann sich die Rückzahlung auf seine Kreditkarte gutschreiben lassen, um Probleme mit ausländischen Schecks und überhöhte Bankgebühren im eigenen Land zu vermeiden. Alles wird reibungslos, schnell und einfach erledigt. Das Geschäft ist groß, aber der persönliche Service ist erstklassig. Es ist schwer, Slater zu verlassen, ohne etwas gekauft zu haben. Paul Slater erklärt die niedrigen Preise mit der Einkaufs- und Zahlungspolitik des Hauses: „Wir kaufen in großen Mengen bei den Herstellern und zahlen innerhalb von drei bis fünf Tagen nach Lieferung, wir können daher Skonti an unsere Kunden weitergeben. Die Erfahrung hat gezeigt, daß es sehr angenehm ist, mit uns Geschäfte zu machen, und es ist uns im Laufe der Jahre gelungen, äußerst erfolgreiche Beziehungen zu einigen der großen Modehäuser aufzubauen."[6] Slater schafft positive Beziehungen zu den Lieferanten, die sich nicht oft so prompter Zahlung erfreuen können. Dadurch wiederum wird Slater für die Kunden konkurrenzfähiger. Doch niedrige Preise sind nicht genug, auch das Personal ist für die Beziehung zum Kunden verantwortlich.

Marketing versucht, den Eindruck einer persönlichen Beziehung zum Kunden auch dann zu erwecken, wenn der Lieferant die Kunden nicht kennt oder gar nicht mit ihnen in Berührung kommt. Wir haben es dann mit einer *pseudopersönlichen* Beziehung zu tun, die aber trotzdem wirkungsvoll sein kann. Es gibt jedoch qualitative Unterschiede zwischen der persönlichen Beziehung zwischen Hausarzt und Patient oder zwischen Gastwirt und Stammgast und der Beziehung zwischen einem Konsumenten und einer Zeitung oder einem Plakat in der U-Bahn.

Direktmarketing[7] verwendet seit langer Zeit Briefe mit individueller Anrede, um den Eindruck einer engen Beziehung zu erwecken. Computer sind in der Lage, den Namen des Kunden auch im Text des Briefes oder des Bestellscheins zu wiederholen. Der Stil kann persönlich gehalten sein: „Lieber Herr Schmidt, Sie wurden ausgewählt ..." Reader's Digest setze diese Technik schon früh im Rahmen großer internationaler Mailingaktionen mit persönlicher Anrede ein.[8] Gegen Mitte der 60er Jahre war dies eine Sensation, doch viele Firmen und Agenturen rümpften darüber die Nase. Selbst wenn den meisten Konsumenten

---

[6] Das Zitat stammt aus einer Werbung für Slater Mensware.

[7] Blomqvist, Dahl und Haeger (1993) betonen besonders die Nützlichkeit des Direktmarketing für das RM.

[8] Zur Geschichte von Reader's Digest siehe Heidenry (1993).

intellektuell durchaus bewußt war, worum es ging, erhöhten die personalisierten Schreiben die Antwortrate dennoch ganz erheblich.

Reader's Digest begann 1922, die Beziehungen zu den Abonnenten der Zeitschrift auszubauen und die Kundenkartei für direkte Mailingaktionen zu nutzen. Fünfundzwanzig Jahre später erscheint die Monatszeitschrift in 17 Sprachen und zählt 28 Millionen Abonnenten. Als diese Aktionen auch auf den Buch- und Musiksektor ausgeweitet wurden, wurde die Kundenkartei – der Kundenstamm – zur wertvollsten Ressource. Die neuen Produkte wurden mit Hilfe von persönlich adressierten Schreiben an bestehende Zeitschriftabonnenten verkauft. Die Adressenlisten wurden nach Segmenten aufgeteilt: Abonnenten; Abonnenten, die bereits ein Buch (zwei Bücher ...) gekauft hatten; Abonnenten, die eine Schallplatte (zwei Platten ...) gekauft hatten, und weitere Kombinationen. Und es stellte sich folgendes heraus: Je mehr Produkte ein Konsument bereits gekauft hatte, um so größer war die Wahrscheinlichkeit, daß er oder sie ein weiteres kaufen würde. Die langfristige Beziehung zwischen Reader's Digest und dem Konsumenten bestimmte die zukünftigen Käufe. Ausgefeilte statistische Tests belegten eindeutig, daß soziodemographische Variablen, wie etwa Alter, Geschlecht oder Einkommen – die in Marketinglehrbüchern routinemäßig empfohlen werden –, bei der Segmentierung keine weiteren Vorteile brachten.

Hanna Anderson ist ein Versandhaus für Kindermode in Portland, Oregon. Ein Mittel, um mit den Konsumenten in Verbindung zu bleiben und Kundentreue attraktiv zu machen, ist das *Hannadowns*-Konzept. Im Katalog heißt es: „Wenn Ihre Kinder aus ihren Hanna-Kleidern herausgewachsen sind, senden Sie mir die gut erhaltenen Sachen zurück, und ich schreibe Ihnen 20% des Kaufpreises gut. Ein toller Bonus für Ihre nächste Bestellung! Wir verschenken Ihre gebrauchten Kleider an bedürftige Kinder, die sie wiederum mit Freude tragen werden." Andere Versandhäuser wie L. L. Bean und Land's End haben ebenfalls bewiesen, daß individuelle Beziehungen zu Konsumenten nicht nur in ganz Amerika, sondern auch in Europa und in Japan möglich sind.

In Europa hat die norwegische Versicherungsgesellschaft Uni Storebrand ein umfassendes Programm entwickelt, um eine genaue und vollständige Kundendatenbank aufzubauen. Für eine Versicherungsgesellschaft gehört es zum Produktionsprozeß, genaue Unterlagen zu führen. Neu war jedoch, daß die Datenbank nunmehr aktiv für Marketingzwecke und für die Pflege engerer und langfristiger Beziehungen genutzt werden sollte. Mit Hilfe der Datenbank kann die Gesellschaft den Versicherungsbedarf jedes einzelnen identifizieren und jedem ihrer 900 000 Kunden gezielte Angebote machen. Die Bereinigung der Kundendatenbank stellte sich als außerordentlich aufwendige Aufgabe heraus. Die Datenbank wies eine hohe Fehlerrate auf und enthielt eine ganze Reihe von Karteileichen. Der älteste „Kunde", der nach wie vor Briefe zugeschickt bekam, war im selben Jahr wie Napoleon, also bereits 1821, gestorben!

Direktmarketing arbeitet nicht nur über Briefe, sondern verstärkt auch über das Telefon und sonstige Medien.[9] Telefonmarketing ist zu einem wichtigen Berufszweig geworden. So erklärt der internationale Telemarketingdienst Teleperformance, 70 % der Marketing- und Verkaufskommunikation laufe über das Telefon, und ein telefonischer Kontakt sei etwa fünf- bis zehnmal wirksamer als ein Briefkontakt; er sei oft genauso wirkungsvoll wie ein persönlicher Besuch, koste aber nur ein Fünftel davon. Die gebührenfreie Telefonnummer (800er-Serie) wurde 1967 in den USA eingeführt, aber es dauerte einige Zeit, bis die Unternehmer begriffen, welches Potential ihnen damit für den Dialog mit den Konsumenten zur Verfügung stand. Heute sind alle 800er-Nummern vergeben, und eine neue Serie, beginnend mit 888, ist hinzugekommen. In den meisten anderen Ländern gibt es seit kurzem ebenfalls einen solchen Telefonservice.

Dank EDV ist es heute möglich, exakte und zweckmäßige Kundendatenbanken aufzubauen. Aber EDV bringt nur dann etwas, wenn man seine Bemühungen auf RM ausrichtet und die Möglichkeiten sinnvoll ausschöpft. In den Ritz-Carlton-Hotels haben alle Mitarbeiter gelernt, die Vorlieben und Abneigungen der einzelnen Gäste festzuhalten. Die Daten werden in eine Computerdatenbank eingegeben, die auch Historiendaten der 240 000 Stammkunden beinhaltet: Kreditkartennummer, Preisvereinbarungen, frühere Aufenthalte, Nichtraucher usw. Diese praktische Maßnahme stellt eine Verbindung zum Gast her. Sie erleichtert die Interaktion zwischen Gast und Hotelpersonal bei Reservierung, Check-in und Check-out und hilft, jeden Aufenthalt zu einem unvergeßlichen Erlebnis zu machen. Der Nachteil der unpersönlichen Behandlung in umfangreichen Unternehmen wird dadurch teilweise behoben, und die Kombination von Informationstechnologie und persönlichem Kundenkontakt erlaubt eine effektive Pflege der Kundenbeziehungen.

In einer Marktwirtschaft muß ein Unternehmen Gewinne machen, um zu überleben. Hervorragende Kundenbeziehungen sind kein Ziel an sich; die Produktivität des Marketing muß gewährleistet bleiben. Das Verkaufspersonal und andere Mitarbeiter, die Geschäfte aushandeln, müssen in der Lage sein, ein Geschäft in angemessener Zeit und zu angemessenen Preisen abzuschließen. Die Konsumenten müssen ein angemessenes Gewinnpotential darstellen. So stellte man zum Beispiel bei Uni Storebrand fest, daß 100 000 der bestehenden Kunden nicht ausreichend rentabel waren. Man muß also gewisse Eigenschaften eines Pferdehändlers und Pokerspielers mitbringen, dabei aber immer noch fähig bleiben, langfristige, professionelle und vertrauensvolle Beziehungen zu den Konsumenten aufzubauen. Kurzfristige Gewinnsucht ist keine lebensfähige RM-Strategie.

Ein erfolgreicher Verkäufer arbeitet auf drei Ebenen: einer *rationalen*, einer *zielgerichteten* und einer *emotionalen*.[10] Die Arbeit mit einem Produkt oder einer

---

9 Siehe Rapp und Collins (1995).

10 Laurelli (1979, S. 20 – 30).

Dienstleistung auf rationaler Ebene erfordert fachliches Wissen und die Fähigkeit, rund um das Angebot eine Beziehung aufzubauen. Ein guter Verkäufer muß die Bedürfnisse und Wünsche des Kunden herausfinden, um ihn von seinem Angebot zu überzeugen. Die Fähigkeit, auf der zielgerichteten Ebene zu arbeiten, ist für den Abschluß eines Geschäfts erforderlich. Auf der emotionalen Ebene pflegt der Verkäufer eine soziale Beziehung, die beim Kunden die Bereitschaft zu neuen Geschäften erweckt; es muß sich eine Sympathie entwickeln.

Der Lieferant gibt dem Kunden bestimmte *Zusagen*[11]. Der Kunde erwidert dies mit einer Zahlungszusage. Zusagen schaffen Erwartungen, die erfüllt werden müssen, wenn die Beziehung andauern soll; dies gehört zur Geschäftsethik, die bewirkt, daß beide Parteien einander vertrauen. Eine Vertrauensbeziehung ist insofern rational, als sie den Papierkram und das Streitrisiko reduziert. Ein seit langer Zeit in Japan etablierter europäischer Geschäftsmann beschreibt die japanischen Geschäftsbeziehungen wie folgt: „Der japanische Kunde verlangt den persönlichen Kontakt zu seinen Lieferanten. Er kauft nicht auf der Basis von Mailings, Katalogen, Prospekten und ähnlichem. Er will mit dem Verkäufer sprechen ... Diese persönlichen Zusagen müssen selbstverständlich später durch ein schriftliches Dokument bestätigt werden, aber dieses ist normalerweise sehr kurz. Es ist von höchster Bedeutung, daß der Käufer Kontakt zu einer bestimmten Person innerhalb der verkaufenden Firma hat, zu jemandem, der die volle Verantwortung für den Vertrag übernimmt ... Der Mensch spielt die Hauptrolle – und nicht lange und komplizierte Verträge auf dem Papier."[12]

In Kleinbetrieben – die meistens gar nicht wachsen wollen – können Beziehungen für die Eigentümer auch ein Ziel an sich sein. In einer Studie über kleine Hotels in Schottland wurde festgestellt, daß der „Familienverband" – Kleinfamilie, Verwandte, Freunde, Stammkunden, Mitarbeiter, Lieferanten – an erster Stelle kam, das Hotel erst an zweiter.[13] Das Netzwerk und die Interaktion waren persönliche Zielsetzungen, eine Lebensgestaltung über die finanziellen Ziele hinaus. Diese Haltung und Verhaltensweise wird in der Wirtschaftstheorie kaum berücksichtigt, die voraussetzt, daß der Lieferant rationale wirtschaftliche Eigeninteressen verfolgt, worunter normalerweise das Wachstum und die Maximierung des langfristigen Nettoeinkommens zu verstehen sind.

Der persönliche Kontakt mit dem Konsumenten ist insbesondere dort üblich, wo es um teure und komplexe Produkte wie Autos, Wohnungen oder Rentenversicherungen geht. Bei anderweitigen Dienstleistungsbetrieben wie kleinen Läden, Hotels, Restaurants oder Schulen kann die persönliche Interaktion ebenfalls sehr ausgeprägt sein. Der Verkauf an Haushalte über das Telefon oder an der Haustür ist in vielen Ländern zurückgegangen, spielt aber in anderen eine große

[11] Siehe Calonius (1987) zur Analyse des Zusagebegriffs.

[12] Delaryd (1989, S. 25).

[13] Lowe (1988).

Rolle. In Großbritannien ist der Milchmann eine Institution; in den Niederlanden führt der Einzelhändler ein vollständiges Sortiment im Lieferwagen mit. Von Anfang an stützte Electrolux seinen Erfolg auf den Verkauf von Staubsaugern an der Haustür. Heutzutage betreibt die Firma weltweit 35 Direktverkaufsfilialen. Allein in Frankreich gab es 1993 1300 Vertreter für den direkten Verkauf von Haus zu Haus. Der weltweit erfolgreichste Staubsaugerverkäufer verkaufte im Laufe seines Berufslebens 14 000 Staubsauger. Das bedeutet einen Tagesdurchschnitt von fünf Stück; bereits mit drei gehört ein Verkäufer zur Spitzenklasse.[14] Der erfolgreiche Vertreter betont die Bedeutung winziger Details in der Interaktion mit dem Kunden. Hier einige seiner Empfehlungen:

- Du hast zwanzig Sekunden Zeit, um einen positiven Kontakt herzustellen.
- Nicht einmal lange und hartnäckig anläuten, sondern zweimal kurz und beschwingt.
- Bleib etwa von 1½ m von der Tür entfernt und etwas seitlich stehen, so daß der Kunde die Tür vollständig öffnen muß.
- Schüttle dem Kunden die Hand, um den Kontakt zu verstärken.

Der systematische Einsatz dieser und weiterer Kleinigkeiten sowie ein ständiger Lern- und Versuchsprozeß haben einen entscheidenden Einfluß in Situationen, wo der Verkäufer in kürzester Zeit eine Beziehung herstellen muß.

Der Übergang vom Kontakt von Mensch zu Mensch zum Kontakt von Mensch zu Maschine hat die persönlichen Beziehungen in Bereichen, wo sie früher allgegenwärtig waren, eingeschränkt. Ein alltägliches Beispiel bietet das Bankwesen, wo die Kontakte mit dem Bankangestellten durch Bankomat, Telefon oder Computer ersetzt werden. Die soziale Interaktion ist zur elektronischen Interaktion geworden, was zu einer drastischen Verschiebung der Beziehungen zwischen Bank und Kunden führt (siehe R5, die Servicebegegnung, und R12, die elektronische Beziehung).

Man kann sich nicht damit begnügen, nur die Mutterbeziehung des Marketing zu identifizieren; R1 läßt sich in zahlreiche besondere Arten von Marktbeziehungen aufgliedern. Hier wird nur die Spitze des Eisbergs sichtbar, während der Ansatz der 30R versucht, den gesamten Eisberg zu erfassen. Marketing wird auch von den unterstützenden Nano- und Megabeziehungen bestimmt. Die folgenden Beziehungen sind alle durch Interaktion zwischen den Parteien in Beziehungsnetzwerken miteinander verbunden und beleuchten auf systematische Weise verschiedene Facetten des Prozesses.

[14] Aus einem Interview mit Ove Sjögren (Ohlson, 1994).

Relationship 2
Die klassische Triade: das Drama der Dreiecksbeziehung Kunde-Lieferant-Mitbewerber

Ein Eckpfeiler der Marktwirtschaft ist die Existenz mehrerer Lieferanten innerhalb eines Marktes. So kommt es zum Wettbewerb in Form einer Triade von Mitspielern, bestehend aus: dem Kunden, dem aktuellen Lieferanten des Kunden und den konkurrierenden Lieferanten (Abbildung 2.2).

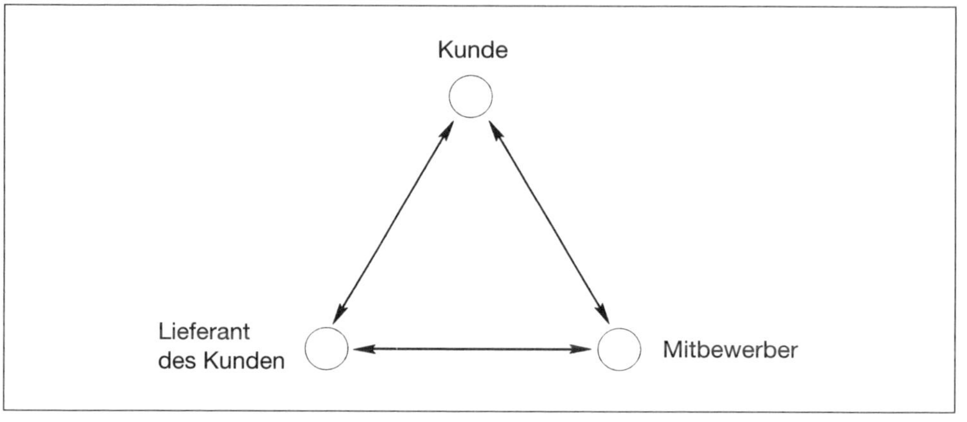

Abbildung 2.2: Die klassische Triade

Wir wollen in diesem Abschnitt keinen orthodoxen Überblick über den Wettbewerb geben, sondern das Thema aus der erweiterten Sicht des RM beleuchten.

Zur Frage des Wettbewerbs gibt es eine umfassende Literatur. Insbesondere Porter hat in den 80er Jahren die Marketingspezialisten auf dieses Thema aufmerksam gemacht.[15] In dem Maß, in dem das Interesse für Relationship-Marketing steigt, wächst auch das Interesse für die Problematik des Wettbewerbs. Die altgediente Empfehlung, sich durch Produktdifferenzierung, Kostensenkung oder Nischenpolitik einen dauerhaften Wettbewerbsvorteil zu verschaffen, wird in Frage gestellt. Der Wettbewerb scheint mehr und mehr zum Hyperwettbewerb zu werden, zu einem Zustand des permanenten Wandels und des Krieges. *Hyperwettbewerb* ist intensiv und schnell und bewirkt eine ständige Umschichtung der Wettbewerbsvorteile, und zwar sowohl der eigenen als auch jener der Konkurrenz. Ein starker Mitspieler auf dem Markt ist jener, der es besonders gut versteht, sein Schiff auf stürmischer See zu steuern.[16]

---

15 Porter (1980, 1985, 1990); siehe auch Hamel und Prahalad (1994), Hunt und Morgan (1995) sowie Moore (1996).

16 Siehe D'Aveni (1994) sowie Verbeke und Peelen (1996).

In der Marktwirtschaft wird der Wettbewerb als Triebkraft der wirtschaftlichen Entwicklung und als Voraussetzung für den Wohlstand verherrlicht. Dies ist die traditionelle Ansicht der Wirtschaft sowie der Regierungen von Ländern, in denen Deregulierung und Privatisierung zu mächtigen Strategien geworden sind.

Aber die „kapitalistischen“ Gesellschaften sind keine Marktwirtschaften in Reinkultur. Es sind *Mischformen*, in denen die Kräfte des Marktes mit Regulierungen verknüpft sind. In absolut unregulierten Märkten treten zahlreiche zerstörerische Kräfte in Erscheinung: Nur einige wenige Bewerber können ihre Existenz sichern; es kann passieren, daß der Preiswettbewerb durch eine Welle von Konkursen abgewürgt wird, daß die Qualität darunter leidet und gefährliche Produkte frei verkauft werden können und daß mächtige Unternehmen über die absolute Freiheit verfügen, den Wettbewerb auszuschalten. Das andere Extrem – die totale Regulierung – führt zur Erstarrung. Es gibt kein allgemeingültiges Rezept für das richtige Mischungsverhältnis von Freiheit und Regulierung. Für jeden Markt und für jede Zeit muß eine eigene, spezifische Lösung gefunden werden.

Wettbewerb ist überall dort wünschenswert, wo er effizient ist, er stellt aber mit Sicherheit kein Allheilmittel dar. Durch den Wettbewerb entstehen Beziehungen zwischen Kunden und einer Vielzahl von möglichen Lieferanten. Dadurch entstehen andere Beziehungstypen als beim Monopol (siehe R10). Der Kunde hat die Wahl, und ein Lieferant kann niemals sicher sein, den Kunden in der Tasche zu haben – genausowenig wie sich ein Kunde darauf verlassen kann, einen Lieferanten in der Tasche zu haben.

In seiner idealisierten und theoretischen Form funktioniert der Markt durch die „unsichtbare Lenkung“ von Angebot und Nachfrage, entschieden durch Wettbewerb und Preis. In jedem Augenblick werden Millionen von Kauf- und Verkaufentscheidungen getroffen, Millionen Handlungen von Einzelpersonen und heutzutage auch von Computern gesetzt. Diese Entscheidungen und Handlungen summieren sich und streben – gemäß der neoklassischen Wirtschaftstheorie – in die Richtung eines *langfristigen Marktgleichgewichts*.

Ich möchte ein Gegenstück zum Marktgleichgewicht anbieten, nämlich das *Marketinggleichgewicht*, das sich aus drei Kräften zusammensetzt: *Wettbewerb, Zusammenarbeit und Regulierungen/Institutionen. Meine These lautet, daß die Betonung der Zusammenarbeit der wesentliche Beitrag des RM ist mit Auswirkungen sowohl auf das Marketingmanagement als auch auf die Wirtschaftswissenschaften und daß die Zusammenarbeit in der Marktwirtschaft genausoviel Aufmerksamkeit und Beachtung verdient wie der Wettbewerb.*

Aber Zusammenarbeit ist ohne die beiden anderen Kräfte nicht wirkungsvoll. Damit Regulierungen durch Regierungsbeschlüsse, Gesetze und Vorschriften in der Praxis wirksam werden können, sind Institutionen notwendig. Institutionen informieren, erleichtern die Umsetzung und prüfen die Einhaltung der Bestimmungen. Die Bandbreite reicht von sehr formellen Institutionen wie dem FBI bis zu religiösem Glauben, familiären Werten, anerkannten Usancen, moralischen Vorschriften, Berufsethos sowie einem gemeinsamen, stillschweigenden Verständnis der guten Sitten. Sowohl die Zusammenarbeit als auch die Regulierungen/Institutionen kommen in der Marketingliteratur zwar vor, stehen aber nicht im Brennpunkt und werden oft als Hemmschuh des Wettbewerbs angesehen.

Auch wenn RM den Aspekt der Zusammenarbeit besonders hervorhebt, sollte RM als Synthese von Wettbewerb, Zusammenarbeit und Regulierungen/Institutionen verstanden werden (Abbildung 2.3). Die Frage ist, welche Kombination dieser drei Kräfte in der jeweiligen Situation am besten zu einem optimalen, dynamischen Gleichgewicht – einem Marketinggleichgewicht – beitragen kann.

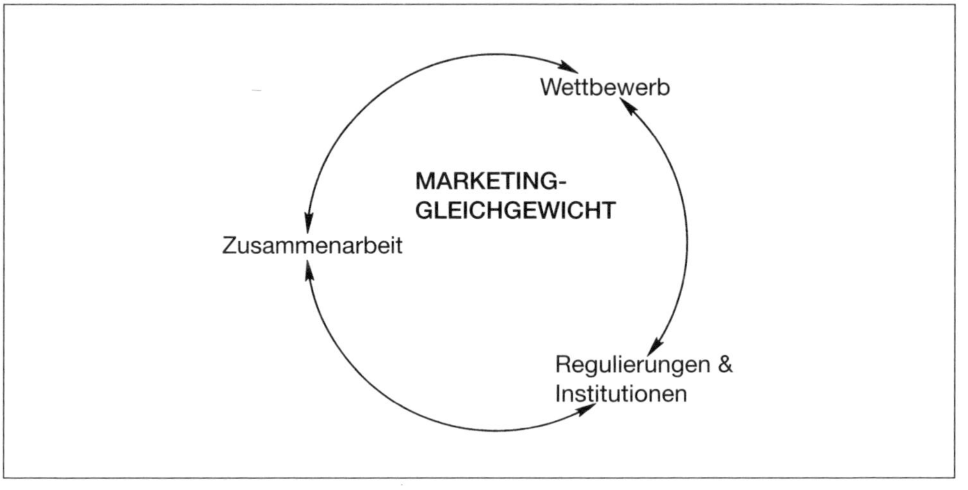

Abbildung 2.3: Die drei Kräfte der Marktwirtschaft, die gemeinsam ein Marketinggleichgewicht bewirken können

Die globale Welle der Privatisierung und Deregulierung ist eine Reaktion auf erstarrte Märkte. Die bürokratisch-rechtlichen Werte haben oft zu irregeleiteten Eingriffen der Politik geführt und einen unrealistischen Glauben an die zentralisierte Kontrolle der Gesellschaft genährt. Ungeeignete und veraltete Regulierungen/Institutionen konnten das Geschehen beherrschen.

Deregulierung bedeutet nicht, daß man auf jegliche Regulierung verzichtet. Es handelt sich vielmehr um die Suche nach zweckmäßigeren Gesetzen und Institutionen, die in der Lage sein sollen, die konstruktiven Kräfte der Gesellschaft zu unterstützen und die destruktiven Kräfte in Schach zu halten. Eigentlich geht es dabei nicht um eine Deregulierung, sondern um eine *Umregulierung*. Seit den frühen 80er Jahren ist dieses Konzept zu einer führenden Strategie in der ganzen Welt geworden.

Zusammenarbeit, Hyperwettbewerb, Privatisierung und Deregulierung schaffen neuartige Beziehungen zwischen den Kunden, ihren aktuellen Lieferanten, deren Mitbewerbern und anderen Teilen der Gesellschaft. Wir wissen mit diesen Beziehungen zur Zeit nur in einem beschränkten Ausmaß umzugehen. So hat zum Beispiel die Umregulierung des Finanzwesens in vielen Ländern ein Chaos verursacht.

Der extreme Glaube an die automatischen Segnungen des Wettbewerbs ist genauso naiv wie der Traum von einer absoluten Planwirtschaft, wo „Experten" mit dem „richtigen" Wissen, gewappnet mit Regulierungen und Institutionen, die Wirtschaft eines Landes überwachen und anhand von „Fakten" und „Analysen" ein Gleichgewicht in einem durch und durch integrierten System herstellen. Es ist weder ein Markt bekannt, der ganz ohne Regulierungen und Institutionen auskäme, noch einer, der ganz ohne Wettbewerb und Zusammenarbeit funktionierte. In der ehemaligen Sowjetunion und ihren Kolonien, wo das sozialistische Extrem – die totale Regulierung des Marktes – durch das kapitalistische Extrem – absolut freier Wettbewerb – ersetzt wurde, ist das Ergebnis Chaos, Armut, Ungerechtigkeit, Bestechung und Gewalt. Man braucht „gute Institutionen", die die wirtschaftliche Tätigkeit unterstützen: sowohl formelle als auch solche, die zum informellen kollektiven Bewußtsein eines Volkes gehören.

Es gibt grundlegende Elemente der Marktwirtschaft, die vom Wettbewerb und den Kräften des freien Marktes nicht gemeistert werden können. Man kann dies in Form von zwei Paradoxen ausdrücken. Das erste Paradoxon lautet: *Regulierungen sind erforderlich, um zu gewährleisten, daß der freie Wettbewerb nicht behindert wird.* Trotz aller schönen Worte ziehen es alle Unternehmen und alle Branchen vor, von den Risiken des Wettbewerbs verschont zu bleiben; auf der anderen Seite halten sie ihn für wesentlich, sobald es um andere Unternehmen oder Branchen geht. Das zweite Paradoxon lautet: *Ziel des Wettbewerbs ist, den Wettbewerb auszuschalten.* Konkurrenzfähig sein bedeutet, daß ein Unternehmen versucht, den Einfluß anderer Anbieter durch verschiedene Aktivitäten einzuschränken, darunter auch durch Zugangsbarrieren und zerstörerische Verdrängungsmanöver.

Regulierungen sind also nicht mit Einschränkungen gleichzusetzen. Sie können auch dynamische Einflüsse sein, wenn zum Beispiel träge Unternehmen zum Handeln gezwungen werden, indem sie verpflichtet werden, den Inhalt ihrer Produkte anzugeben oder Rücksicht auf die Umwelt zu nehmen. Die EU entwickelt Institutionen und Regulierungen, unter anderem Gerichte, um Diskriminierung zu verhindern und Vertragsstreitigkeiten zu bereinigen. Das ist eine gewaltige Aufgabe, da es gilt, bei allen nationalen Unterschieden in Politik, Tradition, Sprache, Kultur und Gesetzeslage auf einen gemeinsamen Nenner zu kommen. Ob in der EU-"Hauptstadt" Brüssel in Belgien eine Dinosaurierbürokratie – groß, mit winzigem Hirn und eigentlich schon ausgestorben – entsteht oder es der EU gelingt, Institutionen zu schaffen, die den Markt funktionsfähiger machen, wird sich noch zeigen.

Der Träger des Nobelpreises für Wirtschaftswissenschaften 1993, Douglass C. North, hat sich mit der Bedeutung von Institutionen und Regulierungen als Voraussetzung für eine funktionierende Marktwirtschaft beschäftigt. In seiner Preisrede meinte North (1993), die Studien der wirtschaftlichen Entwicklung „ignorieren die durch Institutionen verkörperte motivierende Struktur [und] enthalten zwei falsche Annahmen: erstens, daß die Institutionen unerheblich seien, und zweitens, daß die Zeit unerheblich sei".

North fuhr fort: „Institutionen bilden die motivierende Struktur der Gesellschaft und der politischen und wirtschaftlichen Einheiten, und folglich bilden sie auch die zugrundeliegende Determinante der wirtschaftlichen Leistung. Zeit in bezug auf den wirtschaftlichen und gesellschaftlichen Wandel ist die Dimension, in welcher der Lernprozeß des Menschen die Entwicklung der Institutionen gestaltet. Das heißt, die Überzeugungen von Einzelpersonen, Gruppen und Gesellschaften, die ihre Entscheidungen bestimmen, sind die Folge eines Lernens im Laufe der Zeit – wobei nicht nur die Lebensdauer eines einzelnen oder einer Generation der Gesellschaft gemeint ist, sondern das in Einzelpersonen, Gruppen oder Gesellschaften verkörperte Lernen, das sich im Laufe der Zeit kumulativ entwickelt und durch die Kultur einer Gesellschaft von Generation zu Generation weitergegeben wird."

Als Wirtschaftshistoriker sieht North die Dinge langfristiger als ein Marketingspezialist und meint, daß es 500 bis 600 Jahre dauert, bis ein funktionierender institutioneller Rahmen in einer Gesellschaft verankert ist; ein solcher Rahmen ergibt sich aus dem kollektiven Bewußtsein des Volkes. Die Vorstellung, man könne einen „Instantkapitalismus" einrichten, ist also nichts weiter als Träumerei, was die Erfahrungen in vielen afrikanischen Ländern und in Rußland ja auch bestätigt haben.

Es gibt Anzeichen dafür, daß das Interesse an Zusammenarbeit nicht nur in der Realität des Geschäftslebens, sondern auch in der Marketingtheorie an Boden gewinnt. Alderson[17] bedauerte bereits vor langer Zeit das mangelnde Interesse der Wirtschaftswissenschaftler an der Frage der Zusammenarbeit: „Zusammenarbeit ist in der wirtschaftlichen Tätigkeit genauso wesentlich wie der Wettbewerb ... Das Marketing schreit nach einer Theorie der Zusammenarbeit als Gegenstück zur Theorie des Wettbewerbs." Solomon[18] erklärt: „Im Unterschied zum Leben im mythologischen Dschungel ist das Geschäftsleben in erster Linie grundlegend kooperativ." Bei Mattsson und Lundgren[19] heißt es: „Wettbewerb und Zusammenarbeit sind keine Antipoden, sondern zwei verschiedene Dimensionen, wobei

[17] Alderson (1965, S. 239).
[18] Solomon (1992, S. 26).
[19] Mattsson und Lundgren (1992 – 93, S. 9).

die eine die andere bedingt." Brandenburger und Nalebuff (1996) haben den Begriff „co-opetition" geprägt, eine Kombination aus Zusammenarbeit (cooperation) und Wettbewerb (competition). Sie vertreten die Spieltheorie als möglichen Weg zur Erforschung dieser Kombination („das Gefangenendilemma"). Gray verweist auf die Zusammenarbeit als Lösung eines mehrere Beteiligte betreffenden Problems und erklärt: „Trotz mächtiger Anreize zur Zusammenarbeit ist unsere Fähigkeit dazu unterentwickelt."[20] Im selben Sinne meint Senge in seiner Abhandlung über lernende Organisationen und die Notwendigkeit des Dialogs: „Interessanterweise hat sich die Praktik des Dialogs in vielen ‚primitiven' Kulturen erhalten ... ist aber in der modernen Gesellschaft völlig verlorengegangen. Heutzutage werden die Prinzipien und Praktiken des Dialogs wiederentdeckt und in einen modernen Zusammenhang gebracht."[21] Das Wort Dialog kommt aus dem Griechischen und bedeutet wörtlich „gemeinsam denken".

Der Erfolg und das Verhalten eines Unternehmens können mehr von seinen langfristigen Beziehungspartnern abhängen als von seiner Positionierung gegenüber seinen Mitbewerbern oder in Massenmärkten. Die Betrachtung des Unternehmens und seines Marktes als Teil eines Netzwerks ist ein zentraler Bestandteil des RM. In dieser Hinsicht ist Abbildung 2.2 zu sehr vereinfacht: *Die Knoten der Grafik stellen eigentlich Netzwerke dar, und der Wettbewerb findet eher zwischen Netzen von Unternehmen statt als zwischen Einzelfirmen.*[22]

Die neoklassische Wirtschaftslehre basiert auf der Existenz anonymer Massenmärkte, während diese Märkte in Wirklichkeit nicht anonym sind. Im Industriemarketing ist oft jeder Kunde und jeder Mitbewerber bekannt, und es kann sogar eine persönliche Beziehung zwischen den Parteien bestehen. Dies gilt auch für das Konsumentenmarketing, insbesondere im Dienstleistungsbereich, zum Beispiel bei der Beziehung zwischen einem Gastwirt und einem Stammgast oder zwischen einem Zahnarzt und seinen Patienten. Der Kauf und Verkauf von Konsumgütern kann in einer Bandbreite erfolgen, die von totaler Anonymität bis zur Freundschaft zwischen Konsument und Einzelhändler reicht. Einzelhandelsgeschäfte können kleine, behagliche Läden sein oder riesige Verbrauchermärkte, die an die unpersönliche und standardisierte Montagehalle einer Fabrik erinnern.

Wettbewerb bezieht sich im allgemeinen auf eine Rivalität zwischen Lieferanten. In Engpaßzeiten gibt es auch einen Wettbewerb zwischen Käufern, und Käufer müssen die Verkäufer hofieren, Schlange stehen, sich auf persönliche Beziehungen berufen oder Schmiergeld zahlen. In vielen Ländern gibt es dies auf dem Wohnungsmarkt, im Hochschulbereich, im Betreuungsbereich und in der Medizin. Viele Länder haben aus verschiedenen Gründen Engpässe auf diesen Gebieten in Kauf genommen. Im selben Sinne ließen es seinerzeit die offiziellen Institutionen

[20] Gray (1989, S. 54).
[21] Senge (1990, S. 10).
[22] Thorelli (1986).

der Sowjetunion zu, daß Seife, Brot und Autos Mangelware waren. In der ehemaligen DDR vor dem Fall der Berliner Mauer betrug die Wartezeit für einen Trabant zwölf Jahre. Dabei war der Trabant sowohl veraltet als auch teuer, galt als Verursacher von Hals- und Atemleiden und wies eine schwankende Produktionsqualität auf.

Wenn Beziehungsnetzwerke sich mit der Zeit völlig stabilisiert haben, gibt es keinen echten Wettbewerb mehr. Ein neuer Lieferant hat kaum noch Chancen, in den Markt einzudringen; die Tür ist versperrt. Dies ist nichts Neues, es scheint aber nach wie vor die Marketingtheoretiker zu überraschen und wird in der Wirtschaftstheorie höchstens als Anomalie anerkannt. Arndt hat über gesperrte und gezähmte Märkte geschrieben, die durch die Zusammenarbeit in einem innerorganisationellen System geprägt sind: „Immer öfter finden Transaktionen in ‚internen' Märkten statt, innerhalb eines Rahmens langfristiger Beziehungen, nicht auf einer Ad-hoc-Basis."[23] Die Zusammenarbeit hat den Wettbewerb ausgeschaltet. Anstelle eines traditionellen Marketingmanagements und des neoklassischen Wirtschaftsparadigmas ist ein institutionelles, volkswirtschaftliches Paradigma angesagt.[24]

In Japan – wo langfristige Beziehungen kulturell institutionalisiert sind – kann es passieren, daß ein neuer Lieferant von einem Kunden einen Auftrag erhält und der bisherige Lieferant dies als Scheitern seiner Beziehung zum früheren Kunden auffaßt. Dem muß aber nicht unbedingt so sein; vielleicht will der Kunde einfach den Wettbewerb beleben. Japanische Unternehmen arbeiten mit mehr als einer Bank zusammen, um den Service zu optimieren und die Banken dazu anzuspornen, sich stets um ihre Kunden zu bemühen. Außerdem ist der Kunde damit nicht einer einzigen Bank ausgeliefert.[25]

TQM beschäftigt sich nicht spezifisch mit dem Wettbewerb, aber es geht in diesem Konzept darum, gut oder gar der Beste zu sein, um zu überleben; man verwendet hier Begriffe wie „Weltklasse" oder „Bester seiner Klasse". Benchmarking ist ein Vergleich mit dem Allerbesten und spiegelt den Wunsch wider, in jedem einzelnen Detail Spitzenleistungen zu erreichen. Dies setzt nicht nur Vergleiche mit der Konkurrenz voraus, sondern mit den bestmöglichen Verfahrensweisen überhaupt, in welchen Unternehmen oder Branchen auch immer.

Konkurrenzorientierte Ausschreibungen werden in gewissen Fällen gesetzlich vorgeschrieben, insbesondere wenn staatliche Behörden Waren oder Dienstleistungen einkaufen. Ein Zweck der Ausschreibungsverfahren besteht darin, die Märkte mechanisch und unpersönlich zu machen. Die Angebote müssen vor einem bestimmten Termin abgegeben werden, und die Bewerber müssen ihre Angebote unabhängig voneinander legen. In der Praxis funktioniert das nicht immer.

23 Arndt (1979, S. 69).

24 Siehe Arndt (1983) sowie Stern und Reve (1980).

25 Nach Delaryd (1989, S. 98 ff. und 30).

Die Bauwirtschaft ist eine Branche, die im ständigen Wettkampf um Aufträge lebt. Von Zeit zu Zeit werden geheime Kartelle aufgedeckt, wo die Mitbewerber den Markt untereinander aufgeteilt haben und die Angebote so legen, daß jeweils ein ausgewählter „Kollege“ den Zuschlag bekommt. Industriespionage mit dem Zweck, etwas über die Angebote der Konkurrenz zu erfahren, ist keine Seltenheit. Es gibt auch Bestechung: Vergnügungsreisen, Partys mit „Hostessen“, Unterstützung beim Bau eines Ferienhauses und viele andere ausgeklügelte Varianten. Ausschreibungsverfahren sind außerdem nicht immer rationell. Sie tendieren dazu, beim Preisvergleich stehenzubleiben, da der Preis die am ehesten meßbare Variable darstellt. Service, Qualität und nicht zuletzt Sicherheit, Vertrauen, Engagement, gemeinsame Entwicklung und Flexibilität – Kernelemente langfristiger Beziehungen – lassen sich schwer in Form von einfachen kurzfristigen Indikatoren erfassen.

Gleichzeitig geschieht es häufig, daß ein Lieferant den ersten Auftrag in einer Wettbewerbsituation erhält, dann aber, wenn dieser Auftrag erfolgreich ausgeführt wird, weitere Aufträge auf dem Weg direkter Verhandlungen ohne Ausschreibungsverfahren folgen. Beim ersten Auftrag springt oft kein Gewinn heraus, aber er bildet den Ausgangspunkt für zukünftige Profite. Der Wettbewerb in seiner absolut freien Version kann zu übermäßigen *Wechselkosten* (Kosten für das Umsteigen auf einen anderen Lieferanten) und *Transaktionskosten* (Make-or-buy-Entscheidung) führen.

Blumberg hat gezeigt, daß die Stärken der Marktwirtschaft – der Wettbewerb und der Ansporn durch Profitdenken – den Betrug fördern.[26] Schwindeln zahlt sich eben aus! Er bezeichnet dies als das *Paradoxon der Marktwirtschaft*. Jeder kennt dieses Phänomen aus beruflicher Erfahrung und privatem Konsum, aber es wird von der Marketingtheorie unter den Teppich gekehrt. Die Bücher ziehen das Idealbild vor: Wettbewerb als Triebkraft für die Zufriedenstellung des Kunden und damit für Rentabilität und langfristige Erfolge. Die Kunden werden zwar über die Qualität, die sie erhalten, befragt, aber ihr Wissen ist begrenzt. 1271 erklärte der Philosoph Thomas von Aquin, daß es großen Wissens bedarf, um die Qualität einzuschätzen, daß aber die meisten Konsumenten dieses Wissen nicht besitzen. Dies trifft heute genauso zu, vielleicht sogar noch mehr, da die Komplexität der Gesellschaft und ihrer Angebote gestiegen ist. Ein Zyniker soll einmal gesagt haben: „Kunden sind nicht so dumm wie ihr glaubt. Sie sind noch viel dümmer.“ Vielleicht ist dies nicht nur ein zynischer Spruch, sondern entspricht manchmal der Wahrheit und wird von Lieferanten ausgenützt, zum Beispiel in folgenden Fällen:

[26] Blumbergs Studie (1989) basiert auf 700 Essays von Soziologiestudenten, die in verschiedenen Branchen gearbeitet hatten. Ausgehend von ihrer Berufserfahrung berichteten sie über systematische Methoden, um den Kunden zu betrügen.

- Die Preise werden vor einem Ausverkauf erhöht und dann reduziert – „um 25 % verbilligt!" –, woraus sich derselbe Preis wie zuvor, manchmal sogar ein höherer Preis ergibt.
- Taxifahrer manipulieren ihre Taxameter oder stellen einen höheren Tarif ein, ohne daß der Kunde beurteilen kann, ob der Fahrpreis korrekt ist.
- Anbieter nutzen die Tatsache aus, daß ein Kunde unter Streß steht oder hilflos ist, zum Beispiel in einem Behindertenheim.

Können trotz solcher Verhaltensweisen gute Kundenbeziehungen entstehen? Ja, bis zu einem gewissen Punkt scheint dies möglich zu sein, denn Kunden, insbesondere Konsumenten, müssen auf Vertrauen kaufen. Glaubt der Konsument, das richtige Produkt oder eine angemessene Leistung erhalten zu haben, ist er zufrieden. Oder er schraubt seine Ansprüche zurück und findet sich mit der mangelhaften Realität ab; er wird zum sogenannten „glücklichen Sklaven".

Ein gutes Beispiel für das Streben nach einem Marktgleichgewicht bieten die gegenwärtigen drastischen Veränderungen auf dem Markt der Telekommunikation. Die Deregulierung – oder besser Umregulierung – hat es den Telekom-Gesellschaften ermöglicht, über ihre jeweiligen nationalen Märkte hinaus zu expandieren. Doch im Alleingang ist dies kaum zu schaffen. Drei Telekom-Gesellschaften aus kleinen Ländern – Niederlande, Schweden und Schweiz – haben sich zu Unisource zusammengeschlossen. British Telecom und MCI Communications, der zweitgrößte internationale Telekom-Betreiber in den USA, haben ihre Kräfte vereint. GTE, eines der bedeutendsten Telekom-Unternehmen in den USA, ist zugleich Konkurrent, Kunde und Lieferant von AT&T. GTE kauft Anlagen von AT&T, konkurriert mit AT&T hinsichtlich bestimmter Telefonlinien, verkauft aber andererseits AT&T den Zugang zu lokalen Linien. Zu Beginn der 80er Jahre wurde die damals dominierende Telekom-Gesellschaft in den USA, Bell, unter Berufung auf die Antitrustgesetze in sieben regionale Betreiber aufgeteilt, die sogenannten Baby Bells. Dies sollte den Wettbewerb beleben. AT&T ist es vom Gesetz her untersagt, Baby-Bell-Aktien zu erwerben. 1993 übernahm AT&T jedoch die größte Mobiltelefongesellschaft, McCaw. Mit Hilfe der Zelltechnologie kann AT&T die regionalen und lokalen Betreiber umgehen und ist nicht mehr auf die Unterstützung der Baby Bells angewiesen.

Die Beispiele zeigen die laufenden Bemühungen um ein Marktgleichgewicht. Werden die Telekom-Unternehmen durch Regulierungsvorschriften Einschränkungen unterworfen, versuchen sie diese zu umgehen – nach Möglichkeit, ohne die Vorschriften zu verletzen –, indem sie durch Bündnisse neue Netzwerke schaffen oder neue Technologien einsetzen. Der Wettbewerb nimmt damit neue Formen an, und die Wirkung der bestehenden Regulierungen wird zunichte gemacht; Umregulierungen werden notwendig und so weiter.

Kann es sein, daß in einer Zeit des beschleunigten Wettbewerbs dieser neue Zustand des Hyperwettbewerbs die wahre Triebkraft des aufkeimenden Interesses für RM ist? Kann es sein, daß ein Bedürfnis besteht, die Auswirkungen eines immer schärfer und unerbittlicher werdenden Konkurrenzkampfes zu neutralisieren? Wenn Wettbewerb zum Hyperwettbewerb wird, muß dann Zusammenarbeit vielleicht zur *Hyperzusammenarbeit* werden?

Relationship 3
Das klassische multidimensionale Netzwerk: Vertriebskanäle

Der physische Vertrieb ist das offensichtlichste Netz im Marketingbereich; er stellt ein klassisches Netzwerk dar. Vertriebsnetze sind zahlreich, komplex und verwoben. Manchmal sind sie effizient und schnell und nehmen den kürzesten Weg, manchmal sind sie langsam, ineffizient, voller Umwege und unterbrochener Ketten. Als Konsumenten sind wir allseits davon umgeben. Wir sind unbezahlte Arbeiter von Vertriebsnetzen, wenn wir Lebensmittel einkaufen, einen Brief zum Postkasten tragen oder mit dem Auto zur Arbeit fahren.

Wenn die Marketingliteratur sich mit dem Vertrieb beschäftigt, geht es immer um die physische Verteilung von Waren. Der Bereich wird sogar auf Konsumgüter allein beschränkt, obwohl der Großteil des Vertriebs Industriegüter auf Business-to-Business-Märkten betrifft.[27] Ohne dies ausdrücklich zu erklären, scheint sich die aufkommende RM-Literatur über Channel Management auf den traditionellen Konsumgütervertrieb zu beschränken.[28]

Die Netze der Vertriebskanäle verteilen jedoch nicht nur *Waren*, sondern auch *Dienstleistungen, Menschen* und *Informationen*, obwohl diese oft in Verbindung miteinander auftreten.

Das Vertriebssystem für den Einzelhandel ist ein Dienstleistungsnetz. Seine Hauptaufgabe besteht darin, die Waren auf praktische Weise zur Verfügung zu stellen. Das System wird durch andere Dienstleistungen als die Warenverteilung an sich unterstützt, etwa durch Lokale oder Parkplätze. Diese Warenvertriebskanäle sind in den meisten Ländern und Branchen gut ausgebaut, doch gibt es auch Ausnahmen. In der ehemaligen Sowjetunion, zum Zeitpunkt ihrer Auflösung, war der Staat nicht in der Lage, eine angemessene Verteilung von Brotlaiben zu organisieren. Warteschlangen gehörten zum Moskauer Alltag, und zuletzt brauchte man einen Ausweis, um Brot kaufen zu können. Die Brotversorgung war nicht durch einen Mangel an Getreide lahmgelegt, sondern durch das Fehlen funktionierender Netzwerke.

---

[27] Siehe Gadde (1994).

[28] Siehe z.B. Weitz und Jap (1995).

Die Beziehungen zwischen den Parteien in Vertriebsnetzen können aus vielen Gründen variieren. Wenn ein Geschäft zu einer Kette gehört, verkauft der Produzent oft an den zentralen Einkauf. Die Waren werden an ein zentrales Lager geliefert, an regionale Lager oder direkt an den jeweiligen Laden. Zahlreiche Zwischenstufen können die Geschäfte in der Versorgungskette beeinflussen. Die Waren werden von Konsumenten gekauft. Besteht ein Haushalt aus mehreren Personen, wird er zu einer Organisation, und die Familienmitglieder spielen verschiedene Rollen, in ähnlicher Weise wie beim Einkauf in einem Unternehmen. Alle Beteiligten der Vertriebskette – außer dem Endverbraucher, dem Konsumenten – sind sowohl Käufer als auch Verkäufer.

Wenn einige Vertriebsketten für Waren des täglichen Bedarfs besonders groß und mächtig sind, werden die Beziehungen zwischen dem Produzenten und den zentralen Einkäufern stark und vorherrschend. Die Produzenten laufen Gefahr, jede Beziehung zu den Konsumenten zu verlieren, und können die Veränderungen von Einstellungen, Kauf- und Konsumverhalten nicht mehr im Auge behalten. Die Produzenten versuchen dies mit Hilfe von Marktforschungen und regelmäßigen Besuchen in den Läden zu kompensieren. Die Einzelhändler schaffen Kundenbindungen durch Kundenkarten und Mitgliedschaften (siehe R11).

Mit Hilfe von Telemarketing, Direktversand sowie den wachsenden Möglichkeiten, die durch Fernsehen, PC, Modem, Internet und World Wide Web geboten werden, können Produzenten die traditionellen Großhandel/Einzelhandel-Netze umgehen. Das Internet und das Web erleben zur Zeit eine rasante Entwicklung als Marketing- und Vertriebsmedium. Ein Unternehmen kann einen Direktverkauf ab Werk einrichten oder eigene Ladenketten für seine Produkte aufbauen. Direktverkaufsstellen – wo die eigene Marke zu wesentlich niedrigeren Preisen verkauft wird – begannen sich in den 90er Jahren in Form von Direktverkaufsdörfern zusammenzuschließen. 1997 wurde in Swindon, England, das Great Western Designer Outlet Village mit einigen hundert Läden eröffnet, darunter so bekannte Marken wie Laura Ashley, Levi's, Nike, Tie Rack oder Timberland. Strukturvertrieb ist ein Weg zur Vermarktung von Waren und Dienstleistungen, der in der Regel auf Kontakten zwischen Freunden und Freunden von Freunden aufbaut. Multi-Level-Marketing (MLM) bietet eine Vernetzung von zusammenarbeitenden Firmen, die einander unterstützen: „Du arbeitest für dich allein, bist aber nicht auf dich allein gestellt."[29] Häufig werden solche Firmen vom Eigentümer von zu Hause aus betrieben mit minimalen Betriebskosten und Investitionen.[30] Tupperware ist ein Beispiel für den erfolgreichen Partyverkauf von

[29] „You are in business for yourself, but not by yourself." Hawkins (1991, S. 8).

[30] Seriöses MLM darf nicht mit Pyramidensystemen verwechselt werden, wo eine Firma unabhängige Verkäufer dazu bringt, große Mengen von Waren zu kaufen, die sie dann ihrerseits an andere verkaufen, die wieder an andere verkaufen und so weiter, jedesmal mit zusätzlichen Kosten. Diese Pyramiden sind manchmal zum reinen Glücksspiel geworden, wobei die meisten Beteiligten die Verlierer sind.

Haushaltswaren. Es gibt kaum eine Möglichkeit, näher an die Kunden heranzukommen. Neu angeworbenen Verkaufskräften erklärt Tupperware: „Mehr als nur Partys. Der Ort ist nie ein Problem. Vielleicht machen Sie lieber eine Präsentation in der Mittagspause oder nach Feierabend. Vielleicht laden Sie Ihre Freundinnen zu einem Kaffee in einem nahegelegenen Lokal ein ..."

Handel ist naturgemäß eine Dienstleistung, was verwirrend wirken mag, aber die Dienstleistung als Gegenstand des Vertriebs wird in der Literatur unter den Teppich gekehrt. Dabei sind Dienstleistungen heute ein Kernstück zahlreicher Vertriebssysteme; man denke nur an die Dienstleistungen von Restaurants, Versicherungsgesellschaften, Friseuren oder Beratern. Zu dieser zuwenig beachteten Kategorie zählen auch die internen Dienstleistungen einer Firma, die Strom- und Wasserversorgung, die Telefondienste und die Austauschgeschäfte. Wichtige, aber oft schlecht organisierte konsumnahe Dienstleistungen sind die Reparatur und Wartung von Wohnbauten und Haushaltsgeräten.

Betrachtet man Dienstleistungen als Aktivitäten, die oft interaktiv zwischen dem Kunden und dem Lieferanten ablaufen, ist es die Verfügbarkeit dieser potentiellen Aktivitäten – die Vertriebsinfrastruktur –, die eine Vermarktung ermöglicht. Beispiele dafür sind die Netze von Postdiensten, Briefkästen und Briefträgern. Postämter haben schon frühzeitig globale Netzwerke aufgebaut, sich aber aufgrund von Bürokratie und Monopol erst spät der Gegenwartsgesellschaft angepaßt. Unter dem Druck der Deregulierung und des Wettbewerbs hat bei den Postdiensten ein Wandel stattgefunden. Zwei Beispiele für Innovation in diesem Bereich sind Federal Express und DHL. Beide wurden etwa 1970 von Studenten eingeführt. Federal Express arbeitet mit einem sternförmigen System: Die gesamte Post wird nach Memphis, Tennessee, geflogen, wo sie über Nacht sortiert und am nächsten Morgen ausgeliefert wird. DHL verwendet Brüssel als Hauptzentrale in Europa. Beide besitzen eigene Flugzeuge, Abholung und Auslieferung der Sendungen erfolgen mit eigenen Fahrzeugen. Die Sendungen werden mit einem Code gekennzeichnet und können damit rasch identifiziert werden. Sie werden innerhalb einer garantierten Zeitspanne ausgeliefert, und zahlreiche Hilfsleistungen wurden entwickelt, um die Verteilung aus der Perspektive der zwei Konsumentengruppen, Absender und Empfänger, zu erleichtern.

Mobilität und Informationsdistribution sind ebenfalls Dienstleistungen, zum Beispiel die Möglichkeit, mit dem Zug zu fahren oder die Zugauskunft anzurufen, um die Abfahrtszeiten, Ankunftszeiten oder Fahrpreise in Erfahrung zu bringen. Die Rolle des Transportunternehmers besteht darin, Güter über ein Transportnetz zu befördern. Während Waren getragen und gelagert werden müssen, gehen Menschen meistens selbst oder fahren mit dem eigenen Auto. Manchmal agieren Konsumenten als Versorger eines institutionalisierten Systems, etwa wenn sie einen Brief zum Postkasten tragen. Transport wird selten mit Selbstversorgung in Zusammenhang gebracht, ist aber möglicherweise das größte bestehende Selbstversorgersystem. Das Reisegeschäft – mit Fremdenverkehr, Tagungen, Geschäftsreisen, Hotels und sonstigen Betrieben – zählt zu den am schnellsten wachsenden Branchen. Das Reisegeschäft besteht aus fragmentierten Systemen rund um eine Verkehrstechnik wie z. B. die Luftfahrt. Schrittweise hat sich ein Sinn für stärker integrierte Systeme entwickelt – der nahtlose Service, ein durchgehender, fugenloser Prozeß –, die den Kunden und nicht die Technologie oder die Tradition in den Mittelpunkt stellen. In der Werbung von SAS heißt es: „Früher flogen wir Flugzeuge. Jetzt fliegen wir Menschen." Urlaubsarrangements fügen die Mosaiksteinchen der Reise und des Aufenthalts zusammen, um Urlaub zu einem komfortablen, streßfreien Erlebnis zu machen.

Verschiedene Verkehrsmittel werden immer öfter als einander ergänzend statt als gegeneinander konkurrierend verstanden. Schnelle Züge verbinden Stadtzentren mit den Flughäfen. In Schweden hat die nationale und internationale Fluggesellschaft die schlecht funktionierenden Bodenverbindungen von und zu den Flughäfen neu konzipiert und trotz des Desinteresses der lokalen Verkehrsgesellschaften ein effizientes System eingerichtet; der Kampf um den Passagier fand diesmal nicht in der Luft, sondern am Boden statt. Die neue Union Station in Washington D.C., die 1988 fertiggestellt wurde, ist ein Beispiel für das symbiotische Zusammenspiel verschiedener Transporttechnologien: Bahn, Bus, Taxi, Mietwagen und Flughafennähe über die U-Bahn. Die Station ist auch ein Servicezentrum mit Restaurants, Geschäften und Kinos; ich war dort sogar zu einem Galadiner in der Hauptebene eingeladen. Dennoch bleibt der Transfer für die Passagiere oft recht unbequem.

Ein optimaler Kundendienst ist im Business Marketing eine Voraussetzung für künftige Verkäufe. Auf dem Weltmarkt haben Exportunternehmen oft Schwierigkeiten mit der Bereitstellung von Servicepersonal; Fachleute an Ort und Stelle zu halten wird häufig als zu kostspielig angesehen. Das Einfliegen von Personal zur Fehlerbehebung kann in bestimmten Märkten funktionieren und in anderen nicht. In Japan wird dies als nicht zufriedenstellend angesehen; es geht zu langsam, und die persönlichen Beziehungen verblassen.[31]

Die Vermittlung von Sprache und Daten über elektronische Medien gehört nicht zum Vertrieb, wie er in der Marketingtheorie dargestellt wird. Die elektronische Beziehung weist zahlreiche einzigartige Merkmale auf und soll daher als separate Beziehung behandelt werden (R12). Der physische und der elektronische Vertrieb ergänzen einander. Der Übergang vom physischen zum elektronischen Transport kann Prozesse beschleunigen, zum Beispiel wenn man einen Brief durch ein Fax oder eine E-Mail ersetzt. Auf der anderen Seite wird es wohl kaum jemals möglich sein, Pakete oder Personal zu faxen, es sei denn, virtuelle

---

[31] Delaryd (1989, S. 73 ff.).

Realität und Cyberspace-Maschinen könnten die tatsächliche physische Präsenz ersetzen.

Das Konzept der *Logistik* betrifft den gesamten Ablauf des Warenflusses: von der Förderung des Rohmaterials über die Fertigung und Montage von Komponenten bis zum Fertigprodukt in den Läden und zu seiner Ankunft im Haushalt. Der Warenfluß wird von einem Informationsfluß in Form von Dokumenten und Datenübertragungen begleitet. Logistik übergreift alle funktionalen und hierarchischen Grenzen. Die Idee der Logistik steht im Einklang mit dem Streben nach einer prozeßorientierten anstatt einer funktionsorientierten Organisation. Das Nachhausetragen der Waren durch die Konsumenten und die Art und Weise, wie sie die Waren behandeln, gehören ebenfalls zum Logistikfluß. Verstärkt fordern die Umweltgesetze auch eine Wiederverwertung, so daß die Logistik noch ein Stück weiter geht (siehe R15).

Logistik setzt eine ganzheitliche Sicht des Geschäftsablaufs voraus. Es geht darum, Prozesse effizienter zu machen, so daß Fertigung und Lieferung direkter, schneller und rechtzeitig erfolgen und damit Kosten und gebundenes Kapital eingespart werden können. Je langsamer der Logistikprozeß, um so mehr Kapital bleibt gebunden und um so länger dauert es, bis der Kunde zahlt. Logistik ist ebenfalls eine Marketingstrategie; dazu gehört zum Beispiel die Entscheidung über die Breite des Lieferangebots. Soll der Lieferant eine gesamte Systemlösung anbieten oder eine Teillösung, oder soll er sich mit anderen Unternehmen zusammenschließen, die Systemelemente bereitstellen können?

Kichiro Toyoda, Gründer der Toyota Motor Company, prägte bereits in den 30er Jahren das Konzept des *Just-in-Time* (JIT). Die Betonung lag damals auf *just*, genau: nur genau das tun, was unbedingt erforderlich ist, und dies genau zur richtigen Zeit.[32] Heute wird JIT meistens mit Nachdruck auf *time*, Zeit, dargestellt, womit gemeint ist, daß die bestellten Waren genau zum richtigen Zeitpunkt ankommen müssen, nicht früher und nicht später. Aber „just" und „time" sind im Vertrieb von gleich großer Bedeutung. Beide tragen zum harmonischen Ablauf bei. Die Toyota-Werke stehen nach dreißig Minuten still, wenn die geplanten Teilelieferungen nicht eintreffen. Im Vergleich dazu bestand die traditionelle Strategie der Autoindustrie darin, große Mengen von Teilen zu bestellen und sie wochenlang zu lagern.

Logistik und JIT wirken sich auf die Qualität, Produktivität und Rentabilität aus. Sie schaffen regelmäßige und enge Beziehungen zwischen dem Lieferanten und dem Kunden, die gemeinsam planen und ihre Systeme zu einem reibungslosen Prozeß verbinden müssen, der Investitionen und laufende Wartung und Verbesserung voraussetzt. Es entsteht anstelle einer Beziehung zwischen Lieferanten und Kunden eine Partnerschaft, ein Bündnis. Früher bestand die Einkaufs-

[32] Helling (1992, S. 28); siehe auch Womack, Jones und Roos (1990).

strategie eines Unternehmens darin, sich an mehrere Lieferanten zu wenden und sie gegeneinander auszuspielen, um die Preise zu drücken. Der Trend hat sich nach und nach in Richtung weniger und dafür engerer Lieferantenbeziehungen gewendet, wobei das Schwergewicht weniger auf Preis und Wettbewerb und mehr auf Zusammenarbeit liegt. In den 90er Jahren reduzierte Sundstrand in Deutschland die Zahl seiner Lieferanten von 550 auf 120, Ford in den USA von 6 000 auf 2 000 und McDonald's in den USA seine 175 Rindfleischlieferanten auf nur mehr fünf. 1992 beschloß Ikea, die Anzahl der Subunternehmer in Nordeuropa von 400 auf 300 einzuschränken. Die Firma verlangte von den verbleibenden Lieferanten eine Kostensenkung von 15 %, bot aber ihrerseits Unterstützung bei der Umsetzung dieser Kostensenkungen an. Ein wichtiger Punkt war die Auflassung eines zentralen Lagers und die Einführung von JIT-Lieferungen direkt ab Werk zu den Möbelgeschäften.

Obwohl von JIT in der Regel im Zusammenhang mit Warenlieferungen die Rede ist, läßt sich das Konzept ebenso auf Dienstleistungen, Menschen und Informationen anwenden. Da Dienstleistungen zum Teil gleichzeitig produziert und konsumiert werden, müssen sie genau dann produziert werden, wenn sie gebraucht werden. Extreme Beispiele wären die Notdienste von Feuerwehrleuten oder Sanitätern.

Warteschlangen sind im Marketingbereich nicht speziell erörtert worden. Vom Kundenstandpunkt aus würde ich folgende Definition vorschlagen: Eine *Warteschlange ist ein Bestand an Kunden, der darauf wartet, bedient zu werden.* Eine Warteschlange wirkt nicht „wertschöpfend", sondern „wertmindernd". Ein System zur Bereitstellung von Dienstleistungen hält Kapazitäten auf Lager, um die Leistungen zu erbringen, die Dienstleistungen selbst müssen aber JIT bereitgestellt werden; man kann sie nicht in gebrauchsfertiger Form lagern.[33]

T50, das großangelegte Projekt von ABB zur Verkürzung der Ablaufzeiten, ist ein Beispiel für Zeitmanagement oder Geschwindigkeitsmanagement. T50 steht für die Verkürzung der durchschnittlichen Ablaufzeiten um 50 %. Kotler (1997) spricht von „Turbomarketing", also einer gleichzeitigen Verkürzung der Entwicklungs- und Lieferzeiten und einer schnelleren Markteinführung der Produkte.

Es ist nicht so, daß Vertriebsnetze einfach da sind und jedermann sich ihnen anschließen kann. Oft werden sie von jenen blockiert, die sich bereits in den Netzen etabliert haben. Es kann kostspielig oder schwierig sein, ein neues Netz aufzubauen. Obwohl amerikanische Firmen auf dem japanischen Markt im Bereich der Lifestyle- und Jugendprodukte einen Wettbewerbsvorsprung besitzen – Coca-Cola ist das beliebteste Erfrischungsgetränk, McDonald's die beliebteste Fast-food-Kette, Disneyland der beliebteste Vergnügungspark –, haben sie

[33] Warteschlangen werden in der Theorie zwar behandelt, aber in erster Linie aus einer kurzfristigen Kostenperspektive.

Schwierigkeiten, in die japanischen Vertriebsnetze einzudringen. Ein Kartell blockierte zum Beispiel den Import von amerikanischem Flachglas und von Chemikalien für die Glasindustrie. Die Bauunternehmer, die wichtigsten Abnehmer von Flachglas, weigerten sich, mit den amerikanischen Firmen in Japan selbst zusammenzuarbeiten, sondern kauften ihnen ihre Produkte in Amerika ab. Die japanische Bauwirtschaft besteht aus kleinen, nicht besonders effizienten Firmen. Dahinter steckt eine Politik der Vollbeschäftigung, welche die Kosten bisher ignoriert hat. Stillschweigende Abkommen für Ausschreibungen von Bauprojekten – „dango" – sind üblich. Der eigentliche Zweck von Ausschreibungen besteht zwar darin, Abkommen zu verhindern, aber die Behörden zeigen wenig Bereitschaft, hier einzugreifen.

Interessanterweise genießen ausländische Unternehmen einige Privilegien auf dem japanischen Finanzmarkt. Auch hier kann aber der Zugang zu den Vertriebssystemen schwierig sein. Bei ihrem Versuch, sich auf dem Markt der Privatkunden zu etablieren, hatte die Citibank Probleme, sich Zugang zu einer ausreichenden Anzahl von Bankomatnetzen zu verschaffen. Ausländische Versicherungsgesellschaften bleiben vom Vertriebsnetz für KFZ-Versicherungen ausgeschlossen, da diese über die Autohändler verkauft werden. Der Autovertrieb ist blockiert, da die meisten Autohändler im Besitz der Produzenten sind und daher nur die eigene Marke anbieten. Keiretsus bilden undurchdringliche Netzwerke, gestützt auf Gesetze und Vorschriften, Eigentumsbeteiligungen zwischen den Mitgliedern des Netzes sowie gesellschaftliche und persönliche Beziehungen. Zwei Strategien sind diesbezüglich vorgeschlagen worden: entweder Druck auf die japanische Regierung auszuüben, oder es weiter zu versuchen und nicht aufzugeben. In Japan spricht man auch von der Notwendigkeit, in Symbiose mit den USA zu leben und die Überseefirmen als Mitglieder der Keiretsus zuzulassen.

Hier einige Beispiele von alternativen Vertriebsnetzen für den japanischen Markt.[34] Sie können auch als allgemeine Beispiele für alternative Vertriebskanäle und kreative Lösungen dienen:

- Eigene Läden. Die international erfolgreiche Kette von Spielzeugdiscountern, Toys'Я'Us, hat in Zusammenarbeit mit McDonald's zwei Geschäfte eröffnet, bekam aber Schwierigkeiten mit japanischen Lieferanten, die es nicht riskieren wollten, ihre Beziehungen zu den traditionellen kleinen Spielzeugläden aufs Spiel zu setzen. Eine Ausnahme bildete Nintendo, weltweit führender Anbieter von Videospielen, der spezielle Franchising-Shops innerhalb von Toys'Я'Us beliefert.

[34] Nach Kaikati (1993).

- Direktmarketing – Telemarketing, Versandhäuser, Verkauf an der Haustür – ist im Anwachsen begriffen, trifft aber auf gewisse Hindernisse. Die japanischen EDV-Adressenlisten erfassen nur 20 % der Konsumenten. Der japanische Konsument sieht es nicht gerne, wenn ein Unbekannter ihn zu Hause besucht, und prüft die Waren sehr eingehend vor dem Kauf. Die Firma Kodak, die ihre Filme erfolgreich verkauft, sah sich gezwungen, abseits der etablierten Kanäle zu arbeiten, über Postversand zu verkaufen und eine Kette von Textilreinigungen für die Filmabgabe zu verwenden. Aber die Gewohnheiten ändern sich. Im Rahmen der Globalisierung gewinnen direkte Katalogverkäufe aus den USA durch Land's End oder L.L. Bean Marktanteile in Japan. Und der Kauf über Internet dürfte die nationalen gesperrten Vertriebsnetze ins Wanken bringen.
- Von Piggy-back spricht man, wenn ein Lieferant sein Angebot in Partnerschaft mit einer Firma vermarktet, die bereits über ein etabliertes Vertriebsnetz verfügt. Ein Beispiel dafür ist Kauai Kookie Kompany, die Kekse aus Hawaii über die Kataloge japanischer Reisebüros vermarktet.
- Es gib auch „graue" Kanäle, die auf der Tatsache aufbauen, daß japanische Produkte manchmal im Ausland billiger sind als in Japan und daher mit Gewinn rückimportiert werden können. Manchmal existieren auch parallele Importe neben den autorisierten Importeuren.

Wenn man die Vertriebskanäle durch die Beziehungsbrille betrachtet, sieht man Netzwerke und Partnerschaften, in welche die Prozesse zwischen Herstellern, Dienstleistern, Mittelsmännern und Kunden integriert sind. Dies setzt eher Vertrauen voraus als auf Macht gestützte Kontrollmechanismen, Verträge und formelle vertikale Integration. Obwohl dies in der Literatur meistens nicht besonders betont wird, stand der Aufbau von Beziehungen in zahlreichen Channelsystemen im Vordergrund. Nach meiner eigenen Erfahrung sind die Verhandlungen zwischen Herstellern und Händlerketten oft von sozialen Inhalten geprägt, wobei es hauptsächlich um Dinge wie persönliche Beziehungen und Vertrauen, Spaß und Enthusiasmus geht. Die Zusammenarbeit in Vertriebsnetzen ist eine Voraussetzung für den Erfolg, wie es auch Alderson betont: „Ohne eine dauerhafte Zusammenarbeit, bei der jede Partei weiß, was sie von ihrem Gegenüber zu erwarten hat, können Marketingkanäle nicht funktionieren."[35]

Zusammenfassend ergeben Vertriebskanäle und Channel Management, im Lichte des RM betrachtet, ein etwas anderes Bild:

- Die Literatur zum Thema Vertrieb rückt eher Konsumgüter als Industriegüter ins Scheinwerferlicht und wirft auf den Vertrieb von Dienstleistungen nicht einmal ein schwaches Licht. Mobilität und Distribution von Informationen

[35] Alderson (1965, S. 239 – 258; Zitat S. 239).

werden gar nicht behandelt. All diese Aspekte treten jedoch in kombinierter Form auf, obwohl der eine oder andere den Hauptgegenstand des Vertriebs bilden kann, während die restlichen nur eine untergeordnete Rolle spielen.

- Der Vertrieb wird zu einer wertsteigernden Leistung, in welcher die Waren lediglich eine Komponente darstellen; das Augenmerk des RM richtet sich auf die Wertkonstellation für den Konsumenten.
- RM betrachtet den Vertrieb als komplexes Netz von interaktiven Beziehungen und nicht als sequentiellen Kanal.

Kapitel 3
Besondere Marktbeziehungen

In Kapitel 2 haben wir klassische Marketingthemen durch die Beziehungsbrille betrachtet. Dieses Kapitel beschäftigt sich nun mit besonderen Marktbeziehungen. Sie haben selbstverständlich alle ihre Wurzeln in R1, der Mutterbeziehung des Marketing, und können direkte oder indirekte Verbindungen zu den beiden anderen Klassikern aufweisen. Die Sicht durch die Beziehungsbrille erlaubt uns aber, andere Aspekte des Marketing zu erkennen, die in der allgemeinen Marketingtheorie nicht hervorstechen, aber für den Markterfolg heutzutage von Bedeutung sind (R4 bis R15).

Relationship 4
Beziehungen über Vollzeitvermarkter (FTMs) und Teilzeitvermarkter (PTMs)

Marketing kann nicht isoliert von anderen Funktionen bestehen. Wir haben dies bereits in Kapitel 1 sowie bei der Besprechung der Logistik und des JIT-Konzepts in R3 gesehen. Obwohl in den letzten Jahren immer öfter betont wird, daß die funktionalen Silos aufgebrochen werden müssen, beschäftigt sich die Theorie des Marketingmanagements aber nicht spezifisch mit der wechselseitigen Abhängigkeit der verschiedenen Funktionen.

In der Praxis dehnt sich die Marketingfunktion über die gesamte Firma aus, und die Marketing- und Verkaufsabteilung spielt vielleicht nur eine beschränkte Rolle in den Vermarktungsbemühungen insgesamt. Vielleicht gibt es nicht einmal eine Marketing- und eine Verkaufsabteilung. Statt dessen ist jeder am Marketing beteiligt. Man mag dies als organisationelles Dilemma empfinden, sollte darin aber eher eine Chance sehen, die Marketingressourcen zu verbessern.

Wir können zwei Typen von Vermarktern unterscheiden: *Vollzeitvermarkter (full-time marketers, FTMs)* und *Teilzeitvermarkter (part-time marketers, PTMs).* Man findet diese beiden Typen nicht nur innerhalb eines Unternehmens, sondern auch in dessen Umfeld. Sie lassen sich wie folgt definieren (Abbildung 3.1):

Vollzeitvermarkter (FTMs) sind jene, die eingestellt wurden, um im Bereich Marketing und Verkauf zu arbeiten. Teilzeitvermarkter (PTMs) sind alle anderen Mitarbeiter des Unternehmens und jene Menschen in ihrem Umfeld, die einen Einfluß auf die Marketingtätigkeit des Unternehmens ausüben.

Ressourcen / Rolle als Vermarkter	Intern	Extern
Vollzeitvermarkter, FTM	Marketing- und Verkaufspersonal	Vertriebspartner, Agenturen usw.
Teilzeitvermarkter, PTM	alle Nicht-FTMs	Kunden, Investoren, Medien usw.

Abbildung 3.1: Interne und externe FTMs und PTMs

FTMs findet man in den *Marketing- und Verkaufsabteilungen* sowie unter den *externen Anbietern von Marketingdienstleistungen.* Das Outsourcing von Dienstleistungen ist in den letzten Jahren angestiegen und kann als Verstärkung der Marketingfunktion angesehen werden. Die Dienstleistungen der Vertriebspartner sind Transport, Großhandel und Einzelhandel. Auch externe Spezialisten wie Werbeagenturen, Marktforschungsinstitute und Unternehmensberater (siehe auch R29) werden für Marketingfunktionen eingesetzt. Zum Zeitpunkt ihres Einsatzes können diese Dienstleister als FTMs für das beauftragende Unternehmen angesehen werden.

Die Unterscheidung zwischen FTMs und PTMs hat weitreichende Konsequenzen für den Marketingansatz. Es wird dadurch für jeden einzelnen legitim und notwendig, Einfluß auf die Kundenbeziehungen zu nehmen. Vorstandsmitglieder spielen die Rolle eines PTM, wenn sie als Goodwill-Botschafter für ihr Unternehmen auftreten oder wichtige Verträge aushandeln. Telefonisten und Empfangspersonal beeinflussen den ersten Eindruck des Kunden. Mitarbeiter im Bereich F&E können im Prozeß der Festlegung von Spezifikationen und der Planung mit den Kunden zusammentreffen, um die „Gebrauchstüchtigkeit" (fitness for use)[1] der Produkte zu gewährleisten. Hausmeister und Reinigungspersonal tragen zum physischen Umfeld bei, das auf den Kunden einwirkt, wenn er den Lieferanten besucht.

Verkaufsmitarbeiter sind professionelle Kontaktleute, die Beziehungen aufbauen, also FTMs. Aber sie können dies niemals alleine leisten. *FTMs können nicht zum richtigen Zeitpunkt am richtigen Ort mit dem richtigen Kundenkontakt und dem richtigen Wissen sein, aber PTMs schon!* Mißerfolge im Marketing können nicht allein der Marketing- und Verkaufsabteilung angelastet werden, sondern der gesamten Marketingfunktion und ihrer mangelnden Koordination mit anderen Funktionen.

[1] Der Begriff „fitness for use" stammt von einem der Väter des Qualitätsmanagements, J. M. Juran (1992), und bedeutet, daß Produkte und Dienstleistungen den Bedürfnissen des Anwenders entsprechen müssen.

Die folgenden Beispiele aus den Bereichen Produktion und Dienstleistung stützen sich auf empirische Beobachtungen und sollen versuchen, eine generalisierte Sicht dieser beiden Unternehmenstypen zu bieten.

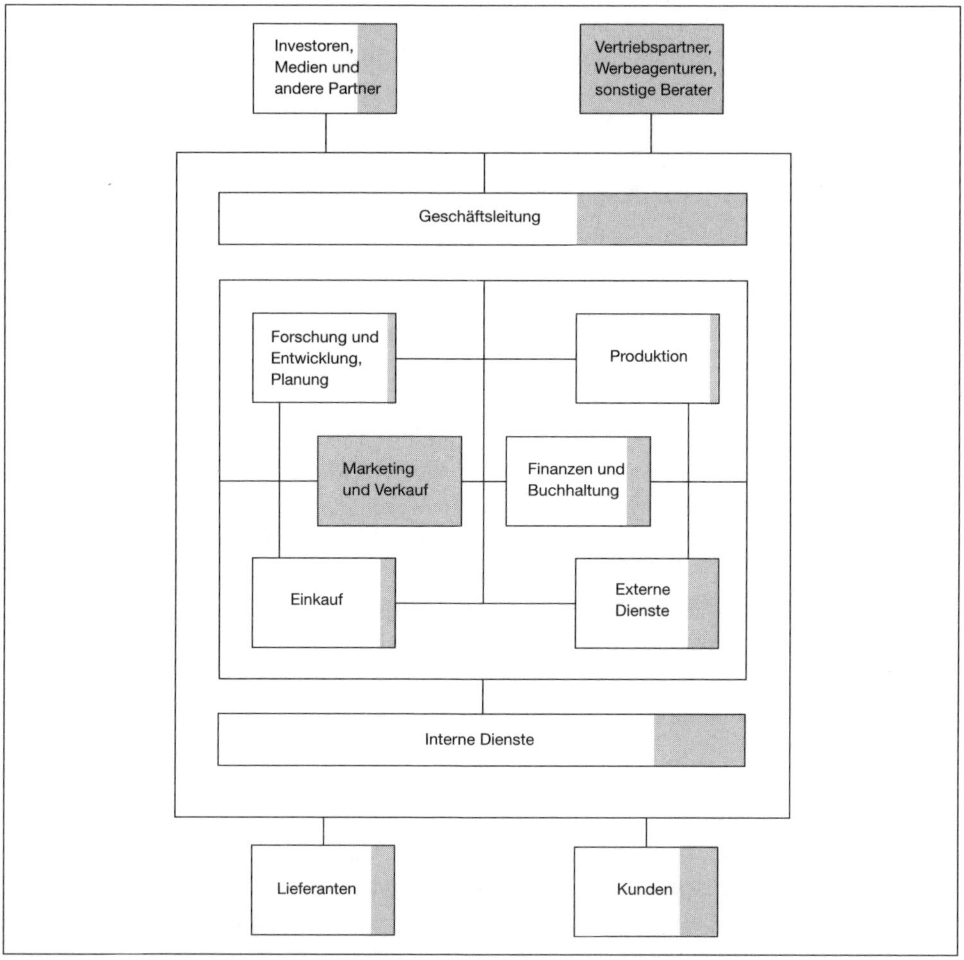

Abbildung 3.2: Wesentliche Komponenten der Marketingfunktion eines Anlagenbauers (Die schattierten Bereich stellen Marketingaktivitäten dar)

Wir finden FTMs in den Abteilungen Marketing und Verkauf sowie in der Gruppe der unterstützenden Spezialisten, PTMs in den anderen Kästchen:

- *Die Geschäftsleitung* verbringt einen Teil ihrer Zeit mit Tätigkeiten wie Ausarbeitung von Marketingstrategien, Aushandlung wichtiger Verträge oder Empfang von VIP-Besuchern.

- *Die Produktentwicklung* mit den Abteilungen Forschung und Entwicklung, Planung und Konstruktion, muß die Anforderungen der Kunden verstehen, die entsprechende Qualität in Form von Spezifikationen und Plänen umsetzen und für die zukünftige Bedienerfreundlichkeit der fertigen Anlage sorgen.
- *Die Produktion* mit den Bereichen Prozeßmanagement und Fertigung beeinflußt die Kundenbeziehungen durch die Erfüllung von Spezifikationen (Produktionsqualität) und die Einhaltung der Lieferfristen. Kundenunternehmen besuchen die Werke, um sich ein eigenes Bild vom potentiellen Lieferanten zu machen, aber auch zum Zweck der kontinuierlichen Qualitätssicherung.
- *Der Einkauf* betrifft die Kundenbeziehungen insofern, als der Endlieferant die Verantwortung für die verkauften Anlagen – unabhängig davon, wer die einzelnen Komponenten hergestellt hat – und für die zugekauften Dienstleistungen in Verbindung mit dem Produkt trägt. Selbst dann, wenn ein unabhängiger Spediteur die Waren beschädigt und formell dafür haftet, der Lieferant also nicht haftbar gemacht werden kann, schaden solche Vorfälle der Beziehung zwischen dem Kunden und dem Lieferanten.
- *Die Finanzierung* ist oft ein wichtiger, manchmal sogar der entscheidende Faktor in großen Geschäften, besonders für Großkunden in finanziell schwierigen Situationen. Solche Kunden können gezwungen sein, von einem Lieferanten zu kaufen, der attraktive Finanzierungslösungen bietet, statt sich an der Qualität der Anlagen oder Leistungen zu orientieren.
- *Externe Dienste* sind wichtig, um die Abläufe zu erleichtern und zusätzliche Vorteile zu schaffen. Sie tragen zur Differenzierung und Einzigartigkeit und damit letztlich zur Konkurrenzfähigkeit bei. Zahlreiche Dienstleistungen stehen mit Industrieanlagen in Verbindung, sowohl *vor dem Verkauf* (zum Beispiel individuelles Design, Lösungen im Rahmen einer Ausschreibung, Anlagendemonstrationen) als auch im *Kundendienst nach dem Verkauf* (zum Beispiel Installation, Schulung und Ausbildung des Kundenpersonals, technische Betriebsunterstützung, Softwareaktualisierungen, Unterstützung in Notfällen, Wartung) sowie als *allgemeine Leistungen*, wie etwa die Telefonvermittlung.
- *Interne Dienste* müssen das Marketing unterstützen. Sie dürfen nicht zu „administrativen Routinen“ oder Ritualen werden, die sich starr an irgendwelche Vorschriften halten; sie müssen auf die Bedürfnisse reagieren. Zu den internen Diensten gehören Sekretariatsdienste, EDV-Dienste, juristische Dienste, Kantinendienste, Gesundheitsdienste sowie Buchhaltungsdienste wie die Fakturierung und die Bearbeitung der Spesenabrechnungen von Vertriebsmitarbeitern.

Soweit zu den PTMs *innerhalb* des Unternehmens. Zusätzlich gibt es auch verschiedene Gruppen von *externen PTMs. Kunden* können die wichtigsten Vermarkter darstellen. Sie beeinflussen das Image des Lieferanten, können uns entweder empfehlen oder schlechtmachen. Auch unsere Lieferanten haben eine

Meinung über uns und geben diese an andere weiter, genauso wie *Investoren, Medien* und *andere Partner und Meinungsbildner*. Der Vorteil externer PTMs besteht darin, daß sie nicht auf unserer Lohnliste stehen, der Nachteil darin, daß wir ihnen nicht vorschreiben können, was sie über uns sagen sollen.

Das zweite Beispiel betrifft professionelle Dienstleistungen wie Unternehmensberatungen, Steuerberater, Anwälte und Architekten. Es ist für solche Fachleute üblich, sich als Produzenten qualifizierter Leistungen zu verstehen, die in einem begrenzten Anteil ihrer Zeit Verträge aushandeln. In kleinen Firmen sind Partner und höhere Angestellte PTMs und betrachten Marketing oft als ein notwendiges Übel, das ihnen die Zeit für „produktive“ Arbeit stiehlt. In großen Unternehmen gibt es normalerweise auch eine spezielle Marketing- und Verkaufsabteilung. In dieser Abteilung sollten erfahrene Fachleute arbeiten, die ein gutes Gespür für den Prozeß der Bereitstellung von Leistungen besitzen. Um Verbindung und Zugang zu potentiellen Kunden und Informationen über die Konkurrenz zu erhalten, muß sich die Abteilung auf die Qualifikationen und Kontakte jener Spezialisten und Assistenten stützen, die Aufträge ausführen und über Insiderkenntnisse verfügen. Sie braucht auch die Unterstützung der Fachleute, die zu den Kunden langfristige Beziehungen für länger andauernde Aufträge aufbauen. Die Marketing- und Verkaufsabteilung, falls vorhanden, ist von FTMs bevölkert, während die anderen Mitarbeiter PTMs sind (Abbildung 3.3).

Wie bei Produktionsunternehmen gibt es auch hier externe Vermarkter. Gegenwärtige und frühere Kunden können das Image einer Dienstleistungsfirma aufwerten oder zerstören. Ganz besonders aber werden *ehemalige Angestellte* zu einflußreichen PTMs. Berater übernehmen oft einen Posten in Kundenunternehmen, und viele von ihnen kaufen dann auch Beratungsdienste ein. Es ist daher ganz wesentlich, einen „guten Abgang“ zu ermöglichen, so daß ausscheidende Berater sich in gutem Einvernehmen von dem Unternehmen trennen und positive Beziehungen zu ihrem früheren Arbeitgeber aufrechterhalten. Erstaunlicherweise handeln zahlreiche Beratungsunternehmen aus der Perspektive des Marketing äußerst ungeschickt und machen es ihren Angestellten schwer, das Unternehmen zu verlassen oder ihr eigenes Unternehmen zu gründen. Der Arbeitgeber betrachtet die Berater als sein Eigentum und will für den Verlust entschädigt werden. Andere Beratungsunternehmen hingegen machen solche Abgänge zu einem Element ihrer Marketingstrategie. Die Unternehmensberatung McKinsey mit 4 100 Beratern in 35 Ländern ist ein Beispiel dafür. In ihrer Personalwerbebroschüre hebt sie die Karrierechancen von Beratern sowohl innerhalb als auch außerhalb der Firma hervor. Wenn ein Berater das Unternehmen verläßt, wird ihm die Mitgliedschaft in einer Organisation ehemaliger Mitarbeiter angeboten; er erhält dann regelmäßig eine Informationsschrift und wird zu verschiedenen Veranstaltungen eingeladen: „McKinsey bleibt mit seinen ehemaligen Mitarbeitern in aktivem Kontakt. Wo sie auch hingehen, es bleibt eine starke Verbindung zwischen McKinsey und seinen ehemaligen Mitarbeitern, und die meisten pflegen diese engen persönlichen und beruflichen Beziehungen ihr Leben lang weiter.“[2] Es gibt Beratungsunternehmen, die die Hälfte ihrer Aufträge oder noch mehr von früheren Mitarbeitern erhalten; diese sind zu den wertvollsten Vermarktern geworden, obwohl sie unbezahlte PTMs sind.

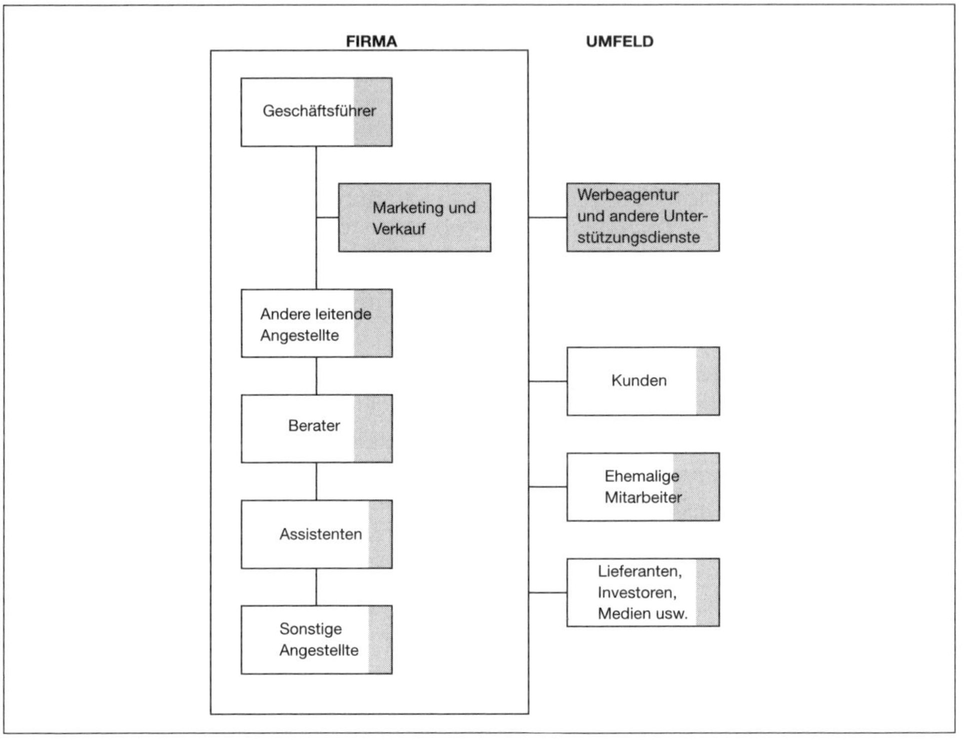

Abbildung 3.3: FTMs und PTMs in einer Beratungsfirma (Die schattierten Bereiche stellen Marketingaktivitäten dar)

Das Konzept der PTMs bricht die Grenzen der Marketingverantwortlichkeiten auf, die nunmehr nicht mehr die Abteilung Marketing und Verkauf allein umfassen (was in erfolgreichen Unternehmen wahrscheinlich nie der Fall war). Die Aufgabe, Marktbeziehungen aufzubauen und zu pflegen, wird zwischen den professionellen FTMs und den allgegenwärtigen „Amateuren“, den PTMs, aufgeteilt. Das Netz der innerbetrieblichen, formellen und informellen, professionellen und gesellschaftlichen Kontakte wird zum Bestandteil der Marketingfunktion. *Jedermann ist entweder ein FTM oder ein PTM. Jene Angestellten, die nicht unmittelbar oder mittelbar die Kundenbeziehungen beeinflussen, sind überflüssig.*

[2] Das Zitat stammt aus einer Broschüre, mit der Personal für McKinsey angeworben werden soll (1991, S. 14).

Relationship 5
Die Servicebegegnung: Interaktion zwischen dem Kunden und dem Service-/Kontaktpersonal

Das aufkeimende Verständnis für die einzigartigen Eigenschaften von Dienstleistungen hat den Begriffen Beziehungen und Interaktion neue Bedeutung verliehen. Marketing umfaßt nicht nur den Kontakt des Kunden mit dem Verkaufspersonal, sondern jede Art von Kontakt mit dem Personal und den Anlagen des Dienstleisters während der Produktion und Bereitstellung der Dienstleistung. Genauso wie von *interaktivem Marketing* können wir auch von *interaktiver Entwicklung, Produktion und Bereitstellung von Dienstleistungen* sprechen. *Der Anbieter und der Kunde schaffen gemeinsam einen Wert.* Das Marketing, das während der Interaktion stattfindet, ist oft das wichtigste, manchmal das einzige Marketing des Dienstleisters. Obwohl FTMs bei zahlreichen Dienstleistungsunternehmen eine zentrale Rolle spielen, tragen die PTMs den Hauptanteil der Kundenkontakte.

Die Interaktion zwischen dem Kunden und dem Lieferanten wird als *Servicebegegnung* bezeichnet, oder, wie es im Managerjargon heißt, als *Augenblick der Wahrheit.*[3] Vom Kundenstandpunkt aus kann es im Rahmen der Servicebegegnung zu folgenden interaktiven Beziehungen kommen (Abbildung 3.4):

- *Interaktion zwischen dem Kontaktpersonal des Lieferanten und dem Kunden.* Dies kann der Kontakt zwischen Arzt und Patient, zwischen dem Projektleiter einer Werbeagentur und dem Marketingmanager, zwischen Stewardeß und Passagier sein. Nur wenn der Kunde bei der Produktion der Leistung mitmacht – der Patient muß das verschriebene Medikament nehmen, der Marketingmanager der Werbeagentur die richtigen Anweisungen geben, der Passagier rechtzeitig zum Abflug erscheinen –, sind die Qualität der Produktion und die Bereitstellung gewährleistet. Der Kunde wird zum Koproduzenten, und dies bewirkt eine andere Beziehung zwischen Kunde und Dienstleister, als sie zwischen Kunde und Warenproduzent besteht. Die meisten Kunden, insbesondere die Konsumenten, nehmen niemals an der Arbeit einer Fabrik teil, aber in der „Servicefabrik" arbeiten sie sehr wohl mit.

---

[3] Der Begriff „Augenblick der Wahrheit" wurde in der 70er Jahren von Normann (siehe Normann, 1992, S. 16 – 17) als Metapher für die Begegnung zwischen dem Servicepersonal und dem Kunden eingeführt. Jeder ist auf sich allein gestellt, wie der Matador, der dem Stier gegenübersteht: „Es sind die Qualifikation, die Motivation und die vom Vertreter der Firma angewendeten Mittel sowie die Erwartungen und das Verhalten des Kunden, die gemeinsam den Prozeß der Dienstleistungserbringung schaffen." Zusammen mit dem Schlagwort „Der Kunde im Mittelpunkt!" wurde der Augenblick der Wahrheit durch den ehemaligen Generaldirektor der Scandinavian Airlines Jan Carlzon popularisiert (1985). In einer anderen Interpretation erhält die Metapher eine makabre, aber nicht unrichtige Note. Die kritische Begegnung zwischen dem Matador und dem Stier, wo einer sterben oder zumindest den anderen bezwingen muß, scheint die Servicebegegnung recht treffend zu beschreiben. Den Stier mit dem Schwert zu durchbohren und ihn zu töten oder von seinen Hörnern aufgespießt zu werden, ist jedoch nicht mit der Philosophie des RM vereinbar.

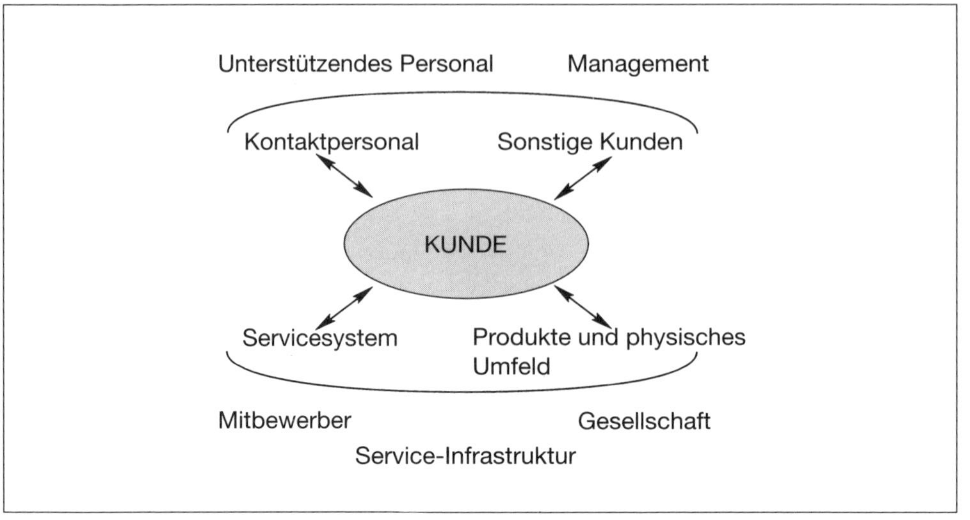

Abbildung 3.4: Interaktive Produktion von Dienstleistungen und Marketing aus der Kundenperspektive (Quelle: Gummesson, 1993, S. 106 – 108)

- *Interaktion zwischen Kunden.* Die Kunden produzieren die Leistung teilweise gemeinsam, wenn der Lieferant das entsprechende System, das Umfeld und das Personal bereitstellt. Ein anschauliches Beispiel ist das Tanzlokal. Damit die Kernleistung – Tanzen – erbracht werden kann, müssen die Gäste miteinander tanzen. Der Lieferant kann lediglich dafür sorgen, daß die Arena für die Interaktion einladend wirkt. Kunden, die sich in einer Schlange anstellen oder ein Konzert hören, interagieren miteinander und beeinflussen die Produktion einer Dienstleistung. Wenn das Team einer Stadt oder eines Landes eine wichtige Meisterschaft gewinnt, werden die Straßen von begeisterten Fans blockiert sein, die das Ereignis feiern, und dies ist ein wesentlicher Bestandteil der Qualität des Ereignisses. Leider ziehen Sportveranstaltungen auch zunehmend Hooligans an und lösen destruktive Emotionen aus, die zu Vandalismus führen; eine begrenzte Gruppe von Kunden kann die Qualität der Dienstleistung für die anderen Kunden ruinieren.
- *Interaktion zwischen dem Kunden und den Produkten und dem physischen Umfeld des Lieferanten.* Ein Beispiel dafür bietet der Supermarkt, wo die Plazierung der Produkte, die Art ihrer Präsentation, die Gestaltung des Geschäftslokals und die Parkmöglichkeiten die Haltung des Kunden und seine Beziehungen zum Geschäft beeinflussen. Der Marketingleiter einer Hamburgerkette meinte, die wichtigsten Leute seiner Marketingabteilung seien sechs Architekten. Sie gestalten das physische Umfeld: Gebäude, Schilder, Tische, Farben, Musik –, alles Elemente, die in der Servicefabrik des Fast-food-Restaurants zu den Beziehungen mit den Kunden beitragen. Da es nur wenig Personal gibt, er-

hält das physische Umfeld, das „Servicescape“[4], für den Kunden um so mehr Gewicht.

- *Interaktion zwischen dem Kunden und dem Servicesystem des Lieferanten.* Diese Interaktion zwischen Menschen und Systemen ist genauso wichtig wie die zwischen Menschen – zum Beispiel die Beziehung zwischen Mensch und Banksystem (manuelles System oder Bankomat) oder zwischen Steuerzahler und Steuersystem. Das System sollte kundenfreundlich und mit einer Benutzerführung ausgestattet sein, da die Kunden sonst nicht richtig damit umgehen können und ihre Beziehung zum Dienstleister als weniger zufriedenstellend empfinden. Unfreundliche Systeme können Kunden regelrecht verschrecken.

Es lassen sich vier „Personalfunktionen“ unterscheiden, die gemeinsam das Produktions- und Bereitstellungssystem gestalten. In ihrer Rolle als Koproduzenten sollten *Kunden* als Mitglieder der Dienstleistungsorganisation, als Teilzeitangestellte angesehen werden. Das *Kontaktpersonal* umfaßt jene Mitarbeiter, die unmittelbar mit dem Kunden in Kontakt treten. Das *unterstützende* Personal steht hinter der Sichtlinie (hinter den Kulissen); diese Mitarbeiter sind für den Kunden nicht sichtbar, interagieren aber mit dem Kontaktpersonal. Zusätzlich ist noch das *Management* zu erwähnen. Wenn man jede dieser Rollen separat betrachtet, kann man die Servicebegegnung aus verschiedenen Perspektiven sehen.[5] Schließlich werden die Beziehungen durch den *Wettbewerb* und durch die *Gesellschaft im allgemeinen*, etwa durch die *Service-Infrastruktur* (zum Beispiel die verfügbaren Telekom-Kapazitäten) beeinflußt.

Wenn jeder Mitarbeiter eine streng abgegrenzte Rolle zugewiesen bekommt und es keine Rotation gibt, entsteht ein schwerwiegendes Problem. Diejenigen, die niemals mit externen Kunden in Kontakt kommen, haben keine Gelegenheit, sich mit dem Verhalten und den Bedürfnissen der Kunden auseinanderzusetzen. Dieses Erfahrungsdefizit führt dann dazu, daß die Kunden nur noch schemenhaft gesehen werden. Es kommt zu keiner Empathie. Auch die Technologie kann die Beziehung zwischen dem Lieferanten und dem Kunden verändern und sich somit auf das Marketing auswirken. Banken sind schrittweise von einer Beziehung von Angesicht zu Angesicht zur *gesichtslosen Beziehung* über Bankautomaten und elektronische Bankgeschäfte übergegangen. Anstatt zur Bank zu gehen, um Geld zu holen, gehen wir zum Bankautomaten. Bankkarten im Zusammenhang mit einem Gutschriften- und Lastschriftensystem machen es möglich, Geld im Außenbereich einer Bankfiliale abzuheben, die gar nicht zur Bank gehört, bei der man sein Gehaltskonto oder seine Hypotheken hat. Man merkt vielleicht gar nicht mehr, bei welcher Bank man dieses Geld abhebt. Es bleibt nur wenig per-

---

4 Ein Begriff von Bitner (1990).

5 Zur Diskussion der verschiedenen Beziehungsperspektiven in einer Dienstleistungsorganisation und der Rolle des einzelnen siehe Gummesson (1993, S. 94 – 112). Siehe auch die Diskussion über kontextuelle Matrizen, ebenda (S. 108 – 110).

sönlicher Kontakt zur Bank. Der einzige Ansprechpartner, den man als angenehm oder abschreckend empfinden kann, ist eine Telefonstimme des „Kundendienstes", die gerade frei ist, wenn man anruft. Wenn es mehrerer Anrufe bedarf, um eine Angelegenheit zu regeln, hat man es möglicherweise jedesmal mit einer anderen Person zu tun. Nur selten sind diese Personen ermächtigt oder fähig, mehr als standardisierte maschinelle Aufgaben zu übernehmen; sie können kaum Probleme lösen. Die Beziehung ist mechanisch und neutral, ja steril geworden. Die Servicebegegnung hat sich von der Bankfiliale – dem Einzelhändler – auf die Straße, das Telefon, den Computer und eine standardisierte „menschliche" Stimme verlagert.

Bei der Produktion und Bereitstellung der Dienstleistung bietet der Interaktionsprozeß Marketing- und Verkaufschancen, also *Marketing-Ansatzpunkte (points of marketing)*. Gute Servicebegegnungen animieren den Kunden dazu, Gutes über den Lieferanten zu berichten und eventuell wertvolle PTMs zu werden. Diese Marketing-Ansatzpunkte können in sämtlichen Begegnungen zwischen dem Kunden und der Organisation des Lieferanten auftreten. Eine sinnvolle Strategie im Dienstleistungsbereich besteht darin, die Punkte festzustellen, die eine Auswirkung auf die Beziehung des Kunden zum Unternehmen haben, und zu entscheiden, wie diese am besten zu handhaben sind, um die Beziehung zu festigen und die Kundenbindung zu fördern.

Wenn die Interaktion gut läuft, wird die vom Kunden wahrgenommene Qualität verbessert. Der *Beteiligungsstil des Kunden* – Verhalten, Lebensstil, Stimmung – spielt hier eine maßgebende Rolle. Besonders wichtig ist er in der *intensiven Phase*, welche die Interaktion mit dem Kunden während der Produktion der Kernleistung umfaßt.[6] Die Fähigkeit des Dienstleisters, die Leistung und ihr Produktions-/Bereitstellungssystem zu konzipieren und zu produzieren, ist gleichermaßen wesentlich. Die Aufgabe des Kunden muß bewußt in Einklang mit der Aufgabe des Lieferanten gebracht werden. Dies hat zur Idee des *Servicedesigns* geführt, die ihren Ausdruck in Techniken wie Serviceplanung oder Service Blueprinting findet.[7] Mit diesen Techniken werden Pläne und Spezifikationen von Dienstleistungen ausgearbeitet. Ausgehend davon, daß Dienstleistungen aus Aktivitäten bestehen, erinnern diese Pläne an Flußdiagramme über den gesamten Prozeß der Produktion und Konsumierung der Leistung und über die Organisationsstrukturen und Systeme, die am Prozeß beteiligt sind. Der neue Aspekt, der den Serviceplan vom traditionellen administrativen Flußdiagramm unterscheidet, ist die Tatsache, daß hier nicht mehr die Systeme und Organisationsstrukturen des Produzenten, sondern das Verhalten und die Wahrnehmung des Kunden im Mittelpunkt stehen.

---

[6] Die Begriffe Beteiligungsstil und intensive Phase sind von Lehtinen (1985) übernommen.

[7] Siehe Shostack (1981) sowie Kingman-Brundage, George und Bowen (1995).

Die Beziehungen zwischen dem Konsumenten und dem Lieferanten können verschiedener Art sein. In diesem Zusammenhang sind zehn Verbindungen angeführt worden.[8] Die fünf ersten – rechtlich, finanziell, technologisch, geographisch und zeitlich – können von Lieferanten kontrolliert werden, und es kann hier für den Konsumenten schwierig sein, aus der Beziehung auszubrechen. Wenn man zum Beispiel seine Hypothek bei einer bestimmten Bank hat, bestehen rechtliche und finanzielle, vielleicht auch geographische Abhängigkeiten. Die fünf restlichen Verbindungen – wissensbedingt, gesellschaftlich, kulturell, ideologisch und psychologisch – sind in erster Linie mit der Persönlichkeit der Konsumenten und ihrer Wahrnehmung des Lieferanten verbunden.

In den 70er Jahren kam mir ein Arzt-Patient-Modell zu Ohren, das die Beziehung folgendermaßen beschrieb: „... die freiwillige und vertrauensvolle Unterordnung des Patienten zum Zweck der Behandlung und die in erster Linie verschreibende Rolle des Arztes".[9] Die Ärzte stellen die Symptome der Patienten fest und verschreiben eine Behandlung, und die Patienten folgen den Anweisungen des Arztes – nach der stereotypen Vorstellung, daß Ärzte allwissende Experten und Patienten ahnungslose Laien sind. Es ist eine extrem asymmetrische Beziehung, in der die ganze Macht auf seiten des Arztes liegt. Schlägt man in einem Lexikon die Wurzeln des Worts „Patient" nach, entdeckt man eine ganze Reihe von veralteten, bürokratisch-rechtlichen Werten. Ein Patient ist ein bedauernswertes Geschöpf, das sich passiv einer Behandlung unterwirft, leidet, wartet und sich niemals beschwert. Die umgekehrte Situation ist in der Servicebegegnung ebenfalls möglich, wenn der Kunde das Personal schikaniert, zum Beispiel einen Kellner im Restaurant.

Aus solchen Beziehungen entsteht keine Qualität im üblichen Sinn. Qualität ist das Ergebnis einer Interaktion zwischen gleichwertigen Parteien, wo jede Partei mit ihrem Wissen oder ihren Handlungen einen Beitrag leistet. Der Arzt verfügt über die Kompetenz, eine Diagnose zu stellen und eine Behandlung vorzuschlagen. Der Patient weiß über sich selber Bescheid und bringt die Motivation ein, zur Qualität des Ergebnisses beizutragen, das heißt, gesund zu werden oder zumindest seinen Zustand zu verbessern. Die Ritz-Carlton Hotel Company, eine Kette von siebenundzwanzig Hotels mit Sitz in Atlanta, Georgia, gewann 1992 den Baldrige Quality Award.[10] Ihr Credo lautet: „We are Ladies and Gentlemen, Serving Ladies and Gentlemen" (Wir sind Damen und Herren im Dienste von Damen und Herren). Damit kommt zum Ausdruck, daß das Hotelpersonal und die Gäste gleichwertig sind und beide eine Rolle bei der Produktion der Dienstleistung spielen. Dies unterscheidet sich ganz wesentlich von der Rollenauf-

[8] Liljander und Strandvik (1995).

[9] Cang (1976, S. 4).

[10] Der Malcolm Baldrige National Quality Award ist eine begehrte amerikanische Qualitätsauszeichnung, die zum Modell für Qualitätspreise in der ganzen Welt geworden ist (siehe auch Kapitel 7).

teilung in Herren und Diener oder Experten und Laien, wie sie nach wie vor in zahlreichen Servicebegegnungen vorherrscht – mit der Unterstützung einer oder beider Seiten.

Servicebegegnungen betreffen Menschen mit unterschiedlichen Lebenssituationen, Anforderungen, Sozialstatus, Alter, Geschlecht, Sprache und sonstigen physischen, kulturellen und sozialen Merkmalen. Da die Kontakte oft nur sehr kurz sind, haben die Parteien nur begrenzt die Möglichkeit, eine Empathie zu entwickeln. Ein Beispiel einer heiklen und oft irritierenden Interaktion in einer Servicebegegnung ist das Trinkgeldgeben. Für Shamir (1984) ist der Brauch, zusätzliche Gratifikationen zu geben, ein Merkmal, das Dienstleistungen von Waren unterscheidet. Er stellt die Frage, wie Trinkgeld die Beziehung zwischen dem Servicepersonal und den Kunden beeinflußt. Wie handhabt eine Dienstleistungsfirma, die sich bemüht, ihre Leistungen in großem Maßstab oder in großer Anzahl zu standardisieren, diese verstohlene, unkontrollierbare und individuelle Zahlungsmethode? Trinkgelder – die in der Literatur über Dienstleistungsmarketing nicht behandelt werden, aber die Preisgestaltung vieler Dienstleistungen maßgebend beeinflussen – sind das Resultat wirtschaftlicher, sozialer und psychologischer Elemente in der Interaktion zwischen Anbieter und Kunde. In seiner Ausgabe 1993 definiert das Oxford English Dictionary Trinkgeld als „ein kleines Geldgeschenk, das man einem Untergebenen, insbesondere einem Diener oder Angestellten eines anderen, für geleistete oder erwartete Dienste gibt". Man beachte das Wort „Untergebener"! In gewissen Ländern waren Trinkgelder zunächst der einzige „Lohn", den das Personal erhielt. Dann wurde es leistungsbezogen: Wer eine bessere Arbeit leistete und freundlich war, konnte mehr verdienen. Schließlich wurde in einigen Ländern automatisch ein bestimmter Prozentsatz auf die Rechnung aufgeschlagen, der gezahlt werden mußte, unabhängig davon, ob der Service hervorragend oder miserabel war. Für den Kunden ist oft nicht klar, was noch im Preis inbegriffen ist und was eine Extraleistung darstellt. Es entsteht eine Subkultur, in welcher die Angestellten, der Anbieter, ja die gesamte Dienstleistungsbranche den Kunden in Verlegenheit bringen. Für Menschen, die viel reisen, sind Trinkgelder ein permanentes Ärgernis. Man kann überall zuviel zahlen, um das Problem aus der Welt zu schaffen, und diese Kosten als notwendiges Übel hinnehmen, oder ständig verunsichert und irritiert sein. In bestimmten Servicebereichen und Kulturen ist der Trinkgeldbrauch zur organisierten Bettelei ausgeartet. Schließlich stellt sich die Frage, wo Trinkgeld aufhört und wo Bestechung beginnt, zum Beispiel in den Beziehungen zu Regierungsbeamten oder mit Persönlichkeiten, die ein wichtiges internationales Geschäft „erleichtern" können (siehe auch R17, die kriminelle Beziehung).

Die Intensität von Beziehungen und Interaktion kann sehr unterschiedlich sein. Das Service-/Kontaktpersonal, das ständige, aber immer nur kurze Kontakte zu den Kunden hat – das Kassenpersonal im Supermarkt oder in der Bank, die Empfangsdame und die Telefonistin, der Kellner, der Billeteur im Kino –, kann sich emotional belastet fühlen. In meinem Zimmer im Hotel New York in Disneyland Paris hing ein Poster mit Disneys zehn goldenen Verhaltensregeln. Regel Nr. 3 lautete: „Wir lächeln. Das ist ansteckend. Nicht vergessen: Wir schaffen Freude und Erinnerungen." Dies scheint eine gute Strategie zu sein, verlangt aber viel vom Personal. In all den intensiven und häufigen Interaktionen mit den Kunden kann die Belastung für die Mitarbeiter hoch sein. Das natürliche Lächeln kann an Wärme verlieren, so daß man eigentlich nur noch die Zähne zeigt. Viele Dienstleistungen sind für den Kunden mit Emotionen, Unsicherheiten oder schwerem Streß verbunden, wenn er zum Beispiel unter Flugangst leidet, die Arbeit der Handwerker bei der Hausrenovierung überwachen soll, ins Krankenhaus muß oder in einer Scheidungsangelegenheit zum Anwalt geht.[11]

Zwei australische Ferienanlagen bieten gute Beispiele von Dienstleistungen mit Interaktionen auf der höchsten Stufe der Intensität. Lizard Island, ein Naturpark im Great Barrier Reef, besitzt ein Hotel mit 32 Zimmern. Die Strategie lautet: Erstklassiger Service und gehobenes Preisniveau. Alle Mitarbeiter, die mit den Gästen in Kontakt stehen, reden diese beim Namen an. Die Mahlzeiten werden bei Tisch serviert, und die Gäste lassen sich Zeit; das Abendmenü besteht aus fünf Gängen. Untertags werden sportliche Aktivitäten angeboten, unter anderem Schnorcheln, Tauchen und Bootsfahrten. Die Gäste interagieren mit dem Personal und auch untereinander, aber wer lieber seine Ruhe haben will, wird nicht belästigt. Camp Eden – ein Kurhotel vor der australischen Goldküste – geht in der Intensität noch einen Schritt weiter. Dreißig Gäste bilden eine Woche lang eine Gruppe. Sie kommen alle gleichzeitig an, und man erklärt ihnen gleich in der Begrüßungsrede, daß es nur zwei Alternativen gibt: „Entweder Sie sind hier und machen beim Programm mit, oder Sie sind nicht hier." Außer der gesunden Ernährung und dem Fitneßtraining ist auch die Teilnahme am emotionalen und gruppendynamischen Training Pflicht. Die Interaktion des Gastes mit dem Personal und den anderen Gästen kann so intensiv sein, daß es zu Konflikten kommt; diese können auch zur Sprache kommen, und der Gast hat keine Chance, in Ruhe gelassen zu werden.

Da die meisten Unternehmen, die sich traditionell als Produzenten verstehen, auch Dienstleistungen anbieten, ist es auch für das allgemeine Marketingmanagement von großem Nutzen, die Beziehungen in „reinen" Dienstleistungsunternehmen zu studieren.

---

[11] Goodwin (1996).

Relationship 6
Der vielköpfige Kunde und der vielköpfige Lieferant

Wenn wir die einfache Dyade hinter uns lassen, kommen wir zu komplexeren Vernetzungen. Im industriellen Marketing und Business Marketing – wozu auch die Vermarktung über Großhändler und Einzelhändler zählt – können sowohl der Kunde wie auch der Lieferant viele Köpfe haben. Unternehmen setzen sich aus Einzelpersonen zusammen, und daher müssen Beziehungen zwischen Unternehmen an Menschen gebunden sein, um greifbar zu werden. Das Unternehmen an sich ist eine Abstraktion, auf die wir im Kapitel 6 noch näher eingehen werden. Nicht das Unternehmen, sondern die Einzelpersonen kaufen und verkaufen.

Verhaltensmodelle für die Einkaufstätigkeit von Unternehmen wurden in den 60er und 70er Jahren entwickelt. Diese Modelle werden in Marketinglehrbüchern dargestellt und dienen oft als Grundlage für die Darstellung des industriellen Marketing. Sie haben eindeutige Vorteile und tragen ihren Teil zum RM bei. Man braucht aber zusätzliche Ansätze, um das Spiel zu verstehen, in dem die Waren und Leistungen erfunden, entwickelt, produziert, vermarktet und gekauft werden. All dies läuft über verstrickte Prozesse und starke Abhängigkeiten zwischen den einzelnen Funktionen und Aktivitäten.

Diese Beziehung ist dadurch gekennzeichnet, daß auf beiden Seiten viele Leute am Marketing- und Kaufprozeß beteiligt sind. Abbildung 3.5 zeigt, daß zwischen dem liefernden und dem kaufenden Unternehmen eine ganze Reihe von Beziehungen besteht, insbesondere wenn es um den Verkauf komplexer Anlagen auf internationalen Märkten geht.

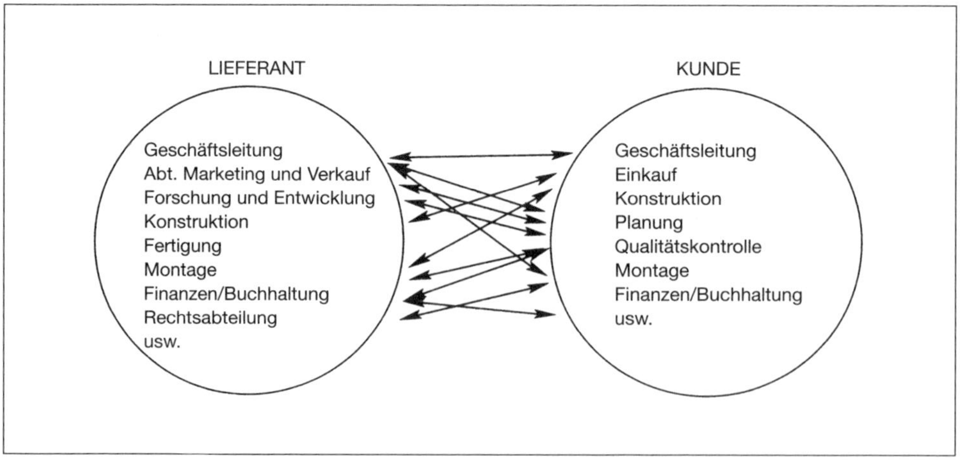

Abbildung 3.5: Beziehungen zwischen einem vielköpfigen Lieferanten und einem vielköpfigen Kunden

Die vielköpfigen Lieferanten und Kunden bilden ein komplexes Beziehungsnetz. Um sich in diesem Netz zurechtzufinden, braucht man die Unterstützung von Konzepten, systematischen Studien und langfristigen Strategien sowie hartnäckige Ausdauer. Die Kenntnis dieses Netzes wird zu einem Aktivposten, zu einer Marketinginvestition.

In dieser Hinsicht ist Ericsson ein anschauliches Beispiel. Das Unternehmen produziert Telefonsysteme und -schaltungen und hat sich in den letzten zehn Jahren zum weltweiten Marktführer auf dem Mobiltelefonsektor entwickelt. Seine Hauptkunden sind Telefongesellschaften in der ganzen Welt. Ericsson hat 80 000 Mitarbeiter und Kunden verschiedenster Größen, zumeist Unternehmen mit ca. 10 000 Angestellten, aber auch Giganten wie die British Telecom mit 175 000 Mitarbeitern. Beide Parteien sind also große, mächtige Organisationen. Ein Vertrag über ein neues Telefonsystem – der oft ein Volumen von mehreren hundert Millionen US$ darstellen kann – kommt Schritt für Schritt zustande. Zahlreiche Mitarbeiter, sowohl auf Seite des Lieferanten wie auch Seite des Käufers, sind daran beteiligt. Es lassen sich folgende Stadien im Aufbau einer solchen Beziehung unterscheiden:[12]

1. *Kontakt und Glaubwürdigkeit herstellen:* Wenn es um einen neuen Kunden geht, muß der Lieferant zunächst einen ersten Kontakt zum Kunden herstellen und sich Glaubwürdigkeit verschaffen. Diese erste Zielsetzung ist bei Ausschreibungen zu berücksichtigen. Es müssen fachliche und persönliche Beziehungen zu wichtigen Mitarbeitern der Käuferfirma aufgebaut werden, normalerweise auf mehreren Ebenen und in verschiedenen Funktionsbereichen.
2. *Konkurrenzfähig anbieten:* In diesem Stadium wird das Angebot erstellt und dem Kunden vorgelegt. Hinter einer Ausschreibung steckt die Idee, daß der Beste gewinnen soll. Wie wir es bereits bei R2 im Zusammenhang mit dem Wettbewerb gesehen haben, werden Vermarktung und Kauf hier auf eine vorgeblich „objektive" und „eindeutige" Aussage über Preis, technische Qualität und weitere klar meßbare, vom Käufer spezifizierte Anforderungen reduziert. Der Kunde wird manchmal die Hilfe des Lieferanten brauchen, um die Spezifikationen festzulegen; so entsteht eine engere Beziehung, die der Lieferant natürlich zu seinem Vorteil nutzen sollte. Um sich einen Wettbewerbsvorsprung zu verschaffen, können Lieferanten, manchmal mit der Unterstützung des Käufers, die allzu schwerfällige „rationelle" Angebotsprozedur umgehen. Es kann fallweise Kontakte zur Abklärung der Spezifikationen geben; man kann versuchen, durch die Zahlung von Schmiergel-

[12] Die Aufgliederung der Beziehungen zwischen Kunde und Lieferant in verschiedene Stadien basiert auf Studien über Ericsson (Gummesson 1984).

dern illegale Wege zu beschreiten (R17); Megabeziehungen und Lobbying (R19) können ebenso eine Rolle spielen wie die Bildung von Kartellen (R20).

3. *Beurteilung:* Normalerweise schreibt das Gesetz vor, daß die Angebote bei Ausschreibungen ohne Kontakt zwischen den Anbietern und den Käufern beurteilt werden müssen. Es kann aber zu ausgeklügelten Versuchen kommen, die Regeln des Ausschreibungsverfahrens zu umgehen, und die Manöver können hier noch weiter gehen als im Angebotsstadium.
4. *Vertrag:* Dem eigentlichen Vertrag kann eine „Absichtserklärung" vorausgehen, in der der Kunde seine Bereitschaft erklärt, vom Lieferanten zu kaufen. Die Ausarbeitung des endgültigen Vertrags kann letzte Verhandlungen erfordern; zuweilen besteht der Gesamtauftrag auch aus mehreren Unterverträgen.
5. *Planung, Konstruktion und Marktanpassung:* Ist der Auftrag einmal erteilt, geht es in diesem Stadium nun darum, die Erfüllung des Vertrags zu planen und die Anlagen an die kundenspezifischen technischen Anforderungen anzupassen. Dies setzt eine laufende Beziehung zwischen den Mitarbeitern von Ericsson und den Mitarbeitern des Kunden voraus.
6. *Produktion:* Die Beziehung setzt sich fort, wobei zum Teil neue Leute einbezogen werden. Qualitätsprüfer des Verkäufers können unangemeldet auftauchen, um das Qualitätsniveau zu kontrollieren, um sicherzugehen, daß die Lieferfristen eingehalten werden, oder um Problemen, die aus eventuellen Verzögerungen entstehen könnten, vorzubeugen, bevor sie akut werden. Solche Anlässe erfordern sowohl fachliche als auch soziale Interaktionen.
7. *Lieferung und Montage:* Lieferungen erfolgen über einen längeren Zeitraum, manchmal über mehrere Jahre. Das Montageteam von Ericsson und die Mitarbeiter des Kunden müssen zusammenarbeiten, um zu gewährleisten, daß die Anlagen und Systeme anforderungsgerecht funktionieren. Erst nach einer „Abnahmeprüfung" geht die Verantwortung auf den Kunden über.
8. *Kundendienst:* In diesem Stadium muß der Lieferant dafür sorgen, daß der Kunde zufrieden ist. Wo dies nicht der Fall ist, müssen die Schwierigkeiten behoben werden. Es kann sich um technische Probleme handeln, aber auch zum Beispiel um die Bezahlung gehen. Dieses Stadium bietet eine Chance für die Zukunft. Wenn es gelingt, die Beziehungen erfolgreich zu festigen, werden weitere Geschäfte folgen. Der nächste Vertrag läuft durch dieselben Stadien wie bisher, aber oft in sehr vereinfachter Form. Möglicherweise holt der Käufer kein anderes Angebot ein, und die Beurteilung des Angebots erfolgt ohne direkte Konkurrenz, wenn auch mit der Drohung einer potentiellen Konkurrenz.
9. *Schlußfolgerungen und Auswertung:* Es ist sinnvoll, ein abgeschlossenes Projekt noch einmal zu überdenken, um festzustellen, was richtig und was

falsch war, und daraus Lehren für die Zukunft zu ziehen. Ganz unerwartet, fast wie aus heiterem Himmel, entging Ericsson ein wesentlicher Auftrag der norwegischen Telefongesellschaft. Den Zuschlag erhielt ITT, damals einer der bedeutendsten Konkurrenten. Rückblickend wurde klar, daß Ericsson es verabsäumt hatte, seine Glaubwürdigkeit auf der Megaebene, also bei den Politikern und in der Öffentlichkeit, zu etablieren, während ITT für diesen Zweck beträchtliche Mittel aufgewendet hatte. ITT hatte dazu eine Public-Relations-Agentur verpflichtet. Diese hatte unter anderem die Aufgabe, das endgültige Angebot so zu gestalten, daß es nicht nur ein technisches Dokument war, sondern auch Kommunikationszwecke erfüllte. Ericsson hatte sich darauf verlassen, daß sein Ruf in Norwegen besser war als der seiner Mitbewerber. Ein ähnliches Muster hatte sich bereits einige Jahre zuvor in Mexiko abgezeichnet, aber das Unternehmen als solches – an den beiden Geschäften waren jeweils andere Mitarbeiter beteiligt – hatte aus dieser Niederlage nichts gelernt.

In den verschiedenen Stadien des Projekts wird Ericsson durch einzelne Mitglieder der Geschäftsleitung, Vertriebsingenieure, Konstrukteure, Projektleiter, Ausbilder (für die Einweisung des Kundenpersonals zum Betrieb der neuen Anlagen), Finanzbeauftragte, Juristen und andere Mitarbeiter vertreten. Manche kommen aus dem Hauptsitz der Firma, andere aus lokalen Filialen. Kundenseitig werden die Beziehungen mit Mitarbeitern der Geschäftsleitung, technischen Verantwortlichen, Planern, Finanzbeauftragten, Juristen, Montagetechnikern und dem zu schulenden Personal aufgebaut. Das Marketing und der gesamte Produktionsprozeß werden zu einem gemeinsamen Projekt: Gemeinsam schaffen die beiden Parteien einen Wert.

Abbildung 3.6 zeigt ein Fallbeispiel eines komplexen Beziehungsnetzes. Die Hauptakteure sind Atlas Copco, ein verbündeter Lieferant und ein Kunde in Ecuador. Atlas verkauft Bohranlagen für die Bauwirtschaft, zum Beispiel für den Tunnelbau, und der Bündnispartner vertritt das Baugewerbe. Liljegren[13] hat die Beziehungen und Interaktionen in diesem Projekt eingehend analysiert. Er spricht vom komplexen Beziehungsnetz zur internen Organisation des Kunden als „Beziehung zum Kunden im Kunden". Innerhalb von Atlas gab es drei Einheiten, die einen Teil oder die Gesamtheit der Anlagen liefern wollten. Beim Bündnispartner gab es drei Einheiten, die sich für einen Teil oder die Gesamtheit des Projekts verantwortlich fühlten. Es wurden etwa 30 Diagramme benutzt, um aufzuzeigen, wie sich das Netz der Beziehungen im Lauf der Verhandlungen änderte. Drei dieser Diagramme – ein Frühstadium, ein mittleres Stadium und das Endstadium – werden in Abbildung 3.6 gezeigt.

---

[13] Liljegren (1988, S. 244 und 250).

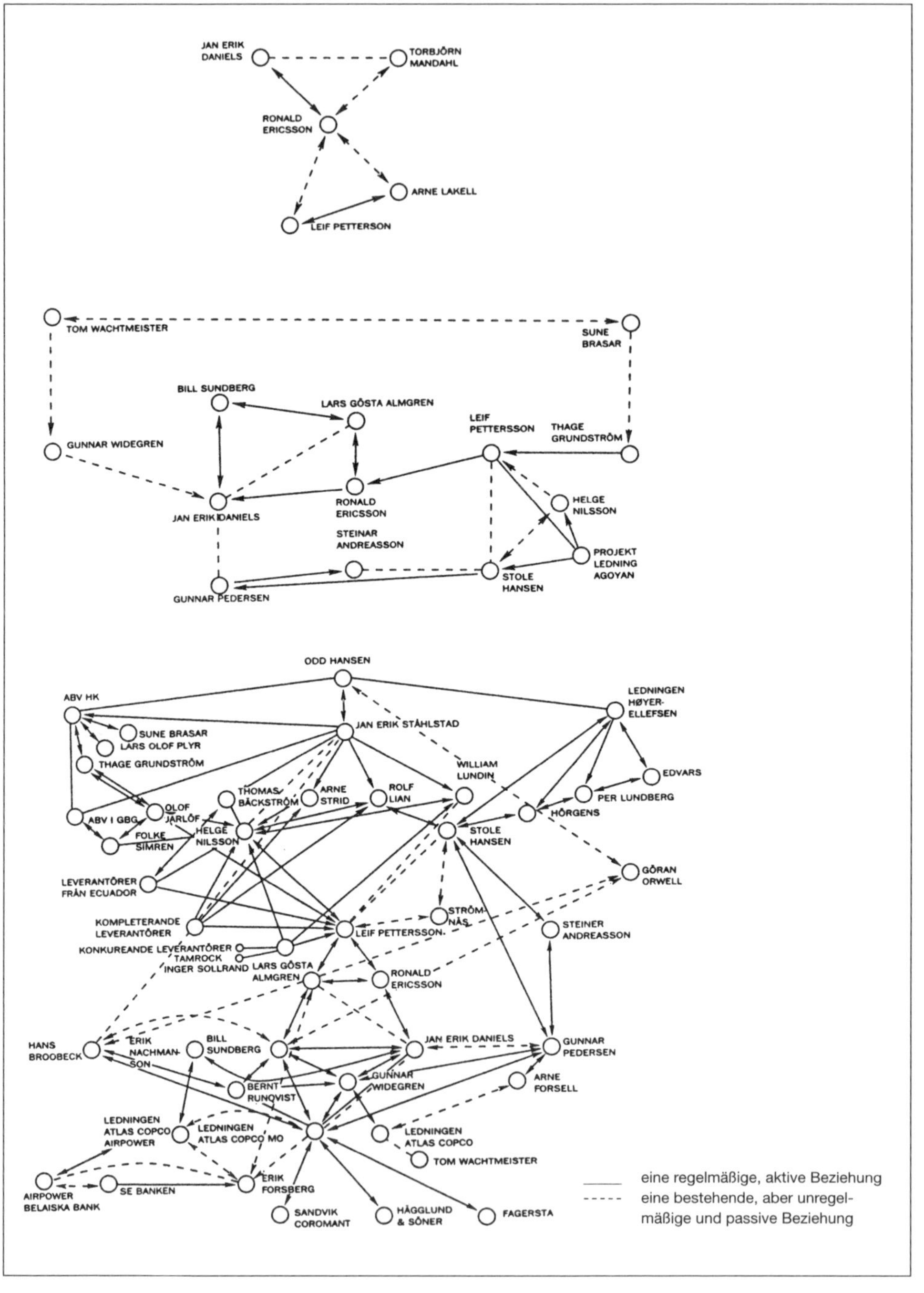

Abbildung 3.6: Beziehungsnetze (Quelle: Liljegren, 1988, S. 174, 243 und 255; Wiedergabe mit Genehmigung des Autors)

Selbst wenn wir die Beziehungen des Lieferanten auf die Verbindungen der Verkaufsmitarbeiter reduzieren, bleiben die Kontakte komplex. Es ist ein stets wiederkehrendes Problem im Vertriebsmanagement, festzulegen, wie vielköpfig eine Beziehung sein darf. Soll ein Anbieter verschiedener Produkte für jedes dieser Produkte verschiedene Vertriebsmitarbeiter einsetzen, und zwar auch dann, wenn die für den Einkauf verantwortlichen Mitarbeiter des Kunden die gleichen sind? Oder ein Unternehmen hat möglicherweise verschiedene Produktlinien, die zwar in gewisser Weise miteinander verwandt sind, aber von verschiedenen Personen in der Organisation des Kunden eingekauft werden. Eine Versicherungsgesellschaft verkauft etwa Rentenversicherungen, Lebensversicherungen und Feuerversicherungen. Rentenversicherungen und Lebensversicherungen für die Mitarbeiter werden vielleicht von der Finanz- oder Personalabteilung abgeschlossen, die Feuerversicherung hingegen von der Hausverwaltung. Eine Unternehmensberatung kann eine ganze Reihe von Dienstleistungen anbieten – Betriebsprüfungen, Kostensenkung, Qualitätsmanagementsysteme, Marktforschung, Personalberatung – und der Einkauf erfolgt dezentralisiert nach Nutzern der jeweiligen Leistungen. Die Berater, die den ersten Auftrag erhalten haben, möchten vielleicht gerne weitermachen, da sie bereits Beziehungen und Vertrauen aufgebaut haben. Ein anderer Berater mag aber seinerseits der Meinung sein, über andere Kanäle selbst über hervorragende Kontakte zum Unternehmen zu verfügen. Der Verkauf an eine Firmenzentrale kann durch ein Regionalbüro der Beratungsfirma abgewickelt werden, ein weiterer Verkauf an eine Filiale in einem anderen Bezirk wieder durch das erste Büro oder aber durch die für den Bezirk der Filiale zuständige Agentur. Wir stehen hier vor einem ewigen Dilemma: Wem „gehört“ eine Beziehung?

R6 zeigt auf, daß es notwendig ist, beim Business Marketing in Beziehungsnetzen zu denken. Eine stets aktuelle Kenntnis der Netzwerke und die Fähigkeit, in diesen Netzen zu interagieren, werden zu Grundlagen der Marketingstrategie.

Relationship 7
Die Beziehung zum Kunden des Kunden

Im Business Marketing verwenden die Kunden die erhaltenen Lieferungen als Input für die Lieferungen an ihre eigenen Kunden. Das gleiche Produkt wird weiterverkauft, oder die Lieferung geht in den weiteren Fertigungs- oder Montageprozeß ein; es kann sich um Anlagen handeln oder um Hilfsgüter und -leistungen, wie etwa Büromaterial oder Sicherheitsdienste.

Jeder Lieferant hat eine Beziehung zum Kunden seines Kunden. Diese Beziehung besteht auch dann, wenn sie indirekt und unerkannt bleibt. Viele Produkte durchlaufen mehrere Stadien, bevor sie an den Endverbraucher gelangen. Diese

Stadien können von verschiedenen Unternehmen verkörpert werden, die mehr oder weniger miteinander in Verbindung stehen. Eisenerz wird zu Stahl, Stahl zu Blech, Blech zu Teilen, die zu einem Auto zusammengebaut werden, das dann dem Konsumenten verkauft wird. Dazwischen kann es verschiedene Arten von Händlern geben. So entsteht folgendes Dilemma: Wer ist der eigentliche Kunde, und wessen Bedürfnisse und Spezifikationen sind zu berücksichtigen?

Dieses Dilemma ist in folgender Weise ausgedrückt worden: „Es ist auch möglich, daß die vom Kunden gewünschten Merkmale sich von den Merkmalen, die der Anwender in weiterer Folge benötigt, unterscheiden oder gar in Widerspruch dazu stehen. In dieser Hinsicht ist die Forderung, das Produkt nicht nur den Bedürfnissen des unmittelbaren Kunden, sondern auch jenen des Anwenders in weiterer Folge anzupassen, beachtenswert, auch wenn dies in der Praxis schwer durchzuführen ist.“[14] Manchmal kann ein Produkt für die Zwischenstufe neutral sein, für den Endverbraucher aber von besonderem Wert. Soll sich ein Lieferant also direkt an den Endverbraucher wenden? Dies scheint zwar vernünftig, bedeutet aber gleichzeitig eine Beeinträchtigung der Beziehungen zu den Zwischenstufen, die ihre eigene Position bedroht sehen können. Die Zwischenhändler ihrerseits versuchen sich dadurch zu schützen, daß sie Informationen zurückhalten. Bei internationalen Geschäften wird die Distanz nicht nur geographisch, sondern auch kulturell größer, was sich zum Beispiel in sprachlichen oder gesetzlichen Unterschieden bemerkbar macht.

Die Lieferanten können es sich zur Aufgabe machen, „den Kunden zu helfen, Geschäfte mit ihren Kunden zu machen“. Dazu müssen sie den Kunden des Kunden verstehen. Sie müssen begreifen, daß die Maschinen und die Arbeiter in der Fabrik des Kunden stillstehen, wenn eine Lieferung nicht pünktlich eintrifft, und daß der Kunde des Kunden dadurch in die gleiche mißliche Lage gebracht wird. Es kommt zu Kettenreaktionen, die für den ersten Lieferanten in der Kette nicht unbedingt ersichtlich sind. Dies wurde bei R3 im Zusammenhang mit dem physischen Vertrieb, der Logistik und dem JIT-Prinzip erläutert.

Ericsson muß also begreifen, wie die Fernsprechteilnehmer denken und fühlen, da seine unmittelbaren Kunden, die Telefongesellschaften, hier nur als Vermittler fungieren. Es stellt sich die Frage, welche Art von Beziehung man zum Kunden des Kunden aufbauen sollte. Aus Angst, die Beziehungen zu den Telefongesellschaften zu beeinträchtigen, verfolgte Ericsson lange Zeit die Strategie, sich nicht in das Verhalten oder die Probleme der Teilnehmer einzumischen. Unglücklicherweise waren die meisten Telefongesellschaften aber Staatsmonopole, die vielfach nicht darum bemüht waren, den Teilnehmer, ganz besonders nicht den Haushalt oder das Kleinunternehmen, in den Mittelpunkt zu stellen.

---

[14] Smith und Laage-Hellman (1992, S. 47).

Auch im Bereich der Konsumgüter und des Einzelhandels ist es absolut notwendig, den Kunden des Kunden zu verstehen. Brauereien unterscheiden zwischen Kunden (Großhändlern, Einzelhändlern, Restaurants) und Konsumenten (den Biertrinkern). In Einzelhandelsketten besitzen die Zentraleinkäufer eine gewisse Macht über die Hersteller. Sie sind Mittelsleute zwischen Produzenten und Konsumenten und stehen den Konsumenten näher als der Produzent. Der Hersteller läuft Gefahr, zu wenig über die Bedürfnisse und Verhaltensweisen der Kunden und deren Wandel zu wissen. Er verliert die Möglichkeit, mit dem Kunden in Interaktion zu treten. Um die Macht des Handels abzuschwächen, führen die Produzenten Marketingaktionen durch, um die Kunden durch Image- und Markenwerbung und Verkaufsförderung in den Läden anzusprechen. Ihre Vertreter besuchen die Geschäfte, um zu informieren, Werbematerial zur Verfügung zu stellen, beim Auffüllen der Regale zu helfen und Muster an die Konsumenten zu verteilen.

Heutzutage laufen Bestellungen immer öfter über EDV und werden online an den Lieferanten übermittelt. Die Produzenten führen auch ihre eigenen Konsumentenumfragen durch, zum Beispiel in Form von Konsumentenpanels. Dann kommt man zusammen, um Geschmacksrichtungen, Duftnoten oder neue Produkte zu besprechen.

In der bereits zuvor erwähnten Studie über Atlas Copco[15] stellte sich heraus, daß sich ein Wandel beim Kunden des Kunden für Atlas auf seine Lieferungen von Bohrern an die Bauwirtschaft auswirkte. Die Kunden von Atlas zählten sowohl die lokalen und regionalen Behörden als auch Fabriken und Immobilienbesitzer zu ihren Kunden. Deren Projekte wechselten im Laufe der Jahre von einer verstärkten Tätigkeit im Wohn-, Straßen- und Brückenbau in den 70er Jahren zu mehr Einfamilienhäusern und internationalen Großprojekten gegen Ende der 70er Jahre; in den 80er Jahren schließlich lag der Schwerpunkt auf Renovierungs- und Wartungsarbeiten. Für Atlas erwies es sich als wesentlich, diese Änderungen im Auge zu behalten und nach Möglichkeit auch vorauszusehen.

Abbildung 3.7 zeigt ein allgemeines Modell von Kunden-Lieferanten-Beziehungen als Endloskette. „Unternehmen ∞" steht für eine unbestimmte Anzahl von Beziehungen innerhalb eines komplexeren Netzes. Um die vielfachen Kettenbeziehungen zu veranschaulichen, wurden vor dem Konsumenten oder Endverbraucher noch zwei weitere Unternehmen eingefügt.

Die Beziehung zwischen Unternehmen ∞+1 und Unternehmen ∞+2 entwickelt sich zwischen einem Lieferanten und einem Kunden, wobei der Lieferant ein Unternehmen ist, das ein Produkt unverändert oder nach Verarbeitung weiterverkauft. Es handelt sich also um Business Marketing. Unternehmen ∞+2 muß seine Beziehungen sowohl zu seinem Lieferanten als auch zum Konsumenten schüt-

[15] Liljegren (1988, S. 399 – 401).

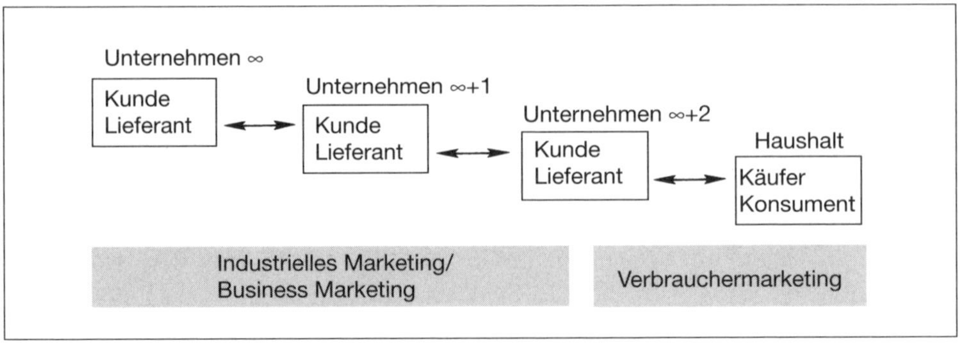

Abbildung 3.7: Die Beziehung Kunde-Lieferant-Konsument als endlose Kette

zen. Das ist ganz natürlich, wenn man Unternehmen als Mitglieder von Netzen betrachtet, in denen alle Aktivitäten und Ereignisse alle anderen Faktoren beeinflussen können. Bei einer anderen Betrachtungsweise wird der Kontakt zur Feindschaft, bei der jede Partei das Ziel hat, die andere im Interesse kurzfristiger Profite unter Druck zu setzen und zu übertrumpfen. Heute beginnen die Unternehmen, ihre diesbezügliche Haltung zu ändern, und betrachten ihre Lieferanten zunehmend als Partner in einer Beziehung, in der es nur Gewinner gibt. AT&T spricht von einer „Verkäuferbeziehung" (vendor relationship)[16], Philips von „Koproduktion" (co-makership). Für das Upstream-Marketing, das sich an das Vorfeld, also an die Lieferanten richtet, wurde der Begriff „umgekehrtes Marketing" (reverse marketing) geprägt als Unterscheidung zum normalen, nach unten gerichteten, also kundenorientierten „Downstream"-Marketing. Die Beziehung zum Lieferanten ist besonders in Engpaßzeiten von Bedeutung, zum Beispiel in Phasen der Hochkonjunktur.

Die Beziehungen zwischen dem Unternehmen ∞+2 und dem Käufer und Konsumenten müssen auch vom Unternehmen ∞+1 berücksichtigt werden. Der Konsument ist der Endpunkt der Versorgungskette. Wir stehen hier am Übergang vom Business Marketing zum Konsumentenmarketing, geprägt durch die Tatsache, daß der Kunde hier der Konsument ist und nicht ein Lieferant, der seinerseits jemanden beliefert. Käufer und Konsument können, müssen aber nicht in einem Haushalt ein und dieselbe Person sein. Wenn eine Hausfrau Nahrungsmittel einkauft, die dann von der Familie oder vom Hund verzehrt werden, dann besteht innerhalb des Haushalts eine Lieferanten-Kunden-Beziehung.

Während die Beziehungen im Massenmarketing im wesentlichen nur in eine Richtung gehen, liegt beim RM die Betonung auf zweiseitigen Beziehungen. Die Konsumenten treten ebenfalls in aktive Beziehung zu den Lieferanten. Die Vor-

[16] Dieser Begriff sowie die folgenden sind Payne (1993, S. 34) entnommen.

stellung, daß der Verkäufer der aggressive Teil und der Käufer der passive Teil ist, trifft nicht zu. Ebensogut kann das kaufende Unternehmen oder der Konsument der aktive und aggressive Teil sein; die Initiative kann in beide Richtungen gehen. Konsumenten wünschen sich angenehme Beziehungen zu ihrem Händler, ihrer Tankstelle, ihrem Friseur und ihrem Arzt. In Zeiten, in denen die Waren in ausreichender Menge vorhanden sind, kann die Beziehung davon abhängen, ob die Bedienung im Laden oder an der Tankstelle freundlich ist, ob das Geschäft günstig gelegen ist oder ob es über ein System verfügt, das dem Kunden vertraut ist. Bei einem Arzt kann es ein wenig anders aussehen. Durch die Beziehung wird es leichter, einen Termin zu bekommen; der Arzt weiß bereits viel über den Konsumenten, der sich darauf verlassen kann, gut betreut zu werden. Das Verhalten des Konsumenten wird ein Bestandteil der Leistungsproduktion, und die Interaktion bestimmt deren Qualität.

Der Aufbau des Vertriebskanals kann einem Lieferanten helfen, sich von anderen zu differenzieren. Channel Management und Channel Leadership werden zu wesentlichen Bestandteilen des Vertriebsnetzes. Steuerung und führende Rolle können beim Produzenten, beim Großhändler, beim Einzelhändler oder bei irgend einem anderen Glied der Vertriebskette liegen.[17]

Selbst wenn man den Konsumenten als letztes Glied der Kette betrachten kann, bleibt es sinnvoll, auf R3 (die Vertriebs- und Logistikbeziehung) und R15 (die grüne Beziehung) hinzuweisen, die der Tatsache Rechnung tragen, daß Produktion und Konsum zunehmend als ökologischer Kreislauf verstanden werden. In diesem Fall gibt es keinen Endpunkt; der Produzent oder der Vertriebshändler haben dafür zu sorgen, daß der Kreislauf sich schließt und das Produkt wiederverwertet wird.

Für den Konsumenten ist nicht immer ersichtlich, wer der Lieferant ist. Als ich einmal eine neue Toilette brauchte, wandte ich mich an einen Installateur, der diese liefern und installieren sollte. Nach der Installation funktionierte die Schüssel nicht richtig. Sie leckte, wenn man die Wasserspülung betätigte, und die Brille ließ sich kaum hochheben. Als ich den Klempner anrief, verwies er mich hinsichtlich der Garantie an den Hersteller, mit dem ich niemals etwas zu tun gehabt hatte. Als ich mich mit dem Hersteller in Verbindung setzte – einer großen, anonymen und desinteressierten Firma –, wurde mir erklärt, ich müsse vierzehn Tage warten. Man fand es dort ganz normal, daß die Toilette zwei Wochen lang nicht zu gebrauchen sein sollte! Ich rief daraufhin einen Freund aus meinem Rotary Club an – ein Netzwerk, das mir Türen zu anderen Berufszweigen öffnet –, der eine große Installationsfirma leitet, und bat ihn um Rat. „Rufen Sie den Abteilungsleiter an und berufen Sie sich auf mich“, meinte er, „wir gehören zu ihren

[17] Die Bedeutung von Vertriebskanälen in einem Netzwerk wird von Stern und El-Ansary erörtert (1992, S. 29 – 36 und 422 – 430).

besten Kunden." Nach einigen Anrufen – der Abteilungsleiter war nicht besonders erpicht darauf, mit Kunden in Kontakt zu treten – nahm dieser schließlich das Gespräch entgegen. Er war genausowenig interessiert wie zuvor und wollte die Sache am liebsten abschütteln, doch da er fürchtete, seine Beziehung mit meinem Rotarierfreund zu beeinträchtigen, versprach er, die Angelegenheit in Ordnung zu bringen. Dennoch dauerte es zwei Tage. Für mich stand fest, daß ich der Kunde des Installateurs war. Der Installateur sah sich nur als Mittelsmann – ohne Haftung und ohne Kunden. Der Hersteller war nicht bereit, Konsumentenbeziehungen zu pflegen. Es erübrigt sich zu sagen, daß beide damit endgültig einen Kunden verloren haben.

Es kann leicht passieren, daß man die Beziehung zum Kunden des Kunden aus den Augen verliert oder sich nicht einmal die Mühe macht, den Blick so weit zu richten. Aber die Beziehung ist da, ob man sie anerkennen will oder nicht. Da unsere Kunden von ihren Kunden leben, ist es eine intelligente Marketingstrategie, unseren Kunden zu helfen, ihre Kunden zufriedenzustellen.

Relationship 8
Enge oder distanzierte Beziehung

In der Literatur zum Thema Marketing kann man den Eindruck gewinnen, daß Marktforschung und Meinungsforschungstechnik, insbesondere die Verwendung von quantitativen Methoden und statistischen Formeln, erstklassige Kenntnisse über die Kunden und die Auswirkungen von Marketingaktivitäten vermitteln können. Die Kundennähe hingegen scheint hier nur wenig Bedeutung zu haben.

Meiner Ansicht nach ist es genau umgekehrt: *Die Interaktion mit den Kunden ist die wichtigste einzelne Wissensquelle für das Marketing, und wer nach mehr Marktforschung schreit, gibt damit eigentlich zu, daß er gescheitert ist.* Manager und Marketingleiter habe oft so wenig direkten Kundenkontakt, daß sie keine Ahnung mehr haben, was in den Köpfen ihrer Kunden und Mitbewerber vorgeht. Sie sehen sich gezwungen, die Kunden um Hilfe zu bitten und andere zu beauftragen, historische Rückblicke auszuarbeiten und sie ihnen in Form von Berichten und Farbfolien zu präsentieren. Die Geschichte – normalerweise die Geschichte des Vorjahres – dient dann als Basis für die Entscheidungen über die Zukunft. Man steuert auf die Zukunft zu und hält dabei den Blick starr auf einen getrübten Rückspiegel gerichtet.

Dies war die schlechte Seite der Marktforschung, und ich hoffe, daß diese Darstellung einen heilsamen Schockeffekt auf manchen Leser ausgeübt hat. Aber die Techniken der Marktforschung haben auch ihre positive Seite. Alles läßt sich nicht direkt erfahren, da der Zugang zum Kunden oder zu den Daten manchmal physisch und psychisch gesperrt sein kann. Dies ist zum Beispiel bei bestimmten quantitativen Daten – Anzahl, Menge, Häufigkeit – oder Makrodaten der Fall. Gewisse Aspekte von Marketingaktionen lassen sich nur schwer durch Präsenz und Interaktion überschauen. *Die Marktforschung unter Miteinbeziehung bestimmter anerkannter Techniken ist also eine Ergänzung zu jenem Wissen, das in natürlicher Weise aus den Kundenbeziehungen, der Interaktion und der aktiven Auseinandersetzung entsteht, aber nicht die wesentliche Wissensquelle für das Marketing.*

Das Hauptproblem besteht darin, Zugang zu den Kunden, Mitbewerbern und anderen Akteuren zu erhalten. Die Beziehung zum Kunden kann entweder eng oder distanziert sein. Die enge Beziehung ist direkt und persönlich, die distanzierte Beziehung indirekt und unpersönlich, wobei Marktforschungsberichte als Vermittler dienen (Abbildung 3.8).

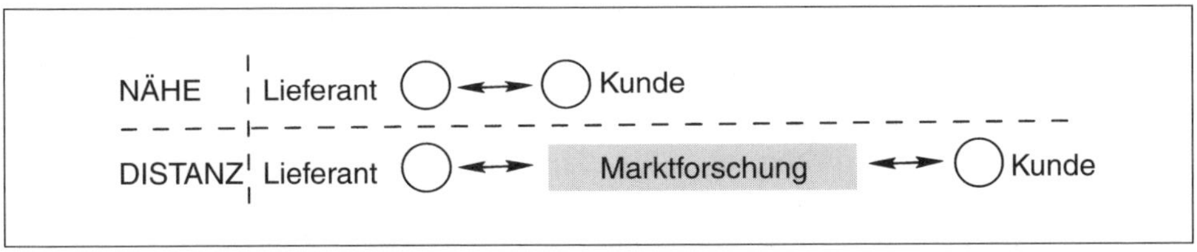

Abbildung 3.8: Physische Kundennähe oder distanzierte, über Marktforschungsberichte laufende Beziehung

Auf der Suche nach einem solchen Zugang habe ich festgestellt, daß es ganz wesentlich ist, zwischen einem *Verständnis aus erster Hand* durch persönliche Erfahrung und Beteiligung und einem *Verständnis aus zweiter Hand*, das über Vermittler läuft, zu unterscheiden.[18] „Den Konsumenten zu erfahren" – durch Diskussionen, Beobachtung, Teilnahme, Kontakte durch den Service, permanentes Reflektieren – bringt ein tieferes Verständnis als eine Untersuchung, die von anderen durchgeführt, formuliert und ausgewertet wird. Massenmarketing stützt sich weitgehend auf ein Verständnis aus zweiter Hand und auf Vorschläge, die auf Interpretationen von Mittelsleuten beruhen. Dies kann manchmal von Vorteil sein, denn ein Outsider kann das Unternehmen oder die Branche in einem neuen Licht sehen. Aber man darf solche Beiträge immer nur als Ergänzung verstehen. Obwohl die Techniken der Marktforschung immer mehr verfeinert werden, zum Beispiel durch die Berücksichtigung der zahlreichen Merkmale verschiedener Lebensstile, bleibt es schwierig, gültige und nützliche Studien über Konsumenten und die Ursachen und Wirkungen ihrer Verhaltensweisen zu erstellen. Die Nähe, das Pulsierende, die Vielschichtigkeit der Variationen werden zu standardisierten Aussagen und Schlußfolgerungen degradiert. Der Kunde wird zum

[18] Die Begriffe Zugang, Verständnis und Vorverständnis sind in Gummesson (1991, S. 21 – 49 und 57 – 62) ausgeführt.

Durchschnitt, zu einer Zahl, einem Prozentsatz, und zum Schluß bleiben von ihm vielleicht nur noch zwei Stellen hinter dem Komma. Die persönliche Beziehung hat sich in eine *statistische Beziehung* verwandelt.

Der Trend scheint in beide Richtungen zu gehen: Man strebt sowohl nach mehr Fernwissen als auch nach mehr Wissen durch Kundennähe. Dies ist kein Widerspruch in sich. Es kommt einfach daher, daß das Interesse für den Kunden in der Marketingpraxis beträchtlich gestiegen ist; in den Marketinglehrbüchern war es schon immer vorhanden. Das ist natürlich erfreulich. Doch Marktforschung und die dafür verwendeten Techniken sind ein Produkt der Massenfertigung und des Massenmarketing des Industriezeitalters. In der heutigen und zukünftigen Gesellschaft, in der Fertigung und Marketing individueller gestaltet werden, sollten die Forschungstechniken des Massenmarketing – wo individuelle Unterschiede verschwinden und verflachen – nicht mehr die Hauptrolle spielen.

Die Nähe zum Kunden geht verloren, wenn ein Unternehmen wächst und immer mehr Kunden zählt, vielleicht Tausende oder gar Millionen. Zumindest scheint es so. Kleine Unternehmen können ihr Wissen über den Kunden durch enge Beziehungen erwerben, aber nur dann, wenn sie für dieses Wissen empfänglich sind. Dies gilt für Geschäfte genauso wie für Hotels oder Fabriken. R6 handelte vom vielköpfigen Kunden und vom vielköpfigen Lieferanten. Die Vertreter beider Parteien knüpfen auf zahlreichen Ebenen enge Kontakte und lernen einander gut kennen. Bündnisse zwischen Lieferanten und Kunden entstehen oft zu dem Zweck, die Übertragung von Wissen zu erleichtern (siehe R21, die Wissensbeziehung).

In Hotelzimmern finden wir oft Fragebögen vor, auf denen die Gäste das Hotel und seinen Service beurteilen sollen. Dies hätte vielleicht einen Sinn, wenn die Gäste die Fragebögen tatsächlich ausfüllten und das Hotel die Antworten auch verwertete. Selten sagen diese Formulare mehr aus, als daß das Hotel auf die Meinung seiner Gäste Wert legt; man erfährt nichts darüber, wie die Information genutzt werden soll. Ich erstelle häufig eine Liste der Dinge, mit denen ich nicht zufrieden bin, aber übermittle diese nur selten der Hoteldirektion. Sie gibt mir kaum das Gefühl, wirklich an konstruktiver Kritik interessiert zu sein, und die Angst, als alter Nörgler dazustehen, hält mich zurück. Trotz der physischen Nähe zwischen Hotelgast und Personal fehlt es an geistiger Nähe, und die „Kommunikation“ beschränkt sich auf einen Fragebogen.

Ingvar Kamprad, Gründer und Eigentümer von Ikea, besitzt 130 Möbelkaufhäuser in 26 Ländern. Diese werden jährlich von 120 Millionen Menschen besucht. Solange es nur wenige Kaufhäuser gab, konnte die Geschäftsleitung enge Kontakte zu den Kunden und zum Personal pflegen. Die Geschäftsführung jedes einzelnen Kaufhauses kann diesen Kontakt aufrechterhalten, aber die internationale Zentrale kann es in der Praxis nicht mehr. Um diesem Beziehungsproblem abzuhelfen, wurden „antibürokratische Wochen“ eingeführt. In diesen Wochen arbeitet das Personal der Zentrale in den Kaufhäusern. In einem Interview erklärte Kamprad, er verlasse sich nicht auf Statistiken oder Berichte, er wolle sich direkt mit der Realität auseinandersetzen. Hyatt-Hotels schicken ihre Chefs auf „Kontakttage", und an einem Tag im Jahr ist die Zentrale für alle geschlossen, auch für den Generaldirektor. Leitende Angestellte arbeiten als Hausmeister, Reinigungspersonal oder in anderen Bereichen, wo man Hand anlegen muß. Das ist an sich eine wunderbare Sache, aber ein Tag oder eine Woche reichen nicht aus, damit einem die Alltagsrealität wirklich unter die Haut geht. Wie es ein Ikea-Manager einmal ausdrückte: „Man ist nur zu Besuch in der Realität."[19]

Die alte Redensart „business is local" trifft auch auf unsere heutige globale Gesellschaft zu. Joshua Tetley in Großbritannien kontrolliert etwa tausend Pubs. Um die persönlichen Beziehungen zum Kunden zu verstärken, wurde der „100 Club" gegründet. Mitglied konnte jeder Angestellte werden, der den Namen und die Gewohnheiten von mindestens 100 Gästen kannte. Zuerst wurden Zweifel geäußert, ob sich überhaupt jemand für die Mitgliedschaft qualifizierten würde, doch das Ergebnis war verblüffend. 500 Angestellte kannten die Namen von 600 Kunden oder mehr; der Sieger konnte 2 000 Kunden mit Namen ansprechen.

Die italienische Familie Benetton, die mit Markenmode und Accessoires handelt, unterhält 6 400 Franchise-Boutiquen in etwa hundert Ländern. Der Firmengründer Luciano Benetton besucht die Läden, um Anweisungen zu geben und sich ein eigenes Bild zu machen; ebenso tun dies zweihundert weitere Angestellte. Außerdem sind die Benetton-Boutiquen an ein Online-Computernetzwerk angeschlossen, das eine umfassende Überwachung der laufenden Verkäufe erlaubt. Die Beziehung ist gleichzeitig eng und distanziert und stützt sich sowohl auf persönliche Kontakte als auch auf den Einsatz modernster Informationstechnologie und auf eine effiziente Logistik.

Anstatt die Kundenbeziehung aus der Ferne abzuschätzen, sollte ein Unternehmen die Kunden in eine interaktive Verbesserungs- und Entwicklungstätigkeit mit einbeziehen. Die Marriot-Hotels entwickelten die Motelkette Courtyard in Zusammenarbeit mit Geschäftsreisenden. Als die schwedischen Eisenbahnen die Schnellzugverbindung X2000 einführten, begannen sie mit einer sechsmonatigen Versuchszeit und erklärten dies in der Werbung. Geschäftsreisende erhielten kostenlose Fahrkarten, um den Zug als Alternative zur Flugreise auszuprobieren. Die Eisenbahngesellschaft wollte den Zug nicht von Anfang an bei voller Geschwindigkeit betreiben, da dies hohe Anforderungen an das Schienennetz und die Sicherheitsmaßnahmen gestellt hätte. Ein Eisenbahnbetrieb ist ein geschlossenes Netz, und jede Zugbewegung, wie zum Beispiel eine Verspätung, wirkt sich auf alle anderen Züge aus. An Bord des Zuges wurden Passagiere stichprobenweise persönlich befragt, und alle Fahrgäste erhielten einen Fragebogen. Das

[19] Die Daten über Ikea stützen sich auf Dokumente und eine Präsentation von Pelle Zandén (1992).

Personal wurde nach der Fähigkeit ausgewählt, zuzuhören, zu beobachten und Verbesserungen anzuregen. Das Zugteam versammelte sich vor der Abfahrt und nach der Ankunft, um die Reise zu planen bzw. zu beurteilen. Es gab auch regelmäßige Besprechungen mit dem Management. Der „Produktmanager" dieses besonderen Bahnservices fuhr selbst mehrmals in der Woche mit. Insgesamt setzte die Eisenbahngesellschaft sowohl persönliche Beziehungen von Angesicht zu Angesicht ein als auch systematische, standardisierte und laufende Informationen als Unterstützung. Darüber hinaus stellte die interaktive Forschung ein Mittel dar, um die Kunden einzubeziehen und zu beeinflussen; sie wurde zu einem wesentlichen Bestandteil des Marketing.

Diese Beispiele zeigen, daß es möglich ist, auch in großen Unternehmen in engem direkten Kontakt sowohl mit dem Personal als auch mit den Kunden zu bleiben. Das eigentliche Hindernis ist nicht die Größe, sondern der Mangel an Innovationsgeist – und eine Beziehungsbrille, die beschlagen ist. Zusätzliche Informationen aus anderen Quellen, wie etwa aus der Anwendung von Marktforschungstechniken, können das Wissen bereichern.

Die *soziale und geistige Distanz* sind zentrale Begriffe im RM. Je größer die Entfernung, desto größer wird auch die Gefahr von Mißverständnissen. Dies kann sich besonders im internationalen Handel störend auswirken, wo nicht nur die physische Distanz, sondern auch Kultur und Sprache Hindernisse bilden.[20] Wenn man sich die Kunden vom Leib hält und sie nur als Prozentsätze und anonyme Massen sieht, legt man nicht dieselben ethischen Maßstäbe an, wie wenn man ihnen nahesteht. Anthropologische Studien haben zu der Hypothese geführt, daß Ehrlichkeit in Austauschbeziehungen im umgekehrten Verhältnis zum sozialen Abstand steht.[21] Studien über Betrug haben gezeigt, daß die Mitarbeiter weniger Hemmungen haben, einen anonymen Kunden übers Ohr zu hauen als jemanden, den sie kennen und dem sie persönlich begegnen. Blumberg faßt seine Schlußfolgerungen wie folgt zusammen: „Der Schaden, den man anderen zufügt, ist oft unpersönlich ... Menschen sterben in Autos weit entfernt von jenen, die diese konstruiert haben. Raucher sterben diskret und leise, weit weg von jenen, die Zigaretten herstellen und dafür werben ... in einer großen, bürokratischen Organisation geben die Menschen ihre Rolle als vollwertige, moralische menschliche Wesen auf."[22]

Manager und Mitarbeiter können sich in großen Organisationen und Systemen verstecken; nur selten müssen sie die unmittelbare Verantwortung für die Beziehung zum Kunden übernehmen. Größe und Distanz fördern eine minderwertige Ethik und behindern Beziehungen. Trotzdem kann die Distanz mit zahlreichen

[20] Hallén und Widersheim-Paul (1979).

[21] Czepiel (1990).

[22] Blumberg (1989, S. 106-109).

Mitteln verringert werden, und bei einigen der 30R geht es genau um diese Verringerung der sozialen und geistigen Distanz.

Daraus ergibt sich für mich ein eindeutiger Schluß: *Man kann die Kunden nur dann verstehen, wenn man regelmäßig mit ihnen zu tun hat, sein Einfühlungsvermögen schult und seine eigenen Beobachtungen überdenkt.*

Relationship 9
Die Beziehung zum unzufriedenen Kunden

Laut Hirschmann (1970) stehen Kunden folgende Optionen offen, wenn sie mit der Beziehung zu ihrem gegenwärtigen Lieferanten nicht zufrieden sind:

- *Verlassen:* Die Kunden verlassen den Lieferanten und wechseln zu einem Konkurrenten, oder sie hören vorübergehend oder endgültig auf, die betreffenden Waren oder Dienstleistungen zu kaufen.
- *Zur Sprache bringen:* Die Kunden sprechen ihre Kritik offen aus und verlangen Abhilfe.
- *Treue halten:* Die Kunden bleiben dem Lieferanten zumindest innerhalb gewisser Grenzen treu, sei es, weil es an alternativen Anbietern mangelt, aufgrund der hohen Umstiegskosten, aus Trägheit oder aus ideologischen oder sonstigen Gründen.

Als die Fluglinie British Airways in den 80er Jahren ihr Qualitätsverbesserungsprogramm einführte, wunderte man sich im Unternehmen über die Reaktion der Kunden: „Wiedergutmachung war der Begriff, den wir prägten, um ein häufig wiederkehrendes Anliegen zu umschreiben: Wenn etwas schiefgeht, was öfter der Fall ist, wird dann jemand spezielle Anstrengungen unternehmen, um die Sache in Ordnung zu bringen? Wird jemand sich die Mühe machen, den Kunden zu entschädigen? Wird jemand sich darum kümmern, die negativen Folgen des Fehlers auszugleichen? Weiß überhaupt jemand, wie man sich entschuldigt?“[23] Wiedergutmachung ist also mehr, als nur eine Reklamation zu erledigen, es ist die Wiederherstellung und Festigung einer langfristigen Beziehung. Hier muß man konstruktiv vorgehen, nicht einfach mechanisch oder routinemäßig. Die Tatsache, daß die Fluggesellschaft eine Überraschung erlebte, zeigt auf, wie beschämend dürftig die Verbindung zum Kunden bis dahin gewesen war – eine Situation, die sie mit den meisten anderen Fluggesellschaften teilte.

Im Sinne des modernen Qualitätsmanagements sollte man eine Null-Fehler-Strategie verfolgen, also danach streben, alles schon beim ersten Mal richtig zu

[23] Albrecht und Zemke (1985, S. 34).

machen. Trotz dieser Strategie wird es weiter zu Fehlern kommen, insbesondere im Dienstleistungsbereich. Die Kundenbeziehung muß also eine positive Art und Weise, mit solchen Fehlern umzugehen, beinhalten. Der Baldrige Quality Award legt großes Gewicht auf Konzept und Entwicklung des Beschwerdewesens. Das Motto lautet also: „Höchste Verläßlichkeit mit bestmöglicher Wiedergutmachung kombinieren."[24] Diese Formel baut auf Forschungen auf, die ergeben haben, daß „Verläßlichkeit" die grundlegende Qualitätsdimension darstellt; das Produkt darf nicht kaputtgehen, der Zug muß pünktlich abfahren, der Gast muß sich auf die Hotelreservierung verlassen können.

Olsen hat kritische Vorfälle in der Beziehung zwischen Konsumenten und Banken untersucht. Zwei seiner Fallsbeispiele zeigen, wie der unterschiedliche Umgang mit unzufriedenen Kunden aussehen kann:[25]

- Ein Kunde wollte Geld von einem Geldautomaten abheben, erhielt aber nur einen Bruchteil des gewünschten Betrags. Der Kunde rief die Bank an, die ihm versprach, die Angelegenheit umgehend zu prüfen. Ein Servicetechniker wurde zum Bankomaten geschickt, der feststellte, daß Banknoten im Gerät steckengeblieben waren. Die Beziehung zur Bank wurde durch den Vorfall nicht belastet, da die Bank den Kunden ernstgenommen und das Problem prompt erledigt hatte.
- Ein Mann und eine Frau hatten Daueraufträge auf ihren jeweiligen Konten. Später eröffneten sie gemeinsam ein neues Konto und informierten die Bank, daß die Daueraufträge von nun an über das gemeinsame Konto abgewickelt werden sollten. Einige Zeit danach erhielt die Frau einen Brief, in dem behauptet wurde, sie hätte ihr Konto überzogen, und weitere Überziehungen würden ihre Chancen für künftige Kredite zunichte machen. Sie schloß daraus, daß die Bank irrtümlich weiterhin Geld von ihrem alten Konto überwiesen hatte, und teilte dies der Bank mit. Der Bankangestellte versprach, den Fehler zu korrigieren, doch nichts geschah. Auch nach wiederholten Kontakten mit dem Bankangestellten und anderen Mitarbeitern der Bank wurde der Fehler nicht behoben. Die Kundin verlor ihr Vertrauen in die Bank und ging zu einer anderen; sie „wollte sich nicht länger herumstreiten".

Im ersten Beispiel reagierte die Bank zwar nicht besonders großzügig, aber korrekt. In beiden Fällen verursachten die Banken ihren Kunden Kosten, Ärger und Unsicherheit, im zweiten Beispiel möglicherweise sogar schlaflose Nächte und psychischen Druck. Das sozial, geistig und physisch distanzierte Auftreten – eine traditionelle Haltung vieler Bankdirektoren und -angestellten, die sich dadurch

[24] Berry (1989, S. 27).
[25] Olsen (1992, S. 369).

von mißglückten Beziehungen abschirmen wollen – behindert die Anwendung des RM. Aus der Perspektive der Bank ist der Kunde ein kostenloser Nutzwert. Wenn die Bank sich ihre Dienste bezahlen läßt, wäre es eigentlich selbstverständlich, daß sie ihrerseits angemessene „Gebühren" zahlt, wenn sie dem Kunden zusätzliche Arbeit verursacht. Die Produktion von Bankdienstleistungen ist eine Interaktion, in welcher der Kunde die meiste Arbeit übernimmt. Wenn der Kunde Macht über die Bank besitzt, weil er ein großes Unternehmen ist, kann er eher auf die Bedingungen Einfluß nehmen und seine Forderung nach Entschädigung „zur Sprache bringen". Vielerorts ist heute die Bankkultur so einheitlich, daß ein „Wechsel" keine wirkliche Alternative für den Privatkunden oder das Kleinunternehmen darstellt.

Es ist tragisch, wenn nicht verstanden wird, wie machtlos Kunden in einer solchen Beziehung sind: wenn die Bank einen Fehler macht, die Passagiere ihren Anschlußzug versäumen oder der Patient im Krankenhaus falsch behandelt wird. Die meisten von uns haben solche Situationen schon erlebt. Warum sind wir immer wieder mit ihnen konfrontiert? Ich habe nie begriffen, warum dieselben Fehler wieder und wieder gemacht werden, so daß man letztlich fast schon glaubt, dies sei der normale Lauf der Dinge. Genausowenig habe ich mich jemals damit abfinden können. Ist es Inkompetenz? Unzulänglichkeit der Systeme? Gleichgültigkeit? Mangel an Empathie? Arroganz? Ich neige zu dem Schluß, daß all diese Erklärungen etwas für sich haben.

Normalerweise kann das Service-/Kontaktpersonal Fehler in der Gestaltung eines Produkts oder einer Dienstleistung nicht selbst korrigieren. Es kann nur dann auf Systeme, Organisationen und Ressourcen Einfluß nehmen, wenn das Management eine ständige und schnelle vertikale Kommunikation unter den verschiedenen Stufen der Hierarchie sichert und wenn zwischen den Abteilungen und Funktionen eine reibungslose horizontale Interaktion besteht (siehe auch R25). Die Qualitätsauszeichnungen, die inzwischen überall auf der Welt eingeführt worden sind, machen deutlich, daß Qualität nur dann gewährleistet werden kann, wenn das gesamte Unternehmen darauf ausgerichtet ist. Laut einem der bekanntesten Vorkämpfer für Qualität, Edwards Deming (1986), kann das Betriebspersonal nur einige Prozente der Fehler beeinflussen; die meisten sind in die Systeme und in die Organisationsstruktur eingebaut.

Genau wie bei R8 – der engen oder distanzierten Beziehung – kann man mit der Unzufriedenheit entweder durch den direkten Kontakt mit Entscheidungsträgern oder indirekt über Zwischenstufen umgehen (Abbildung 3.9). Viele Unternehmen haben einen Kundendienst eingerichtet, um die Beziehungen zu ihren Kunden in den Bereichen Service, Information und Beschwerdewesen abzuwickeln. Die Fähigkeit eines Mitarbeiters des Kundendienstes, gute Beziehungen mit unzufriedenen Kunden einzugehen, hängt stark von seiner Persönlichkeit, aber auch von der Firmenkultur ab. Wenn das Kontaktpersonal ermächtigt und befähigt ist, Beschwerden zu erledigen, wann und wo immer sie entstehen, können Probleme schnell und reibungslos gelöst werden. Innerhalb einer Kundendienstabteilung kann es alles geben, von empathischen Mitarbeitern, welche die Angelegenheiten der Kunden freundlich regeln, bis zu Sowjetkommissaren im tiefsten Winterschlaf; normalerweise läßt sich das Ergebnis kaum voraussagen.

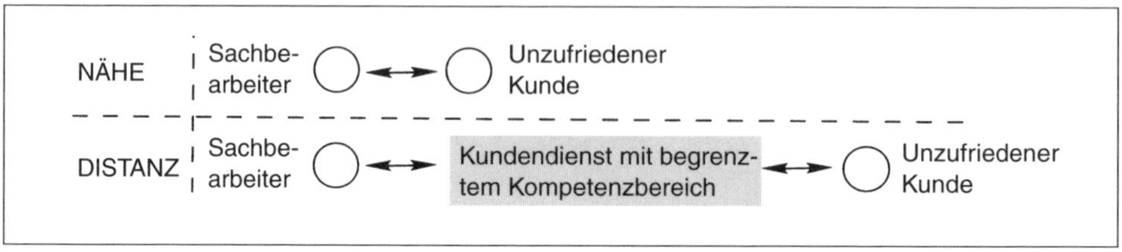

Abbildung 3.9: Mögliche Beziehungen zum unzufriedenen Kunden

Der Malcolm Baldrige Quality Award führt das Beschwerdewesen als gesonderten Bereich an:[26] „Der wesentliche Punkt besteht darin, Beschwerden prompt und effektiv zu erledigen, was auch bedeutet, das Vertrauen des Kunden wiederzugewinnen. Der Bereich beschäftigt sich aber auch damit, wie das Unternehmen aus Beschwerden lernt und wie es dafür sorgt, daß die Mitarbeiter des Produktions- bzw. Lieferprozesses die erforderlichen Informationen erhalten, um die Ursachen der Beschwerden zu beseitigen. Eine wirksame Beseitigung der Beschwerdeursachen setzt voraus, daß die Beschwerdeinformationen aus allen Quellen zusammengeführt werden, so daß sie im gesamten Unternehmen beurteilt und genutzt werden können. Das Beschwerdewesen könnte eine Analyse und Prioritätensetzung für Verbesserungsprojekte beinhalten, basierend auf den potentiellen Kosten von Beschwerden, wenn man berücksichtigt, daß die Erhaltung der Kunden damit zusammenhängt, wie wirksam Beschwerden erledigt werden."

Für die Einrichtung einer Kundendienstabteilung kann es verschiedene Gründe geben. Ein solcher Grund kann sein, daß die Mitarbeiter von regelmäßigen Störungen durch Anrufe oder Briefe von Kunden entlastet werden sollen. Ein anderer, daß man sich die Kunden vom Leib halten möchte; ein dritter, daß man die Probleme hinauszögern will. Wenn eine Kundendienstabteilung eingerichtet wird, verschwindet eine natürliche Zugangsmöglichkeit zwischen den Kunden und dem Management. Die Mitarbeiter des Kundendienstes können Schwierigkeiten bei ihren internen Beziehungen mit den unterstützenden Mitarbeitern haben, zum Beispiel mit der mittleren Führungsebene. Die Erfahrungen und das Wissen, die in der Kundendienstabteilung gesammelt werden, dringen möglicherweise niemals bis zur Geschäftsleitung durch; wenn die Kundendienst-

[26] Malcolm Baldrige (1997, S. 23).

mitarbeiter in ihren Bemühungen, interne Reaktionen auszulösen, allzu nachdrücklich werden, können sie Ärger bekommen. Die Überbringer schlechter Nachrichten laufen Gefahr, sich damit ihre Karrierechancen zu verbauen.

Man muß unbedingt unterscheiden können, was vom streng juristischen oder technischen Standpunkt aus richtig ist und was aus der Perspektive einer langfristigen Beziehung aus richtig ist. Wenn ein Kunde Maschinen gekauft hat und diese selbst verändert, was dann zu Störungen führt, ist der Lieferant wahrscheinlich rechtlich gesehen nicht verpflichtet, die Maschinen zu reparieren. In Japan und vielen anderen Ländern wird es oft als richtige Beziehungsstrategie angesehen, dem Käufer dennoch eine kostenlose Unterstützung anzubieten. Der Produktionsleiter, der die Veränderungen veranlaßt hat, ist der Kritik seiner Vorgesetzten ausgesetzt. Er kann sich dadurch aus der Affäre ziehen, daß der Lieferant den Fehler auf sich nimmt. Daher ist er ihm „etwas schuldig", was den Weg für zukünftige Lieferungen vorzeichnet. Daher die Schlußfolgerung: Es geht nicht um die Reparaturkosten, sondern darum, in eine langfristige Beziehung zu investieren. Es handelt sich um RM-Kosten, nicht um Fertigungskosten. Es ist nicht so, als ob der Käufer einen in der Hand hätte und kostenlose Extraleistungen fordern würde; es sollte sich um eine bewußte und kalkulierte Marketingstrategie handeln.[27]

Als Praktiker und Kunden zugleich haben viele von uns festgestellt, daß eine gut erledigte Kundenbeschwerde eine beständige Beziehung schafft, oft sogar eine bessere als zuvor. Es gibt Unternehmen, die es mit der Leistung nicht so genau nehmen, aber besonders bemüht sind, Streitfälle kulant zu behandeln. Es gibt sogar Geschichten über Unternehmen, die bewußt Fehler machen, nur um dann zeigen zu können, wie gut sie sie beheben können. Ich bin jedoch nicht überzeugt, daß dies eine empfehlenswerte Marketingstrategie ist.

Häufig weiß der Kunde gar nicht, an wen er sich wenden soll. Die Person, die die Beschwerde entgegennimmt, ist oft schlecht ausgebildet, hat innerhalb der Organisation einen niedrigen Status und kaum Chancen, Kontakte zu einer höheren Ebene der Hierarchie herzustellen. Dumme Antworten und Erklärungen sollten daher nicht in erster Linie dem Service-/Kontaktpersonal, sondern vielmehr seinen Geschäftsführern und Vorgesetzten angelastet werden. Außerdem scheuen sich Kunden in zahlreichen Kulturen, eine Wiedergutmachung zu fordern. Japanische Konsumenten bringen ihr Anliegen höflich, aber bestimmt zur Sprache, und der Lieferant entschuldigt sich. Es gilt vor allem, das Vertrauen wiederherzustellen; ansonsten wird der japanische Kunde nicht lange zögern, die Behörden und andere zu informieren.

In ihrem Bericht über Trends meint Popcorn[28], daß der wachsame Konsument, der selbst die Initiative ergreift, in den USA ein neues und wachsendes Phänomen

---

[27] Das japanische Beispiel stammt von Delaryd (1989, S. 69).

[28] Popcorn (1992, S. 69 ff.).

ist. Sie fährt fort: „Jahrelang konnten die Konsumenten den Mann an der Spitze der Unternehmensleiter nicht sehen. Jetzt wollen wir, daß er sich uns stellt und persönlich haftbar gemacht werden kann." Abgesehen von den direkt kriminellen Geschäften sind die schlimmsten Sünder im staatlichen Sektor zu finden. Beamte konnten sich stets hinter geschlossenen Türen, Anwälten und Hinhaltemanövern verstecken. Auch hier scheint sich etwas zu ändern, aber nur langsam.

Die Gewährung einer Garantie ist ein Mittel, um der Unzufriedenheit des Kunden vorzubeugen. Richard Chase, Professor an der University of Southern California, hat eine Vorlesungsgarantie eingeführt. Jeder unzufriedene Student sollte 250 $ und die Rückvergütung seiner Ausgaben für Lernmittel erhalten. In den ersten Jahren ihres Bestehens beanspruchte kein einziger Student diese Garantie. Im Servicebereich sind Garantien jedoch selten, obwohl man ihnen seit einigen Jahren mehr Aufmerksamkeit widmet. Garantien für Waren gibt es bereits seit langem, auch wenn sie manchmal für den Kunden mit beträchtlichem Zusatzaufwand verbunden sind. Allein die Tatsache, daß es eine Garantie gibt, kann Druck auf ein Unternehmen ausüben, so daß es bessere Arbeit leistet, denn jede Inanspruchnahme der Garantie ist ein Anzeichen für sein Scheitern.

Leider ist es für Kunden oft mühsam, die Garantie zu nutzen. Eine gute Garantie sollte folgenden Anforderungen gerecht werden:[29] Sie sollte bedingungslos gewährt werden und keine kleingedruckten Klauseln im Juristenjargon enthalten, die alle wichtigen Punkte von der Garantie ausnehmen; sie sollte in klaren und einfachen Worten angeben, was der Kunde wissen muß, sich auf die Bedürfnisse des Kunden konzentrieren, sowohl für den Kunden als auch für den Lieferanten einen Sinn ergeben, leicht in Anspruch zu nehmen sein; und der Kunde sollte um die Erfüllung der Garantie nicht betteln müssen.

Der Kunde und das Servicepersonal des Lieferanten erleben einen besonders belasteten Augenblick der Wahrheit, wenn der Kunde mit den Waren oder Dienstleistungen unzufrieden ist. Laut einer Untersuchung berichtet ein Kunde, dessen Beschwerde nicht zufriedenstellend erledigt wurde, 10 bis 20 Leuten über seine negative Erfahrung; ein Kunde, der gut behandelt wurde, gibt seine gute Erfahrung hingegen nur an fünf Personen weiter.[30] Dies zeigt, wie unerbittlich unzufriedene Kunden in ihrer Rolle als PTM Rache nehmen können und wie wertvoll zufriedene PTMs sind. Des weiteren soll die Forschung ergeben haben, daß nur wenige Kunden ihre Unzufriedenheit zur Sprache bringen. Trotzdem bestrafen sie den Lieferanten, indem sie ihn früher oder später verlassen.

Eingangs nannten wir die Optionen Verlassen, zur Sprache bringen und Treue halten. Im Sinne des RM möchte ich noch eine vierte Option hinzufügen: die *Zusammenarbeit.* Die Parteien lösen ein Problem gemeinsam – in Interaktion – um

[29] Nach Heskett, Sasser und Hart (1990, S. 89 – 90). Die Autoren beschäftigen sich nur mit Dienstleistungsgarantien, aber die Richtlinien scheinen ebensogut auf Sachleistungen anwendbar zu sein.
[30] TARP (1986, S. 50).

aus der aktuellen Situation einen gemeinsamen Wert zu schöpfen. Wir haben bereits hervorgehoben, daß Zusammenarbeit den wichtigsten Beitrag des RM zum allgemeinen Marketing darstellt; dies wollen wir im Kapitel 6 noch weiter ausführen.

Relationship 10
Die Monopolbeziehung: der Kunde oder der Lieferant als Gefangener der Machtorganisation

Dieser Abschnitt handelt von Monopolen und von ihrer Auswirkung auf die Beziehungen zu Kunden, Lieferanten und anderen interagierenden Parteien. Die Wirtschaftslehre spricht von einem *Monopol*, wenn es nur einen Lieferanten gibt, und von einem *Monopson*, wenn es nur einen Kunden gibt.[31] Wir verwenden hier den Begriff Monopol für jede Partei, die in einer Beziehung Macht über die andere besitzt; das Wort Monopol ist ein anerkannter Ausdruck für Macht und Machtmißbrauch. Es handelt sich um eine asymmetrische Beziehung, in der eine Partei unbegrenzte oder nahezu uneingeschränkte Kontrolle über die andere besitzt.

Dies kann durch einen Mangel an Empathie zwischen den Parteien innerhalb eines Netzes bedingt sein, durch den Wunsch der einen Partei, die andere zu beherrschen und die eigene Macht zu mißbrauchen, durch kurzfristige Gewinnsucht oder einfach durch das Festhalten an einer Tradition, die als gegeben angesehen wird.

Wir sind öfter in Monopolbeziehungen verwickelt, als wir es wahrhaben wollen. In den meisten der 30 Beziehungen kann Machtmißbrauch in den Vordergrund treten und zu Gefangenschaft statt Freiheit führen. Tabelle 3.1 führt einige solche Beispiele an.

Ich möchte hier den Begriff *Machtorganisation* einführen; er steht für ein Unternehmen (oder eine Behörde), das über Macht verfügt, entweder weil es ein traditionelles Monopol hat oder weil in einer Beziehung die Asymmetrie so groß ist, daß eine Partei praktisch zur Gefangenen der anderen wird. Monopole können wohlwollend oder räuberisch sein. Eine Reihe von Beispielen soll die verschiedenen Arten von Monopolen aufzeigen.

Ein Subunternehmer kann in der Hand eines einzigen Kunden sein. Der Kunde verlangt vom Subunternehmer eine Aufstellung seiner Kosten, und der Preis wird vom Kunden festgelegt. Das Geschäft des Subunternehmers wird vom Kunden

[31] Monopol und Monopson kommen vom Griechischen „monos", einzeln, und „polein", verkaufen, bzw. „opsonein", Nahrung einkaufen.

R9	**Der unzufriedene Kunde** Ein Produkt ist mangelhaft, und der Lieferant macht es dem Konsumenten schwer, die Garantie in Anspruch zu nehmen.
R11	**Der Kunde als „Mitglied“** Es kann aufgrund einer negativen Preispolitik (Konventionalstrafe bei Rücktritt) für den Kunden kostspielig werden, den Lieferanten zu wechseln (hohe Umstiegskosten).
R16	**Die rechtlich begründete Beziehung** Rechtstechnische Aspekte werden mißbraucht; die machthabende Organisation diktiert das „Recht“.
R18	**Persönliche und gesellschaftliche Netzwerke** Sie können unerwünschte gesellschaftliche Anpassungen erfordern, aber die Nichtzugehörigkeit zum Netz kann Geschäfte unmöglich machen.
R20	**Allianzen** Allianzen können Machtkonzentrationen ins Leben rufen, wo alle Lieferanten einheitlich agieren und dem Kunden keine wirkliche Alternative bleibt.
R22	**Megaallianzen** Es besteht die Besorgnis, daß die EU kleinen Mitgliedstaaten Regeln und Aktivitäten aufzwingen könnte, die ihrer Wirtschaft schaden.

Tabelle 3.1: Beispiele der Auswirkungen von Machtorganisationen auf Beziehungen

kontrolliert, was besonders in einem JIT-System offensichtlich wird. Als Ikea von seinen Lieferanten eine Preisminderung von 15 % forderte, hatten diese Lieferanten zwei Möglichkeiten: Entweder sie beugten sich diesem Diktat und nahmen die Herausforderung an, oder sie gingen bankrott. Es ist so gut wie unmöglich, in Zeiten der Rezession einen neuen Großkunden zu finden, aber die Forderung des Käufers kann den Impuls dazu geben, die Organisation und die Arbeitsabläufe abzuspecken. Macht kann im Interesse einer symbiotischen und nicht parasitären Beziehung auf konstruktive Weise genutzt werden. Durch die Abhängigkeit von einem großen und verantwortungsbewußten Kunden kann der kleine Lieferant ein gewisses Maß an Sicherheit und Stabilität genießen. Ein großer Kunde kann seinerseits von regelmäßigen Lieferungen abhängig sein. Sind die Umstiegskosten beträchtlich, verleiht dies dem kleinen Lieferanten Macht. Dies ist insbesondere dann der Fall, wenn die Unternehmen strukturell voneinander abhängig sind, nachdem sie ihre Systeme und ihre Produkt- oder Dienstleistungsentwicklung aufeinander abgestimmt haben, oder wenn der Lieferant einzigartige strategische Bauteile oder Leistungen anbietet.

„Macht korrumpiert", sagt ein bekannter Sinnspruch. Korruption wird in der Geschäftswelt meistens mit *finanzieller Korruption* in Verbindung gebracht, also mit der Tatsache, daß die Machthaber inoffiziell bezahlt werden oder in den Genuß sonstiger Vergünstigungen kommen. Die „Nomenklatura" der ehemaligen kommunistischen Staaten – die herrschende Klasse der klassenlosen Gesellschaft – war in diesem Sinne korrupt, und viele ihrer Mitglieder überleben heute im neuen System mit ähnlichen oder sogar noch größeren Privilegien.

Es gibt auch die *geistige Korruption*, in der man sowohl andere wie auch sich selbst gefangen hält. Morgans (1986) Metapher vom Unternehmen als psychischem Gefängnis läßt sich auf die Tendenz der Kunden und Lieferanten, sich selbst Handschellen anzulegen, übertragen. Die amerikanische Autoindustrie wurde zum Insassen ihrer eigenen ausbruchsicheren Zellen, aufgebaut auf ihrer eigenen Erfolgsgeschichte. Als die Kleinwagen kamen – zuerst der deutsche Volkswagen, später die japanischen Autos – war die Autoindustrie unfähig, die Information aufzunehmen oder sich der neuen Konkurrenz anzupassen. Sie begriff das Konzept des Kleinwagens einfach nicht. Sie wollte die Kombination von besserer Qualität und niedrigerem Preis der japanischen Autos nicht verstehen. Als der Konsumentenschützer Ralph Nader den Verdacht aussprach, der Chevrolet Corvair von General Motors könnte einen Konstruktionsfehler aufweisen, der möglicherweise für bisher ungeklärte Unfälle verantwortlich sei, hörten die Autoproduzenten nicht auf ihn und gingen dem Verdacht nicht nach. Sie wußten es besser. Bei den Tagungen der Branche hatten die Autohersteller festgestellt, daß diese Unfälle durch einen „Fehler des Fahrers" verursacht worden waren, ein nichtssagender Sammelbegriff für ungeklärte Vorfälle aller Art, der fälschlicherweise als Erklärung herangezogen wurde. Man hielt es schlichtweg für unmöglich, daß die Konstruktion Mängel aufwies.[32]

Behörden können nur dort auf ihr Vorrecht pochen, autoritäre Entscheidungen zu treffen, wo diese Macht für notwendig erachtet wird und einen Wert für die Gesellschaft und die Bürger schafft; nur dann sollten sie das Recht haben, als Machtorganisationen aufzutreten. Diejenigen unter uns, die mit dem Flugzeug reisen, sind oft die Gefangenen der Flughafenverwaltungen und manchmal auch der Fluggesellschaften. Einst näherte ich mich nach zweistündiger Fahrt in einem Mietwagen, aus Luxemburg kommend, dem Flughafen von Brüssel in Belgien. Flughäfen können verwirrend sein, wenn man sich nicht auskennt: viele Fahrspuren, viele Schilder in fremden Sprachen, schneller Verkehr. Ich suchte nach einem Schild, das „Mietwagenrückgabe" anzeigte, konnte aber keines sehen. Nachdem ich eine Runde um den Flughafen gedreht hatte, stellte ich den Wagen schließlich im Parkhaus ab und ging zur Mietwagenfirma. Ich fragte sie, warum es keine Schilder gäbe.

---

[32] Nader (1965).

„Die Flughafenverwaltung gestattet uns nicht, Schilder aufzustellen“, antwortete der Angestellte.

„Können Sie denn keinen Druck machen?“

„Wir versuchen es andauernd, aber wir erreichen nichts.“

Natürlich muß die Flughafenverwaltung die volle und unbestrittene Autorität im Bereich der Luftverkehrskontrolle besitzen. Sie sollte ihre Macht aber nicht auf allgemeine Dienstleistungen ausdehnen. Behörden folgen rechtlich-bürokratischen Werten, die in direktem Widerspruch zum RM stehen. Auch europäische Fluggesellschaften leben immer noch in Monopolsituationen, auch wenn diese schon teilweise gelockert wurden. Eine Fluggesellschaft kann sich zum Beispiel einen gewissen geschützten Marktanteil über das System der Zeitsektoren bewahren, das heißt durch die Genehmigung, zu gewissen Zeiten einen bestimmten Flughafen anzufliegen. Wenn sie eine Konzession besitzt und die Destination attraktiver wird – wie zum Beispiel Brüssel durch die EU-Zentralbehörden –, führt dies dazu, daß die belgische Sabena und andere Fluggesellschaften weiterhin Passagiere bekommen, unabhängig von der Qualität ihrer Dienstleistungen.

Wenn man in seiner Wohnung eine Ölheizung installiert hat, muß man Heizöl kaufen. Ein Umstieg (z. B. auf Gas) würde einen fast nicht zu bewältigenden Aufwand an Geld, Zeit und Ärger mit sich bringen. Dasselbe gilt, wenn man eine Hypothek bei einer Bank oder einen Langzeitvertrag hat oder wenn man in einer Gegend wohnt, wo es keine Auswahl an Nahversorgern gibt. Bei einem Besuch in Disneyland Paris, etwa sechs Monate nach der Eröffnung, mußte ich feststellen, daß das Unternehmen den Umstand ausnutzte, praktisch ein Monopol auf den Einzelhandel in dieser Gegend zu besitzen. Bis zur nächsten Stadt ist es weit, und man braucht ein Auto. Das Geschäft des Konferenzhotels New York bot eine minimale Auswahl an Eßwaren – kleine Schokoriegel, winzige Packungen Chips, kein Obst –, so daß die Hotelgäste die Restaurants oder den Zimmerservice in Anspruch nehmen, Höchstpreise zahlen und weitere Unannehmlichkeiten in Kauf nehmen mußten. Ich hoffe, daß sich dies inzwischen geändert hat, verspüre aber wenig Lust, noch einmal dorthin zurückzukehren. In nordeuropäischen Hotels ist meistens ein Frühstücksbüffet im Zimmerpreis inbegriffen. In den USA ist dies selten der Fall: Man verlangt Höchstpreise, der Gast muß auf einen Platz warten, er muß auf die Bedienung warten, und es wird von ihm erwartet, daß er das schätzt, was sich ein anderer unter einem Standardfrühstück vorstellt. Der Frühstücksgast wird wie ein Gefangener behandelt. Erstaunlicherweise fügen sich die meisten Gäste dieser Behandlung, wahrscheinlich weil sie den Eindruck haben, daß es eben so sein muß.

Wenn man eine Kreditkarte verwendet und diese fälschlicherweise belastet wird, kommt man in die schwierige Situation, gegen eine große Organisation ankämpfen zu müssen. 1992 berichteten die Zeitungen über einen Mann, der in Deutschland einen Nachtklub besucht hatte und dessen Konto hoch belastet wurde, da der Klub seine Karte benutzt hatte, um mehrere Belege auszustellen. Er mußte bis zum obersten Gerichtshof gehen, um nicht zahlen zu müssen. In Amerika kann man zum Beispiel Theaterkarten bestellen, indem man seine Kartennummer telefonisch angibt. Dies ist sowohl für das Theater als auch für den Konsumenten sehr praktisch; da aber weder Ausweis noch Unterschrift verlangt werden, eröffnet diese Praktik gleichzeitig die Möglichkeit zum Betrug. Wenn Kreditkartengesellschaften versuchen, über das Rechtssystem Beziehungen zu ihren Kunden herzustellen (siehe R16), indem sie Zwang ausüben und die Machtlosigkeit des Kunden ausnutzen, werden sie zu Machtorganisationen. Sie können die Vorteile des RM nicht mehr in konstruktiver Weise nutzen. Ein solches Verhalten ist nicht nur unmoralisch, sondern auch eine unsinnige Marketingstrategie.

Offizielle Monopole sind nicht gleichzusetzen mit tatsächlichen Monopolen, genausowenig wie die Präsenz mehrerer Lieferanten eine Garantie dafür ist, daß keine Machtorganisationen bestehen. Wenn alle Unternehmen einer Branche zu Allianzen, gesellschaftlichen Netzen und Verbänden gehören, werden sie zu Machtorganisationen, selbst wenn sie scheinbar miteinander konkurrieren. Sie bilden Machtbranchen. Aus dem Blickwinkel des Kunden gibt es keinen wirklichen Wettbewerb, wenn die Lieferanten sich eher aneinander orientieren als am Kunden. Es gibt keine Auswahl, jeder ist genauso gut oder genauso schlecht wie der andere. Die Beziehung zwischen den Konkurrenten ist hier zu kooperativ geworden, sie sind eher Kollegen als Gegner. Sie schließen sich im Berufsverband zusammen, um sich gegen die bösen Kunden, Behörden und andere, die ihnen weh tun wollen, zu vereinen.

Manch erfolgreicher Senkrechtstarter prallte anfangs mit den anerkannten, von der jeweiligen Machtelite der Branche eingeführten Usancen zusammen. In der ersten Zeit wurde Ikea von den herkömmlichen Möbelhäusern als Bedrohung empfunden, und die Produzenten scheuten davor zurück, den Newcomer zu beliefern. Ikea mußte sich also an Lieferanten jenseits des eisernen Vorhangs wenden, was sich als eine brillante Strategie herausstellte und dies bis heute, vielleicht sogar verstärkt, geblieben ist. In Finnland blieb Ikea durch das Lobbying der örtlichen Händler 30 Jahre lang vom Markt ausgeschlossen. BBBK, ein Schädlingsbekämpfungsunternehmen in den USA, wurde von der Branche schief angesehen, als es bedingungslose Garantien einführte. Das Establishment der Branche glaubte, ein Monopol auf Wahrheit und Funktionalität zu haben.

In gewissen Fachbereichen wird der Wettbewerb unter dem Vorwand „wissenschaftlicher Anforderungen“ oder „wissenschaftlicher Beweise“ eingeschränkt. Man kann dies als *Expertenmonopol* oder *Expertenmacht* bezeichnen. Im Rahmen dieser Einschränkungen können die Beteiligten viel Gutes leisten. Zur Bedrohung werden sie erst, wenn sie sich einbilden, daß ihr Fachwissen der einzig richtige Ansatz ist, und beginnen, eine auf alternativen Ansätzen und neuen Entwicklungen basierende Konkurrenz zu bekämpfen. Ein deutliches Beispiel bietet das Gesundheitswesen. Die etablierte Medizin und ihre Vorstellung davon, was wissenschaftlich ist, setzt der Entwicklung der Medizin gewisse Grenzen. Dies kann manchmal zum Vorteil der Kunden und Bürger sein, manchmal aber auch nicht. So haben zum Beispiel ganz gewöhnliche Patienten und praktizierende Zahnärzte schon lange beobachtet oder vermutet, daß Zahnfüllungen, insbesondere das mit hochgiftigem Quecksilber hergestellte Amalgam, schwere Störungen verursachen können. In vielen Ländern wird dies von den Vertretern der zahnmedizinischen Forschung als Unsinn bezeichnet und als psychisches Problem abgetan; die Patienten werden an einen Psychiater überwiesen. Die Begründung lautet „Mangel an wissenschaftlichen Beweisen", ein so vernichtendes Urteil, daß Kunden und praktizierende Zahnärzte sich geschlagen geben müssen. Ein Mangel an wissenschaftlichen Beweisen bedeutet aber lediglich, daß die Anwendung von Routineverfahren und eng abgegrenzten Forschungstechniken nichts ergeben hat, und nicht, daß eine Beobachtung falsch ist. Andere Forschungsmethoden könnten zu anderen Ergebnissen führen. Die „Wahrheit" ist hier zum Monopol einer Machtindustrie geworden.

Als 1844 in Rochdale, England, die Konsumgenossenschaft gegründet wurde, war der Kunde wirklich noch ein Gefangener. Die Fabrikbesitzer betrieben die Geschäfte, setzten die Preise fest und verkauften ihre Waren den Arbeitern auf Kredit. Solange die Arbeiter Schulden bei den Fabrikbesitzern hatten, konnten sie nicht kündigen; sie waren gefangen. Die Genossenschaft befreite die Gefangenen.

Falls ein Unternehmen ein echtes Monopol besitzt, kann es seine Kunden mißachten. Daher kann es leicht geschehen, daß Monopole selbstgefällig, fett und faul werden. Es kann aber auch Ausnahmen geben, wenn die kundenorientierten Werte überwiegen. In manchen Ländern – wie Finnland, Norwegen oder Schweden – werden Spirituosen, Wein und starkes Bier nur in staatlichen Monopolgeschäften verkauft. Dies hat den Zweck, dem übermäßigen Alkoholkonsum Einhalt zu gebieten. Das schwedische Monopol auf den Handel mit alkoholischen Getränken hat sich ein anspruchsvolles Ziel gesetzt: Es soll den Alkoholkonsum reduzieren, indem es gesündere Trinkgewohnheiten fördert, einen Trend zum Wein auf Kosten harter Getränke entwickelt und eine attraktive Produktpalette in qualitativ hochwertigen und rentablen Geschäften anbietet. Es läßt sich schwer einschätzen, wieviel Alkohol in Umgehung des Monopols konsumiert wird. Es gibt etliche Ersatzmöglichkeiten, und das Monopol ist nicht absolut. Der Reisende kann zum Beispiel Alkohol im Ausland oder im Duty-Free-Shop am Flughafen oder auf dem Fährschiff kaufen; der Besitz einer eigenen Bier- oder Weinproduktion ist legal, erfordert aber Zeit und Mühe; das Schnapsbrennen ist zwar illegal, wird aber dennoch praktiziert. Wenn der Wettbewerb durch Deregulierung oder das Auftauchen alternativer Möglichkeiten verschärft wird oder das

Produkt an Attraktivität verliert, muß das Monopol sich entweder den neuen Umständen anpassen oder zusperren.

Behörden besitzen oft ein Monopol und reagieren auf solche Situationen in verschiedener Weise: manchmal, indem sie sich den neuen Bedingungen anpassen, manchmal, indem sie verstärkte Schutzbestimmungen fordern, und manchmal, indem sie bei Ideologien oder Politikern Schutz suchen.

An den ursprünglichen rechtlich-bürokratischen Werten gemessen ist es eine Tugend, unerreichbar zu sein. Persönliche Kontakte werden durch unpersönliche „Systemkontakte" ersetzt. Die Leute sollen einen bestimmten Posten innehaben, leicht austauschbar sein, nach Vorschrift handeln und jeden Fall „sachlich" abwickeln. In der Praxis funktioniert das aber nur in äußerst einfachen und standardisierten Angelegenheiten. In bestimmten Nischen des öffentlichen Sektors denkt man bereits kundenorientierter. Marketing, lange ein geradezu unanständiges Wort, hat an Akzeptanz gewonnen und ist in manchen Fällen sogar zum Modeschlagwort geworden. Regierungsämter und Behörden sehen sich gezwungen, Einnahmen aus anderen Quellen als nur den Steuern zu erzielen, und dazu brauchen sie Marketing. Leider verwechseln sie Marketing oft mit farbenfrohen Werbeeinschaltungen, Hochglanzbroschüren oder einem modischen Logo, anstatt ihre Vorgehensweise zu erneuern.

Organisationen haben auch interne Monopole. Forrester drückte dies bereits vor dreißig Jahren in knappen Worten aus: „Auf nationaler Ebene sind Monopole aufgrund ihrer vernichtenden Auswirkung auf die Wirtschaftsleistung verboten. Aber innerhalb von Unternehmen werden Monopole häufig im Namen einer mutmaßlichen Wirtschaftlichkeit gebildet und als Maßnahme gegen Doppelgleisigkeiten verteidigt. Für die meisten Tätigkeiten sind Größenvorteile nicht so bedeutend, wie man es allgemein annimmt ... Es sollte ein Grundsatz sein ... daß jede Art von ... Dienstleistung in mehrfacher Weise zur Verfügung steht. Niemand ist für seinen Bedarf auf eine einzige Quelle angewiesen. Niemand ist von einem einzigen Verbraucher seiner Produktion abhängig."[33] Ein Argument für eine dezentralisierte Organisation ist die Einrichtung von Profitcentern mit der Möglichkeit, sich für Insourcing oder Outsourcing zu entscheiden (siehe R24).

Zusammenfassend kann man sagen, daß eine Machtorganisation oder eine Machtbranche das Marketinggleichgewicht der Wirtschaft stören kann. Manchmal sind Monopole und uneingeschränkte Machtstellungen aber auch notwendig. Es gilt, unablässig um ein ausgeglichenes Verhältnis von Zusammenarbeit, Regulierungen/Institutionen und Wettbewerb zu kämpfen.

---

[33] Zitiert aus Forrester (1993).

Relationship 11
Der Kunde als „Mitglied“

Als stolzer Besitzer einer Harley-Davidson, der Königin der Motorräder, kann man Mitglied der Harley Owner's Group (HOG) werden, die im Jahre 1996 300 000 Mitglieder in 900 Ortsgruppen rund um die Welt zählte. Der Club bietet Versicherung, Notfallhilfe, Wettbewerbe, Zeitschriften sowie als wichtigsten Aspekt die Möglichkeit, mit anderen Harley-Fans zusammenzukommen.

HOG ist ein Beispiel für eine Marketingstrategie, die sich immer größerer Beliebtheit erfreut: die „Mitgliedschaft“ zu kommerziellen Zwecken. Normalerweise bedeutet Mitgliedschaft, daß man sich aus idealistischen Gründen, zur persönlichen Entfaltung, für Sport oder Freizeitaktivitäten einer Vereinigung anschließt. *Echte Mitgliedschaft* ist nicht kommerziell oder nur im Sinne einer Zusammenarbeit; sie ist nicht in erster Linie auf Profit ausgerichtet. Wir sind auch „Mitglieder“ einer Nation oder einer Megaallianz wie die NAFTA oder die EU, sind aber hier nicht einfach Kunden, sondern auch *Bürger*.

Mitgliedschaft wird kommerziell genutzt, um die Kundenbindung zu festigen und langfristige Beziehungen zu fördern. Es gibt kombinierte Formen von echter Mitgliedschaft und kommerziellen Zwecken, zum Beispiel durch sogenannte „affinity cards“. Solche Kreditkarten werden an Mitglieder oder Unterstützer einer besonderen Organisation oder Sache ausgegeben. Dies erfordert eine Beziehung zwischen einer Kreditkartengesellschaft, einer Affinitätsgruppe, die dem Aussteller seine Mitgliederliste zu Marketingzwecken zur Verfügung stellt, und den Mitgliedern. Dafür leistet der Aussteller gewisse Zahlungen an die Affinitätsgruppe, deren Höhe von der Anzahl der ausgestellten Karten und von der Häufigkeit ihrer Verwendung abhängt.[34]

Eine Mitgliedschaft kann mehr oder weniger Aufwand erfordern. Der Konsument, der einen „privaten“ Nachtklub besuchen möchte, kann sich möglicherweise am Eingang eintragen, vielleicht nur für einen Abend. Die Mitgliedschaft in einem Golfklub kann ein paar tausend Dollar im Jahr kosten; es gibt sogar exklusive Klubs, die 100 000 US$ oder mehr verlangen. Eine Mitgliedschaft ähnelt einem Abonnement; man zahlt, solange man die Beziehungen zur Telefongesellschaft, zum Wall Street Journal oder zur Bank nicht abgebrochen hat.[35] Wenn jeder unter einfachen Bedingungen Mitglied werden kann und es sich um eine kommerzielle Beziehung handelt, ist das keine echte Mitgliedschaft, sondern eine *Pseudomitgliedschaft*.[36]

---

[34] Siehe Worthington und Horne (1993).

[35] Siehe Lovelocks (1983) Klassifizierung in „Mitgliedschaftsbeziehung“ und „keine formelle Beziehung“.

[36] Björn Lindvall hat mich darauf aufmerksam gemacht, daß eine echte Mitgliedschaft Gefahr läuft, kommerziell zu werden, wenn die Mitglieder als „Kunden“ bezeichnet werden.

Man unterscheidet folgende Kategorien von Pseudomitgliedschaften[37]: die *freie Wahl* für den Kunden (der Kunde kann entscheiden, ob er dabei sein will oder nicht, kann aber in beiden Fällen den Lieferanten in Anspruch nehmen), die *preisorientierte Mitgliedschaft* (bietet niedrigere Preise), die *erworbene Mitgliedschaft* (man muß eine gewisse Summe ausgeben, um in den Genuß der Vorteile zu kommen) und die *Zugangsmitgliedschaft* (nur Mitglieder erhalten Zugang zu den Waren und Leistungen). Wenn die Mitgliedschaft leicht zu kopieren ist, verliert sie teilweise oder völlig ihre Wirkung auf dem Markt. Die Beziehung wird schwach und das Engagement des Kunden gering.

Die Idee der Genossenschaft besteht darin, daß die Mitglieder das Geschäft in Form einer wirtschaftlichen und demokratischen Vereinigung selbst besitzen und betreiben. Die Konsumgenossenschaft entstand im 19. Jahrhundert, weil der Einzelhandel, das Bankwesen und der Wohnungssektor nicht auf zufriedenstellender Basis betrieben wurden. Im Sinne der ursprünglichen Genossenschaftsidee kauften die Konsumenten in ihren eigenen Geschäften ein und waren echte Mitglieder. Dies wurde dann zur Pseudomitgliedschaft, als die Genossenschaften immer größer wurden; die Mitglieder wurden anonym und verloren ihren individuellen Einfluß auf die Läden. Sie waren einfach nur noch Kunden, und der mächtige Loyalitätsvorteil, der die Genossenschaften von anderen Händlern unterschied, ging verloren.

Mit 130 Möbelhäusern, einer Wachstumsrate von 10 Häusern pro Jahr, einer Präsenz in 25 Ländern und 15 000 Lieferanten für 12 000 verschiedene Produkte verfügt Ikea über ein komplexes Netzwerk, das es zu entwickeln und zu pflegen gilt. Die engsten Beziehungen zwischen den Kunden und Ikea kommen zustande, wenn die Kunden ein Möbelhaus besuchen. Die Beziehungen müssen aber auch aus der Ferne lebendig gehalten werden. Ein Mittel dafür ist der jährliche Versand von 60 Millionen Katalogen, ein anderes die Mitgliedschaft bei Ikea Family, die gewisse Vorteile wie Rabatte und Vorinformationen über Sonderangebote bietet. Zu Anfang der 90er Jahre gab es 2 Millionen Mitglieder in 10 Ländern. Mitglieder kaufen um 30 % mehr als Nichtmitglieder. Der Kontakt wird durch fünf bis sechs Briefe im Jahr aufrechterhalten. Die sogenannten „Warehouse Clubs" (Großhandelsklubs) sind in Amerika schnell gewachsen.[38] 1985 beliefen sich die Umsätze auf 4 Milliarden Dollar, 1992 bereits auf 35 Milliarden, was einem Jahreswachstum von 25 % entspricht. Die Strategie lautet: niedrige Preise und nur für Mitglieder; billige, aber dennoch gut zugängliche Standorte; Konzentration auf die beliebtesten Marken; 4 000 Artikel statt den 80 000 eines Komplettkaufhauses; schnelle Produktrotation; nur Barzahlungen; keine Werbung; Großpackungen; weitere kostensparende Maßnahmen. Der Verkauf von Frisch-

[37] Gruen und Ferguson (1994).
[38] Degan (1992).

waren ist gestiegen und macht bereits ein Viertel des Gesamtvolumens aus. Durch Übernahmen besitzen vier Ketten gegenwärtig einen Marktanteil von 90 %.

Das Frequent Flyer Programm ist der technisch ausgefeilteste Versuch, langfristige individuelle Beziehungen über Massenmarketing durch Mitgliedschaft zu schaffen.[39] Das Mitglied sammelt Punkte für die geflogenen Meilen und kann diese Punkte gegen kostenlose Flugtickets eintauschen. Die Mitgliedschaft bietet Zugang zu speziellen Vorteilen beim Check-in, zu Lounges mit kostenlosen Mahlzeiten und Zeitungen sowie zu weiteren Diensten wie zum Beispiel Fax. Bei British Airways ist die Individualisierung der Mahlzeiten schon sehr weit gediehen. Auf Langstreckenflügen werden Mitgliedern des Executive Clubs (zusätzlich zum Standardangebot) sieben verschiedene Menüs zur Wahl angeboten: „asiatisch-vegetarisch, vegetarisch (lacto-ovo), vegetarisch (ohne Milchprodukte), koscher, Hindu, moslemisch und Meeresfrüchte“. Zusätzlich gibt es elf Varianten von „Gesundheitsmenüs“.

American Airlines waren die Pioniere und zählten in den frühen 90er Jahren in den USA 19 Millionen Mitglieder. Das Programm kam etwa um 1990 nach Europa. Weil heutzutage jede bedeutende Fluggesellschaft ihr Treueprogramm besitzt, hat die einzelne Fluggesellschaft eigentlich gar keine andere Wahl als mitzumachen.

In den USA umfassen die Treueprogramme der Fluggesellschaften zur Zeit 30 Millionen Mitglieder, aber Untersuchungen haben ergeben, daß nur 15 % die Vorteile tatsächlich nutzen. Viele werden Mitglieder mehrerer Programme, aber die echten Profis bleiben bei einer oder höchstens zwei Fluggesellschaften. Als besonders wirksame Beziehungsstrategie hat sich die Idee erwiesen, einen Aufstieg zu einem höheren Status anzubieten: Silber-, Gold- und Platinkarten, die jeweils mit zusätzlichen Vorteilen verbunden sind. Zum Beispiel gilt für Inhaber einer Goldkarte jede Meile doppelt.

Mitglieder müssen auf ihre Rechte achten. Bei manchen Fluggesellschaften verjähren die Punkte nach drei Jahren, bei anderen bleiben sie unbegrenzt gültig, bei wieder anderen können sie nur zu bestimmten Daten genutzt werden. Zu Anfang der 90er Jahre blockierte American Airlines zu diesem Zweck 26 Tage im Jahr, verglichen mit 150 Tagen bei United. Die notwendige Meilenanzahl für einen Gratisflug ist unterschiedlich. So bot Continental einen Gratisflug USA-Europa und retour nach 35 000 Meilen (60 000 Kilometern), während Delta das Doppelte verlangte. Es kann auch kleingedruckte Bestimmungen geben, die für die Mitglieder verwirrend sind. Für den Fall, daß die Fluggesellschaft Konkurs anmelden muß, gibt es bei Lloyd’s eine Versicherung, um die gesammelten Meilen abzusichern. Das Mitglied kann sich auch entschließen, seine Meilen zu spenden, etwa im Rahmen der Aktion „Meilen für notleidende Kinder“.

---

[39] Die Daten über Frequent Flyer Programme stammen in erster Linie von Fortune (Rice 1993).

Die Mitgliedschaft bietet eine einmalige Gelegenheit, um die Daten jedes einzelnen Kunden für eine etwaige individuelle Behandlung zu erfassen, auch wenn dies mit den Datenschutzgesetzen nicht immer zu vereinbaren ist. Wenn man den Mitgliedschaftsantrag für den SAS EuroBonus stellt, unterschreibt man damit auch folgende Klausel: „SAS erfaßt die in diesem Antrag enthaltenen Informationen und verwendet sie als Grundlage für seine Marketing-Kommunikation. Wenn Sie einen Flug buchen, wird dies von SAS erfaßt. Dies ist notwendig, um die Punkte zu berechnen, die Ihnen Ihre EuroBonus-Vorteile sichern."

Der Wert einer Kundendatenbank kann leicht überschätzt werden. Es ist lediglich eine Möglichkeit, die es kreativ und systematisch zu nutzen gilt. Datenbankmarketing wird sich im kommenden Jahrzehnt wahrscheinlich kontinuierlich weiterentwickeln; mit den Chancen, die es für eine verstärkte Kundenbindung bietet, gilt es oft als der größte Vorteil der EDV.

Informationen über den einzelnen Kunden wurden natürlich in der Marketingpraxis schon lange vor dem Aufkommen der EDV genutzt, aber die Marketingtheorie konzentrierte sich auf Durchschnitte und Massen. USAA, eine Versicherungsgesellschaft in San Antonio, Texas, entstand als KFZ-Versicherung für Offiziere und deren Familien. Die Tätigkeit wurde später ausgeweitet, und die Gesellschaft legt großen Wert auf Servicequalität. Die Mitarbeiter rufen nach einer Schadensabwicklung an, um sich zu vergewissern, daß der Kunde zufrieden ist. Für USAA ist es günstig, Gruppen mit gewissen einheitlichen Merkmalen und Lebensgewohnheiten zu versichern. Sie verfügt damit über einen geordneten Kundenhaushalt. Historische Statistiken, welche die Grundlage des Versicherungsgeschäfts bilden, werden dadurch verläßlicher und lassen sich besser für Prognosen nutzen.

Treuemarken oder Geschenke, die ebenfalls benutzt werden, um die Kundentreue zu fördern, bringen kaum regelmäßige Informationen über die Kunden. Die Pseudomitgliedschaft und die Karte sind hier bessere Möglichkeiten. Argos ist ein Kartensystem, bei dem der Konsument beim Kauf Punkte sammelt, die er später in Argos-Partnergeschäften einlösen kann. Jeder Einzelhändler kann sich dem System anschließen. In Großbritannien bietet die Handelskette Boots and Sainsbury die Möglichkeit, Punkte für Bahn- und Flugreisen zu sammeln.

Zweifellos bringt die Pseudomitgliedschaft dem Kunden Vorteile, verlangt aber von ihm auch Arbeit. Die zahlreichen und manchmal komplizierten Regeln können den Konsumenten auch zu irrationalen Handlungen verleiten. So hat sich gezeigt, daß die Möglichkeit, bei Flugreisen in die höhere Klasse aufgestuft zu werden, für Geschäftsleute besonders attraktiv ist. Anstatt einfach rechtzeitig zum Check-in am Flughafen zu erscheinen, kommen viele erstaunlicherweise bis zu zwei Stunden früher, um sich in der Hoffnung auf ein eventuelles Upgrading anzustellen. Der Kunde kann sich in einen erbitterten Wettkampf um Vorteile verstricken. Und wenn man zu vielen kommerziellen Klubs gehört, wird es schwer, den Überblick über all die Karten, Codes und Angebote zu behalten.

Mitgliedschaften können also die Treue des Kunden in Form von verbessertem Service, Prämien und Preisnachlässen belohnen. Den Lieferanten dienen solche Mitgliedschaften zu folgenden Marketingzwecken:

- Sie verbessern die Kundenbindung und die Größe „share of customer", d. h. den Anteil der Käufe, die ein Kunde für ein gegebenes Produkt oder eine gegebene Leistung beim Unternehmen tätigt, das eine solche Mitgliedschaft anbietet.
- Sie bieten zusätzliche Informationen über die Kunden und erlauben den Aufbau einer Datenbank für eine beliebige Anzahl von Kunden, so daß es möglich wird, bloßes Massenmarketing durch gezielte Kommunikation zu ersetzen und Angebote individuell zu gestalten.

Relationship 12
Informatik: die elektronische Beziehung

Die Medien sind voll von bombastischen Ideen über die Revolutionierung des Marketing durch Internet, World Wide Web, Cyberspace und CD-ROM.[40] Computergesellschaften wie Microsoft oder Netscape, die besonders stark am Netz beteiligt sind, bombardieren uns mit „Informationen" über die neuen Möglichkeiten der EDV. Wer jetzt nicht einsteigt, ist out; er macht sich zum Außenseiter der Informationsgesellschaft.

Wenn man Bill Gates von Microsoft glaubt, werden sich die Vorteile jedoch nicht sofort einstellen; die Unternehmen müssen die Nutzung von Internet und Web als eine langfristige Investition verstehen, die neu definierte Marketingstrategien erfordert. Internet und Web werden ihr volles Potential erst in 10 bis 20 Jahren entfalten. Natürlich bieten die elektronischen Märkte offensichtliche Vorteile: Geschwindigkeit, globale Reichweite, Zugang zu aktualisierten Informationen und Online-Geschäfte mit Kartenzahlung. Aber die elektronischen Märkte sind auch voller Fallstricke: unverläßliche Software und Hardware; Schwierigkeiten, die Qualität der Information und die Glaubwürdigkeit der anderen Partei einzuschätzen; Zahlungsunsicherheit, Systemüberlastung. Im Internet kann es soviel Stau geben wie auf einer Stadtautobahn in Los Angeles. Technologische Sachzwänge müssen überwunden werden, und die Menschen müssen ihre Haltungen und Verhaltensweisen ändern. Die Informationstechnologie bietet nur

[40] Das Hintergrundmaterial für die elektronische Beziehung stammt aus Medienberichten sowie aus Versuchen, die Entwicklung der Informationstechnologie in einen umfassenderen Kontext zu stellen – siehe Gates (1995), Jakobsson (1995), Vedin (1995) sowie Pattison und Brown (1996).

dann einen Markt, wenn jemand einen solchen Markt auch organisiert; Konsumenten und Unternehmen müssen an das Netz angeschlossen sein und dessen Potential aktiv erforschen.

Man kann sich von den Perspektiven der Informationstechnologie leicht blenden lassen. Alles, was in diesen Zeilen als die aktuelle „Wahrheit" in bezug auf EDV-Anwendungen präsentiert wird, wird vielleicht schon von einer noch phantastischeren „Wahrheit" abgelöst worden sein, wenn das Buch in Druck geht. Rückblickend stellen wir fest, daß die Versprechen der Informationstechnologie oft nicht gehalten werden, keine breite Anwendung finden, noch einen langen Weg vor sich haben, bis sie irgendeinen praktischen Zweck erfüllen, oder bald wieder überholt sind. Abgesehen von der Politik kenne ich keine andere Branche, die so viele unerfüllte Versprechen hinterläßt wie die Computerbranche. Man kündigt Anwendungen an, als wären sie bereits funktionstüchtig, während es sich in Wirklichkeit um Visionen, manchmal sogar um reine Illusionen handelt. Ich selbst habe mich – sowohl als Manager als auch als Konsument – zu einer Reihe sinnloser EDV-Investitionen überreden lassen. Es scheint mir daher unbedingt notwendig, die Informationstechnologie in einem breiteren Marketingzusammenhang zu betrachten.

Lassen Sie mich eines klarstellen, um Mißverständnisse zu vermeiden: *Wie auch immer die Zukunft der Informationstechnologie aussehen mag, sie wird auf jeden Fall das Marketing und die Beziehungen zu den Kunden und den Geschäftspartnern verändern. Elektronische Beziehungen besitzen ihre eigenen, spezifischen Merkmale und werden neue Märkte und neue Geschäftsmethoden ins Leben rufen.*

Die Informationstechnologie hat das Potential zu einer neuen Marktinfrastruktur. Straßennetze, Eisenbahnnetze, Wasserwege, Luftkorridore und Postnetze sind unverzichtbare und seit langem etablierte Elemente der Infrastruktur. Der allgemeine nationale Postverkehr wurde in den europäischen Ländern bereits im 17. Jahrhundert aufgebaut, und am Anfang des 19. Jahrhunderts wurde die Post international. Solche Dienste sind für die wirtschaftliche Entwicklung notwendig, basieren aber im wesentlichen auf mechanischen Grundlagen.

Das Informationsdreieck – Computer, Telekommunikation und TV – entwickelt sich zu einem integrierten System und gewinnt wachsende Anteile an der Marketinginfrastruktur, wobei das Internet das zentrale Kernelement darstellt. Das Internet wird möglicherweise in zehn Jahren genauso alltäglich sein wie heute das Telefon. Wie das Telefon schafft das Internet Beziehungen zwischen Firmen und Konsumenten, zwischen Unternehmen und innerhalb von Unternehmen, es kann aber viel mehr als das Telefon. Es unterstützt das Entstehen imaginärer Organisationen und die Verbindung zwischen Markt-, Mega- und Nanobeziehungen. Das Internet ist ein elektronisches Netz von Netzwerken, in denen wir interagieren können, wenn wir es wünschen. Es ist global, hat keinen zentralen Standort, keinen Chef und keinen Eigentümer.

Die elektrischen Vorväter, Telefon und Telegraph, sind in den westlichen Industriestaaten etwa hundert bis zweihundert Jahre alt; Radio- und Fernsehübertragungen haben sich im Laufe des 20. Jahrhunderts schrittweise etabliert. Doch die Geschwindigkeit, mit der die Elektronik und ihre praktischen Anwendungen an Bedeutung gewinnen, ist bemerkenswert. Die breite Einführung des Computers für gewerbliche Zwecke fand in den 60er Jahren statt. Ende der 80er Jahre kam der Durchbruch des Fax, das einen Teil des Postverkehrs übernahm und damit eine neue Form der Interaktion zwischen den Unternehmen schuf. In den 90er Jahren betraten E-Mail, Internet, Intranet und World Wide Web die Bühne und lösten eine neue Kommunikationswelle aus. Smartcards mit integrierten elektronischen Chips bieten die Möglichkeit, den Konsumenten mit einem Marktsystem auf elektronischer Basis zu verbinden.

Gegen Mitte der 90er Jahre gab es weltweit 50 Millionen Internet-Anwender. Im Jahre 2001 wird diese Zahl voraussichtlich eine halbe Milliarde erreicht haben; 2006 könnte bereits die halbe Weltbevölkerung angeschlossen sein.

Internet-Beziehungen dehnen sich auf jeden aus, der einen Computer, ein Programm und ein Modem besitzt. Das Intranet ist die interne Version, deren Reichweite nur innerhalb einer Firma oder einer Gruppe verbündeter Unternehmen besteht und die die Beziehungen innerhalb der Organisation verändert. So hat zum Beispiel Visa seine Mitarbeiter 1996 über eine Intranet-Anwendung untereinander verbunden, über die man auch Mitarbeiterverzeichnisse, Firmennachrichten, die Menüs der Kantine und sonstige Informationen abrufen kann. Das Netz dehnt sich über die Kernfirma hinaus auch auf die 19 000 Partnerbanken aus.

Der *physische Handelsplatz (marketplace)* wird durch einen *elektronischen Handelsraum (marketspace)* ersetzt.[41] Die Unternehmen kommen mit einem Minimum an physischen Baulichkeiten aus und sind im wahrsten Sinne des Wortes imaginär. Sie interagieren mit Kunden, Zwischenstufen, Lieferanten und anderen über ein elektronisches Netz ohne physischen Kontakt. Der Unterschied zwischen Marketplace und Marketspace läßt sich an *Inhalt, Kontext* und *Infrastruktur* aufzeigen. Zum Beispiel wird eine Autoversteigerung die Autos in Form von Informationen präsentieren, und die eigentlichen Autos müssen gar nicht gegenwärtig sein (Inhalt); die Versteigerung erfolgt über Bildschirm statt von Angesicht zu Angesicht (Kontext); Computer, Telekommunikationsmittel und ein TV-Schirm ersetzen das Ausstellungsgelände (Infrastruktur).

Wir stehen erst am Anfang der Nutzung des elektronischen Marktes. Die Marketingstrategie „Jederzeit und überall“ ist auf dem besten Weg, sich durch die elektronische Beziehung zu erfüllen. Elektronisches Marketing ist mehr als nur die „Datenverarbeitung“, die einfach ein Hilfsmittel für die Massenproduktion und die umfangreiche Speicherung von Informationen darstellte. Die Elektronik

---

[41] Siehe Rayport und Sviokla (1994).

wird zunehmend zum Instrument, um innovative und hoffentlich bessere Marketingstrategien zu entwickeln. Damit entsteht ein neuartiger Markt, der in der Markttypologie bisher noch nicht berücksichtigt wurde. Um hier mitzuspielen, muß ein Unternehmen einem elektronischen Netzwerk angehören. Wenn ein Bauer seinerzeit keinen Marktstand besaß, gehörte er nicht zum damaligen Netz. Der Mann hatte es mit greifbaren Handelsplätzen zu tun, wie es auch die heutigen Lebensmittelgeschäfte noch sind. Nun gibt es globale Märkte, wo das Computerterminal der Marktstand ist und die Beziehung zum Kunden elektronisch abgewickelt wird. Der elektronische Handelsraum ist überall und nirgendwo; er entsteht aus der Interaktion über das elektronische Beziehungsnetz, das den Markt bildet.

Der elektronische Handelsraum wird den physischen Handelsplatz nicht ablösen (es wird sich eher das Verhältnis verändern), sondern er wird neue, spannende Marktkonzepte hinzufügen. Die Geschichte zeigt uns, daß es den alten Marktplatz im Stadtzentrum und den kleinen Laden um die Ecke trotz all der Supermärkte und Einkaufszentren noch immer gibt.

Eine Anwendung, die immer mehr an Bedeutung gewinnt, ist das Homeshopping über Computer. Anstatt ins Geschäft zu gehen, bestellt der Kunde über Computer und Fernsehen. Bis in die 80er Jahre war Frankreich im Bereich der Telefonversorgung eher rückständig. Als man dann daran ging, ein modernes Telefonsystem aufzubauen, stellte die staatliche Monopolgesellschaft France Telecom den Teilnehmern anstelle des jährlichen Telefonbuchs Computerterminals zur Verfügung. Das Telefonbuch basiert auf denselben Grundlagen wie Gutenbergs Drucktechnik im 15. Jahrhundert. Es ist nicht einmal an dem Tag völlig aktuell, an dem es in Druck geht, und das ist einige Monate vor seiner Verteilung. Es ist teuer in der Herstellung, mühsam zu verteilen, verbraucht viel Papier und Energie und muß nach einem Jahr wieder eingesammelt werden. Auf dem Computerterminal kann man jede beliebige Telefonnummer suchen, und die Information wird laufend online aktualisiert. Minitel hat neue Märkte geschaffen. Man kann damit Waren bestellen, Theaterkarten gegen sofortige Belastung des Bankkontos reservieren, den Automarkt erforschen, die genaue Ankunftszeit eines Flugzeugs in Erfahrung bringen, das Kinoprogramm abfragen und nachlesen, was Cahiers du Cinéma über die einzelnen Filme zu sagen hat. Mitte der 90er Jahre verwendeten 15 Millionen Franzosen mehr oder weniger täglich das Minitel, das eine Auswahl von 20 000 Diensten bot.

Der gegenwärtige Trend geht in Richtung Online-Verkauf und Kauf über das Web. Die Anzahl der gewerblichen Domain-Registrierungen wächst rasch an. Man schätzt, daß es im Jahr 2000 allein in Amerika 30 Millionen potentielle Online-Käufer geben wird. Bis jetzt bietet der Website-Verkauf aber nur wenig, was man in städtischen Gebieten nicht leichter über herkömmliche Kanäle finden könnte. Selbst wenn man im Web global und schnell nach einem Buch suchen kann, bringt dies nicht viel, solange die Buchvertriebssysteme so fragmentiert, langsam und unvorhersagbar bleiben wie eh und je. Man darf den Leitgedanken des Marketingkonzepts nicht aus den Augen verlieren: Es gilt, die Kunden, ihre Bedürfnisse und Wünsche zu identifizieren. Elaine Rubin, die von *Advertising Age* zum *Digital Media Master* gekürt wurde, weist dem *Aufbau von Gemeinschaften* eine Schlüsselrolle zu. Im 1. Kapitel haben wir festgestellt, daß die Gesellschaft ein Geflecht von Beziehungen ist. Es geht also darum, Angebote zu entwickeln, die eine aufgrund von gemeinsamen Werten oder Interessen bereits bestehende „Gemeinschaft von Konsumenten" oder eine „Neigungsgruppe" ansprechen können, anstatt Käufer über die Produkte in irgendeine künstliche Gemeinschaft hineinziehen zu wollen.[42]

Elektronisches Marketing kann die Beziehungen auf vielfache Weise verbessern. Es gibt dem Kunden und dem Lieferanten die Möglichkeit, in einen sofortigen Dialog miteinander zu treten; der Kunde kann andere Kunden um ihre Meinung fragen, andere Lieferanten kontaktieren und gewisse Bedingungen, zum Beispiel Preis und Liefertermine, vergleichen.

Es wird auch die Arbeitsweise der Vermarkter verändern. Die Manager, Verkäufer oder Servicetechniker der Zukunft werden zu Laptop-Nomaden des Informationszeitalters, die keinen festen Wohnsitz haben oder sich zumindest nur selten dort aufhalten. Sie stehen über Computer, Internet, Handy und Fax ständig miteinander in Verbindung; sie empfangen einen Fluß von Informationen und handeln danach in einem Markt, in dem die Lebensdauer der Produkte, die Entwicklungszeiten und die Zeit bis zur Markteinführung immer kürzer werden. Die Arbeitsplätze können dorthin verlagert werden, wo Mitarbeiter eingestellt werden können, und dank der Informationstechnologie muß dies nicht mehr an dem Ort sein, an dem auch der Kunde ist.

In R6 (der vielköpfige Kunde und der vielköpfige Lieferant) haben wir festgestellt, daß es nicht das Unternehmen ist, das kauft und verkauft, sondern Einzelpersonen. Das stimmt nicht ganz: Auch Computer kaufen und verkaufen. Über EDI (Electronic Data Interchange) und Internet/Intranet-Anwendungen können Dokumente und Logistikoperationen für geplante wiederholte Lieferungen zwischen Partnern mit etablierter Beziehung abgewickelt werden. Computernetzwerke telefonieren miteinander. Eine wichtige Anwendung ist die Vereinfachung öffentlicher Aufträge und damit die radikale Senkung der Transaktionskosten. Öffentliche Aufträge gehören in den meisten Ländern zu den größten Märkten und nehmen in Megaallianzen wie der NAFTA oder der EU gigantische Ausmaße an. In etablierten Netzen zwischen einem Kunden und autorisierten Lieferanten wickelt die EDV einen Auftrag durch Computerinteraktion ab – ohne daß Dokumente oder menschliche Entscheidungen notwendig wären.

[42] Nach Martin (1996, S. 67 – 68).

Elektronische Netze bilden elektronische Märkte und elektronische Beziehungen zwischen Lieferanten und Kunden sowie anderen Mitspielern. Hier einige spezifische Anwendungsbeispiele elektronischer Beziehungen:

- *Musik und Werbung:* Die Firma Muzak produziert Hintergrundmusik für Aufzüge, Geschäfte und andere Anwendungen. Sie verwendet die interaktive Radiotechnik zu Werbezwecken. Sie hat ein elektronisches Satellitennetzwerk aufgebaut, an das 1800 Geschäfte angeschlossen sind, und sendet damit Werbebotschaften direkt in die Geschäfte. Das Netz kann auch Informationen von Produzenten und Großhändlern über Sonderangebote wie Preisrabatte oder Frischwarenüberschüsse vermitteln. Die Konsumenten haben darauf gut angesprochen, und die Umsätze in diesen Geschäften sind schnell gestiegen.[43]
- *Tickets und Reservierungen:* 1993 gab es in den USA 41 000 Reisebüros, die jährlich Tickets im Wert von 45 Milliarden Dollar buchten. Computergestützte Buchungssysteme für Reisebüros haben die Beziehungen zu den Passagieren radikal verändert und ein elektronisches Marktnetz für Reiseleistungen geschaffen. Das Reservierungssystem Amadeus ermöglicht den Reisebüros den direkten Zugriff auf die Flugpläne und verfügbaren Plätze von 350 Fluggesellschaften. Heutzutage können im Flugticket auch ein Leihwagen und ein Hotelzimmer inbegriffen sein; mit solchen Gesamtarrangements können über 39 Mietwagenunternehmen und 18 000 Hotels gebucht werden. 1992 zählte das Amadeus-System in Europa 800 Mitarbeiter und stand im Eigentum der Fluggesellschaften Air France, Iberia und Lufthansa.[44] Wir haben uns daran gewöhnt, Geld von unserem Konto beim Geldautomaten abzuheben. Jetzt gibt es auch elektronische Ticketautomaten, wo der Kunde Zutritt zum Flugsteig erhält, indem er eine Karte in die Maschine schiebt. United Airlines führte als erste Fluggesellschaft den ticketlosen Verkehr für Inlandsflüge ein. Die International Air Transport Association (IATA) hat beschlossen, daß das elektronische Ticket oder E-Ticket ab 1997 schrittweise einen Großteil der Flugtickets ersetzen soll.
- *Geld:* Im Finanzwesen – Banken, Versicherungen, Börsen, Makler, Finanz- und Buchhaltungsabteilungen, Konsumententransaktionen – ist die Zugehörigkeit zu einem elektronischen Netzwerk eine absolute Voraussetzung. SWIFT (Security For Worldwide Interbank Financial Telecommunications) ist ein Netzwerk für Abrechnungen im Zahlungsverkehr, das 2 000 Banken in 60 Ländern verbindet. DIAL ist ein europäisches Beispiel für eine rationelle Verwaltung und Vermarktung von Versicherungen über EDV. Die KFZ- und Haushaltsversicherungen der Gesellschaft werden direkt per Post, Telefon oder Computer ver-

[43] Laut Business Week (Jones Yang and Warner 1993).
[44] Aufbauend auf Material von Smart/Amadeus, August 1992.

kauft, ohne daß dazu persönliche Beziehungen erforderlich wären. Der 8. März 1987 war das historische Datum, an dem die Londoner Börse auf EDV umstieg – ein Ereignis, von dem man seitdem als „Big Bang" spricht. Der traditionelle Bankier oder Börsenmakler der Londoner City, ein gesetzter Herr mit Melone, Regenschirm und Rolls Royce, mußte dem computerisierten Yuppie mit italienischen Designeranzügen, Kreditkarten und Porsche Platz machen. Das britische Gentlemen-Netzwerk der „old boys", zusammengeschweißt durch die gesellschaftlichen Beziehungen der Väter, das Internat, den Club und den Titel, begann an Einfluß zu verlieren. Computerkenntnisse, Jugend, Action und eine Fülle von Finanzinnovationen wurden zu den Wahrzeichen des neuen Marktes. Dies machte den alten Maklerfirmen zu schaffen, deren bis dahin stabile und undurchdringliche Netze plötzlich überflüssig geworden waren. Wenn man Aktien kauft, bekommt man nicht mehr ein greifbares Papierzertifikat in die Hand, sondern besitzt ein ungreifbares „elektronisches Aktieneigentum" in einer „zertifikatlosen Gesellschaft". Die Beziehung zum Börsenmakler ist im Verschwinden begriffen, da der Kunde heute sein Konto über elektronische Maklerdienste eröffnen und die Geschäfte selbst tätigen kann. Das ist zwar schneller und billiger, bietet aber keine persönliche Beratung oder Unterstützung mehr. Durch die Geschwindigkeit geht ein positiver Trägheitsaspekt des traditionellen Systems verloren, der eine bessere Kontrolle erlaubte und voreilige Reaktionen verhindern konnte.

- *Produkte:* Einzelhändler bestellen ihre Waren über ein Terminal, das ihren Laden mit dem Lager oder Werk verbindet. Für die Weihnachtszeit gab Apple eine CD mit achtzehn Versandkatalogen heraus; der Kunde konnte Hemd und Hose am Bildschirm kombinieren und aus verschiedenen Blickwinkeln betrachten. SKF – führender internationaler Hersteller von Kugellagern – hat seinen Produktkatalog in einen elektronischen Katalog, genannt CADalog (in Anlehnung an CAD, Computer Aided Design), verwandelt. Über einen PC kann ein Konstrukteur der Kundenfirma mittels CADalog online alle erforderlichen Informationen über Kugellager abrufen, während er an der Konstruktion oder Produktion einer Maschine arbeitet. Die Einkaufsabteilung erhält sämtliche Informationen über Produkte und Lieferzeiten. Henry Ford wurde durch den Ausspruch berühmt: „Jeder kann die Autofarbe seiner Wahl bekommen, solange es Schwarz ist." Diese Einheitsgrößenstrategie war ein zentrales Merkmal der Ära der Standardisierung und der Massenproduktion, wo die Produktivität durch endlose Serien identischer Produkte gesichert wurde. Seit vielen Jahren können wir Autos kaufen, die auf einer bestimmten Konstruktion basieren, aber mit zusätzlichen Wahlmöglichkeiten wie Farbe, Klimaanlage, automatische oder manuelle Schaltung. Die Autos entstehen nach einem Baukastenprinzip, das der Computer umsetzen kann, indem er eine Reihe verschiedener Standardmodule miteinander kombiniert. Man hat diese Vorgehensweise mit dem paradoxen Etikett *„Massenindividualisierung“*[45] versehen. Anzüge und Schuhe nach Maß sind für die meisten Leute zu teuer, also kaufen sie sie von der Stange. Es gibt gegenwärtig Versuche mit Einzelhändlern, die mittels Computer Maß nehmen, die Maße online an ein Werk übermitteln, wo die Anzüge automatisch hergestellt und am folgenden Tag ausgeliefert werden. Schon lange bekommt man in vielen asiatischen Ländern einen Maßanzug in 24 Stunden zu einem Bruchteil der westlichen Preise, aber die Herstellung ist mit ausbeuterischen Arbeitsbedingungen und nächtlicher Kinderarbeit verbunden.

Wir sehen also, wie Produktion, Dienstleistungen, Lieferung und Marketing in ein umfassendes Informationssystem integriert werden. Dies hat unmittelbare Auswirkungen auf die Marktsegmentierung, deren Entwicklung folgendermaßen charakterisiert werden kann:

1. In der Handwerksgesellschaft war alles individuell gestaltet, oft von hoher technischer Qualität, aber für den Allgemeinverbraucher meist teuer. Jeder einzelne bildete sein eigenes Segment.
2. In der Industriegesellschaft führte Massenproduktion zu niedrigen Preisen – *Economies of scale* –, aber das Produkt war für alle dasselbe, so daß es zu Diskrepanzen zwischen Produkt und individuellem Bedarf kam. Alle Einzelpersonen gehörten zum selben Segment.
3. Eine grobe Segmentierung durch das Massenmarketing der Massenprodukte, anhand von soziodemographischen Variablen – Männer/Frauen, Kinder/Erwachsene – erlaubte eine begrenzte Anzahl von Varianten.
4. Die Feinsegmentierung in differenziertere Nischen nach Lebensstil und früherem Kaufverhalten verbesserte die Möglichkeiten individueller Anpassung.
5. Die inividualisierte Massenproduktion verbindet Größenvorteile und individuelle Bedürfnisse und orientiert sich auf Einzelpersonen oder Konsumentengemeinschaften mit gemeinsamen Bedürfnissen. Wir sind wieder beim Segment der Handwerksgesellschaft angelangt, aber mit einer anderen Technologie. „Economies of scale“ werden auch zu „Economies of scope“.

Diese Stufen lassen einen Trend „zurück zu den Quellen“ erkennen. Obwohl der Trend klar zu sein scheint, schließen sich die Stufen nicht gegenseitig aus, sondern koexistieren als Ergänzungen zueinander. Wir werden nach wie vor Handwerker brauchen, PepsiCola wird weiterhin in Massen produziert und in Massen vermarktet werden. Aber die Vorherrschaft der industriellen Massenproduktion und des Massenmarketing ist gebrochen.

---

[45] Davis (1987, S. 138 – 140).

Es gibt in den USA 92 Millionen Haushalte.[46] Fast alle haben Fernsehen und Telefon, und 25 Millionen auch einen Computer. Diese sollen durch einen Daten-Superhighway verbunden werden, den der amerikanische Vizepräsident Al Gore 1993 als wichtigsten Markt des Jahrhunderts bezeichnete. Die Elektronik muß jedoch bedienerfeundlich und attraktiv sein. Sollte dies nicht der Fall sein, könnte der Generaldirektor von Sony Electronic Publishing Co. recht behalten, wenn er sagt, daß die Leute nach der Arbeit keine Lust hätten, noch mit irgend etwas anderem zu interagieren als mit dem Fernseher und dem Kühlschrank.

Wer nicht mit elektronischen Geräten aufgewachsen ist, wird möglicherweise Schwierigkeiten haben, dieses Potential zu nutzen; vielleicht müssen einige kognitive und emotionale Mauern niedergerissen werden. Eine Untersuchung von 11 000 Geschäften in den USA hat gezeigt, daß in 58 % kein Schild angebracht war, aus dem hervorging, daß man dort mit Karte zahlen kann, und daß 28 % der Kassierer darüber nicht Bescheid wußten.[47]

Wenn elektronische Beziehungen kommerziell lebensfähig werden sollen, müssen ihre Betreiber oder Anbieter nicht nur zu den Kunden Beziehungen aufbauen, sondern auch intern und zu ihren Partnern im Netz. Als AT&T 1993 McCaw Cellular Communications übernahm, den größten Mobiltelefonbetreiber, wurde ein vereinfachtes Telefonübermittlungssystem möglich. Bis dahin lief die Übermittlung eines Ferngesprächs über Mobiltelefon wie folgt: anrufendes Mobiltelefon → Mobiltelefongesellschaft → lokale Telefongesellschaft → Fernsprechgesellschaft → lokale Telefongesellschaft → Mobiltelefongesellschaft → empfangendes Mobiltelefon. Die verschiedenen Glieder dieser Kette, also die Telefongesellschaften, sind unabhängige Unternehmen. Das neue AT&T/McCaw-System wickelt die Übertragung innerhalb eines integrierten Systems in ein und demselben Unternehmen ab. Wenn AT&T die Kontrolle über die gesamte Kette erlangt, sollte die Übertragung noch weiter rationalisiert werden können.

Die neuen Märkte und der elektronische Handelsraum müssen Regeln festlegen, um Mißbräuche zu vermeiden. Ein solcher Mißbrauch kann zum Beispiel stattfinden, wenn Kinder eine Telefonnummer wählen, ohne zu begreifen, welche Kosten dadurch für ihre Eltern entstehen. Ein Hacker kann sich in fremde Telefonleitungen einwählen und andere für sich bezahlen lassen. Er kann in die Computersysteme der Unternehmen oder der Regierung eindringen, sich Daten beschaffen oder das System manipulieren. Wenn die Konsumenten über elektronische Medien einkaufen, Freizeitangebote auswählen oder miteinander plaudern und dies alles registriert wird, entstehen neue Datenbanken, in denen Informationen über die Kunden gespeichert sind. Diese Daten können dann für gute wie für schlechte Zwecke verwendet werden: für gute insofern, als die Produkte besser

---

46 Dieser Abschnitt basiert auf Newsweek (1993), Zitat S. 37.

47 Higgins (1993, S. 11).

an die Bedürfnisse angepaßt werden und die Zielgruppen klarer definiert werden können, für schlechte insofern, als die Privatsphäre durch Werbebotschaften verletzt werden kann.

Zweifellos leistet die Informationstechnologie ihren Beitrag und führt zu Veränderungen, aber wir als Anwender müssen lernen, uns darin zurechtzufinden und zu verstehen, was das für das Relationship-Marketing bedeutet. Hier wird eine Reihe von grundlegenden Fragen aufgeworfen. Entsteht zwischen den Menschen, die mit dem Internet aufwachsen, eine neuartige gesellschaftliche und geschäftliche Beziehung? Welche Art von Geschäftskultur und Gesellschaft bringen elektronische Beziehungen hervor? Was geschieht, wenn Beziehungen von Angesicht zu Angesicht durch elektronische Beziehungen ersetzt werden, was im Bankwesen bereits seit Jahren im Gange ist? Wenn Homebanking sich voll durchgesetzt hat, wird eine Bank ihre Kunden nur noch als Transaktionen und Statistiken, nicht mehr als Menschen kennen. Wie stellt man es an, daß der Kunde zur eigenen Web-Seite zurückkehrt, wo es doch so einfach ist, von Seite zu Seite zu surfen? Welche Formen werden gewinnbringende elektronische Handelsräume annehmen? Wie verdient man an einer Datenbank, wie verrechnet man, wie sichert man die Zahlung? Soll man ein pauschales Jahresabonnement für die online aktualisierte Ausgabe der Encyclopaedia Britannica nehmen oder jedesmal zahlen, wenn man ihre Datenbank abfragt, oder beides?

Schließlich stellt sich für Vermarkter die ewige Frage des Timing. Wann ist die Zeit reif für was? Aber wie auch immer die Antworten auf diese Fragen lauten mögen, ein Unternehmen muß schrittweise lernen, sowohl mit elektronischen Beziehungen als auch mit den herkömmlichen Beziehungen von Angesicht zu Angesicht umzugehen.

Relationship 13
Parasoziale Beziehungen: Beziehungen zu Symbolen und Objekten

Wenn wir von Beziehungen sprechen, denken wir meistens an persönliche Beziehungen, und die 30R sind auch in erster Linie Beziehungen zwischen Menschen. Aber es gibt auch parasoziale Beziehungen[48], die mit Objekten, Symbolen und anderen schwer greifbaren Phänomenen zu tun haben. Unsere Beziehungen zu Unternehmen, zu ihren Leistungen und Produkten sind oft unpersönlich und dennoch wichtig durch das *Image*, das sie in unseren Augen besitzen. Diese Bezie-

[48] „Para“ ist griechisch und bedeutet „neben“; parasoziale Beziehungen sind also Beziehungen neben den Beziehungen zwischen Personen. Zur Diskussion über die Bedeutung des Begriffs für das RM siehe Cowles (1994).

hungen finden ihren Ausdruck in den Konnotationen eines Firmennamens, einer Marke, eines bekannten Firmenchefs oder einer anderen Persönlichkeit, die ein Unternehmen symbolisiert. Wie eine Person hat auch ein Unternehmen eine Seele, eine Persönlichkeit und eine Körpersprache. Eine Limousine oder ein Glas französischer Champagner strahlen etwas anderes aus als ein Taxi oder ein Bier. Russischer Kaviar, Austern und rote Rosen symbolisieren festliche Stimmung, Romantik und Luxus.

Waren und Leistungen besitzen bestimmte inhärente Eigenschaften, aber genauso wichtig sind die Eigenschaften, die wir ihnen als Einzelpersonen oder als Gruppen zuschreiben. Unternehmen, Waren, Leistungen und Prominente sind mythenumwoben. Man kann die „Realität“ als eine gesellschaftliche Konstruktion ansehen, in der Waren und Leistungen ihrer symbolischen Bedeutung wegen konsumiert werden. In einem breiteren gesellschaftlichen Zusammenhang umfaßt der Konsum nicht nur die Beziehung zwischen dem Lieferanten und den Kunden, zwischen dem Kunden und dem Produkt, sondern auch zwischen dem Lieferanten und dem Produkt.[49] *Positionierung* ist eine Strategie, in der es darum geht, einem Produkt oder einer Leistung eine Position zuzuordnen – eine Zelle im Gehirn des Konsumenten –, so daß der Konsument an eine bestimmte Marke denkt, wenn er etwas kaufen möchte.

Linn[50] benutzt den Begriff *Metaprodukt* für „die gesamte unsichtbare Wahrnehmungswelt, die wir mit einem Markenprodukt verbinden“. Er fährt fort: „Jedes Objekt hat seine metaphysischen Eigenschaften. Bei Symbolen wie dem christlichen Kreuz, dem Davidstern oder Hammer und Sichel ist dies so ausgeprägt, daß Menschen ihr Leben dafür opfern ...“ Er bringt das klassische Beispiel des VW-„Käfers“: „Er war so persönlich, daß es beinahe provokant war ... die Leute entwickelten eine Beziehung zu dem Auto. Man mußte darauf reagieren, es war schwer, gleichgültig zu bleiben ... Wenn wir das Ganze sehen wollen, in dem ein vermarktetes Produkt gedeiht, müssen wir mehr als bisher unseren Blick auf die Menschen und ihre Beziehung zum Produkt richten.“ Die wahrgenommene Realität besteht nicht aus dem Produkt und der Leistung als unabhängige Objekte, sondern aus den Beziehungen und Interaktionen zwischen dem Betrachter und dem Produkt bzw. der Leistung.

DeBono (1992) spricht von *integrierten Werten* in einer ähnlichen Bedeutung wie das *Metaprodukt*. In diesem Sinne ist die Fähigkeit eines Unternehmens, integrierte Werte anzubieten, die dritte Stufe seiner Entwicklung. Die erste Stufe war produktorientiert: Die Waren waren knapp, und alles drehte sich um die Herstellung. In der zweiten Stufe stand der Wettbewerb im Mittelpunkt. Nun nähern sich die Unternehmen der dritten Stufe, die aber noch in den Kinderschuhen steckt.

[49] Siehe den Überblick von Saren und Tzokas (1994).

[50] Linn (1985); Zitate aus den Seiten 9, 26 und 28 zusammengestellt.

Wenn wir Image, Marke und Qualität näher betrachten, finden wir viele Beispiele, wo die „Realität“ im Auge, im Herzen und im Kopf des Kunden entsteht und im objektiven Sinn gar nicht existiert. In einem Aufsatz über Pop Art und Restaurants erklärt Nilsson: „Es gibt auf der Welt jede Menge Lokale mit dem Namen ‚Pizzeria Napoli‘, und diese sind oft ‚originaler‘ als die ‚Originale‘ in Neapel. Aber gibt es überhaupt ein Original? Ist es nicht eher so, daß die Pizzeria Napoli das imitiert, was sich die Leute unter einer Pizzeria in Neapel vorstellen? Wenn es kein Original gibt, kann es auch keine Kopien geben.“[51]

Es ist sowohl eine Chance als auch ein Risiko, ästhetische Spielereien wie kreativ gestaltete Farbfolien, phantasievolle Logos, Hochglanzbroschüren und exklusiv gestaltete Geschäftsräume einzusetzen, um sich auf dem Markt als etwas auszugeben, was man nicht ist. Die Dimension der Vernunft – nämlich daß die Kunden einen nach einiger Zeit entlarven, wenn man seinem Image nicht gerecht wird, und daraufhin von einem abfallen – darf nicht als sicher vorausgesetzt werden. Ein Beispiel dafür ist die Kosmetikindustrie, die kaum erfüllen kann, was sie verspricht: Jugend, Schönheit, Glück und Liebe. Aber der Konsument will diesen Versprechungen einfach glauben.

Im Unterhaltungs- und Kulturbereich ist die Massenproduktion oft ein angestrebtes Ziel: je größer das Publikum einer Show oder eines Buches, desto größer der Erfolg. So haben zum Beispiel die drei Tenöre – Luciano Pavarotti, Placido Domingo und José Carreras – in Sportstadien vor bis zu 60 000 Menschen gesungen. Dennoch besteht eine Beziehung zwischen den Opernfans und den Tenören. Die Beziehung zwischen dem Unterhaltungskünstler und dem Konsumenten ist selten eine persönliche Freundschaft. Die Prominenten wie etwa Rockgruppen oder Spitzensportler werden zu Symbolen eines bestimmten Lebensstils oder einer bestimmten Eigenschaft wie Schönheit, Körperkraft oder Intelligenz. Manchmal sind das Charisma eines Schauspielers, seine Starqualitäten, seine Selbstdarstellung und sein Privatleben für seine Fans genauso wichtig wie seine schauspielerischen Leistungen – wenn nicht noch wichtiger. Die Leute kennen die Stars aus ihren Auftritten, aber auch aus den Medien und Klatschspalten. In ihrer Vorstellung können sich die Fans ihren Idolen nahe fühlen. Es ist von der einen Seite eine persönliche Beziehung, eine Massenbeziehung von der anderen; die Fans „kennen“ ihre Stars als Einzelpersonen, aber die Stars kennen ihre Fans normalerweise nur als anonymes Publikum. Die Rolle oder die Bühnenpersönlichkeit wird als real empfunden und vermischt sich mit der Privatperson. Der Ruhm eines Stars kann dazu genutzt werden, Produkten und Leistungen mehr Glaubwürdigkeit oder Popularität zu verleihen oder ein Firmenimage aufzupolieren.[52]

---

51 Nilsson (1993, S. 27).

52 Siehe auch Rein, Kotler und Stoller (1987).

Rapp und Collins[53] weisen auf einen neuen Markentyp hin, die *Beziehungsmarke*, die große Ähnlichkeit mit der parasozialen Beziehung aufweist: „... mit der Fähigkeit, potentielle und gegenwärtige Kunden mit Namen und Adresse zu identifizieren, mehr über sie zu erfahren und mit ihnen in einer laufenden Beziehung zu interagieren, entsteht eine neue Form der Markenpolitik: die *Beziehungsmarke*. Es wird nicht mehr einfach nur das, was man verkauft, zur Marke erhoben und beworben. Zur Marke erhoben und beworben wird auch die *Beziehung*." Eine Beziehungsmarke hat einen Namen, ein Logo, bietet meistens Mitgliedschaften an, wird beworben und setzt ständiges Engagement voraus.

Die Harley Owner's Group (HOG) ist ein erfolgreiches Beispiel einer solchen Beziehungsmarke. Die Kunden haben nicht nur eine Beziehung zur Marke Harley-Davidson und zu ihren Motorrädern. HOG ist eine Marke, die für eine Beziehung zu einer Gemeinschaft, zu einer Neigungsgruppe steht. Die Besitzer einer Harley Davidson fuhren früher ihre Maschine nur selten – es machte einfach keinen Spaß, allein loszufahren – und kauften daher meist in ihrem ganzen Leben nicht mehr als eine. Mit den HOG-Clublokalen, die strategisch in den Einzugsgebieten plaziert wurden, konsumieren die Besitzer einer Harley ihr Produkt als Mitglieder einer Gemeinschaft. Sie kaufen nicht einfach ein Produkt, sie schließen sich einer Gruppe an. Harley-Accessoires sind ein weiteres Mittel der Gruppenidentifikation. Harley-Davidson verdient heutzutage übrigens mehr an den Accessoires als an den Motorrädern. Und HOG-Mitglieder sind äußerst treu: 95 % kaufen wieder eine Harley. Die parasoziale Beziehung zur Marke Harley-Davidson hat eine soziale Beziehung geschaffen.

Ein Monopol bedeutet, daß der Markt von einem einzigen Lieferanten beherrscht wird. Wo Wettbewerb besteht, differenzieren die Unternehmen ihre Angebote. Eine mögliche Strategie besteht darin, ein Wertmonopol zu schaffen.[54] Es gibt viele Städte, viele Bilder, viele Regisseure, viele Comics und viele Preise, aber nur ein Venedig, eine Mona Lisa, einen Ingmar Bergman, einen Donald Duck, einen Nobelpreis. Patente sichern ein vorübergehendes Wertmonopol auf der Basis einer Innovation. Eine Firma kann in ihrer Branche dominieren, so wie IBM die Computerbranche bis in die 90er Jahre regierte. Dann übernahm Microsoft das Ruder, und ihr Präsident Bill Gates wurde zum Symbol einer aufregenden Zukunft.

Die Kosten für das Aufbrechen eines Wertmonopols können so extrem hoch sein, daß alle Mitbewerber an diesem Vorhaben scheitern. Es gibt einige Marken, die überall in der Welt bekannt sind. Coca-Cola, Sony, Mercedes, Kodak, Disney, Nestlé, Toyota, McDonald's, IBM und PepsiCola waren in den 90er Jahren die

[53] Rapp und Collins (1995, S. 197 – 298) sowie Diskussion mit Stan Rapp 1997.

[54] De Bono (1992).

Top ten der globalen Hitparade.[55] Manche Marken sind so bekannt, daß man sie als Synonym für das generische Produkt verwendet. Auf Englisch sagt man heute „to xerox" für kopieren, und das russische Wort für Bleistift ist Caran d'Ache, der Name der berühmten Schweizer Bleistiftmarke.

Ein recht bemerkenswerter Punkt ist das Verhältnis zwischen dem Preis und den symbolischen Werten in einer parasozialen Beziehung. Was muß geschehen, damit die Beziehung zwischen einem Konsumenten und einer Marke aufbricht? Da es eine kommerzielle Beziehung ist, hat sie auch einen Preis. Die große englische Handelskette Sainsbury's führte eine neue Colamarke mit dem Namen Classic ein und setzte den Preis um 25 % niedriger an als für das „echte" Coca-Cola. Schon bald verkaufte es sich besser als Coca-Cola. Dasselbe geschah auch in Kanada, als die Handelskette Loblaw's ihr Getränk President's Choice einführte.

Als Nestlé 1989 das Unternehmen Rowntree-Mackintosh mit den Marken After Eight, KitKat und Quality Street übernahm, zahlte das Unternehmen einen Preis, der um 300 % höher lag als die materiellen Vermögenswerte.[56] Dieser Preis gibt Aufschluß über den *finanziellen Wert* dieser Marken: Der Käufer hat hier sowohl greifbare Produktwerte als auch abstrakte Werte erworben. In der herkömmlichen Buchhaltung wird Goodwill nur dann als Vermögenswert gebucht, wenn ein gewisser Betrag dafür gezahlt wurde. 1994 waren Coca-Cola mit 36 Milliarden US$ und Marlboro mit 33 Milliarden US$ die weltweit am höchsten bewerteten Marken; europäischer Spitzenreiter war Nescafé mit 11,5 Milliarden US$.[57]

Die Unternehmen greifen zu diversen Strategien, um ihr Image und ihr Wertmonopol aufzubauen:

- Unilever, einer der größten Konzerne der Welt, wirbt nicht mit seinem Firmennamen, sondern investiert in starke Markennamen: Cornetto-Eis, Lipton-Tee, Lux-Seife oder Pepsodent-Zahnpasta sind in der ganzen Welt bekannt.
- BSN, der drittgrößte Hersteller von Markenlebensmitteln nach Nestlé und Unilever, wählte einen anderen Weg. 1994 änderte der Konzern seinen Namen in Danone.[58] So hieß seine Marke für Milchprodukte, nach Coca-Cola die zweitgrößte Marke im Lebensmittelhandel. Das Unternehmen hatte beschlossen, eher in das Unternehmensimage als in das Markenimage zu investieren, und begriff, daß es dazu seinen Namen ändern mußte: BSN war niemandem ein Begriff; außerdem gab es in Spanien eine Bank dieses Namens, in den USA eine Textilfirma und in Japan einen Fernsehsender.

---

[55] Laut einer Untersuchung von Landor Associates, USA, gestützt auf 10 000 Interviews. Die Siegermarken wurden aus 6000 Marken gekürt, die amerikanischen, europäischen und japanischen Konsumenten vorgelegt wurden. Zitiert aus Time (Ball, 1991, S. 53).

[56] Nilson (1993, S. 154).

[57] Laut Schätzung der Beratungsfirma Interbrand.

[58] Das Beispiel stammt aus The Economist (1994, S. 7).

Der etablierte Begriff der „Marke" stammt ursprünglich aus der Landwirtschaft, als man das Vieh mit Brandzeichen versah, um es als seinen Besitz zu kennzeichnen. Der Begriff läßt sich nicht nur auf Produkte, sondern genauso auf Dienstleistungen, Unternehmen, Menschen oder andere Träger symbolischer Werte anwenden. Die Marke kann ein Wort sein, ein Kürzel, ein Zeichen oder ein graphisches Logo. Es kann auch ein Mensch sein, dem man nie begegnet, ja, der vielleicht gar nicht existiert. Es gibt Unternehmen, die ihre Mailings mit durchaus echt klingenden, aber fiktiven Namen unterzeichnen; ruft ein Konsument dann an und verlangt diese Person, meldet sich jemand mit diesem Namen. Tabakunternehmen präsentieren strahlend gesunde Schönheiten und harte Cowboys, um die Wohltaten des Rauchens zu vermitteln. Peinlich für die Produzenten, aber auch für die Medien, die Konsumenten und die Gesellschaft im allgemeinen, daß einige der bekanntesten Models krank geworden oder gar an Lungenkrebs gestorben sind! Natürlich geben sich die Tabakunternehmen jede Mühe, die Verbreitung solcher Nachrichten nach Möglichkeit zu verhindern, und es gelingt ihnen auch ganz gut.

Marketing mittels Symbolen kann wohltuend unaufdringlich sein. Im Gegensatz zu den meist recht penetranten Fernsehspots und sonstigen Werbungen könnte man von einer *subtilen* Form des Marketing sprechen. Nehmen wir zum Beispiel die Ärzte und das Gesundheitswesen. Indem die Medizin so tut, als wäre ihr göttliche Allmacht verliehen, und indem sie sich als Herrin über Gesundheit und Krankheit, ja über Leben und Tod aufspielt, hat sie sich ein nahezu unbesiegbares Image geschaffen. Die Götter in Weiß und die Krankenhausumgebung sind zu mächtigen Symbolen geworden, welche die Beziehung zum Kunden und den Interaktionsprozeß beherrschen. Über Gesetze und Ärztekammern gelang es der medizinischen Branche, ihre angeblichen Fähigkeiten zum Monopol zu erheben. Nach den Bestimmungen der American Medical Association sind nur ihre Mitglieder berechtigt, zu behaupten, daß sie Krankheiten *heilen.* Wenn andere dies für sich beanspruchen, werden sie vor Gericht gebracht. Das Expertenmonopol wird zur Realität, zu einem alleinigen und zeitlosen „Patent", das sich in einen Schleier von „wissenschaftlichem" Jargon hüllt. Doch jedes Monopol hat auch seine undichten Stellen, so daß clevere Patienten sich immer öfter nach alternativen Behandlungen umsehen.

Schließlich gibt es auch Bemühungen, um die parasozialen Beziehungen zu systematisieren und wirkungsvoll einzusetzen. So entstand die Idee des *Design Management* als Sammelkonzept für alles, was ein Unternehmen auf den Markt bringen will und wofür es steht: seine „Unternehmens-Körpersprache". Es geht darum, eine konsequente Zielsetzung und eine Unternehmenskultur in Symbole umzusetzen – in Form von physischen Wahrzeichen wie Gebäuden oder Logos, aber auch in der Tat durch die Verhaltensweisen der Eigentümer und Angestellten. Ein weiteres Konzept, das sich systematisch um die Identitätspflege dreht, ist die Markenplanung, die auf einer langfristigen Vision und Forschung aufbaut.

Relationship 14
Die nichtkommerzielle Beziehung

Marketing betrifft in erster Linie den kommerziellen Teil unserer Wirtschaft, also Unternehmen, die nach marktwirtschaftlichen Gesichtspunkten arbeiten und bei denen der Profit das Maß des Erfolgs und des Überlebens ist. Die Wirtschaft stützt sich aber auch auf Organisationen, die nicht auf Gewinn ausgerichtet sind. Der öffentliche Sektor, der in erster Linie ein nichtkommerzieller öffentlicher Dienst ist, beginnt langsam zu begreifen, daß Marketing auch für ihn von Nutzen sein kann, wenn es auf seine spezifische Situation zugeschnitten ist. Es gibt auch weitere nichtkommerzielle Bereiche, die in den offiziellen Statistiken nur spärlich aufscheinen. Dazu gehören freiwillige Organisationen, Vereine und Klubs, aber auch die Arbeit im Haushalt und die Heimwerker, die den Handwerkern und anderen Berufen Konkurrenz machen.

Der nichtkommerzielle Sektor besitzt einige grundlegende Eigenschaften, die ihn vom kommerziellen Sektor unterscheiden und zu Beziehungen führen, die zum Teil ganz anderer Art sind. *Bei öffentlichen Diensten gehören die Preise nicht zum selben System wie die Produktion und die Lieferung.* Die Person, die eine Leistung in Anspruch nimmt, ist nicht unbedingt diejenige, die sie bezahlt. Selbst wo dies der Fall ist, müssen Zahlung und Lieferung zeitlich nicht übereinstimmen. Steuerzahlungen können der Finanzierung einer Sozialversicherung dienen, zum Beispiel der Krankenversicherung, oder einer Unterstützung für benachteiligte Gruppen wie zum Beispiel Arbeitslose. Der Kunde – der Bürger – spürt keine greifbare Verbindung zwischen dem Preis oder den Kosten und öffentlichen Diensten wie Gesundheitswesen, Schulwesen oder Polizei. Die Zahlungen – die Steuern – verschwinden in einem schwarzen Loch; wenn einem dann die Leistung zugute kommt, erscheint sie wie ein unverhofftes Geschenk. Man kann leicht das Gefühl bekommen, daß die Leistung „kostenlos“ ist, was für den einzelnen zum gegebenen Zeitpunkt ja auch stimmt. Dies kann dazu verleiten, solche Leistungen übermäßig zu konsumieren oder sie nicht gebührend zu schätzen: „Wer eine kostenlose Mahlzeit angeboten bekommt, geht nicht zu McDonald's, sondern ins Ritz.“[59] Beim kommerziellen Marketing gehören Zahlung und Leistung zu ein und demselben System und treten im großen und ganzen gleichzeitig auf. Auch hier ist es aber manchmal schwer, die Verbindung zwischen Preis und Leistung zu sehen – zum Beispiel, wenn Papa zahlt und die Kinder konsumieren.

Abbildung 3.10 zeigt ein mögliches Muster eines Einkaufverfahrens im öffentlichen Sektor, in unserem Fall im Gesundheitswesen. Die Leistung erfolgt direkt zwischen dem Kunden/Bürger und dem Krankenhauspersonal. Die Zahlung hin-

---

[59] Nach Albinsson-Bruhner (1993).

gegen läuft über die Steuer und geht an ein Budget für öffentliche Ausgaben. In unserem Beispiel bieten die Krankenhäuser ihre Dienste im Wettbewerb im Rahmen einer Ausschreibung an; ein Komitee trifft dann die Auswahl, und die Zahlungen werden durch Vertrag geregelt.

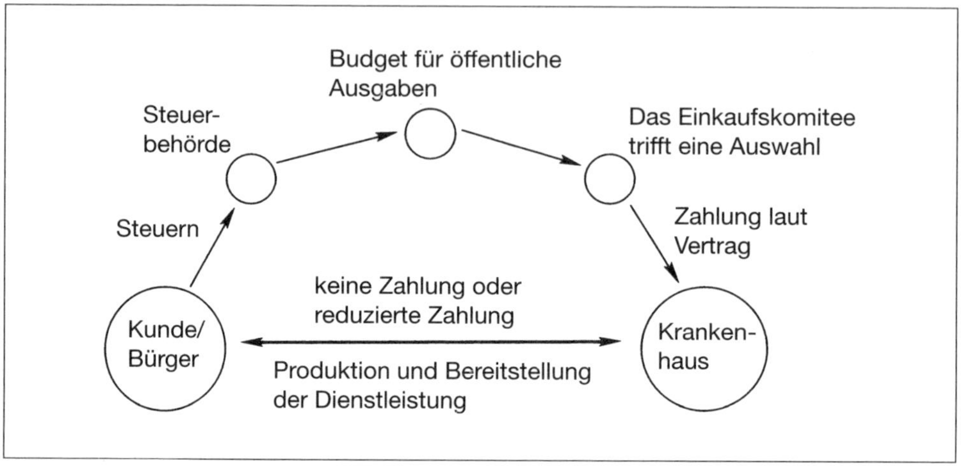

Abbildung 3.10: Die Beziehung zwischen einer Zahlung über die Steuer, öffentlichen Diensten und dem Kunden bzw. Bürger

Bei R5 ging es um die Servicebegegnung und die Beziehung zwischen dem einzelnen und einem Dienstleister. Dieser Begriff der Servicebegegnung läßt sich auch auf Dienstleistungen im öffentlichen Bereich anwenden. Dabei ist aber zu bedenken, daß öffentliche Dienste zwei Arten von Leistungen anbieten. Einerseits gibt es staatliche Leistungen, die genausogut privat sein könnten und für die es sowohl öffentliche als auch private Alternativen gibt, zum Beispiel im Schul- und Gesundheitswesen.

Auf der anderen Seite gibt es Leistungen, zu denen allein öffentliche Behörden berechtigt sind. Vom individuellen Standpunkt aus ist es positiv zu bewerten, wenn man von den Behörden unterstützt wird. Es gibt aber auch eine negative Seite, wo die Servicebegegnung eher zur *Servicekollision* wird. Behörden müssen manchmal im Interesse der Gesellschaft mit Gewalt gegen den einzelnen vorgehen. Eine Behörde dient sowohl dem einzelnen als auch der Gemeinschaft aller Einzelpersonen. Wer verhaftet wird oder Steuern nachzahlen muß, wird dies kaum als Service empfinden. Auch wenn die Behörde aufgrund von mangelndem Interesse, Trägheit, Schlamperei, rechtstechnischen Schikanen oder endlosen Verzögerungen ihren Auftrag nicht erfüllt, kommt es zu einer negativen Servicebegegnung. Man läßt den Verbrecher laufen und bietet dem Opfer keine Hilfe; der kleine Mann wird bedrängt, während der große Gauner unbehelligt bleibt.

Die „Werte“ des gesetzlichen Establishments sind oft weit von dem entfernt, was der Bürger als gerecht empfindet.

Die Begriffe Kunde und Lieferant werden heute bereits auch im Zusammenhang mit nichtkommerziellen Aktivitäten verwendet. Damit will man die Beziehung zwischen dem Kunden/Bürger und der Behörde einen neuen Inhalt geben. Es soll ausdrücken, daß zum Beispiel die Steuerbehörde nicht nur eine Behörde, sondern gleichzeitig auch eine Dienstleistungsorganisation ist. Die beiden Rollen – Behörde und Dienstleister – geraten durcheinander, wenn ein staatliches Unternehmen in Situationen, wo es einfach nur eine normale Dienstleistung erbringen sollte, wie eine Behörde auftritt. Diese Haltung hat häufig zu unglücklichen Beziehungen mit den Kunden/Bürgern und zu einer geringen Qualität und Produktivität geführt. Dabei ist es leichter, Autorität auszuüben, wenn man seinem Dienstleistungsauftrag gerecht wird. Das Finanzamt muß dafür sorgen, daß Steuern eingenommen werden. Gleichzeitig erbringen die Bürger und die Unternehmen eine Leistung, indem sie ihre Steuererklärungen ausfüllen und das Geld einzahlen. Aber Gesetze und Vorschriften sind nicht immer leicht zu verstehen. Sie sind oft unklar, und manchmal sind die Bestimmungen, die man eigentlich anwenden soll, noch gar nicht endgültig beschlossen worden. Kein Wunder also, daß der Steuerzahler irrt oder daß er schwindelt! Die meisten Fehler können verhindert oder leicht korrigiert werden, wenn die Behörde in konstruktiver Weise mit dem Bürger interagiert. Das setzt voraus, daß die Behörde den Bürger in einer für ihn verständlichen Weise informiert und ihm beratend zur Seite steht. In den meisten Länden war und bleibt dies eine wesentliche Hürde, auch wenn gewisse Behörden in manchen Ländern bereits begriffen haben, daß es notwendig ist, ihre Haltung und ihre Arbeitsmethoden zu ändern.

Viele Mitarbeiter dieser Behörden begreifen aber leider nicht, daß sie für die Bürger da sind, sondern bilden sich eher ein, daß die Bürger dazu da sind, ihnen zu Diensten zu sein. Die Organisationskultur hat die Rollen umgekehrt. Behörden verlangen Dienstleistungen von den Bürgern, anstatt die Dienstleistungen zu erbringen, auf welche die Bürger einen Anspruch haben. Der französische Schriftsteller Anatole France beschreibt die Beziehungen zu den Behörden aus der Sicht des Bürgers und meint, „der Staat ist ein sturer alter Mann hinter einer Glasscheibe“. Es ist zu hoffen, daß die aufkommende Beamtengeneration die bürokratische Generation ersetzen wird, aber ganz ohne Konflikte wird dies sicher nicht ablaufen. Es hat sich zwar vieles geändert, aber die historischen bürokratisch-rechtlichen Werte sind nach wie vor fest verankert.

Es ist schwer, klar abzugrenzen, welche Arten von Konsum zu den Menschenrechten gehören sollten und was durch die eigene Arbeit und das eigene Einkommen gesichert werden soll. Ein Großteil der politischen Spannungen zwischen verschiedenen wirtschaftlichen Systemen entspringt widersprüchlichen Ansichten über den gerechten Ausgleich zwischen Anspruch und Eigenleistung.

Behörden und öffentliche Dienste werden zunehmend zu „Grenzfällen".[60] Sie existieren in einer Grauzone zwischen öffentlichem und privatem Sektor, zwischen einem nichtkommerziellen, aus Steuermitteln finanzierten Bereich und einer wettbewerbsorientierten Marktwirtschaft. Nehmen wir zum Beispiel eine staatlich betriebene Flughafenverwaltung. Sie verfügt in gewissen Bereichen, etwa bei der Kontrolle des Luftverkehrs, über behördliche Autorität, betreibt aber andererseits auch Dienstleistungen wie Parkgaragen und Duty-Free-Shops.

Während der öffentliche Sektor durch Steuern finanziert wird, erhält sich der nicht-öffentliche, nicht-kommerzielle Sektor durch Spenden und unbezahlte Arbeit (bis zu einem gewissen Grad eventuell auch durch öffentliche Subventionen und Steuergelder). Laut Drucker war es dieser, den er als dritten Sektor bezeichnet, der in den 80er Jahren in den USA das schnellste Wachstum aufwies; er vereinigt mehr Menschen als der private und der öffentliche Sektor zusammen.[61] Kirchen, Pfadfinder und Umweltschutzorganisationen wie Greenpeace gehören hierher. Ihre Arbeit läßt sich weder in die Marktwirtschaft und ihre Preismechanismen noch in die steuerfinanzierten Institutionen des öffentlichen Sektors und das politische System einordnen. Trotz seiner Größe bleibt dieser Sektor in offiziellen Statistiken unberücksichtigt und wird in der Management- und Marketingtheorie vernachlässigt. Der Non-Profit-Sektor funktioniert unter anderen Voraussetzungen als der öffentliche Sektor. Er übernimmt Aufgaben, die der private oder der öffentliche Sektor übersehen oder schlecht erfüllt haben oder für die ihnen die Kapazitäten fehlen. Solche Organisationen leisten oft Pionierarbeit unter Mißbilligung und gegen den Widerstand des Establishments, wie zum Beispiel im Bereich des Umweltschutzes. Der dritte Sektor kann auf eine lange Tradition zurückblicken und hat sich oft mit Angelegenheiten beschäftigt, die später zumindest teilweise dem öffentlichen Sektor übertragen wurden. Wir könnten hier noch einen vierten Sektor hinzufügen, der all das umfaßt, was wir für uns selbst, unsere Familie und unsere Freunde tun.

Der Vorstand hat in Non-Profit-Organisationen eine andere Rolle als in einem kommerziellen Unternehmen oder einer öffentlichen Behörde. Insbesondere muß er die treibende Kraft bei der Geldbeschaffung sein.[62] Ein wichtiger Teil dieser Arbeit besteht darin, Beziehungen zu Spendern aufzubauen, um Spenden zu sammeln oder besser gesagt, die *Spendentätigkeit zu entwickeln*. Diese terminologische Verschiebung ist für das Relationship-Marketing ganz wesentlich. Die Spendentätigkeit zu *entwickeln* setzt eine langfristigere und engere Bindung voraus, als Spenden zu *sammeln*. Dudley Hafner, der Leiter der American Heart Association, erklärt: „... das wahre Potential für Wachstum und Entwicklung ist

[60] Winai (1988).
[61] Drucker (1989).
[62] Dieser Absatz sowie der folgende basieren auf Drucker (1990); Zitate aus den Seiten 85 und 88.

der Spender ... jemand, den man pflegen und in das Programm einbeziehen sollte. Nicht nur jemand, von dem man den jeweiligen Jahresbeitrag einsammelt."

Dieses Zitat verdeutlicht, daß langfristige Beziehungen, anders als eine Transaktion oder eine gelegentliche Spende, durch ein Programm gepflegt werden wollen. Eine Strategie kann sein, den Spender in die Arbeit der Organisation mit einzubeziehen. Hafner fährt fort: „Jemand, der Steuern zahlt, hat deshalb noch lange nicht das Gefühl, sich für das Wohlfahrtsprogramm zu engagieren. Wenn er aber bei der Heilsarmee oder bei einem Heimhilfeprogramm mitarbeitet, dann engagiert er sich – sowohl geistig als auch finanziell. Das ist ein wesentlicher Unterschied." Wenn eine Organisation aus Mitgliedern besteht – und zwar aus echten Mitgliedern, nicht aus Pseudomitgliedern – können diese sowohl Empfänger der Leistungen dieser Organisation sein als auch diese Leistungen für sich selbst und andere produzieren. Man kann diese Sichtweise auch weiter ausdehnen und Staaten als Organisationen von „Mitgliedern", nämlich Bürgern, betrachten. Um die Mitglieder oder Bürger als Kunden anzusehen, muß man aber gleichzeitig begreifen, daß die Rolle der Organisation nur teilweise eine kommerzielle ist.

Immer mehr Unternehmen entwickeln eine Spendenstrategie und finanzieren langfristige Projekte.[63] Diese Unternehmensphilanthropie verbindet Eigeninteresse mit dem Wirken für das Allgemeinwohl, und das Unternehmen wird zum „Unternehmensbürger". Beispiele für solche Aktionen sind Alphabetisierungsprogramme, Aids-Prophylaxe, Schulreformen und Umweltschutzprogramme. Die Unternehmen steuern nicht nur Geld bei, sondern können auch Beratung anbieten oder ihre Technologie und ihre menschlichen Ressourcen zur Verfügung stellen.

Ein großer Anteil des Kulturwesens ist nichtkommerzieller Art. Ein Museum zum Beispiel muß seine Beziehungen auf zwei verschiedene Zielgruppen ausrichten.[64] Erstens auf die Besucher. Um diese zu erreichen, braucht ein Museum Vermittler wie Fremdenverkehrsorganisationen oder Medien. Zweitens auf jene, die den Betrieb durch Beiträge unterstützen, zum Beispiel Sponsoren, regionale Verwaltungen und Subventionskommissionen. Eine dritte Art von Beziehung richtet sich nach innen, an die interne Organisation des Museums und an jene, die Ausstellungen anbieten, planen und gestalten. All dies gehört zusammen; das sind drei Perspektiven des Marketing eines Museums (Abbildung 3.11).[65]

Als ich geboren wurde, schenkten die Sparkassen jedem neugeborenen Baby ein Sparkonto mit einer kleinen Einlage.[66] Als ich in die Schule kam, bekam ich eine Spardose, die regelmäßig unter den wachsamen Augen des Lehrers geleert

---

63 Smith (1994).

64 Bradford (1991, S. 93 – 96).

65 Siehe auch Kotler und Andreasen (1991).

66 Dieser Abschnitt basiert in erster Linie auf Hessling (1990).

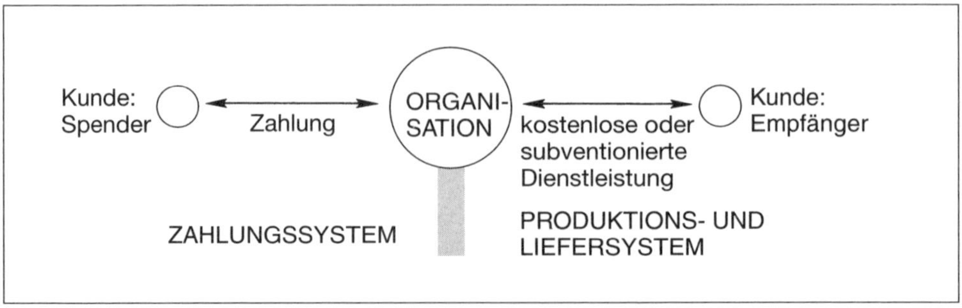

Abbildung 3.11: Die zwei externen Kunden der freiwilligen Organisation: der Spender und der Empfänger der Leistungen der Organisation und der interne Kunde der Museumsorganisation

wurde, und das Geld kam auf die Bank. Man betrachtete dies damals als eine Arbeit für die Gemeinschaft, die nicht auf Profit ausgerichtet war. Sparen galt als Tugend: „Zuerst sparen, später kaufen!" Die Aufgabe der Sparkassen bestand darin, den weniger Privilegierten eine Chance zu geben, ihre finanzielle Situation zu verbessern, zu studieren oder ein Eigenheim zu kaufen, und kleinen Bauern und Unternehmern die Möglichkeit zu geben, ihren Betrieb aufzubauen. Die Sparer waren eher Mitglieder oder Bürger als Kunden. In Bangladesh wendet sich die Grameen Bank mit ihren 900 Filialen an Segmente, die für traditionelle Banken uninteressant sind, insbesondere die Armen und die Frauen. Jeder Kreditnehmer erwirbt eine Aktie und wird zum Miteigentümer.[67]

Die nichtkommerzielle Beziehung ist für die kommerzielle Wirtschaft von höchster Bedeutung. Was nicht über die Marktmechanismen erledigt werden kann, muß irgendwo anders stattfinden, und was der öffentliche Sektor und das politische System nicht gewährleisten können, muß der Non-Profit-Sektor übernehmen. Die Beziehungen zwischen Kunden, Lieferanten und anderen Beteiligten sind hier genauso wichtig, nur eben anderer Art. Der nichtkommerzielle Sektor bietet ein weites Feld für Marketingtätigkeiten, obwohl er in der Marketinglehre kaum Beachtung findet.

Relationship 15
Die grüne Beziehung

„Sehr geehrter Gast! Bitte versuchen Sie sich vorzustellen, wie viele Tonnen Handtücher in allen Hotels der Welt täglich unnötig gewaschen werden. Denken Sie an den immensen Verbrauch von Waschmittel und Wasser, der die Umwelt

[67] Yunus (1992).

belastet. Berücksichtigen Sie daher bitte folgendes: Wenn Sie Ihr Handtuch auf dem Boden liegen lassen, bedeutet das: bitte auswechseln; wenn sie es auf dem Handtuchhalter hängen lassen, bedeutet das: ich verwende es noch einmal – damit helfen Sie uns, die Umwelt zu schonen."

Botschaften dieser Art findet man in Hotels immer häufiger. Sie sind Ausdruck eines neuen Phänomens, nämlich der grünen Beziehung. Hotels versuchen, über den Weg des Umweltbewußtseins eine Beziehung zum Gast herzustellen. Sie wollen die Interaktion und Zusammenarbeit mit dem Kunden. Sie haben festgestellt, daß Umweltfragen nicht nur Kosten und Bedrohungen bedeuten, sondern auch Chancen für die Kostenminderung und Gewinnmaximierung darstellen können.

Die grüne Beziehung dreht sich um die Fähigkeit eines Unternehmens, in seinem Angebot Umwelt- und Beziehungsfragen sowie die Beziehungen, die zu bestimmten Einzelpersonen und Gemeinschaften geschaffen werden, ins rechte Licht zu rücken. Obwohl sich die Öffentlichkeit schon seit Jahrzehnten mit Umweltschutz und Gesundheit beschäftigt, sind diese Aspekte erst vor kurzem zum Gegenstand einer neuartigen Beziehung zu den Konsumenten und zur Gesellschaft geworden. Die Betriebe zögerten lange, etwas in dieser Richtung zu unternehmen. „Unser Unternehmen verursacht keine Umweltverschmutzung! Das ist nur eine vorübergehende Marotte einiger idealistischer Spinner! Umweltschutz ist zu teuer! Es gibt keine wissenschaftlichen Beweise! Der Kunde ist nicht bereit, dafür zu zahlen! Wir verlieren unsere Wettbewerbsfähigkeit!" Gesetze blieben auf dem Papier, Unternehmen erhielten provisorische Befreiungen, die bald zu ständigen Ausnahmen wurden. Die Umweltbeauftragten in den Unternehmen selbst besaßen oft nur wenig Befugnisse.

In letzter Zeit ist das Interesse an diesem Thema aber gewachsen, und immer mehr Menschen beginnen zu begreifen, daß etwas geschehen muß. *Öko-Marketing* wird zum anerkannten Marketingzweig.

Gegen Mitte der 90er Jahre gaben amerikanische Konsumenten mehr als 100 Milliarden US$ für Produkte von Firmen aus, die sie als umweltbewußt und sozial fortschrittlich empfanden.[68] Aus einer Untersuchung[69] geht hervor, daß 84 % aller Amerikaner die Umweltverschmutzung für ein ernstes, sich zuspitzendes Problem hielten; 75 % meinten, die Luftverschmutzung werde immer schlimmer, 80 % waren der Ansicht, daß die Seen und Flüsse stärker verschmutzt seien als vor zwanzig Jahren. Die Gruppe der „grünen Konsumenten", die sich für Umwelt- und Gesundheitsfragen interessieren, wächst ständig. Früher machte sich der Protest gegen Umweltzerstörung hauptsächlich in Form von Demonstrationen und Boykottaktionen gegen bestimmte Firmen bemerkbar. Konsumenten „wählen" durch den Kauf von Produkten und Leistungen. Immer mehr Konsu-

---

[68] Entine (1996, S. 31).

[69] Die Daten in diesem Absatz stammen von Ottmann (1992, S. 3, 8 und 13).

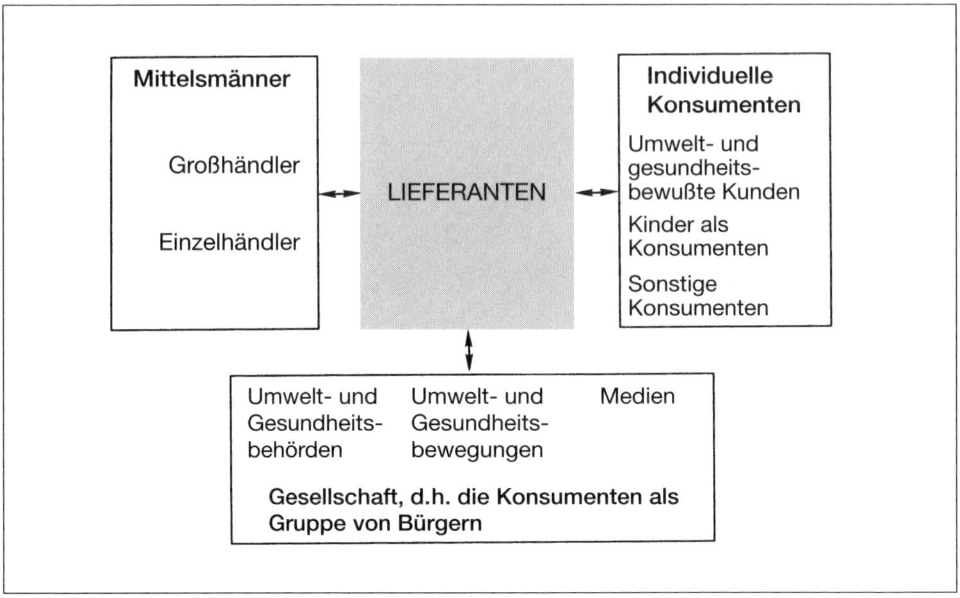

Abbildung 3.12: Das Unternehmen und seine Beziehungen im grünen Netzwerk

menten weigern sich, umwelt- oder gesundheitsschädliche Produkte zu kaufen. 54 % der Amerikaner lesen die Angaben auf der Verpackung, um herauszufinden, ob das Produkt umweltfreundlich ist, und 57 % suchen gezielt nach Produkten und Verpackungen aus Recyclingmaterialien. Die Zahl der grünen Produkte ist gestiegen: Waren es 1985 nur 0,5 % aller neuen Produkte, so waren es 1989 bereits 4,5 % und 1991 13,4 %.

Abbildung 3.12 zeigt grüne Beziehungen zum Markt und zur Gesellschaft. Unternehmen verkaufen ihre Waren oder Leistungen an Kundensegmente oder Einzelpersonen, die mehr oder weniger umwelt- und gesundheitsbewußt sein können. Es gibt Gemeinschaften, die sich besonders für grüne Anliegen engagieren. Kinder neigen dazu, die einschlägigen Botschaften aufzunehmen, und haben begonnen, das „Kaufverhalten" ihrer Eltern zu beeinflussen.[70] Produzenten von Waren des täglichen Bedarfs knüpfen engere Beziehungen zu den Vertriebskanälen, um Umweltprobleme zu lösen – insbesondere bei der Verpackung – und die Absatzmöglichkeiten zu erforschen, die sich aus dem verstärkten Öko-Bewußtsein ergeben können. Es kann für das Marketing hilfreich sein, wenn das Unternehmen gute Beziehungen zu den Behörden, den Umweltschutzorganisationen und den Medien aufbaut. Im Lauf seiner 150jährigen Geschichte hat das Unternehmen Church & Dwight in den USA, die das Backpulver Arm & Hammer herstellt, sowohl am Produkt als auch an der Verpackung gearbeitet, um bei-

[70] Ottmann (1992, S. 146).

des umweltverträglicher zu machen. Ein Vertreter der Firma erklärt: „Durch den Aufbau von Bündnissen mit allen Beteiligten bleibt das Unternehmen über Vorschriften, Anliegen, Diskussionen, Technologien und Haltungen im Umweltbereich stets auf dem laufenden ... was zu einem Dialog führt ..."[71]

Unternehmen und Konsumenten befinden sich beide in ständiger Interaktion mit der Umwelt. Der Konsument merkt möglicherweise nicht viel davon, da ein Großteil der Umweltzerstörung, die aus Produktion und Verbrauch entsteht, erst verzögert in Erscheinung tritt, und dies oft weit vom Konsumenten entfernt. Die allgemeine Umweltzerstörung, gegen die wir als einzelne nicht viel ausrichten können, fällt auf uns als Mitglieder eines Staates, also als Bürger, zurück (Abbildung 3.13). Die Produkte, die wir konsumieren, haben eine Auswirkung auf unser individuelles Wohlbefinden. Wir merken das ganz besonders bei der Ernährung, wo wir die Auswahl bis zu einem gewissen Grad selbst kontrollieren können. Falsche Ernährung schadet unserer Gesundheit und unserem Immunsystem und verursacht körperliche Störungen. Daraus entstehen uns auch Kosten, sowohl direkt als Konsumenten als auch indirekt als Bürger.

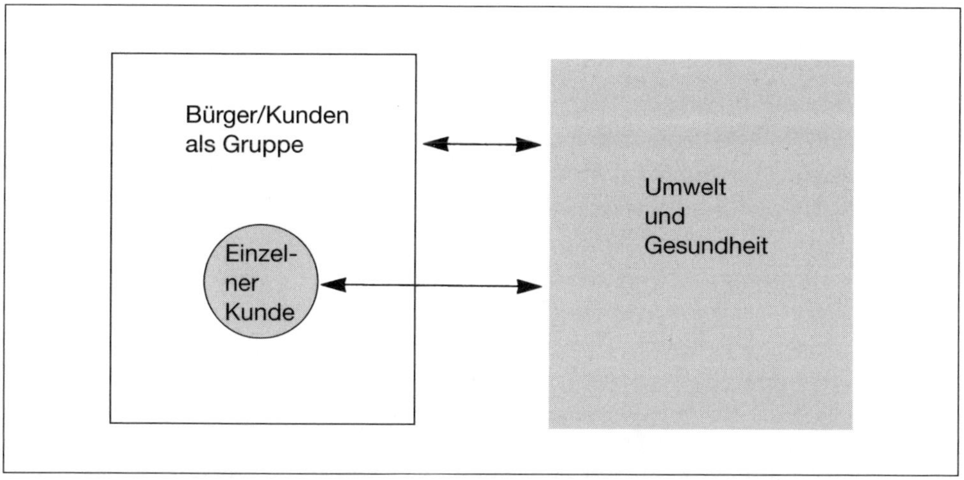

Abbildung 3.13: Die Beziehung des Kunden zu Umwelt und Gesundheit als Einzelperson und als Bürger der Gesellschaft

Marketing ist eine Disziplin, die sich in erster Linie mit mikroökonomischen und kurzfristigen Fragen beschäftigt. Obwohl es den Unternehmen um langfristige Profite und Überlebenschancen geht, geben sie in der Praxis kurzfristigen Überlegungen den Vorrang: Will man langfristig überleben, muß man eben zuerst einmal das laufende Jahr überleben. Der Kunde seinerseits konzentriert sich mei-

[71] Ottman (1992, S. 146).

stens auf die Befriedigung momentaner Bedürfnisse. Aus der langfristigen, makroökonomischen Perspektive betrachtet tragen Unternehmen wie Konsumenten eine Verantwortung als Bürger, die oft im Widerspruch zur individuellen Rolle und zum Einzelinteresse stehen kann.

Die Ursachen, die den Durchbruch des Öko-Marketing erschweren, lassen sich in den drei folgenden Konflikten zusammenfassen: die Gegensätze zwischen der *Verantwortung des einzelnen* und *der Verantwortung des Lieferanten und der Gesellschaft*, zwischen *kurzfristigen* und *langfristigen Interessen* und zwischen *direkten* und *indirekten Auswirkungen*.

1. In unserer Rolle als *Einzelkonsumenten* können wir entscheiden, ob wir bestimmte Waren oder Leistungen kaufen wollen. Wir können unser Umwelt- und Gesundheitsbewußtsein durch unser Konsumverhalten ausdrücken. Dies setzt jedoch voraus, daß die Produkte, die wir wünschen, auch zu einem vernünftigen Preis erhältlich sind; ansonsten würden die grünen Überlegungen unseren Alltag zu sehr belasten. Das Fehlen einer entsprechenden Infrastruktur, zum Beispiel eines auf umweltschonenden Prinzipien aufgebauten Vertriebsnetzes, kann hier ein Hindernis darstellen. Konsumenten, die biologische Lebensmittel kaufen möchten, müssen oft feststellen, daß das Angebot in Geschäften und Restaurants dürftig ist. Wer als Konsument jene Produzenten unterstützen möchte, die Recyclingmaterialien verarbeiten, wird Schwierigkeiten haben, verläßliche Informationen zu bekommen. Vieles von dem, was wir als Einzelpersonen tun, hat eine unmittelbare, voraussehbare und kurzfristige Auswirkung. Indirekte und langfristige Auswirkungen sind undurchsichtig und weniger motivierend.
2. In unserer Rolle als *Lieferanten* können wir entscheiden, welche Waren und Leistungen wir produzieren wollen, solange wir im Rahmen des Gesetzes bleiben (oder uns nicht erwischen lassen) und solange es sich auszahlt. Heutzutage werden die von den Unternehmen verursachten Umweltkosten auf andere oder auf die Gesellschaft insgesamt abgewälzt, ja, über den Luft- oder Wasserweg sogar auf andere Länder. Aber die Umweltverschmutzung und die Zerstörung der natürlichen Ressourcen haben eine noch weitaus schlimmere allgemeine Konsequenz. Die Schadstoffe werden in den Molekülen gespeichert, die über den ökologischen Zyklus wieder in Umlauf kommen. Wir sind von „Molekularmüll" umgeben, von unsichtbarem Abfall, der das Zehnfache des sichtbaren Abfalls ausmacht.[72] Auf lange Sicht werden wir nicht umhin kommen, diese anonymen Kosten zu bezahlen; sie werden uns als Konsumenten und als Bürger einholen.

[72] Robèrt (1992).

3. Als *Bürger* – dieselben Personen wie oben, aber in einer anderen Rolle – finden wir es bequem, uns in der Gemeinschaft der Gesellschaft zu verstecken. Womöglich betrachten wir die Ökologie nicht als unsere Verantwortung und meinen, als einzelne nicht viel ausrichten zu können, solange die Behörden nichts unternehmen – übrigens eine gute Ausrede, um nichts zu tun. Politiker schwanken zwischen dem Willen, Fragen in Angriff zu nehmen, die in der Öffentlichkeit noch nicht ausgereift sind, und dem Zwang, Popularität und Wählerstimmen zu gewinnen. Die Grenzen, die durch den kollektiven öffentlichen Bewußtseinsstand gesetzt sind, führen zu einem Dilemma.

Alles wäre viel einfacher, wenn die drohenden Umwelt- und Gesundheitsschäden von Wissenschaft und Forschung immer klar identifiziert werden könnten. In vielen Fällen sprechen Wissenschaft und gesunder Menschenverstand eine deutliche Sprache; jede weitere Forschung erübrigt sich. Ein aktuelles Beispiel einer gleichzeitig faszinierenden und bedrohlichen Entwicklung ist die Gentechnik. Genmanipulierte Lebensmittel werden bereits verkauft, und der zukünftige Markt ist kolossal. Aber die wissenschaftliche Forschung hinkt hinterher, und niemand – auch nicht die prominentesten Wissenschafter – kann die Auswirkungen voraussagen.

Tabelle 3.2 zeigt, daß es verschiedene Motive für die Umweltüberlegungen eines Unternehmens geben kann. *Juristisch bestimmte Unternehmen* kümmern

Juristisch bestimmtes Unternehmen	**Öffentlichkeitsbestimmtes Unternehmen**	**Wertbestimmtes Unternehmen**
Defensive Strategie	Opportunistische Strategie	Offensive Strategie
Kostenvermeidung	Imageverbesserung	Ertragsbasis
Konsumenten fühlen sich nicht wirklich betroffen	Konsumenten wollen es in einem gewissen Ausmaß	Konsumenten fordern es
Widerstand	Kosmetische Verzierung	Bestandteil des Unternehmensziels
Drohung	Marotte	Chance für Wettbewerbsvorsprung
Die Gerichte sollen entscheiden, was einen guten Bürger ausmacht	Bestrebung, als guter Bürger angesehen zu werden	Wirklicher Wunsch, ein guter Bürger zu sein

Tabelle 3.2: Was ein Unternehmen dazu motiviert, sich mit Umwelt- und Gesundheitsfragen zu beschäftigen. (Quelle: Gummesson 1992/1994a. Genehmigte Wiedergabe)

sich um Umweltfragen erst dann, wenn sie ein Gerichtsurteil dazu zwingt. Sie versuchen gerne, diesen Fragen durch massiven Einsatz von Rechtsanwälten und Verzögerungstaktiken aus dem Weg zu gehen. Dann gibt es jene, die sich konsequent weigern, Umweltprobleme zur Kenntnis zunehmen. Ganze Lobbyingorganisationen wurden gebildet, um Umweltschutzbemühungen zu diskreditieren und Desinformation zu betreiben, ja sogar die freie Verfügung über die Natur zugunsten kurzfristiger Wirtschaftsprofite zu fordern. Zweifellos sind Umweltfreaks manchmal zu weit gegangen, indem sie jede Art menschlichen Eingriffs in die Natur ablehnten. Die geplante 15 Meilen lange Brücke zwischen Schweden und Dänemark blieb lange umstritten und war Gegenstand umfassender Umweltstudien. Dadurch sahen sich die Befürworter der Brücke gezwungen, die Auswirkungen auf den Wasserfluß und die Lebensbedingungen für Fische und andere Organismen zu bedenken – und zu überdenken. Natürlich wirkt sich jede Änderung in irgendeiner Form auf die Natur aus; die Frage ist immer, in welchem Ausmaß dies akzeptabel ist und wie der Schaden begrenzt werden kann.
Öffentlichkeitsbestimmte Unternehmen scheinen die häufigste Spezies darzustellen. Grüne Anliegen liegen eben im Trend, und wenn der Konsument es so haben will, stellt sich das Unternehmen darauf ein, um sein Image und seine Umsätze zu verbessern. Solchen Unternehmen geht es weniger darum, wirklich etwas zu ändern, als sich „grünzuwaschen". Dies ist ganz im Sinne des 4P-Ansatzes mit dem P für Promotion: Ob man den Kunden dazu bringen kann, das Unternehmen in einem positiven Licht zu sehen, ist eine Frage der Information. Eine Untersuchung in den USA hat ergeben, daß 87 % der Konsumenten meinen, weniger als die Hälfte aller Unternehmen würden Umweltfragen ernst nehmen.[73]

Wertbestimmte Unternehmen – die verstehen, worum es geht, und daran glauben – sind in der Minderheit. Vielfach sind es freiwillige Verbände, die auf der Basis persönlicher Überzeugungen und Werte entstanden sind, wie zum Beispiel die Anthroposophen oder Biobauern, die grüne Produkte produzieren und vertreiben. Zu den Unternehmen, die erfaßt haben, welche Chancen im Umwelt- und Gesundheitsgedanken liegen, zählen Ecover in Belgien, Ben & Jerry's Ice Cream in den USA oder The Body Shop in Großbritannien. Traditionellere Unternehmen haben zum Teil viel in grüne Programme investiert und gewisse Verbesserungen geschaffen, während der restliche Betrieb im großen und ganzen abläuft wie bisher. Es läßt sich nur schwer feststellen, ob es außer den freiwilligen und idealistischen Verbänden auch kommerzielle Unternehmen gibt, die voll hinter den grünen Werten stehen und nicht nur Lippenbekenntnisse abgeben, sondern auch danach handeln. Wir möchten es jedenfalls gerne glauben, und so manches Unternehmen hat durch sein Engagement in Umweltfragen ein geradezu unglaubliches Medienecho ausgelöst.

[73] Laut Marketing News (Schlossberg 1992).

Eines dieser Unternehmen ist The Body Shop. Seine Produkte verkaufen sich auf der Basis ihrer als einzigartig wahrgenommenen Eigenschaften, und die Konsumenten als freiwillige PTMs sind das eigentliche Verkaufspersonal. Das Unternehmen hat niemals Werbung gemacht, erfreut sich aber nach eigenen Angaben jährlich 10 000 positiver Erwähnungen in den Medien. Gegründet 1976 als Einzelgeschäft in Brighton, England, zählt das Unternehmen heute, zwanzig Jahre später, 1300 Geschäfte in 45 Ländern. Die offizielle Strategie lautet, sowohl die Produkte als auch die Verpackungen so umweltfreundlich wie möglich zu gestalten. Alles wird aus Naturprodukten und ohne Tierversuche hergestellt. The Body Shop hat in die Beziehung zu seinen Lieferanten eine durchgehende Fünfjahresbestimmung eingebaut: Zweimal im Jahr muß jeder Lieferant eine Bestätigung unterschreiben, daß die Inhaltsstoffe bzw. Fertigprodukte in den letzten fünf Jahren nicht an Tieren getestet wurden. Ein Unternehmen, das bisher mit Tierversuchen arbeitete und damit aufhört, kann also erst fünf Jahre später The Body Shop beliefern. Die Kunden können die Flaschen – verwendet werden die in Drogerien üblichen Plastikflaschen – wiederbefüllen lassen. Plastik war lange ein großes Problem. Nachdem das Unternehmen sich systematisch um Recyclingmöglichkeiten bemüht hat, zeigen sich in diesem Bereich nun erste Erfolge. Jedes Geschäft hat als Bestandteil des Franchising-Vertrags ein eigenes Umweltprogramm. The Body Shop pflegt Beziehungen zu Organisationen wie Amnesty International oder Greenpeace. Zwischen 1984 – als das Unternehmen an die Londoner Börse ging – und 1993 sind die Aktien um 10 944 % gestiegen. Das Wachstum, das durch Franchising stattgefunden hat, ist außergewöhnlich. Offensichtlich ist es also kein Widerspruch, grüne Produkte zu vermarkten und ein profitables Geschäft zu betreiben, wie es herkömmliche Unternehmen unaufhörlich behauptet haben.

Folgende Zitate veranschaulichen Anita Roddicks Geschäftsphilosophie:[74]

„... viele Handelsgesellschaften bemühen sich jetzt, auf den Zug aufzuspringen, und verkünden lautstark ihre brandneuen, strahlend grünen Produkte und Strategien. Mir wäre wohler, wenn ich glauben könnte, daß sie von echter Sorge um die Umwelt motiviert sind."

„... anfangs haben Medien und Politiker ... Umweltschützer als Spinner in braunen Sandalen abgestempelt, bei denen eine Schraube locker ist. Sie spotteten über sie."

„The Body Shop war und bleibt ein unverzagt grüner Betrieb ... es war einfach der Ausdruck unserer zentralen Werte und Überzeugungen, Werte, auf die unsere Kunden und unsere Mitarbeiter ständig achten ..."

In letzter Zeit wurden jedoch Behauptungen laut, daß die grüne Fassade des Body Shop etliche Flecken aufweist und das Image um einiges strahlender ist als die Realität.[75]

---

[74] Roddick (1991, S. 220 – 221).

[75] Entine (1996).

Insbesondere von Europa, wo Konsum- und Produktionsgenossenschaften einen großen Marktanteil im Lebensmittelbereich besitzen, hätte man sich eine führende Rolle beim grünen Marketing erwarten können. Daß dem nicht so war, hat vielleicht eine ganz simple Erklärung: Das Management hat nie begriffen, daß Umwelt und Gesundheit zu seinem Auftrag gehören könnten. Aus einer Untersuchung von Werbekampagnen aus den Jahren 1950 bis 1985 geht hervor, daß die Unternehmen kein wachsendes Bewußtsein über grüne Chancen zeigten, obwohl die Gesundheit in den 80er Jahren bereits etwas häufiger thematisiert wurde.[76]

Umweltaspekte sind ein Bestandteil der Qualitätsauszeichnungen, die heutzutage rund um die Welt verliehen werden. Viele der Kriterien für die Vergabe des *Malcolm Baldrige National Quality Award* in den USA beziehen sich auf Aspekte der Verantwortung gegenüber der Gesellschaft, unter anderem auf eine verbesserte Umweltverträglichkeit. Das Augenmerk richtet sich auf ökologische Technologien und Produktionsverfahren, Gesundheit und Sicherheit, Grenzwerte für Emissionen, Abfallreduzierung, Verwendung von Nebenprodukten und Recycling.[77] Laut dem ehemaligen Baldrige-Chef Curt Reimann wird die Bedeutung von Umweltfragen für den Kandidaten im Verhältnis zu den möglichen Auswirkungen des jeweiligen Unternehmens auf die Umwelt eingeschätzt. Ein Hersteller von Chemikalien wird also nach strengeren Gesichtspunkten beurteilt als etwa eine Lebensversicherung.

Die traditionelle Aufgabe eines Unternehmens besteht darin, zu produzieren und zu vermarkten; der Konsument hat die Aufgabe, zu konsumieren, und die Abfallentsorgung ist Aufgabe der lokalen Behörden. Vom ökologischen Standpunkt aus ist aber eine ganzheitliche Betrachtung angesagt. Die Entsorgung und Wiederverwertung der Abfälle müssen im Produkt und in den Vertriebssystemen eingeplant sein und sollten einen selbstverständlichen Bestandteil der Logistik darstellen. Ein wesentlicher Anteil der Umweltverschmutzung ist direkt damit verbunden, was und wie täglich verbraucht wird, wie das Rohmaterial produziert wurde, wie die Produkte erzeugt und transportiert wurden und was mit ihnen geschieht, wenn sie zu Abfall geworden sind. 60 bis 85 % des Hausmülls könnten wiederverwertet oder kompostiert werden.

In Zukunft werden die Produzenten die Verantwortung für ihr Produkt bis zu seiner Verschrottung oder Entsorgung tragen; ihre Rolle wird also über den Zeitpunkt des Verkaufs oder Konsums hinausgehen. Die Versorgungskette wird damit ausgedehnt, und das Beziehungsnetz mit Kunden, Zwischenstufen und anderen wird neu gestaltet. Für die Logistiker und Produzenten bedeutet dies eine gewaltige Umstellung. Während zur Zeit nur 5 bis 10 % der Verpackungen wie-

---

76 Feurst (1991).

77 Malcolm Baldrige Award Criteria (1997, S. 5, 27 und 30).

derverwertet werden, könnte das Ziel zukünftig bei 90 bis 95 % liegen. Die Autoindustrie hat bereits Recyclingsysteme entwickelt. Ein neues Mazda-Modell wurde als noch sauberer, leiser und sicherer angepriesen: „Natürlich ist dieses wundervolle Auto recyclingfähig. Alle Metallteile und 80 % der Kunststoffteile können wiederverwertet werden.“[78] Bei Fiat sollen die Kunststoffteile bis zu dreimal wiederverwendbar sein. Wenn man davon ausgeht, daß die Lebenszeit eines Autos 20 Jahre beträgt, bleibt das Material also 60 Jahre lang im Einsatz. Sicherheitsvorrichtungen wie Stoßdämpfer werden aus neuem Kunststoff hergestellt, der dann für weniger kritische Teile wiederverwertet wird. Canon sorgt für das Recycling von Tonerkassetten für Kopiermaschinen und bittet seine Kunden, alte Kassetten an den Händler zurückzugeben. Der Weg *vom* Kunden und Einzelhändler muß genauso effizient sein wie der Weg *zum* Kunden und Einzelhändler. Diese Strategie ist eine hundertprozentige Abkehr von der Haltung der 60er Jahre, als das Wegwerfprinzip als aussichtsreichste Produktions- und Konsumstrategie galt. Recycling setzt jedoch neue Systeme und Verfahren voraus, eigentlich eine gesamte neue Infrastruktur.

Es gibt Anzeichen für eine veränderte und konstruktivere Haltung zum Öko-Marketing, auch wenn der Bewußtseinsstand von Branche zu Branche und von Land zu Land sehr unterschiedlich ist. Man beginnt jene Chancen zu erkennen, die in folgendem Spruch treffend zusammengefaßt werden: „Als der Chef eine grüne Brille bekam, verschwanden die roten Zahlen.“[79]

Relationship 16
Die rechtlich begründete Beziehung

„Wenn ITT zum Kunden kam, um die letzten Verhandlungen zu führen und den Vertrag zu unterzeichnen“, erzählte mir einmal ein internationaler Geschäftsmann, „bestand die Delegation aus neun Anwälten und einem Ingenieur. Bei Ericsson waren es neun Ingenieure und ein Anwalt.“

Diese Anekdote illustriert zwei grundverschiedene Beziehungen. Für das eine Unternehmen handelt es sich in erster Linie um eine rechtliche Beziehung, wo die Vision gerichtlicher Schritte die Verhandlungen dominiert. Für das andere geht es um eine fachliche und persönliche Beziehung, die sich um technologische Fragen dreht, wobei aber auch einige rechtstechnische Aspekte zu berücksichtigen sind.

Vom Marketingstandpunkt aus betrachtet kann die rechtlich begründete Beziehung drei Ziele verfolgen:

---

[78] Anzeige in Svenska Dagbladet, 18. Januar 1992.

[79] Karpesjö (1992, S. 9).

- *Prävention:* Bei Verhandlungen und Verträgen dient das Recht dem präventiven Zweck, potentielle Mißverständnisse zu vermeiden und einen gewissen Schutz gegen die Nichterfüllung der Verpflichtungen durch eine Partei vorzusehen. Die Arbeit der Gesetzgeber und Anwälte ist eine Form von Qualitätssicherung. Mündliche und informelle Vereinbarungen auf gegenseitiges Vertrauen gestützt kommen im Geschäftsleben häufig vor und sind auch notwendig, damit der Markt reibungslos funktionieren kann. Es kann aber zu Mißverständnissen kommen. Wenn die Parteien nicht durch gütliche, konstruktive Bemühungen zu einer Einigung gelangen, können sie gezwungen sein, eine rechtlich begründete Beziehung einzugehen. Das Ergebnis eines Rechtsverfahrens kann ein Problem zwar lösen, hat aber auch negative Seiten. Selbst wenn man den Fall gewinnt, kann man als Verlierer dastehen, wenn der Aufwand an Geld, Zeit und Energie zu groß war. Das Ergebnis kann auch von Zufälligkeiten abhängig sein oder durch technische Details, veraltete Gesetze oder rücksichtslose Gerissenheit der Anwälte entschieden werden. Bedauerlicherweise kann die Prävention den Weg für eine Gewinner-Verlierer-Beziehung bereiten; die stärkere Partei sorgt dafür, daß sie von jeder Verantwortung frei bleibt und nur Rechte besitzt.
- *Überprüfung der Qualität und Beilegung von Streitfällen:* Rechtsverfahren können auch den Zweck erfüllen, die Qualität zu überprüfen und Mängel beheben zu lassen, sie bieten eine Basis für die Beilegung von Konflikten und für die Bekämpfung unredlicher Vorgehensweisen. Es ist immer wirkungsvoller, einem Problem vorzubeugen, als Abhilfemaßnahmen zu treffen, wenn es bereits entstanden ist, ganz besonders dann, wenn es gilt, langfristige Beziehungen zu pflegen. Wie in jeder Qualitätsarbeit sollte man ein Maximum an Prävention und ein Minimum an nachträglicher Kontrolle anstreben. Wenn die Beziehungen gut sind, können die Parteien in den meisten Fällen ihre Differenzen beilegen, ohne vor Gericht gehen zu müssen.
- *Manipulation:* Das Recht kann auch dazu genutzt werden, andere bewußt zu manipulieren. Im Marketing-Mix und im Konzept der 4P sollte eigentlich auch das Recht sein eigenes P haben, stellvertretend für die Kunst, rechtstechnische Tricks auszunutzen, um die andere Partei auszubeuten und hereinzulegen und damit einen „Sieg" über den Kunden oder Lieferanten davonzutragen. Diese Art der Rechtsanwendung ist für das RM kontraproduktiv und kann nur im Transaktionsmarketing oder in Situationen, wo entweder der Kunde oder der Lieferant relativ machtlos ist, funktionieren; außerdem ist sie unmoralisch. Ominöse Beispiele dafür sind kleingedruckte Vertragsbestimmungen, die ohne die Hilfe von Anwälten und Gerichten nicht zu verstehen sind. Im Hyperwettbewerb gehört die Rechtsmanipulation allerdings zur Kriegsführung dazu.

Die rechtlich begründete Beziehung zum Kunden ist teilweise eine indirekte Beziehung. Sie läuft über Anwaltskanzleien, Staatsanwälte, Gerichte, Geschworene und Richter. Sie alle fungieren als Mittelsleute – für Groß- und Kleinhändler – und sollen feststellen, wer im Recht und wer im Unrecht ist. Sie sind sozusagen die Müllabfuhr für zerbrochene menschliche Beziehungen; sie sollen den Dreck fortschaffen, den andere verursacht haben. Die Tatsache, daß die rechtlichen Institutionen ins Spiel gebracht werden müssen, ist ein Zeichen für das Scheitern einer Beziehung (Abbildung 3.14).

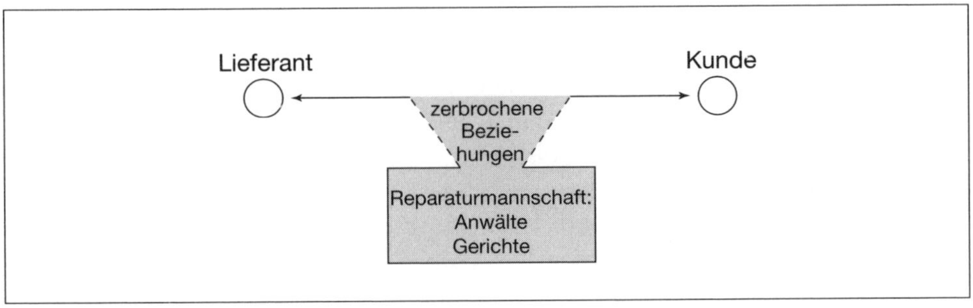

Abbildung 3.14: Die rechtlich begründete Beziehung als Ersatz für zerbrochene soziale und geschäftliche Beziehungen

Obwohl er in den Texten über Marketing selten erwähnt wird, ist der Konkurs ein natürlicher Bestandteil der Marktwirtschaft. Es ist ein Weg, um den Markt zu ordnen, eine Darwinsche Selektion, in der die Tauglichsten überleben. Durch die Häufung der Konkurse in vielen Ländern wird ihr Anteil an der Beziehung zwischen Kunden und Lieferanten immer offensichtlicher. Lieferanten sind durch den Konkurs ihrer Kunden gefährdet: Meist bleiben kaum Mittel, um die Rechnungen zu bezahlen. Die Steuerbehörden und manchmal auch die Banken haben vorrangig Anspruch auf die verbleibenden Vermögenswerte. Dies ist um so merkwürdiger, als Banken sich ja brüsten, professionelle Kreditexperten zu sein, während ein Lieferant kaum die Möglichkeit hat, das Scheitern eines Kundenunternehmens vorauszusehen. Ein solches Scheitern bewirkt einen Dominoeffekt; ein Lieferant kann in Konkurs gehen, weil sein Kunde in Konkurs gegangen ist; er kann dann seine Schulden bei seinen Lieferanten nicht bezahlen usw.

Ein Konkurs führt häufig zu Rechtsverfahren, in denen Betrug und unredliche Praktiken ans Tageslicht kommen. Manche Konkurse stellen einen bewußten und systematischen Mißbrauch des Rechtssystems dar und sind ein Mittel, um Geld zu verdienen. Die meisten Konkurse sind aber nicht vorsätzlich kriminell; die konfuse Situation, die dem Bankrott vorausgeht, hat einfach zu Formfehlern geführt. In beiden Fällen verursacht der Konkurs jedoch eine rechtlich begründete Interaktion.

Im Fluggeschäft ist ein Übergang vom bürokratisch-rechtlichen Paradigma zum Dienstleistungsparadigma festzustellen. Es war lange ein offenes Geheimnis, daß die Fluggesellschaften die Flüge überbuchten, mit anderen Worten, sie gaben eine Zusage, ohne zu wissen, ob sie sie einhalten konnten. Es war auch gang und gäbe, daß sie nicht zugeben wollten, die Flüge überbucht zu haben, die Schuld dem Passagier, dem Flughafen oder dem Wetter gaben und jede Verantwortung von sich wiesen. Heutzutage geben seriöse Fluggesellschaften Überbuchungen bzw. „denied boarding", wie sie es lieber nennen, unverhüllt zu. Es gibt Stellungnahmen, die erklären, warum es aus finanziellen Gründen notwendig ist, Flüge zu überbuchen, und was unternommen werden kann, um die Betroffenen zufriedenzustellen.[80] Einige Fluggesellschaften bitten Freiwillige, ihren Platz einem Reisenden, der unbedingt diesen einen Flug nehmen muß, zu überlassen. Sie versprechen ihnen einen Platz im nächsten Flugzeug und bieten dafür ein kostenloses Ticket für eine zukünftige Reise. Dem Kunden kann diese Entschädigung großzügig erscheinen, während die Kosten für die Fluggesellschaft meistens relativ niedrig sind.

Vom rein rechtlichen Standpunkt aus könnten die Fluggesellschaft wahrscheinlich die Haftung ablehnen oder es dem Passagier schwer machen, eine Entschädigung zu beanspruchen. Im Vergleich zum Warenverkehr ist der Personenverkehr vom Gesetz eher vernachlässigt worden.[81] Viele Fluggesellschaften und andere Unternehmen im Personenverkehr haben aber die Bedeutung langfristiger Beziehungen erfaßt und verstanden, daß rechtliche Tricks diese Beziehungen zerstören. Sie übernehmen zusätzliche Aufgaben, um die Beziehungen zu verstärken. In Disneyland zum Beispiel hilft man Besuchern, ihr Auto wiederzufinden, wenn sie nicht mehr wissen, wo sie es auf dem riesigen Parkplatz abgestellt haben. Das Personal weiß, zu welchen Zeiten sich die verschiedenen Sektoren gefüllt haben, und kann zur Freude des Besuchers das Auto meist schnell finden. Disneyland ist zu dieser Hilfe nicht rechtlich verpflichtet; es geht darum, eine gute Beziehung zu festigen.

1970 gab es in den USA 355 000 Anwälte, 1984 bereits 622 000, und um die Jahrtausendwende schätzt man, daß die Zahl eine Million übersteigen wird. Mitte der 80er Jahre zählten die USA zweimal so viele Anwälte pro Einwohner wie Großbritannien, fünfmal so viele wie Deutschland und fünfundzwanzigmal so viele wie Japan. In den USA leben 5 % der Weltbevölkerung, aber 26 % aller Anwälte, laut einer anderen Quelle sogar 70 %.[82]

All diese Anwälte brauchen Arbeit. Eine ihrer Möglichkeiten besteht darin, ein härteres und innovativeres Marketing zu betreiben. Traditionsgemäß erhalten Anwälte ihre Aufträge vor allem durch persönliche Beziehungen und soziale Netz-

[80] Siehe SAS (1987).

[81] Diese Schlußfolgerung stammt von Sisula-Tulokas (1985), der auch ein hundert Jahre altes Dokument zitiert, in dem es heißt: „... die Fähigkeit der beförderten Person, ihre eigenen Entscheidungen zu treffen, macht klar, daß die Transportorganisation nicht so viel Macht über die Person ausübt und daher nicht dieselbe Verantwortung trägt wie für ein lebloses Objekt." (Zitat aus einem Text von Hammarskjöld, 1886).

[82] Die Zahlen sind zusammengestellt aus Hartley (1985, S. 179), Ramsey (1991) und Blumberg (1989, S. 210 – 211).

werke. In den USA kann das Marketing für juristische Dienstleistungen extrem aggressiv sein – sowohl in der Werbung als auch in der persönlichen Akquisition. Es gibt „Rettungsjäger", die nach Opfern von Verkehrsunfällen Ausschau halten, um ihnen dann zu helfen, so viele Unfallbeteiligte wie nur möglich zu verklagen. Sie ermuntern die Bürger dazu, sich gegenseitig vor Gericht zu zerren. In manchen Ländern übernehmen Anwälte Fälle gegen Erfolgsprovision, so daß der Klient kein finanzielles Risiko eingeht; der Anwalt erhält dann ein Drittel oder die Hälfte der zugesprochenen Summe, wenn er den Fall gewinnt. Es kann sich durchaus auszahlen, im juristischen Bereich wie in einer Lotterie zu spekulieren. *Schikaneprozesse* in den USA spekulieren mit den Unvollkommenheiten des Gesetzes und der Inkompetenz der Richter und Geschworenen sowie mit der Schwäche oder Machtlosigkeit des Gegners. Es geht nicht darum, wer *recht hat*, sondern wer *recht bekommt*. Das Rechtssystem kann sowohl Sicherheit geben als auch Unsicherheit verursachen.

Eine andere Vermarktungsmöglichkeit für juristische Berufe hat mit Megamarketing zu tun; wenn man dafür sorgt, daß neue Gesetze beschlossen werden, kann der Markt expandieren. Eine gute politische Stütze für die Zukunft ist die Tatsache, daß 46 % der amerikanischen Kongreßmitglieder und 63 % der Senatoren Anwälte sind. Jura zu studieren gilt als Weg in eine strahlende Zukunft.

Zwei der wohl bekanntesten Beispiele für Schadenersatz in den USA beziehen sich auf einen Arzt und eine alte Dame. Der Arzt schaffte es, 2 Millionen US$ als Entschädigung für eine schlechte Lackierung seines BMW herauszuholen. Die alte Dame hatte sich in einem McDonald's Drive-in einen heißen Kaffee gekauft und wollte ihn beim Wegfahren trinken. Sie verbrühte sich – und erhielt dafür vom Gericht 2,7 Millionen US$ zugesprochen, auch wenn der Betrag später herabgesetzt wurde. Solche Geschichten klingen wie Erfindungen für eine Comedy-Serie, sind aber nur so lange komisch, bis man begreift, daß sie echt sind. Hier noch einige Beispiele der Rechtsanwendung auf dem amerikanischen Markt, die verdeutlichen, wie schwierig dieser Markt für Unternehmen sein kann, die an eine andere Art von Geschäftskultur gewohnt sind:[83]

- Das Unternehmen Electrolux, das 30 % seines Umsatzes in den USA macht, beschäftigte in seiner amerikanischen Niederlassung acht Anwälte, die etwa 400 Rechtsfälle zu behandeln hatten. In der internationalen Zentrale der Firma saßen vier Anwälte, die sich um den Rest der Welt kümmerten und die jahrelang keinen einzigen Fall vor Gericht austragen mußten.
- Primus-Sievert, ein Anbieter von Campingkochern, beendete seine Verkaufstätigkeit in den USA im Jahre 1983 nach eine Reihe verlorener Prozesse. Die Hälfte der Schadensversicherungsprämien des Unternehmens wird für seine

[83] Die Beispiele Electrolux, Primus-Sievert und Volvo sowie ein Teil des Hintergrundmaterials stammen von Ramsey (1991).

4 % Umsatz in Kanada aufgewendet – nicht deshalb, weil die Versicherung in Kanada selbst notwendig ist, sondern weil Amerikaner, die die Kocher in Kanada kaufen oder sie von Kanadiern geschenkt bekommen, den Produzenten vor amerikanische Gerichte zitieren können.

- Nach amerikanischem Recht besteht eine strenge Produkthaftung. Es genügt, daß ein Produkt in einen Unfall verwickelt ist – ohne diesen Unfall verursacht zu haben –, um den Hersteller potentiell haftbar zu machen. Ein Volvobesitzer in Kalifornien hatte verschmutztes Benzin getankt, so daß der Motor nach einer Weile stillstand. Der Fahrer parkte den Wagen neben dem Gehsteig und überquerte die Straße; dabei wurde er von einem anderen Wagen angefahren und brach sich ein Bein. Er verklagte Volvo – nach dem Motto: immer dort ansetzen, wo am meisten zu holen ist.

Massenverfahren, bei denen eine große Anzahl von Kunden ein Unternehmen gleichzeitig verklagt, sind zu einer Sonderform der Prozeßführung geworden. Wenn die Kunden feststellen, daß ein bestimmtes Produkt ihrer Gesundheit geschadet hat, haben sie keine andere Chance, als sich zusammenzuschließen. Gegen gesundheitsschädliche Unkrautvertilger und Asbestfasern traten jeweils eine Viertelmillion Kläger auf; Dow Corning und andere Hersteller von Brustimplantaten hatten es mit nahezu einer halben Million Klägern zu tun.[84] Und im Juni 1997 einigte sich die Tabakindustrie darauf, Rücklagen für einen Fonds für die Opfer des Rauchens zu bilden. Es handelt sich hierbei um die schier unglaubliche Summe von 350 Milliarden Dollar, also 350 000 Millionen Dollar!

Diese Auswüchse der amerikanischen Gesetzgebung haben eine sonderbare Art von Beziehungen zwischen Kunden und Lieferanten ins Leben gerufen, zum Beispiel zwischen Patienten und Ärzten bzw. Krankenhäusern. Letztere sind gezwungen, sich hoch zu versichern, was sich wiederum auf die Behandlungskosten und damit auf die Krankenversicherungskosten niederschlägt. Ärzte müssen jederzeit auf der Hut sein. Dies hat eine gute Seite: Man erhält mehr Einblick in die geschützte ärztliche Zunft. In anderen Ländern muß man sehr kräftig und fit sein, um das Gesundheitswesen herauszufordern, und die gewährten Entschädigungen bei Kunstfehlern sind oft ein Hohn für die Betroffenen. In den USA treibt das andere Extrem absurde Blüten, und Menschen, die im rechtlichen Sinne schlecht behandelt wurden, können regelrechte Phantasiebeträge beanspruchen.

Für diese Entwicklung scheint es mir zwei mögliche Erklärungen zu geben. Die eine lautet, daß die rechtlich-bürokratischen Werte über den gesunden Menschenverstand und die menschliche Empathie überhand genommen haben. Die andere, daß die Konsumenten sich nicht länger gefallen lassen wollten, wie sie die Wirtschaft behandelte – falsche Werbeversprechen, minderwertige Produkte

---

[84] Laut Fortune (Nocera 1995).

und Leistungen, wenig oder gar keine Bereitschaft, Reklamationen zu erledigen, Monopolverhalten – und jetzt zurückschlagen.

Die Gefahr eines Prozesses, verbunden mit der Bürokratie und den komplizierten Regelungen zwischen den einzelnen Bundesstaaten, wird von Unternehmen aus Übersee in Amerika als schweres Hindernis empfunden. Für viele Kulturen geht dies weit über den gesunden Menschenverstand hinaus.[85] Der Zufallscharakter amerikanischer Gerichtsentscheidungen, wo die Geschworenen sich davon beeinflussen lassen, ob ein Unternehmen reich ist oder nicht, ob es inländisch oder ausländisch ist und wie bemitleidenswert die klagende Partei erscheint, schafft keinen zusätzlichen Wert für den Markt oder die Gesellschaft.

In Japan wird von Verträgen erwartet, daß sie kurz gefaßt sind und eine flexible Auslegung ermöglichen. Vor Gericht gehen zu müssen wird von allen Parteien als Niederlage empfunden. Wer eine geschäftliche Vereinbarung bricht, gilt nicht mehr als vertrauenswürdig und wird von den geschäftlichen Kreisen ausgeschlossen. Im amerikanischen Geschäftsleben gilt es als gerissen, den Gegenspieler hereinzulegen; in Japan gibt es bei einem Prozeß nur Verlierer.[86] Andererseits können japanische Unternehmen mit gnadenloser Härte gegen ausländische Unternehmen vorgehen, die sich dann gezwungen sehen, sie zu verklagen und hartnäckig zu kämpfen, um zum Beispiel ihre Patentrechte zu sichern.

Jemanden zu verklagen gehört in den USA zum Marketing, wird aber in den einschlägigen Texten nicht erwähnt. Wenn Fortune Magazine über die Allianzen in der Computerbranche berichtet, könnte ein Aspekt der Beziehungen mit „Rechtsstreitigkeiten" angegeben werden. Das Unternehmen Microsoft hat sein Bündnis mit Apple gefestigt, indem es Software für die auf dem PC-Markt erfolgreichen Macintosh-Geräte entwickelte – und dies, obwohl die beiden Unternehmen auf etlichen Gebieten direkte Konkurrenten sind und obwohl Apple Microsoft im Zusammenhang mit der Einführung von Windows durch Microsoft wegen Diebstahls verklagt hatte. Man akzeptiert dies mit der Begründung, das sei Geschäft und keine Liebesaffäre.

Blumberg[87] stellt fest: „Es ist eine elementare soziologische Tatsache, daß in dem Maß, in dem sich das soziale Gewebe auflöst, geteilte Werte und Normen zusammenbrechen und durch formelle Vorschriften, Regelungen und Gesetze ersetzt werden. Je mehr der Gemeinschaftssinn verlorengeht, um so intensiver werden die sozialen Konflikte, und Rechtsstreitigkeiten häufen sich, da jeder seinen Vorteil auf Kosten der anderen verfolgt."

So sucht man nach neuen Schlichtungsformen. In den USA werden 95 % aller Fälle in letzter Minute vor dem Prozeß gelöst. Rechtssysteme – oder besser ge-

---

[85] Eine gut fundierte und vernichtende Kritik des amerikanischen Rechts- und Bürokratiesystems ist bei Howard (1994) nachzulesen.

[86] Japanische Beispiele nach Delaryd (1989, S. 57 – 59).

[87] Blumberg (1989, S. 209).

sagt eine Reihe von lose miteinander verbundenen Komponenten – sind äußerst verschlossen und an Rituale gebunden. Rasche Erledigung zählt kaum zu den Hauptanliegen, und die prozessierenden Parteien erleiden durch die lang hinausgezogenen Verfahren finanzielle Verluste. In den USA kann es bis zu acht Jahren dauern, bevor ein Fall abgeschlossen ist. In einem Artikel wurde das Problem mit dem eines Alkoholikers verglichen: Man kann seine Abhängigkeit erst überwinden, wenn man das Problem als solches erkannt hat. „Ein plötzlicher Ausbruch von gesundem Menschenverstand" tut not. Eine praktische Lösung: Eine amerikanische Privatfirma hat 2000 pensionierte Richter eingestellt; diese lösen Streitfälle schneller und einfacher als jedes Gericht.[88]

In einer Arbeit über die Bedeutung des Vertragsrechts für die Organisation von Unternehmen und Märkten wird ein Artikel aus dem Jahr 1931 zitiert: „... Transaktionen nehmen vielfältige Formen an und ... ein allzu legalistischer Ansatz kann den Parteien manchmal im Weg stehen, anstatt zu ihren Zielen beizutragen. Dies ist insbesondere dann der Fall, wenn die Parteien großen Wert auf die Kontinuität ihrer Austauschbeziehung legen."[89] Diese Aussage trifft heute noch genauso zu. Der Autor zeigt auf, daß eine Transaktion, die in einem Vertrag genau festgelegt wird und dann auch bis ins kleinste Detail ausgeführt wird, eine Seltenheit ist, und daß wir uns selbst etwas vormachen, wenn wir das Gegenteil annehmen. Im Geiste des RM scheint es realistischer, von *Beziehungsverträgen* zu sprechen, die auch Abklärungsgespräche, Verhandlungen zur Lösung von Problemen, eine Einschätzung der langfristigen Auswirkungen auf die zukünftige Zusammenarbeit und hohe ethische Ansprüche umfassen.

Relationship 17
Das kriminelle Netzwerk

Die organisierte Kriminalität stützt sich auf persönliche Beziehungen in geschlossenen Netzwerken. Dabei kann es sich um eine weltweite Mafia handeln, aber auch einfach um eine langfristige Beziehung zwischen einem lokalen Dieb und einem Hehler. Die Existenz von kriminellen Netzwerken wirkt sich auf die Beziehungen der Triade Lieferant, Kunde und Mitbewerber aus und beeinträchtigt die Wirksamkeit von Marktmechanismen. Wirtschaftskriminalität kann das Funktionieren eines gesamten Wirtschaftssystems beeinträchtigen und bedrohen oder einzelne Personen treffen. Das Netz umfaßt Organisationen mit kriminellen Zwecken wie Drogenhandel, Hehlerei oder Schutzgelderpressung. Es kann auch einen legalen Handel mit Waren oder Dienstleistungen umfassen, der hinter einer

88 Nach Harper (1993, S. 10).
89 Zitat aus einem Artikel von Karl Llewellyn, wiedergegeben von Williamson (1981).

ehrbaren Fassade mit Bestechung und Drohungen arbeitet, um sich seine Aufträge zu sichern. Aber auch im Rahmen des legalen Handelsgeschäfts gibt es falsche Versprechungen, illegale Nutzung von Marken, Steuerbetrug und Computerkriminalität.

Da es in diesem Buch um Beziehungen, Netzwerke und Interaktion geht, soll hier kein umfassender Überblick über die wirtschaftlichen Konsequenzen verbrecherischer Tätigkeiten geboten werden. Die folgenden Ausführungen sollen lediglich zwei Tatsachen aufzeigen: erstens, daß Beziehungsnetzwerke eine Voraussetzung für dauerhafte kriminelle Geschäfte sind; zweitens, daß dadurch die positiven Marktkräfte in gewissen Branchen oder Gegenden gehemmt werden, die Spielregeln des Wettbewerbs verfälscht werden und die Existenz gesetzestreuer Unternehmen aufs Spiel gesetzt wird.

Wenn wir uns hier mit kriminellen Beziehungen beschäftigen, so hat dies natürlich nicht den Zweck, illegalen Verhaltensweisen das Wort zu reden. Es geht vielmehr darum, daß illegale Netzwerke weit verbreitet sind und es also wichtig ist, ihre Auswirkungen auf das legale Marketing zu beleuchten. Aus demselben Grund hat die Universität Buenos Aires Kurse über Korruptionsmechanismen und sonstige illegale Vorgehensweisen eingeführt.[90]

Als ich begann, Fachzeitschriften und Medien systematisch nach Meldungen über die organisierte Kriminalität und sonstige illegale Aktivitäten von Unternehmen und Regierungen zu durchforsten, mußte ich feststellen, daß solche Themen täglich behandelt werden. Es stellte sich deutlich heraus, daß organisierte Kriminalität und Korruption nicht auf einige wenige Länder oder Regionen beschränkt sind; sie sind allgegenwärtig, wenn auch mit unterschiedlichem „Marktanteil" und Einfluß. In einem auf den Erfahrungen von Geschäftsleuten basierender Bericht[91] über die Korruption in der Welt führen Neuseeland, Europa und Kanada die Liste jener Länder an, in denen Korruption am seltensten vorkommt, während eine Reihe von Ländern der dritten Welt auf dieser Liste ganz oben stehen. In Ländern mit niedriger Korruptionsrate, so der Bericht, werde die bestehende Korruption durch multinationale Gesellschaften stimuliert.

Das verfügbare Material über die organisierte Kriminalität stammt aus offiziellen Ermittlungen, Forschungsinstituten, Aufdeckungsjournalismus, Memoiren, Romanen und Unterhaltungsproduktionen. Es kann mehr oder weniger auf Spekulationen basieren, und romantisierte Mafiageschichten sind ein stets beliebtes Thema. Die wissenschaftliche Forschung über das organisierte Verbrechen hält sich in Grenzen. Schließlich geht es darum, geschlossene und geschützte Netzwerke zu untersuchen; Datenschutz wird großgeschrieben! Selbst wenn eine laufende kriminelle Tätigkeit in der Öffentlichkeit bekannt ist, haben die Leute

---

[90] Aus Time (10. Mai 1993, S. 16).

[91] Laut Untersuchungen von Transparency International, 1996.

Angst, zu reden oder etwas zu unternehmen. Es ist daher schwierig und gefährlich, in diesem Bereich zu forschen. Man kann eventuell verdeckt ermitteln, indem man sich unter falschen Vorgaben in die Organisation einschleust. Eine weitere Möglichkeit bieten Abtrünnige, die bereit sind zu reden, oder polizeiliche Ermittlungen und Gerichtsverfahren. Das Buch des italienischen Richters Falcone über seinen Kampf gegen das organisierte Verbrechen, das kurz nach seiner Ermordung veröffentlicht wurde, besitzt die Glaubwürdigkeit eines Insiderberichts.[92]

Das organisierte Verbrechen ist auf einen kriminellen Geschäftszweck ausgerichtet und praktiziert illegales Marketing über entsprechende Netzwerke. Abgesehen vom Paten hat im Prinzip niemand den vollen Überblick über die Zellen und Beziehungen des Netzwerkes. Den Kern bildet oft eine Familie, und soziale Bande spielen eine große Rolle. Wer einen anderen verrät, bekommt ein unmißverständliches Feedback: Er wird nicht gefeuert, sondern es wird auf ihn gefeuert.

Die Schattenwirtschaft – der nichtoffizielle wirtschaftliche Sektor – eines Landes besteht aus der schwarzen, illegalen Wirtschaft sowie aus den häuslichen und freiwilligen Tätigkeiten, die im BIP nicht aufscheinen. Statistiken über die Schattenwirtschaft sind immer unsicher, aber die Medien sprechen von Schätzungen in der Größenordnung von 10 bis 20 % der Gesamtwirtschaft in industrialisierten Ländern. Der Wegfall der Grenzkontrollen zwischen den EU-Staaten und die Auflösung des sowjetischen Imperiums haben neue „Geschäftsmöglichkeiten" eröffnet, genauso wie Umsatzsteuern, Mehrwertsteuern und Subventionen in unzureichend kontrollierten Systemen. Verwirrung, Unkenntnis der neuen Situation und gesetzliche Unterschiede von Land zu Land werden ausgenützt.

Drogenhandel, Glücksspiel und Prostitution wurden in den USA Mitte der 80er Jahre auf 1,1 % des BIP geschätzt.[93] Die Drogeneinnahmen in Europa lagen schätzungsweise zwischen 200 Milliarden US$ (was dem BIP der Niederlande entspricht) und 800 Milliarden US$ (dem BIP Italiens). In den Niederlanden floriert angeblich der Amphetaminexport mehr als der berühmte Handel mit Tulpen und Blumenzwiebeln. Bolivien, Kolumbien und Peru sind stark vom Kokainhandel abhängig. Der italienische Mafia-Ankläger Caselli meint, daß das organisierte Verbrechen 1996 weltweit 700 bis 1000 Milliarden US$ eingenommen hat. Allein auf den Drogenhandel kämen bereits 500 Milliarden US$, was ihn zum zweitgrößten Geschäftszweig der Welt nach dem Waffenhandel, aber noch vor dem Erdöl mache.

Eine andere Art von illegalen Netzwerken sind verdeckte Preiskartelle. Die Vertreter der größten Unternehmen einer Branche kommen ein- oder zweimal im

---

92 Falcone und Padovani (1991).

93 Laut Newsweek (1986) und Fortune (Rowan 1986).

Jahr zusammen, um die Preise auf dem Weltmarkt festzusetzen und sich die Märkte und Marktanteile aufzuteilen. Sie treffen sich in einem Flughafenhotel – jedesmal in einem anderen – und führen keine schriftlichen Aufzeichnungen über ihre Besprechungen. Angebotskartelle – also Konkurrenten, die sich darüber einigen, wer das günstigste Angebot stellen und daher den Zuschlag erhalten soll – vernichten den Wettbewerb, etwa in gewissen Bereichen der Bauwirtschaft. Dies sind Beispiele für illegale Formen des RM, die hinter ehrbaren Fassaden ablaufen, wo alles andere gesetzes- und vorschriftenkonform abgewickelt wird.

Geldwäsche ist ein wichtiger Bestandteil illegaler Geschäfte. Verräterisches Schwarzgeld muß zu sauberem Geld werden. Wenn 70 % des Schwarzgelds aus dem Drogenhandel weißgewaschen werden, bedeutet das, daß „schmutziges Geld" in Höhe von 15 bis 60 Milliarden US$ durch die internationalen Finanzsysteme geschleust wird. Parlour beschreibt den Geldwäscheprozeß und das dazu erforderliche Netzwerk wie folgt. Zunächst muß das Geld eingezahlt werden (Einlage). Dann wird das Geld durch eine Reihe von verwirrenden und komplizierten finanziellen Transaktionen von seiner ursprünglichen Quelle abgekoppelt, so daß es sich von Buchhaltern oder Polizisten nur mehr schwer darauf zurückführen läßt (Schichtung). Gegebenenfalls läßt man es dann in die legitime Vermögensmasse einfließen (Integration). Er prognostiziert, daß die Geldwäschetechniken immer weiter verfeinert werden und so immer mehr schmutziges Geld internationaler krimineller Organisationen in unbescholtene Unternehmen gelangen wird.

Langfristig tendieren legitime und illegitime Praktiken dazu, sich in einem Beziehungsgewebe miteinander zu verstricken. Unsichtbare Machtorganisationen – Kraken, die ihre zahlreichen Arme in alle Richtungen ausstrecken – entstehen. Sie sind im doppelten Sinn imaginäre Organisationen. Die organisierte Kriminalität scheint sich immer häufiger hinter respektablen Deckmänteln zu etablieren, sie investiert in börsennotierte Unternehmen, arbeitet mit EDV und schickt ihr Personal zu Seminaren für Führungskräfte. Das Illegale läßt sich kaum mehr erfassen, wenn diejenigen, die beauftragt sind, die Korruption zu bekämpfen, zunehmend selbst zu Mitgliedern des kriminellen Netzwerks werden.

Für das organisierte Verbrechen ist es unerläßlich, Megabeziehungen aufzubauen, um hochgestellte Persönlichkeiten mit einzubeziehen. Diese Organisationen brauchen die Unterstützung eines Netzwerks aus Regierungsbeamten, Polizisten und Gerichten, aber auch Fachleute wie Anwälte, Buchhalter, Chemiker und Ärzte. Das Verbrechen verankert sich in den Machtzentren der Gesellschaft. Im russischen Parlament, der Duma, haben laut Schätzungen 40 % der Abgeordneten Verbindungen zur organisierten Kriminalität. Ein Sitz in der Duma ist eine strategische Investition, da die Abgeordneten Immunität genießen und keiner polizeilichen Ermittlung oder Anklage ausgesetzt sind. In einem amerikanischen

Bundesstaat wurde die Hälfte der Parlamentsmitglieder verdächtigt, Bestechungsgelder angenommen zu haben. 10 % wurden Anfang der 90er Jahre in einem Prozeß verurteilt, der die Öffentlichkeit bewegte. Ein Lobbyist hatte die Unterstützung der Abgeordneten für ein Gesetz, das Wetten auf Pferde- und Hunderennen begünstigen sollte, gekauft. Der einzige Weg, dies herauszufinden, bestand darin, in das Netz der beteiligten Abgeordneten einzudringen, was durch Einschleusen eines ehemaligen Abgeordneten gelang. Nach der Aufdeckung des Skandals wurde eine Bestimmung beschlossen, die es einem Lobbyisten untersagt, einem Parlamentsmitglied auch nur eine Tasse Kaffee zu zahlen. Man darf jedoch vermuten, daß bald neue Tricks erfunden werden, um zu bestechen und sich bestechen zu lassen.

Um wettbewerbsfähig zu sein, greift das organisierte Verbrechen zu einer Reihe sehr wirkungsvoller Maßnahmen wie körperliche Bedrohung, Bestechung, Entführung, Erpressung, Überfall, Mord und Brandstiftung sowie zu rechtstechnischen Tricks, um die Arbeit der Justiz zu behindern. Diese Marketinginstrumente werden in den Marketinglehrbüchern nie erwähnt. Es ist schwer zu sagen, wie oft sie zur Anwendung kommen, aber es besteht kein Zweifel darüber, daß sie für den „Marketingerfolg" entscheidend sind. Trotzdem kann auch das organisierte Verbrechen in finanzielle Schwierigkeiten geraten. 1995 brachte ein Zusammenspiel von Ereignissen die Organisationen der italienischen Mafia in die roten Zahlen. Etwa viertausend Chefs, „Angestellte" und Partner saßen im Gefängnis, und die Anwaltshonorare und die garantierten Monatszahlungen für inaktive Mitarbeiter stiegen in unermeßliche Höhen. Die Polizei hatte Teile des Vermögens beschlagnahmt, und die Behörden hatten der Geschäftstätigkeit im lukrativsten Bereich – die Beteiligung an den Ausschreibungen für Bauaufträge – einen Riegel vorgeschoben.

„Nützliche Zuwendungen" können ein Euphemismus für Bestechung sein, drücken aber auch aus, daß eine Unterstützung notwendig sein kann; in manchen Geschäften sind solche Zahlungen Voraussetzung. Sie sind meistens illegal, erscheinen aber in vielen Märkten unter den verschiedensten Deckmänteln. Es läßt sich schwer aufdecken, was hinter gewissen Beratungshonoraren und Kommissionen steckt. Die Trennlinie zwischen Korruption und legalen Prozeduren ist verschwommen, und jedes Land hat seine eigenen Gesetze und Gepflogenheiten. Der Waffenvertrag zwischen Bofors und Indien wurde Ende der 80er Jahre zu einer heiklen Angelegenheit; Regierungsmitglieder und Beamte hatten Druck ausgeübt und wurden verdächtigt, Schmiergelder erhalten zu haben. In den 90er Jahren berichteten die Medien regelmäßig über Korruptionsfälle unter den italienischen Politikern und Beamten. Es ging um die sogenannten „tangenti": Um zu erreichen, daß die Käuferorganisation das Angebot annahm, mußte der Lieferant einen Prozentsatz der Auftragssumme an die Personen, die die Verhandlungen geleitet hatten, als persönliches Geschenk zurückzahlen. Ein Skandal in Mailand zeigte auf, daß „tangenti“ eine absolute Voraussetzung waren, um Bauaufträge oder Dienstleistungsverträge für U-Bahnen, Flughäfen, Eisenbahnen, Sportstadien oder Theater zu erhalten.[94] Im Rahmen der Verteidigung von Konkurrenzanbietern wurde nachgewiesen, daß es keine realistische Möglichkeit gab, ohne Schmiergeld zu einem Auftrag zu kommen.

Das organisierte Verbrechen fordert das „Gewaltmonopol des Staates“ heraus. Eine Definition der organisierten Kriminalität lautet: „auf Gewalt basierende persönliche Schutzmaßnahmen, die mit dem Gewaltmonopol des Staates in Konflikt treten“[95]. Die Trägheit und Schwerfälligkeit der Bürokratie, unerfüllbare Bestimmungen und das Fehlen von Führungsinstanzen und Institutionen schaffen einen Markt für das organisierte Verbrechen. Wenn der Staat den Schutz seiner Bürger nicht gewährleisten kann, zum Beispiel gegen Raub oder Ladendiebstahl, können kriminelle Gruppen einen Schutz gegen Bezahlung anbieten und auch effektiv sichern. Die Grenze zwischen gesetzlichen Systemen und Behörden und illegalen Organisationen ist nicht immer eindeutig. Das gesetzliche System kann so aufgebaut sein, daß es nahezu unmöglich wird, Geschäfte zu machen. In Japan arbeiten die etablierten Gangs oder „Yakuza“ mehr oder weniger offen. Wenn man die Yakuzas in ihrer Branche – hauptsächlich Glücksspiel und Wetten – gewähren läßt, helfen sie der Polizei, die restliche Kriminalität niedrig zu halten. Man kann sie auch für spezielle Aufträge anheuern, zum Beispiel um Konkurrenten oder Personen, die ihr Unternehmen oder ihr Haus nicht verkaufen wollen, einzuschüchtern. In gewissen Teilen der Welt müssen die meisten Kleinbetriebe wie Geschäfte oder Restaurants für ihren „Schutz“ bezahlen, um nicht Opfer der Gewalt zu werden.[96]

Hier einige Beispiele von multinationalen „Firmen“, die einen kriminellen „Geschäftszweck“ verfolgen und als Netzwerke organisiert sind:

- *Italien:* In Italien macht die organisierte Kriminalität 2 % des BIP aus.[97] 80 % kommen aus rein illegalen Aktivitäten – Drogenhandel, Autodiebstahl, Entführung von Lkws samt Fracht –, der Rest aus legalen Aktivitäten, die mit illegalen Methoden durchgeführt werden. Letztere drehen sich meistens um Ausschreibungen und öffentliche Aufträge. Das italienische statistische Amt ISTAT schätzte im Jahr 1993 die illegalen Einnahmen auf 18 Milliarden US$ bei 170 000 Beschäftigten, was das organisierte Verbrechen zum fünftgrößten Unternehmen des Landes machte. 60 % des Geldes landet auf dem offiziellen Finanzmarkt. Italienische Banken sind verpflichtet, den Namen all jener bekanntzugeben, die 20 Millionen Lire (13 000 US$) oder mehr einzahlen oder

---

94 Laut Wall Street Journal (Bannon, 1992).

95 Lappalainen (1993).

96 Die Informationen über die Yakuza stammen von Rossander (1992).

97 Nach Angaben des italienischen Instituts Censis.

abheben; dies gilt aber nicht für Personen, die einen Scheck über 19,5 Millionen Lire einlösen, auch wenn diese Personen mit Hunderten von Schecks auftauchen. Die drei größten „Unternehmen" sind La Mafia (Sizilien), ‚Ndrangheta' (Kalabrien) und La Camorra (Neapel), alle im Süden. Im reicheren industrialisierten Norden, meint ein Geschäftsmann, „kann man immer noch nein zur Korruption sagen, im Süden wird man erschossen".

- *Rußland:*[98] Der weltweit größte Importeur von Kaviar vom kaspischen Meer ist das Unternehmen Danish Caviar House. Da das organisierte Verbrechen schätzungsweise 80 % der russischen Kaviarproduktion übernommen hat, ist die Qualität drastisch zurückgegangen, und die Preise wurden gedrückt. Das könnte bedeuten, daß russischer Kaviar schon bald sein Image und sein Wertmonopol verloren haben wird.[99] Laut Schätzungen gibt es bis zu 5800 Verbrechersyndikate, wovon 1600 Zugang zu höchsten Regierungsstellen, zur Industrie und zu Finanzkreisen haben.

  Das organisierte Verbrechen in der Sowjetunion teilte sich in verschiedene „Unternehmen" auf. Die Krasnodar-Mafia beherrschte den Fremdenverkehr auf der Krim; dann gab es noch die uzbekische Baumwollmafia und die Ölmafia in Aserbaidschan. Eine Reihe von Organisationen hatte verschiedene Marktnischen erobert: Obst und Gemüse, Einnahme von Zöllen, Außenhandel. Politische Macht und organisiertes Verbrechen taten sich zusammen, um die Privilegien für die „Nomenklatura", die kommunistische Elite, zu sichern. Heutzutage sind es im großen und ganzen dieselben Leute, zusammen mit ausgebildeten Mitgliedern ehemaliger „Sicherheitsorganisationen", die den Kern des organisierten Verbrechens bilden. Ein besonders lukrativer Dienstleistungsbereich der 90er Jahre ist die Prostitution im Inland wie im Ausland. Laut Statistiken des russischen Innenministeriums ist die Prostitution Rußlands drittgrößtes Gewerbe nach dem Waffenhandel und dem Drogenhandel. Das organisierte Verbrechen und das Fehlen von Institutionen und Regulierungen stellen wahrscheinlich die größte Bedrohung für die Entwicklung einer Marktwirtschaft in Rußland dar.

  Ausländische Unternehmen, die sich in den 90er Jahren in Rußland und in den baltischen Staaten angesiedelt haben, mußten dem organisierten Verbrechen besondere Aufmerksamkeit widmen.[100] Im Jahr 1994 wurde der Direktor des finnischen Ölgiganten Neste angegriffen, woraufhin das Unternehmen sämtliche Investitionen stoppte, bis die Behörden bereit waren, die Sicherheit des Personals zu garantieren. In den Tankstellen von Statoil gingen Autobomben hoch. Statoil wollte bis 1998 vierzig Tankstellen in den baltischen Staaten eröffnen. Die sieben Tankstellen, die bis zum Herbst 1994 eröffnet wurden,

---

98 Basierend auf Waksberg (1992, 1994).
99 International Management (1994).
100 Das folgende Beispiel stammt von Paulsen (1994).

waren durchschlagende Erfolge; effiziente Tankstellen hatte es dort zuvor noch nie gegeben. Die Konkurrenz besteht aus kleinen russischen und nationalen Erdölgesellschaften. Zwei Sicherheitsgesellschaften wurden beauftragt, die Tankstellen, Büros und Wohnungen der wichtigsten Angestellten rund um die Uhr zu bewachen. Die Infiltrierung der Behörden durch das organisierte Verbrechen konnte nicht bestätigt werden, aber es gibt einen starken Verdacht auf Korruption. So sind zum Beispiel sowohl Statoil als auch Electrolux von der Steuerfahndung regelrecht überfallen worden.

- *Hongkong*, das seit 1. Juli 1997 ein Teil von China ist, ist manchmal als „Supermarkt des Verbrechens“[101] bezeichnet worden. Man schätzt, daß es dort etwa fünfzig kriminelle „Triaden“ mit mindestens 100 000 Mitgliedern gibt und daß diese in enger Verbindung zu weiteren Triaden in China stehen. Das Wort „Triade“ steht hier für die drei Elemente des Lebens: Himmel, Erde und Mensch. Um Mitglied zu werden, muß man sich gewissen Initiationsriten unterziehen. Die Organisation besteht aus „einem Netz von zwielichtigen Geschäftsleuten und hochgestellten Freunden“. Allein der Menschenschmuggel nach Amerika brachte 1992 2,4 Milliarden US$ ein. Geleitet und finanziert werden kriminelle Aktivitäten wie der Drogenhandel häufig von Geschäftsleuten, Politikern und Mitgliedern des Rechtssystems – inklusive Polizei. Für sie ist es eine Investition wie jede andere. In Hongkong gehört es offenbar zum geschäftlichen Alltag, bedroht zu werden, solange man kein „Schutzgeld“ zahlt. Konkurrierende Triaden arbeiten auch in Allianzen zusammen, indem sie zum Beispiel füreinander Schulden eintreiben oder den New Yorker Gangs den Heroinvertrieb in Amerika überantworten.

Diese drei Länder sollten lediglich als Beispiele dienen. Das organisierte Verbrechen und die Korruption sind Bestandteil jeder Wirtschaft. Erstaunlich dabei ist, daß Hongkong sich zu einer der blühendsten Wirtschaften der Welt entwickelt hat, Rußland einen der mißglücktesten Versuche darstellt und Italien zu den reichen Ländern dieser Erde zählt. Das unter R2 erwähnte Paradoxon von Blumberg (1989) besagt, daß die Stärken der Marktwirtschaft – der Wettbewerb und der Ansporn durch den Profit – den Betrug fördern. In der Wirtschaftslehre mit ihrer eingegrenzten Darstellung der Marktmechanismen gehört Gewalt nicht dazu. Die Realität ist anders; in manchen Märkten ist die Gewalt ein „wirksames“ Marketinginstrument. Marketingtheorie und Wirtschaftslehre stehen den kriminellen Marktmechanismen mit großer Naivität gegenüber. Dabei können Wirtschaftskriminalität und Gewalt das Funktionieren des Marktes verzerren.

Es mag eine provokante – und nicht unbedingt angenehme – Hypothese sein, daß gewisse Elemente illegalen Handelns notwendig sind, damit eine Wirtschaft

---

[101] Aus Time (Walsh 1993).

funktionieren kann. Schwache Regierungen und unzureichende offizielle Institutionen/Regulierungen öffnen den Markt für illegale Unternehmungen. RM setzt jedoch auf das Gewinner-Gewinner-Prinzip, und zwar nicht nur in individuellen Beziehungen, sondern auch in gesamtgesellschaftlicher Hinsicht.

Kapitel 4
Megabeziehungen: Die Ebene über den Marktbeziehungen

In den Kapiteln 2 und 3 haben wir uns mit Marktbeziehungen beschäftigt, also mit den direkten Beziehungen zwischen Lieferanten, Kunden, Konkurrenten und anderen Mitspielern auf dem Markt. In diesem Kapitel begeben wir uns mit den Megabeziehungen eine Ebene höher. Megabeziehungen (R18 bis R23) setzen die Rahmenbedingungen für die Marktbeziehungen.

Relationship 18
Persönliche und gesellschaftliche Netzwerke

In vielen Kulturen macht man keine Geschäfte mit Fremden, und auch dort, wo der Handel mit Fremden akzeptiert wird, gibt man Menschen den Vorzug, die man kennt und die man schätzt. Selbst im EDV-Zeitalter bleiben persönliche Beziehungen ein zentraler Schwerpunkt. Sie bilden den stabilsten Teil des Geschäftslebens und können sogar dazu beitragen, Rezessionen zu entschärfen.[1] Es gehört zu den wesentlichen Aufgaben der Geschäftsführung, des Marketing und des Verkaufs, soziale Netze zu entwickeln und zu erhalten. In vielen Fällen können diese Netze sogar mehr Gewicht haben als die beruflichen Beziehungen und die Qualifikation des Lieferanten.

Abbildung 4.1 zeigt einige Beziehungsmuster und mögliche Ursachen für enge Beziehungen – von der Tatsache, in die richtige Familie hineingeboren zu sein, bis zum Betreiben der gleichen Sportarten.

Persönliche und gesellschaftliche Netzwerke gehören zum allgemeinen gesellschaftlichen Leben. Wie aus der Abbildung hervorgeht, sind sie aus den verschiedensten Lebensbereichen entstanden und haben zumeist keinen geschäftlichen Ursprung. Daher ist es durchaus berechtigt, sie als Megabeziehungen zu betrachten.

Persönliche Netze – das „Old boys"-Netzwerk, unsichtbare Kollegien – sind für Nichtmitglieder gesperrt. In letzter Zeit wächst das Interesse an geschlechtsspezifischen Netzen, besonders seit Frauen begonnen haben, ihre eigenen Netze gegen die vermeintliche Verschwörung männlicher Netzwerke aufzubauen. Der

---

[1] Siehe McKenna (1985).

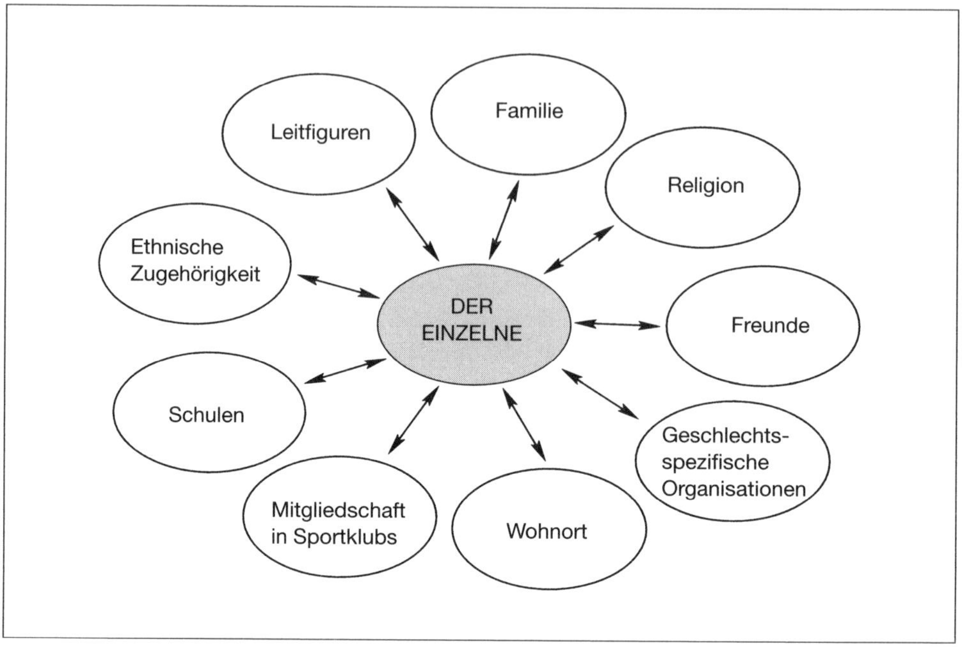

Abbildung 4.1: Die verschiedenen Beziehungstypen, aus denen das gesellschaftliche Netz des einzelnen geknüpft wird.

Rotary Club, der Vertreter verschiedener Branchen und Berufe zusammenführt, war früher nur Männern zugänglich; seit Ende der 80er werden aber auch Frauen aufgenommen. Vielleicht könnte man ebensogut auch von „Old girls"-Netzwerken sprechen, die durch Familienbande, Freundschaften, Eigentumsverhältnisse und Klassenzugehörigkeiten fest zusammengeschweißt sind und deren Macht wahrscheinlich unterschätzt wird.[2]

In den USA ist es möglich, wenn auch nicht immer einfach, neue Geschäftsbeziehungen aufzubauen, aber genauso leicht können Beziehungen auch wieder abgebrochen werden. In Japan ist es schwer, akzeptiert zu werden, aber einmal bestehende Beziehungen halten dann auch. *Keiretsu* nennt man dort die langfristigen persönlichen und finanziellen Beziehungen zwischen Unternehmen. Ihr Vorteil liegt in der potentiellen Produktivität einer stabilen Beziehung, ihr Nachteil darin, daß andere ausgeschlossen bleiben. In den sechs großen Keiretsus beschaffen sich Unternehmen ihr Kapital mit fünfzehnfacher Wahrscheinlichkeit innerhalb der eigenen Gruppe; die Wahrscheinlichkeit, daß sie untereinander Handel betreiben, ist dreimal größer als mit Außenseitern.[3] Der Präsident der amerikanischen Handelskammer in Japan behauptet, daß Keiretsus, Angebots-

---

2 Kahn und Yoshihara (1994).

3 Gerlach (1992, S. 121 und 144).

kartelle und persönliche Netzwerke für amerikanische Unternehmen in Japan fast unüberwindliche Hürden darstellen, während japanische Unternehmen in den USA auf keinen vergleichbaren Widerstand stoßen.[4] Gleichzeitig stellt eine Studie jedoch fest, daß 94 % der großen multinationalen Konzerne, die sich in Japan etabliert haben, recht erfolgreich sind.[5]

Nakane meint: „Hinsichtlich ihrer Reichweite und Dichte sowie ihrer Verfügbarkeit sind persönliche Beziehungen, die aus ‚Schulcliquen' hervorgehen, effizienter als Verwandtschaftsbeziehungen ... wer nicht in Japan zur Schule gegangen ist, ist in seiner Karriere benachteiligt. Andererseits wird ein Ausländer, der in Japan studiert hat, in die Gruppe aufgenommen und kann Gruppenzugehörigkeitsgefühle hervorrufen und nützen ... die geteilten Erfahrungen in der kritischen Zeit der Jugendjahre wirken ein Leben lang weiter."[6]

Eine Untersuchung über Beziehungen in japanischen Wirtschaftskreisen sowie zwischen Wirtschaft und öffentlichem Sektor kommt zu folgendem Schluß: „... Wirtschaft und Regierung sind in Japan wie zwei große Abteilungen einer gut geführten Organisation – nämlich Japan ... durch die persönlichen Netzwerke und Kontakte zwischen Beamten und Wirtschaftspersönlichkeiten wird die formelle strukturelle Unterscheidung zwischen Regierung und Wirtschaft in Japan nahezu bedeutungslos."[7]

In Japan kommen die meisten Direktoren von Großunternehmen wie von Regierungsinstitutionen in erster Linie von der Universität Tokyo und einigen anderen führenden Hochschulen.[8] Gemeinsam mit den Unternehmen, Behörden und Politikern bilden diese Universitäten ein vergleichsweise geschlossenes System, in dem eine Machtelite geschmiedet wird. Neue Mitglieder werden nur hereingelassen, wenn Nachbesetzungsbedarf besteht. Es ist üblich, daß ein Beamter im Alter von 40 oder 50 Jahren zur Privatwirtschaft wechselt und dort seine Studienkollegen wiederfindet, die seinerzeit eine wirtschaftliche Laufbahn eingeschlagen hatten. In der Zwischenzeit wachsen die Söhne heran und gliedern sich in das System ein; durch Heirat werden neue gesellschaftliche Allianzen geschlossen. Clans und Dynastien entstehen. Das deutsche Wort „Schicksalsverbundenheit" ist in die japanische Sprache eingegangen. Ein Beispiel soll dies illustrieren.

Yoshihiro Inayama und Shigeo Nagano promovierten beide an der Universität Tokyo, der eine 1924, der andere 1927. Nagano begann seine Karriere in den privaten Fuji-Stahlwerken, Inayama bei den staatlichen Yawata-Stahlwerken. Im Jahre 1935 fusionierten beide Unternehmen zur Nippon Steel. Nagano wurde Leiter der Abteilung Einkauf, Inayama erhielt einen entsprechenden Posten im

4 Aus einem Interview in Fortune (Faltermayer 1992).

5 Laut Kahn und Yoshihara (1994).

6 Nakane (1981, S. 134).

7 Taira und Wada (1987, S. 264).

8 Dieser Absatz und der folgende stützen sich auf Taira und Wada (1987); das Beispiel aus der Stahlindustrie ist auf Seite 271 nachzulesen.

Verkauf. Nach dem 2. Weltkrieg machte der amerikanische General McArthur aus Antitrust-Überlegungen heraus die Fusion wieder rückgängig. Nagano wurde Generaldirektor von Fuji, Inayama Generaldirektor von Yawata. 1963 wurde Nagano zum Vorsitzenden des Berufsverbandes der Eisen- und Stahlindustrie gewählt; sein Nachfolger einige Jahre darauf war Inayama. Die beiden fusionierten Fuji und Yawata erneut zur Nippon Steel – mit Nagano als Vorstandsvorsitzendem und Inayama als Generaldirektor. Nagano übernahm später die Führung von Nissho, einem mächtigen Verband verschiedener Handelskammern. Zehn Jahre später stand Inayama an der Spitze von Keidanren, einem anderen Unternehmerverband. Die beiden Freunde leiteten damit eines der größten Stahlwerke der Welt und die zwei mächtigsten Wirtschaftsverbände Japans. Taira und Wada stellen fest, daß „die beiden Freunde die japanische Wirtschaft beherrschten und indirekt über Japan selbst regierten". Das Geschehen am gesamten Stahlmarkt wurde von den persönlichen Beziehungen zwischen zwei Studienkollegen kontrolliert.

Netzwerke, die auf Familien- und Freundschaftsbanden beruhen, sind äußerst stabil, verlangen aber von ihren Mitgliedern, daß sie sich stillschweigend Regulierungen/Institutionen unterordnen. Das Zugehörigkeitsgefühl ist in Japan stark ausgeprägt, und es ist eine schon fast tödliche Strafe, von der Familie, der Firma oder der Vereinigung ehemaliger Studenten ausgeschlossen zu werden. Wer von der Gruppe verstoßen wird, hat im Geschäftsleben kaum noch eine Chance.[9]

Die Verbindungen zur Familie und zum Freundeskreis stützen sich auf starke Gefühle und Werte, die nicht vor Landesgrenzen haltmachen; es ist egal, wo man wohnt. Kotkin (1993) meint, daß das „globale Dorf" von Stämmen bevölkert ist, also von Menschen mit denselben ethnischen und religiösen Wurzeln. Diese Bande dominieren gegenüber nationalen industriepolitischen Interessen und Traditionen. Er erwähnt eine Reihe solcher Beziehungen: So haben jüdische Familien seit dem Mittelalter Handel und Finanzgeschäfte betrieben; der angelsächsische Stamm der Calvinisten, die von den britischen Inseln nach Amerika emigrierten, verbreitete sein Buchhaltungssystem und sein Handelsrecht sowie die englische Sprache als internationale Geschäftssprache; japanische Emigranten, die ihr an Ressourcen armes Land verlassen haben, bleiben ihren Landsleuten gegenüber loyal; chinesische und indische Clans kontrollieren weltweite Finanz-, Produktions- und Vertriebsnetze für Textilien, Schmuck und Computerprodukte. All diese Gruppen haben eines gemeinsam: Ihre Religionen begünstigen die Geschäftstätigkeit.

Gesellschaftliche Beziehungen und persönliche Netzwerke spielen auch in der amerikanischen Gesellschaft eine wichtige Rolle, auch wenn man die Amerikaner im Vergleich zu den Asiaten gerne als Individualisten bezeichnet. In seiner

9 Delaryd (1989, S. 175).

Studie über Trusts erklärt Fukuyama: „... wenn Amerikaner traditionell so individualistisch gewesen wären, wie sie es zu sein glauben, wäre der schnelle Aufstieg riesiger Unternehmen in den USA des 19. Jahrhunderts kaum zu erklären ... Diese angeblich individualistischen Amerikaner waren historisch gesehen auch übereifrige Vereinsmeier, die mächtige und dauerhafte freiwillige Organisationen geschaffen haben, von den Little Leagues und 4H-Clubs bis zur National Rifle Association, zur NAACP oder der League of Women Voters."[10]

Aber die Zugehörigkeit zu einem Netz kann auch täuschen. Eine Mitgliedschaft, die sich nur auf die jeweilige Position stützt, geht mit dem Verlust dieser Position ebenfalls verloren. Ich habe eine Reihe ehemaliger Generaldirektoren kennengelernt, die aufgrund einer Fusion oder einer Meinungsverschiedenheit mit den Eigentümern, manchmal auch aufgrund eines Mißerfolgs ihr Unternehmen verlassen mußten. Solche Leute müssen dann einen neuen Job finden oder selbst Unternehmensgründer oder Unternehmensberater werden. Sie brüsten sich oft damit, nach allen Seiten hin gute Kontakte zu besitzen. Das mag schon stimmen, aber nun ist ihnen die Grundlage ihrer Beziehungen unter den Füßen weggezogen worden – und es stellt sich heraus, daß alle diese „Freundschaften" positionsabhängig waren.

Ehemalige US-Präsidenten sind als Berater, Vorstandsmitglieder und Referenten sehr gefragt. Der ehemalige Staatssekretär Henry Kissinger leitet die Firma Kissinger Associates, die den Zweck verfolgt, Kissingers Erfahrung, sein persönliches Netzwerk und damit auch sein Wissen und seine Macht zu verwerten. Der persönliche Zugang zu Regierungsmitgliedern und anderen führenden Persönlichkeiten auf der ganzen Welt ist sein Kapital. Er verkauft nicht nur eine fundierte Beurteilung internationaler Angelegenheiten und Beratung in spezifischen Problemfragen, sondern auch das Prestige, mit Henry Kissinger zu verkehren. Mit etwa dreißig Kunden, darunter Coca-Cola, GTE, Volvo und Montedison, beliefen sich die Einnahmen der Firma 1989 auf sechs Millionen US$.

Die Grenze zwischen sozialen und beruflichen Beziehungen ist teilweise verschwommen; der Beruf kann zu Arbeit rund um die Uhr ausarten. Die Mitgliedschaft in Berufsverbänden bietet Gelegenheit, sich mit Mitbewerbern zu informellen Gesprächen zu treffen, die manchmal höchst wichtig sein können. Golfspielen gilt seit langem als Schlüsselaktivität für informelle Geschäfte.

Freundschaft bedeutet, daß Leute miteinander reden, sich gegenseitig helfen und vertrauen und einen Teil ihrer Freizeit gemeinsam verbringen.[11] Dies kann auch im Rahmen einer Geschäftsbeziehung der Fall sein, die dann nach und nach zu einer echten Freundschaft wird: „In den Beziehungen innerhalb der Gemeinde müssen die Mitglieder speziell auf die Bedürfnisse des anderen eingehen, was bei

[10] Fukuyama (1995, S. 270 – 272).

[11] Laut Goodwin (1994).

Austauschbeziehungen nicht der Fall ist".[12] So etwas kann natürlich auch mißbraucht werden, damit haben wir den „freundlichen Dieb".[13] Man kauft von einem freundlichen Menschen oder einem Freund, weil man sich ihm verpflichtet fühlt, und das Kaufen wird zu einem Teil des sozialen Protokolls. Das System des Partyverkaufs lebt davon. Die VerkäuferInnen, zumeist Hausfrauen, laden Nachbarn zu einer Verkaufsparty ein. Vielen ist es dann peinlich, die Party mit leeren Händen zu verlassen. Gleichzeitig entspricht die Party einem sozialen Bedürfnis, so daß man als Freund/Kunde vielleicht bereit ist, dafür zu bezahlen.

Für Praktiker ist es nichts Neues, daß soziale Beziehungen und die Zugehörigkeit zu persönlichen Netzen im Geschäftsleben von Bedeutung sind – manchmal entscheidend, manchmal nur geringfügig. Ihre Rolle ist aber in der Marketing- und Wirtschaftsliteratur nicht wirklich behandelt worden, besonders dort nicht, wo man sich auf anonymes Marketing konzentriert – ein Ansatz, der die Marketing- und Wirtschaftstheorie der letzten Jahrzehnte weitgehend geprägt hat.

Relationship 19
Megamarketing: Der eigentliche „Kunde" ist nicht unbedingt auf dem Markt zu suchen

Häufig wird der eigentliche Kampf um den Markt gar nicht auf dem Markt ausgetragen. Der tatsächliche Kampf geht darum, ob man überhaupt auf dem Markt vorhanden sein wird. Erst wenn in einem marktexternen – den Marktbeziehungen übergeordneten – Netzwerk die entsprechenden Megaentscheidungen gefallen sind, macht es Sinn, mit dem Aufbau von Marktbeziehungen zu beginnen.

Aus der Überlegung heraus, daß die staatlich kontrollierte Produktion von Telekommunikationsanlagen etwas Konkurrenz gebrauchen könnte, beschloß die französische Regierung Mitte der 80er Jahre, einen zweiten Hersteller in Frankreich anzusiedeln. Zu den Kandidaten zählten die amerikanische AT&T, die deutsche Siemens und die schwedische Ericsson. Ihre Vorschläge wurden von technischen Fachleuten verglichen und entsprachen alle, wenn auch mit gewissen Unterschieden, den geforderten Spezifikationen. Die endgültige Entscheidung lag nun bei den Politikern. Es heißt, daß der amerikanische Präsident Ronald Reagan sich diskret für AT&T einsetzte, während der deutsche Bundeskanzler Helmut Kohl und der Präsident der EU-Kommission Jacques Delors Siemens unterstützten. Bei Ericsson wurden die Verhandlungen durch den Vorstandsvorsitzenden und den Generaldirektor geführt, die mehrmals mit Mitgliedern der

[12] Clark (1983, S. 282).
[13] Cialdini (1984, S. 163 ff).

französischen Regierung zusammentrafen. Unter dem französischen Premierminister Fabius fiel die Entscheidung, den Auftrag AT&T zu erteilen; dieser Beschluß wurde aber von der neuen Regierung unter Premierminister Chirac wieder rückgängig gemacht. Der neue Staatssekretär für Industrie und der Sekretär für Telekommunikation empfahlen AT&T, der Sekretär für Finanzen jedoch Siemens. Letzten Endes erhielt Ericsson den Auftrag, möglicherweise weil es eine politisch neutrale Möglichkeit war, beide Meinungen unter einen Hut zu bringen.

In dieser Situation war *Megamarketing* angesagt – nach Kotler[14] „der strategisch koordinierte Einsatz wirtschaftlicher, psychologischer, politischer und öffentlichkeitswirksamer Beziehungsqualitäten, um sich die Mitarbeit einer Reihe von Parteien zu dem Zweck zu sichern, in einen gegebenen Markt eindringen bzw. dort agieren zu können". Dieses Marketing findet auf einer dem Markt selbst übergeordneten Ebene statt und wendet sich an die Öffentlichkeit und an die politische Macht. Ohne die anfängliche Megaentscheidung gibt es keinen Markt, den man bearbeiten könnte. Megamarketing ist häufig der wichtigste Marketingaspekt für Unternehmen, die Waren und Leistungen im Infrastrukturbereich produzieren, zum Beispiel Telefonsysteme, Militärausrüstungen oder Kernkraftwerke.

Megamarketing findet auf einer Ebene statt, die den Marktbeziehungen und den persönlichen Beziehungen formell übergeordnet ist, kann aber gleichzeitig auch mit diesen zusammenfallen. Megamarketing kann bedeuten, daß man mit Präsidenten, Regierungen, Investoren und anderen Machthabern verhandelt. Die wesentliche Idee, die hinter diesem Netzwerk steht, wird in Abbildung 4.2 veranschaulicht – einer Ausweitung der Abbildung 3.5. Das Diagramm zeigt zwar das Beispiel eines komplexen Angebots im industriellen Marketing, aber das Konzept läßt sich gleichermaßen auf den Konsumgütersektor anwenden.

Megamarketing ist zwar nichts Neues, konnte sich aber bis jetzt noch keinen Platz in der Marketingtheorie sichern. Ein Beispiel dafür ist der clevere Financier Ivar Kreuger, der zu Beginn des 20. Jahrhunderts ein Finanzimperium aufbaute. Indem er in mehreren Ländern Fabriken zusammenlegte, wurde Kreuger zum weltweiten Marktführer für Zündhölzer und sicherte sich in einigen Ländern, wo er den Regierungen günstige Kredite anbot, ein Monopol. Schließlich besaß er einen weltweiten Marktanteil von 80 %. Trotz der finanziellen Krise nach Kreugers plötzlichem Tod im Jahre 1932 war der Grundstein für eine monopolartige Marktposition gelegt, die sich teilweise halten konnte. Die Beziehungen auf der Megaebene hatten die Marktpräsenz möglich gemacht.

Das Marktsystem in Japan ist teilweise durch zentralisierte Kontrolle lahmgelegt, auch wenn sich diese gerne verborgen hält, um den Anschein eines Wettbewerbs aufrechtzuerhalten. Ehemalige Studenten der Eliteuniversitäten, führende

[14] Kotler (1986); Definition S. 117 – 118.

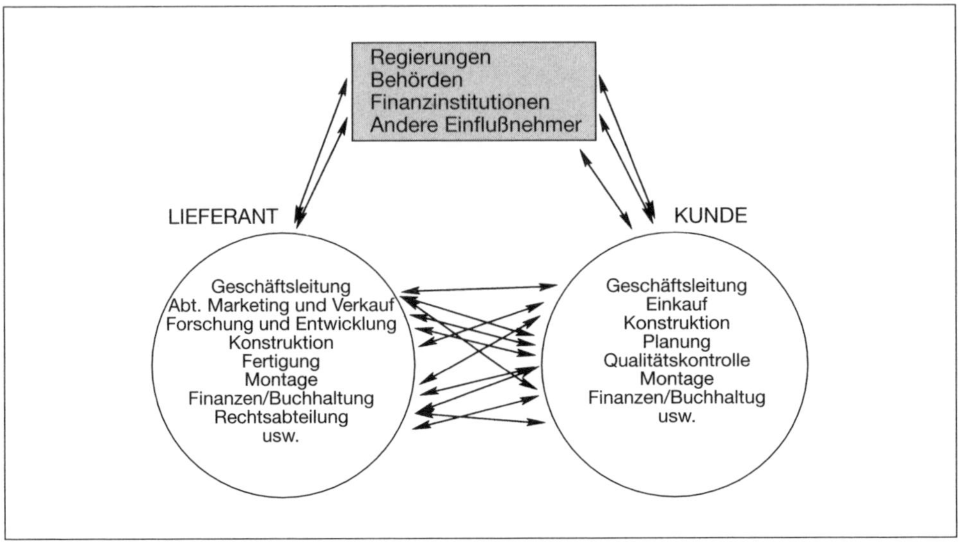

Abbildung 4.2: Der „eigentliche" Kunde ist manchmal in einem marktexternen Netzwerk auf übergeordneter Ebene zu finden

Industrielle und Regierungsvertreter treffen die Entscheidungen. Wird man von ihnen nicht akzeptiert, hat man kaum Aussichten auf Erfolg. Es ist ganz wesentlich, sowohl die Marktmechanismen als auch die zentrale Kontrolle zu nutzen: „Erfolgreiche japanische Geschäftsleute, die die Regeln des Marktes zu nutzen wissen, sind normalerweise auch fähig, das marktexterne Netz von verwandtschaftlichen und ehelichen Banden richtig einzusetzen."[15]

Durch die Brille der Wirtschaftswissenschaftler betrachtet erscheinen Märkte als hochgradig konkurrenzorientiert und rational. Die unsichtbare Steuerung – das ständige Streben der Marktwirtschaft nach einem Gleichgewicht zwischen Angebot und Nachfrage – ist nicht immer ein abstraktes Phänomen. Es gibt hier auch direktes Eingreifen von mächtigen Akteuren, deren Einfluß von außen nicht sichtbar ist.

Auch auf der Megaebene findet man allgemein geschlossene Netzwerke, wie etwa den „militärisch-industriellen Komplex".[16] Die Käufer sind nationale Militärorganisationen, die Lieferanten in- und ausländische Hersteller von Waffen und Verteidigungssystemen. Innerhalb des militärisch-industriellen Netzwerks ist gegenseitiges Vertrauen eine absolute Notwendigkeit. Die Lieferanten entwickeln Spezifikationen, die auf keinen Fall zum Feind durchsickern dürfen. Das Ergebnis der Verhandlungen kann davon abhängen, ob und zu welchem Verteidigungspakt die Länder des Verkäufers bzw. des Käufers gehören.

[15] Dieser Absatz stützt sich auf Taira und Wada (1987; Zitat S. 288).

[16] Siehe Arndt (1979).

Megamarketing kann psychologischer und sozialer Natur sein und eine Kommunikation mit Meinungsbildnern im jeweiligen Markt erfordern. Um an schwer zugängliche Persönlichkeiten heranzukommen, braucht man Megabeziehungen. Die Einführung einer Flüssigkeit für die Augenchirurgie (Healon) durch Pharmacia-Upjohn bietet ein Beispiel dafür.[17] Healon wird während der Operation in das Auge injiziert und bewirkt eine sanfte Anhebung und Stabilisierung des Gewebes. Das Produkt verbesserte die Qualität der normalen Operation des Grauen Stars ganz erheblich, erforderte aber eine andere Operationstechnik. Healon konnte nicht über die übliche Verkaufsorganisation eingeführt werden, da es den Vertretern nicht gelang, das Vertrauen der Chirurgen zu gewinnen. Statt dessen beschloß man, sich an die zehn berühmtesten Augenchirurgen der Welt zu wenden und ihr Vertrauen und ihre Mitarbeit zu gewinnen. Wenn die führenden Spezialisten zu Healon übergingen, würden die anderen sicher folgen. Es war aber nicht einfach, bis zu den Megastars vorzudringen. In einem Fall bemühte man sich um einen Kontakt mit einem spanischen Starchirurgen, der sich aber weigerte, Unternehmensvertreter zu empfangen. So kam man auf die Idee, eine Veranstaltung zu inszenieren, an der der spanische Gesundheitsminister, ein Botschafter, der Vorstandsvorsitzende von Pharmacia und der Chirurg teilnehmen sollten. Es ging darum, unter der Anleitung des Chirurgen gemeinsam Eingriffe durchzuführen – allerdings an Augen von toten Rindern. Das Prestige dieser Veranstaltung war so hoch, daß der Chirurg seine Teilnahme zusagte.

Auch *Lobbying* gehört zum Megamarketing. Der Begriff stammt ursprünglich vom amerikanischen Kongreß und seiner Lobby, wo die Leute auf die Kongreßabgeordneten warteten, um mit ihnen ins Gespräch zu kommen. Lobbying ist heute zu einem regelrechten Beruf geworden, der von Berufsverbänden und Interessengruppen wie auch von einzelnen Unternehmen betrieben wird. Für den Start von Federal Express zum Beispiel waren Veränderungen in den Postbestimmungen erforderlich, die das Unternehmen mittels Lobbying in Washington durchsetzen konnte. Man schätzt, daß es in den USA etwa 100 000 Lobbyisten gibt, und Washington gilt als Welthauptstadt des Lobbying. Mit der Entwicklung der EU ist Brüssel in Belgien zur europäischen Lobbying-Metropole geworden.

Die systematische und zielgerichtete Verfolgung eines Themas durch Lobbying bezeichnet man als „Themenmanagement“. Industriezweige, Unternehmen und andere müssen sich schon früh in die Entscheidungsprozesse einschalten. Wenn sie von einem Beschluß erst durch die Medien erfahren, ist es bereits zu spät. Da ihre Kenntnis der politischen Entscheidungsprozesse oft oberflächlich ist, suchen sie Unterstützung bei Beratern. Lobbyisten müssen in ihrem Tätigkeitsumfeld einem Beziehungsnetzwerk angehören oder zumindest Zugang dazu haben. Prä-

[17] Nach Diskussionen mit den Verantwortlichen für die Produkteinführung.

sidenten verfügen über solche mächtigen Netze; ehemalige Präsidenten gelten dementsprechend als „ultimative Lobbyisten“.

Lobbying ist deshalb notwendig, weil die repräsentative Demokratie in der Praxis nicht wirklich repräsentativ ist. Der Zugang zu Politikern und zu den verborgenen Entscheidungsträgern innerhalb der Bürokratie ist weitgehend versperrt. Die Notwendigkeit des Lobbying ergibt sich auch aus der zunehmenden Komplexität der Gesellschaft und der Technologie. Weder die Forscher und Entscheidungsträger noch diejenigen, die später von den Entscheidungen betroffen sein werden, haben die Fähigkeit bzw. die Zeit, sich auf dem laufenden zu halten und Einfluß zu nehmen. Persönliche Beziehungen und Zugehörigkeit zu Netzwerken spielen eine entscheidende Rolle.

Aus Marketingsicht ist Lobbying als *Entscheidungsmarkt* bezeichnet worden, also als der Ort (oder der Raum), wo Entscheidungen gekauft und verkauft werden.

Lobbying hat eine gute und eine schlechte Seite. Im positiven Sinn vermittelt Lobbying Informationen und bringt Politiker und andere dazu, bestimmte Fragen sorgfältiger zu untersuchen und verfügbares Wissen besser zu nutzen. Im negativen Sinn kann es dazu führen, daß mächtige Wirtschaftsinteressen über die Interessen der Gesellschaft und der Bürger dominieren, so daß die Entscheidungsträger davor zurückscheuen zu handeln, oder in die Irre geführt werden. Um den Mißbrauch des Lobbying zu unterbinden, hat Präsident Clinton eine Reihe von Vorschriften eingeführt. So ist es zum Beispiel hohen Beamten und Politikern untersagt, in den ersten fünf Jahren nach ihrer Amtsniederlegung als Lobbyisten zu arbeiten. Damit soll verhindert werden, daß sie ihre administrativen und politischen Netzwerke an externe Klienten „verkaufen“. Aufträge müssen gemeldet werden, um die Heimlichkeiten rund um Lobbying-Aktivitäten zu reduzieren.

Es hat keinen Sinn, die Kunden mit den Mitteln des Marketing-Mix und der 4P ansprechen zu wollen, wenn die Grundvoraussetzungen für ein Marketing nicht gegeben sind. Um das Stück zur Aufführung zu bringen, braucht man zunächst eine Bühne. In den oben erwähnten Beispielen waren die „eigentlichen“ Kunden Politiker, Präsidenten, Regierungsmitglieder und berühmte Augenchirurgen – alles Leute, an die das Verkaufspersonal nicht herankommen konnte. Diese eigentlichen Entscheidungsträger werden in der Marketingtheorie nicht als Teil des Marktes erkannt.

Megabeziehungen binden Kunden und Lieferanten tiefer in soziale Netze ein, nicht nur in Marktnetze. Sehen wir uns an, wie sich das internationale Wirtschaftsgeschehen im Bereich komplexer Produkte, die für die Infrastruktur des Käuferlandes von Bedeutung sind, in den letzten Jahrzehnten gewandelt hat:[18]

---

[18] Basierend auf der Studie des Autors über Ericsson.

50er Jahre:	Direkte Exporte und Importe.
60er Jahre:	Die Käufer schreiben vor, daß die Verkäufer einen kleinen Anteil der Lieferungen im Käuferland herstellen müssen.
70er Jahre:	Forderung nach lokaler Produktion, nationalem Miteigentum und Kaufunterstützung durch Finanzierungslösungen.
80er Jahre:	Zusätzliche Forderungen umfassen die teilweise Durchführung der Konstruktions- und Planungsarbeiten im Käuferland, eine Unterstützung für den teilweisen Export der Produktion, den Aufbau von F&E-Projekten gemeinsam mit dem Lieferanten sowie Kompensationsgeschäfte.
90er Jahre:	Mit der Deregulierung in den industrialisierten Staaten und der schnellen technologischen Entwicklung schrauben die Käuferländer ihre Forderungen noch höher hinauf. Die schwedische Landesverteidigung verhandelte mit American General Dynamics über den Ankauf von Panzern. Eine Bestimmung lautete, daß der Lieferant dafür sorgen sollte, daß ABB einen Großauftrag für Schnellzüge von der amerikanischen Eisenbahngesellschaft Amtrak erhielt. Gemäß den US-Gesetzen mußten zwar mindestens 50 % der Züge in den USA gefertigt werden, was aber durch das Netz der Subunternehmer von ABB möglich war.

Enge Beziehungen zu einer bestimmten politischen Gruppe oder zu einem Politiker können einen wertvollen Marketingvorteil darstellen. Wenn diese „Freunde“ ihre Macht und Popularität verlieren, kann der Schuß aber auch nach hinten losgehen. Im allgemeinen sind Unternehmen bestrebt, sich unpolitisch zu geben und an jeden zu verkaufen, ungeachtet der politischen Couleur. Die Fähigkeit, Beziehungen zu zahlreichen politischen Parteien aufrechtzuerhalten, kann die Basis für zukünftige Geschäfte legen. Eine solche unpolitische Strategie machte es möglich, den Irak in Vorbereitung des Golfkrieges 1990 wieder aufzurüsten.

Aus all diesen Beispielen geht hervor, daß Megamarketing andere Fähigkeiten voraussetzt, als sie üblicherweise in Marketingabteilungen zu finden sind. Marketingfachleute sind normalerweise nicht für das politische Spiel auf höchster Ebene gerüstet. Hier muß sich die Geschäftsleitung mit der Hilfe von Politikern, Diplomaten, Lobbyisten und anderen einbringen. Zu den Werkzeugen des Megamarketing zählen Macht, Öffentlichkeitsarbeit, Lobbying, kreative Anreize, oft hohe Investitionskosten und ein großzügiger zeitlicher Rahmen.

Relationship 20
Allianzen verändern die Marktmechanismen

Während Wettbewerb bedeutet, daß die Unternehmen einander bekämpfen, stehen Allianzen für Zusammenarbeit. Es gibt verschiedene Beweggründe, solche Allianzen einzugehen. Allianzen sind aber von unterschiedlicher Intensität und Dauer: Neben einmaligen Projekten gibt es Bündnisse, die eine begrenzte, aber kontinuierliche Zusammenarbeit voraussetzen, oder auch solche, die die Partner so eng zusammenschweißen, daß es sich schon beinahe um eine Fusion handelt. Für Corning sind Allianzen von so zentraler Bedeutung, daß das Unternehmen sich heute selbst als ein „Netzwerk von Organisationen" beschreibt.

Wir wollen hier den Begriff „Allianz" für eine formell oder informell organisierte und einvernehmliche Beziehung zwischen Parteien verwenden, zum Beispiel zwischen Lieferanten und Kunden bzw. Mitbewerbern. Unternehmen können die vielfältigsten Abhängigkeitsverhältnisse eingehen, die in den traditionellen Kategorien der Wirtschaftswissenschaft – wie Monopol oder Oligopol – nicht zur Geltung kommen. Allianzen sind ein Teil einer Unternehmensstrategie und sind den Marktbeziehungen und der Alltagsroutine des Marketing übergeordnet.

Porter[19] definiert fünf Arten von Konkurrenten: *aktuelle Konkurrenten, potentielle Konkurrenten, Konkurrenten, die Ersatzprodukte bieten, Kunden und Lieferanten.* Zwischen diesen Konkurrenten entwickeln sich *Wettbewerbskräfte* als Bedrohungen sowie als Basis für Verhandlung- und Beeinflussungsmacht. Wenn man sie im Sinne des RM betrachtet, kann man diese Kräfte auch als *Beziehungskräfte* verstehen, die Allianzen ins Leben rufen. Ein Unternehmen kann mit verschiedenen Arten von Mitbewerbern, Kunden und Lieferanten zusammenarbeiten.

Allianzen können viele Gesichter annehmen. Hier einige Beispiele:

- Ohmae (1985) betont die Notwendigkeit für globale Unternehmen, sich in der Triade der Weltwirtschaft – Nordamerika, Westeuropa, Südostasien – zu etablieren, und erklärt, wie dies durch Allianzen mit Konkurrenten zu bewerkstelligen sei. Als Beispiele für Branchen, die sich in den Bereichen Technologie, Marketing und Finanzen zusammengeschlossen haben, führt er die Autoindustrie, die Computerbranche und die Robotertechnik an. Ein weiteres Beispiel ist Xerox. In Großbritannien hat die amerikanische Xerox sich mit Rank verbündet, um den Markt in Europa, Afrika, den ehemaligen Sowjetstaaten und China zu bearbeiten. In anderen Teilen der Welt hat sich Xerox mit der japanischen Firma Fuji und der indischen Firma Modi zusammengetan. Dank dieser Allianzen konnte Xerox auch in Asien zum Marktführer avancieren.

[19] Porter (1985, S. 5).

- In Salisbury, England, wurde eine Zeitlang jedem Besucher der Kathedrale eine Pergamentrolle als Souvenir überreicht – zusammen mit einem Gutschein für McDonald's. Das Hamburgerlokal zahlte die Rolle und leistete einen Beitrag zur Restaurierung der Kirche. Leib und Seele gingen hier ein Bündnis ein, das für beide Seiten günstig war. 1996 kündigten Disney und McDonald's eine Werbeallianz an: Disney-Produkte sollen über die 18 700 Restaurants der Kette in 97 Ländern vermarktet werden.
- Die Fluggesellschaft Delta Airlines nutzte eine Allianz mit Singapore Airlines und Swissair für ihre Imagewerbung – „weltweite Qualität" – als sie daranging, sich in Europa und Asien, wo sie bis dahin unbekannt war, zu etablieren.[20]

Zusammenarbeit an sich ist nichts Neues. Die „Make or buy"-Entscheidung ist im Produktionsbereich schon längst ein Thema und führt zu verschiedenen Strategien:

- GM produziert 70 % seiner Bauteile selbst, Chrysler nur 30 %. Der Rest der Produktion wird an Fremdunternehmen vergeben, die zunehmend auch ganze Module statt einfacher Einzelteile liefern.
- Reebok entwickelt und vermarktet technisch anspruchsvolle und modische Sport- und Freizeitschuhe. Das Unternehmen hat kein eigenes Werk, sondern verlagert die Produktion nach Taiwan, Südkorea und in andere asiatische Länder.
- Das Outsourcing von Dienstleistungen ist jüngeren Ursprungs. Zu den Leistungen, die an andere Dienstleister vergeben werden, gehören Transport, Reinigung, Immobilienverwaltung, Kantinen und EDV-Dienste.

Es gibt noch eine Verbindung zwischen Unternehmen, die meiner Meinung nach in der Literatur viel zu kurz kommt. Man könnte sie als *stillschweigende Allianz* bezeichnen. Solche Bündnisse entstehen durch einen Konsens innerhalb der Branche und laufen darauf hinaus, daß alle Mitglieder dieser Branche sich ähnlich verhalten. Innerhalb einer Branche können sich gewisse „Anstandsregeln" entwickeln und über lange Zeit hinaus weiterwachsen. Dies kann den Vorteil haben, ein moralisches Verhalten hervorzurufen, aber auch den Nachteil, in der Vergangenheit steckenzubleiben. Mitbewerber – die zu Kollegen geworden sind – beschützen einander und stehen Änderungen feindselig gegenüber oder verfolgen zumindest eine abwartende Strategie. Zur Erneuerung bedarf es dann einer Revolution: Die stillschweigende Allianz muß aufgebrochen werden.

Ich möchte hier das Konzept eines *Allianzenmarkts* einführen und folgendermaßen definieren: *Ein Allianzenmarkt besteht aus Unternehmen, die zu einem gewissen Zeitpunkt mögliche Bündnispartner darstellen.*

[20] Anzeige in Fortune (14. Dezember 1992).

Das Konzept hat gewisse Ähnlichkeiten mit dem Heiratsmarkt – mit dem Unterschied, daß hier Polygamie erlaubt, ja sogar erwünscht ist. Der Allianzenmarkt funktioniert auf der Ebene der Unternehmensstrategie über der Ebene der Marktbeziehungen. Als erster Schritt müssen auf dem Allianzenmarkt Partner gefunden werden, als zweiter muß der Kundenmarkt angesprochen werden. Als die wichtigsten europäischen Airlines in den 80er Jahren begannen, nach Partnern Ausschau zu halten, standen nur wenige mögliche Kandidaten zur Verfügung, und jeder kannte jeden. SAS zählt zu den ältesten Allianzen der Welt; sie besteht seit 1946. SAS umfaßt drei Gesellschaften aus drei Ländern – Dänemark, Norwegen, Schweden – und ist zu 50 % im Eigentum der drei Staaten und zu 50 % im Privateigentum. Trotz ihrer langjährigen Erfahrung mit der Aufrechterhaltung dieser Allianz war SAS jedoch nicht in der Lage, sie auf weitere Fluggesellschaften auszudehnen. Umworben wurden unter anderen Sabena, British Caledonian und Finnair, aber diese Versuche scheiterten in erster Linie daran, daß die Entscheidungen auf einer Megaebene – der Regierungs- und Parlamentsebene – getroffen wurden, was auf dem Allianzenmarkt keineswegs unüblich ist. Im Herbst 1993 waren die Verhandlungen über eine Allianz zwischen SAS, KLM, Swissair und Austrian Airlines bereits weit gediehen, doch auch diese Bemühungen schlugen letztlich fehl. Eine wesentliche Ursache für das Scheitern waren diesmal die Partnerschaften der einzelnen Fluglinien mit amerikanischen Fluggesellschaften. 1996 entstand eine Allianz zwischen SAS, Lufthansa, United Airlines und Thai Airways, die eine Laufzeit von zwei bis drei Jahren haben soll und danach wieder aufgelöst werden kann.

Die Fluggesellschaften erwarten sich von solchen Zusammenschlüssen eine verbesserte Konkurrenzfähigkeit, höhere Umsätze, höhere Gewinne und niedrigere Kosten dank einer Koordination von Destinationen, Flugplänen, Reservierungssystemen, Ticketausstellung und Personal.

Die Anzahl der Allianzen zwischen Fluggesellschaften ist von 324 im Jahre 1994 auf 389 im Jahre 1995 angestiegen.[21] In den USA ist die Anzahl der formellen Allianzen zwischen 1985 und 1991 durchschnittlich um 27 % pro Jahr gestiegen, und dieser Anstieg setzt sich in den 90er Jahren fort. Die fünf amerikanischen Konzerne, die sich am eifrigsten der Allianzstrategie verschrieben haben, hatten zu Beginn der 90er Jahre insgesamt etwa 400 formelle Allianzen geschlossen: IBM (136 Allianzen), AT&T (77), Hewlett-Packard (65), Digital Equipment (63) und Sun Microsystems (45).[22] Zusätzlich dazu bilden diese Unternehmen auch eine unbekannte Anzahl informeller Allianzen.

Ein weiterer interessanter Fall ist die Computerfirma Apple und ihre Allianz mit der japanischen Firma Sony.[23] Apple entwickelte Pläne und Spezifikationen

---

[21] The Economist (1996, S. 80).

[22] Siehe Forbes (Gumpert 1992).

[23] Siehe Fortune (Schlender 1991).

für einen neuen tragbaren Computer, den Macintosh PowerBook; 13 Monate später hatte Sony das Produkt vom Zeichentisch in die Fabrik- und Montagehallen gebracht. Welche Vorteile ergaben sich daraus für die beiden Partner? Apple hatte für 1991 zahlreiche neue Produkteinführungen vorgesehen und konnte nicht genügend Designer mobilisieren; außerdem hatte das Unternehmen keinerlei Erfahrung mit der Miniaturisierung von Produkten, Sony hingegen schon; das PowerBook sollte eine zwei-Kilo-Variante des sieben Kilo schweren Macintosh werden. Sony wollte mehr über PCs lernen und hatte begonnen, zunehmend für andere zu produzieren. Außerdem war dies ein strategischer und prestigeträchtiger Auftrag. Sieben der besten Designer wurden für das Projekt abgestellt, und der Generaldirektor von Sony verfolgte die Fortschritte der Arbeiten persönlich.

In einer Untersuchung über die Globalisierung von Hotels und Restaurants wurden vier Gruppen von formellen Allianzen definiert, Fusionen und Übernahmen nicht mitgerechnet: strategische Allianzen, Franchising, Managementverträge und Joint Ventures.[24] *Strategische Allianzen* reichen vom gemeinsamen Reservierungssystem bis zu komplexen Netzen, die nicht nur Hotels, sondern auch Reise- und Ferienarrangements sowie Konferenzservice beinhalten können. Das europäische Reservierungssystem Amadeus und das amerikanische Sabre-System sind solche Netze. *Franchising* betreibt zum Beispiel Holiday Inn mit 1900 Hotels, die insgesamt 360 000 Zimmer zählen. Die Betreiber eines Holiday Inn sind unabhängige Unternehmen, die aber streng nach dem Konzept der Hotelkette arbeiten. Die Kette erhält einen bestimmten Prozentsatz der Einnahmen. Beim *Managementvertrag* übernimmt jemand die Aufgabe, das Hotel für den Eigentümer zu betreiben; er setzt dazu seine Qualifikationen, sein Wissen und seine Systeme ein, muß aber auch mit einem renommierten Namen wie Hyatt oder Hilton aufwarten. Der seinerzeitige Einstieg von SAS ins Hotelgeschäft gemeinsam mit Intercontinental Hotels und Saison of Japan ist ein Beispiel für *Joint Ventures*.

Nach einer Studie von McKinsey scheiterte ein Drittel von 49 Allianzen. Kurzfristige Allianzen, die schnelle Ergebnisse bringen sollten, zum Beispiel Kostensenkungen, zahlten sich nicht aus; Allianzen sollten strategischer und langfristiger Art sein. Eine Allianz kann auf dem Papier gut aussehen, muß in der Praxis aber nicht funktionieren. Eine andere Studie hat gezeigt, daß 70 % aller strategischen Allianzen wieder gelöst wurden oder die Erwartungen letztlich nicht erfüllten.[25] In einem Interview meinte der Generaldirektor von Whirlpool, Allianzen lägen zwar im Trend, würden aber nicht funktionieren. Nachstehend einige Kommentare zu zwei Aspekten – Werte und Management – die häufig als Ursache von Problemen in Allianzen angeführt werden:[26]

---

[24] Nach Tse und West (1992, S. 126 – 132).

[25] Kanter (1989).

[26] Siehe z.B. Lorange und Roos (1992).

Werte: Daß es eine heikle Angelegenheit ist, funktionierende Beziehungen zwischen zwei Unternehmenskulturen in Gang zu bringen, ist bekannt. Konfrontationen zwischen den verschiedenen Wertesystemen und Kulturschocks sind wohl eher die Regel als die Ausnahme. Um Beziehungen aufzubauen, braucht man Zeit und Geduld – und vor allem Vertrauen. Vertrauen wird nicht durch Verträge gewährleistet, und wer glaubt, daß Anwälte die Gefahren und Hindernisse einer Zusammenarbeit aus dem Weg räumen können, wird zwangsläufig enttäuscht werden. Im Vergleich zu vielen anderen Kulturen scheint die amerikanische Geschäftstradition eine gewisse Schwäche zu haben, wenn es um die subtileren Aspekte einer Beziehung geht. In Allianzen werden die RM-Werte, die wir im 1. Kapitel besprochen haben, deutlich greifbar. Bündnisse müssen für beide Seiten gewinnbringend sein, und jeder muß den anderen als gleichwertigen Partner anerkennen. Nicht die formellen Strukturen – wie etwa, daß jeder Partner einen gleichen Anteil besitzt – sind ausschlaggebend, sondern der Geist der Allianz. Auch die Antitrust-Bestimmungen, das Patentrecht, das Urheberrecht, der Befähigungsverlust des Partners oder die Tradition, allein statt zusammen zu arbeiten, können Hindernisse darstellen.

Management: Managen ist im Rahmen eines Netzwerks von zusammenarbeitenden Einzelpersonen und Organisationen nicht einfacher als an der Spitze einer traditionellen hierarchischen Organisation. Es ist aber etwas ganz anderes und bietet mehr Chancen und Vielfalt. Wenn es zu Konflikten kommt, können diese nicht in derselben Weise wie in einem Einzelbetrieb von einer Führungskraft gelöst werden. Es ist nicht ratsam, eine Allianz gemeinsam zu leiten; man würde ständig Gefahr laufen, sich festzufahren. Man kann die Allianz entweder in ein separates Unternehmen verwandeln, das seinem eigenen Aufsichtsrat untersteht, oder einen der Partner mit der Leitung beauftragen. Letztere Möglichkeit ist besonders für Bündnisse zu empfehlen, in denen ein Partner über ein einzigartiges Know-how verfügt, das für den zukünftigen Erfolg ausschlaggebend sein kann. Die Entscheidung, der Allianz einen autonomen Status zu verleihen, kann aus mehreren Gründen notwendig sein. Die Allianz muß sich den Bedingungen des jeweiligen Marktes anpassen und darf nicht durch die finanziellen Kontrollsysteme und das standardisierte Reporting der Mutterunternehmen gelähmt werden, wenn diese für die Aktivitäten der Allianz ungeeignet sind.

Allianzen bieten einem Unternehmen die Möglichkeit, sowohl *‚economies of scale‘* als auch *‚economies of scope‘* zu genießen und dabei schlank und flexibel zu bleiben; sie sind wichtige Elemente einer imaginären Organisation. Um die Markteinführungszeiten zu verkürzen und konkurrenzfähiger zu werden – sich den „Fünfzehn-Minuten-Vorteil“[27] zu verschaffen –, können Unternehmen in verschiedenen Konstellationen zusammenarbeiten, mehrere Operationen gleichzeitig ausführen, und das dank den Computernetzwerken in Echtzeit. Trotzdem

[27] Der Begriff stammt von Skandia AFS.

sollte man über der Begeisterung angesichts der vielversprechenden Möglichkeiten und Potentiale der elektronischen Beziehung (R12) nicht vergessen, wie wichtig soziale Beziehungen (R18) und Kundennähe (R8) sind.

Die Ratschläge eines Heiratsvermittlers scheinen uns erstaunlich passend für ein Unternehmen, das eine Allianz eingehen will: Es gilt, den Partner sorgfältig auszuwählen, in eine Gewinner-Gewinner-Beziehung zu investieren, eine solide wirtschaftliche Basis zu entwickeln und eine Arbeitsteilung anzustreben, die für beide Partner stimmt. Positive Schwingungen sind notwendig, wenn es auch nicht unbedingt die große Liebe ist. Trotz allem ist klar, daß Entscheidungen über ein Zusammenleben immer mit Unsicherheiten verbunden sind und ein positiver Ausgang nicht garantiert werden kann.

Allianzen rufen Machtnetze ins Leben, die an sich schon teilweise geschlossene Märkte bilden. Die komplexen Beziehungsnetze der Märkte führen zu vielschichtigen Interaktionsmustern zwischen Käufern, Verkäufern und anderen Beteiligten. Wenn diese Muster nun institutionalisiert werden, verringern sie den Spielraum der Marktmechanismen. Im Sinne des RM muß aber die Zusammenarbeit genauso ins Spiel gebracht werden wie der Wettbewerb.

Relationship 21
Die Wissensbeziehung

Wissen kann verbinden oder trennen. Etabliertes Wissen kann Stabilität und Professionalismus bewirken; ist es veraltet, lähmt es die Aktivitäten. Neues Wissen kann einen Wandel herbeiführen, etablierte Branchenabgrenzungen auflösen und neue hervorbringen, geographische Grenzen überschreiten und neue technologische Voraussetzungen schaffen. Wissen bildet oft die Grundlage einer Allianz. Die alltäglichen Anwendungen von Wissen können einen Teil der Marktbeziehungen und der Nanobeziehungen bilden, während neue Wissenskombinationen und neue Wege zur Vermarktung von Wissen sich im wesentlichen auf einer Ebene bewegen, die über den Marktbeziehungen liegt.

Um die Wissensbeziehung zu untersuchen, können wir uns folgende Frage stellen: „Wenn wir die Firma von der Perspektive des Wissens aus betrachten, welche Relevanz läßt sich dann für RM ableiten?"

Unternehmen brauchen Wissen, um Produkte und Leistungen zu entwickeln, zu produzieren und zu vermarkten. Wissen wird häufig als zentraler Faktor der Konkurrenzfähigkeit angesehen. In manchen Organisationen ist das so offensichtlich, daß man von wissensbedingten Organisationen oder intelligenten Unternehmen spricht.[28] Die Gegenwart wird gern als Wissens- oder Informationszeitalter be-

[28] Siehe Sveiby und Risling (1986), Drucker (1988a), Quinn (1992) und Sveiby (1997).

zeichnet. Immer häufiger hören wir in letzter Zeit, daß das Unternehmen der Zukunft eine lernende Organisation sein wird – IBM präsentiert dies als eine zentrale Strategie für die zukünftige Neuorientierung der Firma, deren wertvollste Ressource das geistige Kapital sein wird. Die Vermarktung von professionellen Dienstleistungen[29] wird seit langem in der Literatur behandelt, aber erst in den letzten Jahren ist das allgemeine Interesse am Wissen und an seiner Bedeutung für Unternehmen und ihre Gewinnchancen gestiegen.

Vom Wissen her betrachtet läßt sich die Unternehmenstätigkeit in drei Prozesse gliedern: den *generativen Prozeß*, in welchem das Wissen geschaffen wird, den *produktiven Prozeß*, der das Wissen in Produkte und Leistungen umsetzt – oder besser gesagt in wertschöpfende Angebote –, und den *repräsentativen Prozeß*, der die Beziehungen zu den Kunden pflegt.[30] In traditionellen Unternehmensfunktionen ausgedrückt umfaßt der produktive Prozeß die Forschung und Entwicklung, die Konstruktion und die Planung, der produktive Prozeß die Fertigung und den Einkauf und der repräsentative Prozeß die Bereiche Marketing und Verkauf. Aber in dieser Betrachtungsweise steht das Wissen mit seinem Inhalt und seiner Bedeutung im Vordergrund. Ganz im Sinne der modernen Anschauungen im Bereich der Produktentwicklung und der Produkteinführung – *Concurrent Engineering* – sind der generative, der produktive und der repräsentative Prozeß synchrone, sich gegenseitig bedingende Abläufe und nicht aufeinanderfolgende Schritte. Sie umfassen interne und externe Beziehungen, die sich von jenen der traditionellen, hierarchisch aufgebauten Organisation unterscheiden. Die Beziehungen sind nicht mehr an eine bestimmte Struktur oder Funktion gebunden; sie sind Bestandteile einer imaginären Organisation.

Für Badaracco kann Wissen entweder wandernd oder verankert sein. Diese Unterscheidung wirkt sich auf die Beziehungen aus.[31]

Wanderndes Wissen kann auswandern oder einwandern, von einem Ort zum anderen bewegt werden. Damit dieser Transfer gelingen kann, muß das Wissen aufbereitet werden, normalerweise in Form von Plänen, Spezifikationen, Büchern, Videos oder Datenbanken. Wanderndes Wissen kann auch ein Produkt sein, das etwas zustande bringt, was der einzelne nicht kann: Ein Computer oder ein Kran sind Beispiele dafür. Ein Produkt kann als „eingefrorenes Wissen“ betrachtet werden, und eine qualifizierte Person kann eine Maschine auseinandernehmen und lernen, wie sie gebaut ist, oder eine Substanz chemisch analysieren. Das ist „reverse Engineering“: Man geht vom Produkt aus und leitet daraus den Plan oder die Spezifikationen ab anstatt umgekehrt. Wissen kann auch weiterwandern, wenn jemand einen neuen Job annimmt oder sich selbständig macht und sein Wissen mitbringt. Eine unbedingte Voraussetzung ist dabei, daß jemand in der

---

29 Siehe Wilson (1972), Gummesson (1977) sowie Ahrnell und Nicou (1995).

30 Laut Wikström und Normann (1994).

31 Die beiden folgenden Absätze stützen sich hauptsächlich auf Badaracco (1991, S. 79 – 81; Zitat S. 79).

Lage ist, das „Wissenspaket“ aufzuschnüren, und dazu auch motiviert ist. Patente und sonstige Methoden zum Schutz von Erfindungen sind unsicher, besonders wenn das Wissen sich ohne große Schwierigkeit bewegen kann.[32]

Verankertes Wissen läßt sich nicht so leicht transportieren. Es ist eingebettet in „spezialisierte Beziehungen zwischen Einzelpersonen und Gruppen und in besondere Normen, Haltungen, Informationsflüsse und Entscheidungswege ...“. Verankertes Wissen findet man in den Fertigkeiten des Meisters und in seinem Umfeld. Im 17. Jahrhundert baute Stradivari Geigen von seither unübertroffener Klangqualität und Schönheit. Dies läßt sich nicht nur durch die Fertigkeit des Meisters in der Verwendung der Werkzeuge, des Holzes und der Lacke erklären, sondern auch durch sein Netzwerk, in dem andere Rohmaterial entwickelten, Violinen entwarfen, mit neuen Saiten experimentierten, Techniken zur Holzbehandlung erfanden, Musik komponierten, seine Instrumente kauften und darauf spielten. Stradivari lebte in Cremona, Italien, wo es eine jahrhundertelange Tradition des Geigenbaus gab, und war ein Schüler von Meister Nicolo Amati. Diese Arbeitsweise ist weder überholt noch auf Handwerksberufe oder ausgefallene Produkte wie Geigen beschränkt. Sie gilt für alle Tätigkeiten, die Fertigkeiten und Wissen erfordern – im High-Tech-Bereich ebenso wie in der Kunst.

Dadurch, daß es sich schwer transportieren läßt, bietet verankertes Wissen einen beträchtlichen Wettbewerbsvorteil. Um diese Art von Wissen zu erwerben, brauchen die Unternehmen engen Zugang zu den Systemen und Beziehungen, in welchen dieses Wissen eingebettet ist. In ihren Allianzen mit westlichen Banken haben japanische Banken stets darauf bestanden, daß die westlichen Banken japanische Mitarbeiter einstellen, die damit Zugang zum verankerten Wissen ihrer Bündnispartner erhalten. Dies soll zu einer asymmetrischen Beziehung geführt haben. Statt einer gegenseitig gewinnbringenden Strategie „Du zeigst es mir, ich zeige es dir!“ hieß das Motto: „Du zeigst es mir, und ich zeige es meinem Chef!“[33]

Wissen ist nicht nur in Einzelpersonen, Gruppen oder Unternehmen verankert, sondern auch in den Beziehungen zwischen Unternehmen und – auf der Megaebene – zwischen Unternehmen und Regierungen, zwischen Nationen, sowie in bestimmten geographischen Gebieten. In Silicon Valley sammelte sich im EDV-Bereich nach und nach eine kritische Masse an Unternehmen und innovationsfreudigen Menschen: Das Wissen war in der Gemeinschaft verankert. In ähnlicher Weise ist die Schweiz für ihre Uhren berühmt geworden und die Wall Street für ihr Finanzwissen. Porters umfassende Studie über die Wettbewerbsfähigkeit der Nationen weist besonders auf die geographisch konzentrierten Netzwerke von Unternehmen der gleichen Branche und ihrer Zulieferanten hin:

---

[32] Porter (1980, S. 172).

[33] Nach Wright und Pauli (1987, S. 63).

„Hat sich einmal eine Zusammenballung gebildet, kommt es innerhalb der gesamten Branche zu einer gegenseitigen Unterstützung. Die Vorteile fließen in die eine Richtung, zurück und quer hindurch ... Wenn zusätzliche Sparten zu dieser Zusammenballung hinzukommen, führt dies zu weiteren Fortschritten, da die Vielfalt der F&E-Ansätze gefördert und die Einführung neuer Strategien und Fertigkeiten ermöglicht wird ... Die Zusammenballung wird zu einem Vehikel für die Erhaltung der Vielfalt und die Überwindung der Orientierung nach innen, der Trägheit, der Erstarrung und der Absprachen zwischen Gegenspielern, die wettbewerbsbedingte Fortschritte und Neuzugänge bremsen oder blockieren.“[34]

Verankertes Wissen wird auch bewegt, wenn seine Träger an einen anderen Ort ziehen und dort ein günstiges Umfeld vorfinden.[35] So geht etwa die französische Küche auf italienische Köche zurück. Die technologische und kulturelle Entwicklung der USA ist teilweise das Werk deutscher Intellektueller, die in den 30er und 40er Jahren auf der Flucht vor politischer Verfolgung ins Land kamen. Kreative Prozesse und Wissensfortschritte erfordern eine Interaktion zwischen Einzelpersonen und Fachrichtungen in eng geknüpften Netzwerken. Sie brauchen Treffpunkte, um zu interagieren. Es liegt in der Natur der Kreativität, daß geplante Kontrolle in erstarrten Strukturen nicht möglich ist, daher sind die Treffpunkte oft informeller Art. In Wien und Paris trifft man sich im Café, in Silicon Valley in der Bar und in Manchester, Großbritannien, in der Handelskammer.

Verankertes Wissen verlangt nach anderen Strategien als wanderndes Wissen. Es erfordert umfassende Beziehungen und Netzwerke. Diese werden von der Globalisierung des Wissens und von der fragmentierten Spezialisierung auf unzählige Einzelpersonen an vielen verschiedenen Orten beeinflußt. Das Konzept der *lernenden Organisation* erfreut sich in den 90er Jahren neuer Beliebtheit. Sein zur Zeit bekanntester Vertreter, Peter Senge[36], spricht von fünf „Disziplinen“, die für eine erfolgreiche ständige Weiterbildung notwendig sind: das individuelle Lernen; Leitkonzepte und geistige Rahmenbedingungen; Leadership, geteilte Werte und Visionen; Lernen im Team; schließlich die Fähigkeit zur ganzheitlichen Betrachtung, um zu verstehen, wie sich die Beiträge jedes einzelnen zu einem System zusammenfügen. Durch das Lernen im Team kann Wissen entwickelt werden, das der einzelne sich nicht aneignen könnte, heute ebensowenig wie zu Stradivaris Zeiten: „Die Disziplin des Lernens im Team beginnt mit dem ‚Dialog‘ ... Für die Griechen bedeutete *dia-logos* das freie Fließen von Sinngehalten durch eine Gruppe, wodurch die Gruppe zu Einsichten gelangen konnte, die für den einzelnen nicht möglich gewesen wären ... Interessanterweise hat sich die Praxis des Dialogs in vielen ‚primitiven‘ Kulturen erhalten ... ist aber in der modernen Gesellschaft fast völlig verlorengegangen.“ Er erklärt weiter, daß ein

[34] Porter (1990, S. 51).

[35] Dieser Abschnitt basiert auf Törnqvist (1990, S. 49 – 51).

[36] Senge (1990; Zitat S. 10).

Lernen im Team die Fähigkeit zur Interaktion voraussetzt. Im Sinne des RM ist das Team mehr als bloß eine Gruppe der engsten Kollegen. Es wird zu einem Beziehungsnetzwerk, das sich über funktionale und hierarchische Grenzen hinwegsetzt. Es geht über die Organisation hinaus und dehnt sich auf Kunden, Mitbewerber, Lieferanten, Wissenschaftler und andere aus. Es geht darum, den Dialog, die Interaktion, konstruktiv zu führen, um das Netz lebendig zu halten. Dialog bedeutet, *auf bestehendes Wissen zuzugreifen*, aber auch, *neues Wissen zu schaffen*. Einstein soll einmal gesagt haben: „Phantasie ist wichtiger als Wissen." Außerdem muß man das Wissen, das man geschaffen hat, an andere weitergeben, so daß die lernende Organisation ihr Gegenstück in der *lehrenden Organisation* findet.

Wissen kann nicht nur geographische und organisatorische Grenzen schaffen oder auflösen, sondern auch die traditionellen Grenzen zwischen einzelnen Branchen. Autos sind zwar grundlegend mechanischer Natur, enthalten aber immer mehr Computertechnologie, so daß ein neues Wissen in die Autoindustrie Eingang findet. Bis zum Ende der 60er Jahre konnten Büros noch rein mechanische Rechenmaschinen kaufen, die durch elektromechanische Maschinen ergänzt wurden. Zu Beginn der 70er Jahre wurden diese Technologien von der Elektronik überholt, einem durch und durch neuen Konzept, das einige zuvor erfolgreiche Produzenten in den Bankrott stürzte; manche kamen mit dem Übergang von einer Technologie zur anderen nicht zurecht.

Laut Badaracco betrafen Allianzen zwischen Unternehmen zunächst das wandernde Wissen, aber der Trend hat sich gewandelt. Von der Vorstellung der selbstgenügsamen Festungen abgekommen, begannen die Unternehmen, Allianzen in Form von *Produktbeziehungen* zu schließen, um die Übermittlung von wanderndem Wissen zu sichern; dann kamen die *Wissensbeziehungen* für den Transfer des verankerten Wissens. Wissensbeziehungen zeichnen sich durch vier Merkmale aus. Erstens besteht der Zweck der Allianzen zunehmend im Lernen und im Schaffen von Wissen. Zweitens müssen Wissensbeziehungen enger sein als Produktbeziehungen. Drittens erfordern Wissensbeziehungen komplexe Netzwerke. Produktbeziehungen entstanden normalerweise mit Mitbewerbern, während Wissensbeziehungen auch mit Universitäten, Beratern, Erfindern, Lizenzgebern, Ausbildern, Kunden, Lieferanten und auf interner Ebene mit den einzelnen Abteilungen aufgebaut werden müssen. Viertens besitzen Wissensbeziehungen ein größeres Potential, da Wissen allgemeiner ist als das Produkt, das nur eine einzelne Anwendung des Wissens darstellt.

Heutzutage werden Produkte bis ins kleinste Detail geplant, und das Produktdesign wird sorgfältig dokumentiert. Trotzdem bleibt ein gewisses Ausmaß an *stillschweigendem Wissen*, das der Meister oder das Spezialistenteam besitzt, das sich aber in den Dokumenten nicht niederschlägt. Lowe spricht in diesem Zusammenhang lieber von „connaisseurship" (Sachkenntnis) oder „finesse"

(Fingerspitzengefühl), um die Feinheiten des Wissens zu bezeichnen. Solche Eigenschaften, die der Meister besitzt, sind schwer zu beschreiben und können nur durch Erfahrung und Sozialisierung gelernt werden.[37] Nicht einmal Computerprogrammierern gelingt es, ihr gesamtes Wissen über eine bestimmte Software zu dokumentieren – trotz umfangreichster Handbücher und dem angeblich rationalen Verhalten von Computern. Befehle und Meldungen sind oft schwer zu interpretieren oder basieren auf einer Logik, die dem Anwender fremd ist. Wir bemerken dies als Konsumenten, wenn wir zum Beispiel versuchen, einen Videorecorder zu installieren oder – noch schlimmer – seine Timerfunktionen zu benutzen; wir verlieren uns in einem Dschungel von Befehlen und Fachchinesisch. Der Zusammenbau von Ikea-Möbeln kann recht mühsam sein, aber das Unternehmen hat seine Kundenfreundlichkeit verbessert, indem es für seine sogenannte „Follow me"-Anleitungen die internationale Sprache der Bilder verwendet.

Gustavsson (1992) dringt noch weiter unter die Oberfläche, indem er die Idee des kollektiven Bewußtseins als Substanz der Organisation einbringt. Dieses Bewußtsein ist mehr als nur Wissen. Es handelt sich um die geteilten Einsichten und Erkenntnisse, die in der Arbeitsweise zutage treten, um die Mobilisierung der tieferen Schichten unseres Bewußtseins. Wissen erhält hier einen ganzheitlichen Sinn und umfaßt nicht nur das Wissen an sich, sondern auch den Prozeß, in dem dieses Wissen entsteht, und die Persönlichkeit des Wissensträgers.

Innovationsnetze können zwischen Lieferanten und Kunden sowie anderen Partnern gebildet werden. Traditionell wird der Käufer als die aktive, treibende Kraft für laufende Änderungen und Neuerungen auf dem Markt beschrieben. Eine Untersuchung[38] hat jedoch ergeben, daß Innovationen teils den Lieferanten, teils den zukünftigen Anwendern und teils anderen Urhebern zuzurechnen sind. So wurden wissenschaftliche Instrumente in 77 % der Fälle von den Kunden entwickelt, Pflüge zu 90 % von den Lieferanten und Vorrichtungen für Kabelanschlüsse zu 56 % von Zulieferern, zu 33 % von Hauptlieferanten und zu 11 % von Kunden.

Das geistige Kapital oder Wissen eines Unternehmens erscheint in der Bilanz nicht. Es läßt sich nicht messen, ist aber dennoch vorhanden und kann die wichtigste Ressource dieses Unternehmens darstellen. Bei Skandia trägt Leif Edvinsson den Titel eines Corporate Director Intellectual Capital (Abbildung 4.3). Er definiert geistiges Kapital als „das Wissen, die Fertigkeiten und die Technologien, die eingesetzt werden, um einen Wettbewerbsvorteil zu schaffen".[39] Die Idee, die hinter dieser Definition steckt, wird folgendermaßen ausgedrückt: „Während die meisten Unternehmen Finanzdirektoren oder Direktoren für betriebliche Ab-

[37] Nach einer Vorlesung von Andy Lowe an der Strathclyde University, Glasgow, 1993.
[38] von Hippel (1988).
[39] Die Zitate in diesem Absatz stammen von Buck-Lew und Edvinsson (1993).

läufe ernennen und die Bewertung eines Unternehmens sich auf seine Finanzen und seine betrieblichen Tätigkeiten konzentriert, fehlt ihnen eine Funktion, die sich mit den versteckten Werten befaßt ... Die Aufgabe dieser Funktion [Direktor für geistiges Kapital] besteht darin, nicht greifbare und immaterielle Faktoren zu identifizieren und sichtbar zu machen, diese Faktoren so zu erfassen und aufzubereiten, daß sie an die Anwender vermittelt werden können; weiterhin, sie durch Training und Wissensvernetzung zu pflegen und zu entwickeln, sie zu verwerten und wirtschaftlich zu nutzen, indem sie rasch in Umlauf gebracht und verstärkt vermarktet werden." Die Arbeit erfolgt im Team, um sicherzugehen, daß alle Arten von Wissen vertreten sind: „Entscheidend für diese Entwicklung ist eine föderative globale Organisation mit Kompetenzen und Allianzen, die auf geistigem Kapital, Informationstechnologie und Leadership rund um zentrale kulturelle Werte aufgebaut sind."[40]

Leif Edvinsson
Vice President
Corporate Director
Intellectual Capital &
Skandia Future Centers

S-103 50 Stockholm, Sweden
Office: Sveavägen 44
Telephone +46-8-788 49 93
Telefax +46-8-788 34 64
Internet: edvlei@afs.skandia.se
Compuserve: 100433, 502

Skandia

www.skandia.se

Abbildung 4.3: Direktor für geistiges Kapital (Visitenkarte)

Relationship 22
Megaallianzen verändern die Grundvoraussetzungen für das Marketing

Im November 1994 wurde in Norwegen eine Volksabstimmung über die zukünftige Mitgliedschaft in der Europäischen Union (EU) durchgeführt. Gespannt warteten die Ladenbesitzer auf der schwedischen Seite der Grenze vor ihren Fernsehschirmen auf das Ergebnis. Hier wurde auch über ihre Zukunft abgestimmt; es

[40] In Kapitel 6 gehen wir noch einmal näher auf das geistige Kapital und die Organisation ein.

ging damals um etwa 400 Millionen US$ Umsatz. Ein Ja zur EU würde den Grenzhandel drastisch reduzieren, ein Nein – was dann auch herauskam – würde bedeuten, daß die Norweger weiterhin über die Grenze fahren würden, um Fleisch, Tabakwaren, Wein, Schnaps, Benzin und andere Waren zu attraktiven Preisen einzukaufen.

In den bisherigen Megabeziehungen haben wir soziale Netze, Megamarketing, Allianzen und Wissen kennengelernt. *Megaallianzen* werden oberhalb der Unternehmensebene geschlossen. Sie schaffen neue Bedingungen für die Unternehmen und die Konsumenten. Megaallianzen werden von Parlamenten und Regierungen gebildet oder entstehen durch Volksabstimmungen oder Beschlüsse auf einer supranationalen Ebene. Sie rufen neue Beziehungen und Vernetzungskonstellationen ins Leben, die dann zu einem Bestandteil des Marketing werden.

Die Grenze zwischen Unternehmensallianzen und Allianzen zwischen Nationen ist teilweise unklar. Ohmae[41] spricht hier von der „kartographischen Illusion" der „vernetzten Wirtschaft". Es hat keinen Sinn, die Welt weiterhin als eine Reihe von Nationen betrachten zu wollen: „Die globale Wirtschaft folgt ihrer eigenen Logik und entwickelt ihre eigenen Interessennetze, die nur selten mit den historischen Grenzen zwischen den Ländern übereinstimmen. Infolgedessen hat das nationale Interesse als wirtschaftliche Realität, im Unterschied zur politischen, viel von seiner Bedeutung verloren." Es sind also nicht nur die Grenzen zwischen Unternehmen, die immer verschwommener werden, sondern auch die Grenzen zwischen Staaten. Dies wird in Megaallianzen deutlich, denen oft vorgeworfen wird, die Mitgliedstaaten würden ihre Unabhängigkeit verlieren.

Megaallianzen werden zu einem wesentlichen Bestandteil der Politik, Wirtschaft, Sicherheit und Verteidigung einer Nation. Der Aufbau von Megaallianzen ist eine langwierige Angelegenheit. Die EU hat ihren Ursprung in der Nachkriegszeit, als der britische Premierminister Winston Churchill die Idee der Vereinigten Staaten von Europa einbrachte. 1947 wurde das Verteidigungsbündnis der NATO gebildet, und der amerikanische Marshallplan brachte neues Kapital für die Wiedergeburt Europas. 1951 entstand die Europäische Gemeinschaft für Kohle und Stahl (EGKS) mit dem Ziel, neue Kriege zu verhindern. Die Römischen Verträge 1957 etablierten die Europäische Wirtschaftsgemeinschaft, allgemein Gemeinsamer Markt genannt, die bereits die Saat für die zukünftige Zielsetzung der EU enthielt: „... die Arbeit für eine harmonische Entwicklung der wirtschaftlichen Tätigkeit, eine stetige und ausgewogene Erweiterung, eine verstärkte Stabilität, einen schnelleren Anstieg des Lebensstandards und engere Beziehungen zwischen den Mitgliedstaaten".

Die *vier Freiheiten der EU* schaffen neue Voraussetzungen für das Marketing. *Waren, Dienstleistungen, Menschen und Geld* können sich frei über die Grenzen

[41] Ohmae (1990, 1995).

bewegen. Hier einige Beispiele der Auswirkungen, die sich daraus für die Geschäftstätigkeit ergeben:[42]

- Die EU bietet Fachleuten wie Ärzten, Anwälten oder Ingenieuren die Chance, ohne besondere lokale Genehmigung in anderen Mitgliedstaaten zu arbeiten. Examen, die ein mindestens dreijähriges akademisches Studium erfordern, sind überall innerhalb der Union gültig; in weiterer Folge sollen auch kürzere Berufsausbildungen wie zum Beispiel Schwesternschulen anerkannt werden. Bereits 1993 hatten sechs Mitgliedstaaten die freie Mobilität der Arbeitskraft akzeptiert. In der Praxis dürften jedoch Sprache, Nationalismus und lokale Berufsbestimmungen noch jahrelang Barrieren darstellen.
- Der Wettbewerb um öffentliche Aufträge wird sich verändern, da es den Regierungen nun auf allen Ebenen untersagt ist, inländische Anbieter zu bevorzugen. 1992 stellte dieser Markt ein Volumen von 700 Milliarden US$ dar, also mehr als das BIP etlicher Mitgliedstaaten. 1993 waren weniger als 20 % der öffentlichen Ausschreibungen für Mitbewerber aus anderen Ländern offen; kein Mitgliedstaat hatte bis dahin entsprechende Gesetze verabschiedet. Selbst wenn die EU-Gesetzgebung über die nationalen Gesetze Vorrang hat, wird es schwer sein, sie anzuwenden, solange die nationalen Regierungen diese Anwendung nicht aktiv unterstützen.
- Die überhöhten Flugtarife in Europa werden fallen und sich jenen der amerikanischen Inlandsfluglinien angleichen. Ursprünglich wollte man Anfang der 90er Jahre die totale Deregulierung erreicht haben, aber die Mitgliedstaaten greifen zu Verschleppungstaktiken, um ihre nationalen Airlines zu schützen. Außerdem dürfte es an sich nicht mehr möglich sein, für dasselbe Produkt in den einzelnen Mitgliedsländern verschiedene Preise zu verlangen, zum Beispiel kann Ford nicht in Großbritannien 14 000 US$ und in Belgien nur 11 000 US$ für denselben Wagen verlangen.
- Eine Reihe von computergestützten Diensten wird die Arbeit der Grenzbehörden erleichtern und die Verkehrsplanung verbessern, was auch die Umweltverschmutzung reduzieren wird. Das europäische „Einheitspapier" ersetzt etwa 70 Dokumente, die zuvor notwendig waren, um mit einem LKW durch Europa zu fahren. Das bedeutet, daß die Durchschnittsgeschwindigkeit von knapp über 30 km/h erheblich gesteigert werden könnte.

All dies führt zu schnellerer Verteilung, besserer Logistik, vereinfachter Lagerverwaltung, Reduzierung des gebundenen Kapitals, billigeren Versicherungen und einfacheren Finanztransaktionen. Die Kosten der Güter und Leistungen fallen, Marketing wird einfacher, und der Wettbewerb wird intensiver.

---

[42] Diese Beispiele stützen sich im wesentlichen auf Naisbitt und Aburdene (1990, S. 49 – 50)

Die großen multinationalen Produktionskonzerne versuchten, sich ungeachtet ihres nationalen Ursprungs seit Jahrzehnten schrittweise an die neue Situation anzupassen, indem sie Niederlassungen und Allianzen innerhalb der EU gründeten. Nationale Unternehmen und Kleinbetriebe, insbesondere im zuvor geschützten Dienstleistungsbereich, sind da nicht so gut gerüstet.

Die EU schafft „Megabedingungen", welche die Regeln des Marktes festlegen. Wie wir es beim Megamarketing in R19 gesehen haben, werden die Unternehmen und Branchen versuchen, durch Lobbying in Brüssel, der „Hauptstadt" der EU, auf die neuen Bedingungen Einfluß zu nehmen. Die Anzahl der Lobbyisten ist exponentiell gestiegen; innerhalb von vier Jahren ist ihre Zahl Anfang der 90er Jahre von 300 auf 10 000 geklettert. Es ist schwer zu sagen, inwieweit diese Lobbyisten tatsächlich intervenieren können und inwieweit sie sich nur auf dem laufenden halten und Informationen nach Hause schicken, um strategische Marketingentscheidungen zu ermöglichen. Enge Beziehungen zu einflußreichen EU-Politikern und Bürokraten bedeuten natürlich informelle Macht. Es ist zu befürchten, daß sich nur finanzstarke Unternehmen die „besten" professionellen Lobbyisten leisten können – ein Lobbyist kann bis zu 300 000 US$ im Jahr kosten – und die weniger reichen stets benachteiligt bleiben werden.

Die EU erfordert eine Anpassung in vielen Detailfragen, was den Unmut der Konsumenten in den Mitgliedstaaten provoziert hat. Örtliche Lebensgewohnheiten werden in Frage gestellt, wodurch sich neue Marketingchancen und neue Gefahren ergeben. Die Lieblingszigarette der Franzosen, die Gauloise, ist zum großen Ärger ihrer Fans dünner geworden, und der Käse aus nicht pasteurisierter Milch („lait cru") wäre um ein Haar verboten worden. Der typische Franzose, der von der „boulangerie" an der Ecke mit seinem frischen, unverpackten „Baguette" unter dem Arm nach Hause geht, wird bald der Vergangenheit angehören, falls unverpacktes Brot – wie es schon vorgeschlagen wurde – verboten wird.

Der nordamerikanische Kontinent ist von einer entsprechenden Megaallianz zwischen den USA, Kanada und Mexiko geprägt. Das Freihandelsabkommen NAFTA (North American Free Trade Agreement) wurde im Dezember 1993 unterzeichnet und umfaßt 370 Millionen Konsumenten.[43] Kanada, Japan und Mexiko sind die wichtigsten Handelspartner der USA, und zwei davon sind nun in dieser Megaallianz integriert. Bereits im ersten Quartal 1994 stieg der Handel zwischen Mexiko und den USA um 17,5 %, der Handel mit Kanada um 30 %. Man baute Barrieren ein, um europäische und asiatische Unternehmen fernzuhalten: 62,5 % der Komponenten von Fertigprodukten müssen aus NAFTA-Ländern kommen. Die Firma Mercedes, die in Alabama, USA, Autos zusammenbaut, aber die Komponenten in anderen Ländern herstellt, hatte damit Probleme. 20 000 Zolltarife und eine Reihe von außertariflichen Barrieren sollen innerhalb von 10

[43] Die Ausführungen über Megaallianzen in Amerika und Asien stützen sich hauptsächlich auf Time (1994).

bis 15 Jahren abgebaut werden, vom kanadischen Zolltarif auf mexikanischen Tequila (183 %) bis zu den amerikanischen Tarifen, die im Durchschnitt 4 % ausmachen. Amerikanische Handelsketten wie JC Penney, Dillards und Wal-Mart können Geschäfte in Mexiko aufmachen, wo es bis jetzt kaum Großkaufhäuser gab. JC Penney plant noch vor dem Jahr 2000 16 Geschäfte. Wal-Mart hat sich mit Mexikos größter Handelsfirma, Cifra, verbündet und gemeinsam mit diesem Partner im Jahre 1994 24 Geschäfte eröffnet. Allianzen sind notwendig, denn die mexikanischen Konsumenten haben ein geringes Pro-Kopf-Einkommen und einen anderen Lebensstil, erwarten aber mehr persönlichen Service. „Begrüßer" empfangen den Kunden am Eingang, begleiten ihn ins Geschäft und drücken ihm einen Einkaufswagen in die Hand: Die „10-Fuß-Regel" besagt, daß der Kontakt mit dem Kunden innerhalb der ersten drei Meter hergestellt werden muß.

Durch den größeren Markt, der durch NAFTA entstanden ist, wachsen auch die Möglichkeiten der Großproduktion und Kostensenkung für massengefertigte Produkte und Leistungen. Größere Märkte und Deregulierung bedeuten aber auch verschärfte Konkurrenz. Für Banken, Versicherungen und Telekommunikation eröffnen sich neue Chancen. In Mexiko kommen auf 100 Einwohner nur 8 Telefone, in den USA und Kanada sind es mehr als 90. Im ersten NAFTA-Jahr steigerten die drei größten Autohersteller in Detroit ihre Verkaufszahlen in Mexiko von 1000 auf 60 000 Autos. Durch ihre Präsenz in den USA erhielt die Versicherungsgesellschaft Skandia mit NAFTA die Möglichkeit, eine Tochter – Skandia Vida – in Mexiko zu gründen. Diese bietet fondsgebundene Lebensversicherungen, eine Alternative zu den traditionellen Lebens- und Rentenversicherungen. Der Kunde entscheidet selbst über die Art und Weise, wie sein Kapital investiert werden soll, und trägt damit auch die Verantwortung für die Höhe der Erträge.

Nicht nur in Europa und in Amerika durchdringen Megaallianzen die Wirtschaft und verändern die Bedingungen und Beziehungen des Marketing. Dasselbe geschieht überall in der Welt. 1994 beschlossen Argentinien, Brasilien, Paraguay und Uruguay, eine gemeinsame Freihandels- und Zollunion, die Mercosur, einzurichten. In Mittel- und Südamerika gibt es den Zentralamerikanischen Gemeinsamen Markt und den Andenpakt. Es gibt Vorschläge, ganz Lateinamerika innerhalb von 10 Jahren in eine Freihandelszone zu verwandeln. Die ASEAN (Association of South East Asian Nations) mit den Mitgliedsländern Thailand, Malaysia, Singapur, Indonesien, Brunei und Philippinen, weitet sich zur AFTA (Asian Free Trade Association) aus. Die APEC (Asia Pacific Economic Cooperation Forum) umfaßt heute 15 Länder auf beiden Seiten des Pazifiks; 1993 war es noch ein reiner Diskussionsklub. Das GATT (General Agreement on Trade and Tariffs) funktioniert als allgemeiner Motor für den freien Handel. Zusätzlich gibt es noch eine ganze Reihe von Handelsabkommen.

Es ist eine anspruchsvolle Aufgabe, Allianzen zwischen Unternehmen zu managen; noch weitaus schwieriger ist es aber, Allianzen zwischen Ländern zum

Funktionieren zu bringen. Die 15 Mitgliedstaaten der EU 1996 wiesen hinsichtlich ihrer wirtschaftlichen Stärke und ihrer Entwicklung große Unterschiede auf. Kleine Länder wie Luxemburg oder Island zählen nur einige Hunderttausend Einwohner, Deutschland 80 Millionen; im Kandidatenland Türkei kommen auf 1000 Einwohner 32 Autos, in Deutschland 481.[44] Viele nationale Regierungen müssen zu einer Einigung kommen. Die Politiker stecken in der Zwickmühle zwischen der Sorge um nationale, lokale und parteipolitische Interessen und ihre Wiederwahl einerseits und den Anforderungen der internationalen Zusammenarbeit andererseits. Eine der Gefahren der EU ist das riesenhafte Anwachsen der Bürokratie, eine andere der Mißbrauch von Förderungsgeldern. Selbst wenn die EU im Prinzip eine Marktwirtschaft ist, bleiben Subventionen heute wie in Zukunft bedeutend. Die Hälfte der Förderungen geht an die Landwirtschaft, ein Drittel wird für regionale und strukturelle Unterstützung aufgebracht. 1995 zahlte die EU mehr als 38 Milliarden ECU (50 Milliarden US$) an Landwirtschaftssubventionen. Laut einer Schätzung wurden 9 % des EU-Budgets an betrügerische Anträge vergeben. Diese betrügerischen Manöver verfälschen die Marktkräfte für landwirtschaftliche Produkte. 1993 wurden Produkte gestützt, die es gar nicht gab, oder Produkte, die bereits Exportförderungen erhalten hatten, danach rückexportiert wurden und auf dem offenen Markt für eine halbe Milliarde Dollar verkauft wurden.

Die Geschichte lehrt uns, daß Megaallianzen schon immer zur Politik, zur Verteidigung und zur Wirtschaft gehört haben. Der zukünftige Nutzen von Megaallianzen läßt sich noch schwerer einschätzen. Selbst eine nachträgliche Beurteilung ist problematisch, weil wir ja nicht wissen können, was ohne diese Allianzen geschehen wäre. Die Ergebnisse der Volksabstimmungen in vielen Ländern – wo die Entscheidung „ja“ oder „nein“ mit nur geringem Stimmenvorsprung gefallen ist – zeugt von einer Verunsicherung. Es steht jedenfalls fest, daß EU, NAFTA und andere Megaallianzen die Spielregeln des Marketing verändern und neue Beziehungen und Netzwerke erfordern. Trotzdem werden sie von der Marketingtheorie nicht als integraler Bestandteil im Lichte der Beziehungen, Netzwerke und Interaktion behandelt.

Relationship 23
Die Beziehung zu den Massenmedien

Die Medien berichten vom Geschehen in den Unternehmen und Märkten. Die Unternehmen können die Medien nur teilweise beeinflussen, sind aber auf konstruktive Beziehungen mit diesen angewiesen. Die Medien haben eine Auswir-

[44] Die Daten über die EU stammen aus offiziellen Quellen und laufenden Medienberichten.

kung auf das Marketing, üben ihren Einfluß aber in erster Linie auf der Megaebene aus; sie sind eher ein Teil der Gesellschaft als ein Teil des Marktes.

Gemäß einer Definition ist Öffentlichkeitsarbeit oder Public Relations (PR) „die Managementfunktion, die gegenseitig vorteilhafte Beziehungen zwischen einer Organisation und den verschiedenen Öffentlichkeiten, von welchen ihr Erfolg oder ihr Scheitern abhängt, identifiziert, aufbaut und pflegt.“[45] PR umfaßt die Beziehungen zu allen Betroffenen mit dem Ziel, das positive Image des Unternehmens oder der Branche zu maximieren. Die Beziehungen können die Gesellschaft insgesamt betreffen, eine Stadt, eine Gewerkschaft, den Investmentmarkt oder andere Bereiche.

Der Begriff Public Relations wird oft mit Tricks und Manövern in Zusammenhang gebracht. Daher werden häufig andere Begriffe dafür verwendet: So spricht man von Corporate Relations, Corporate Communications oder Corporate Affairs.

Wir können drei Arten von Medienbeziehungen unterscheiden: die Beziehung zwischen einem Unternehmen und den Medien, die Beziehung zwischen den Medien und ihrem Publikum, die Beziehung zwischen einem Unternehmen und dem Publikum der Medien. Es gibt auch Vermittler wie Reuters oder United Press (UP). Manche Leser, Zuhörer oder Zuschauer sind Kunden oder potentielle Kunden (Marktbeziehung), andere sind Politiker, Gesetzgeber oder Investoren, die Einfluß auf das Unternehmen ausüben können (Megabeziehung), andere wiederum sind Mitarbeiter (Nanobeziehung).

Bei der Besprechung der Medienbeziehung wollen wir uns auf die erste und unmittelbare Beziehung, also die Beziehung zwischen einer Firma und den Medien, konzentrieren.

Medien sind für Unternehmen und Kunden wichtig, unabhängig davon, ob das Unternehmen gewillt ist, mit den Medien zu interagieren, oder nicht. Es ist daher eine vernünftige und vorausblickende Marketingstrategie, den Medienbeziehungen seine Aufmerksamkeit zu widmen.

Obwohl Unternehmen und Medien einander brauchen, gibt es hier einen Interessenkonflikt. Die Unternehmen möchten, daß die guten Nachrichten veröffentlicht und die schlechten zurückgehalten werden. Sie wünschen sich Medienpräsenz als kostenlose Werbung mit der größeren Glaubwürdigkeit, die einem redaktionellen Text im Vergleich zu einer eindeutig als solcher kenntlichen Anzeige oder einem TV-Spot zugeschrieben wird. Medien hingegen wollen Fakten, die Schlagzeilen machen, oft vorzugsweise sensations- oder gar skandalträchtige Geschichten. Die Aufgabe der Medien in einer Demokratie besteht darin, die Gesellschaft widerzuspiegeln und Geschehnisse zu analysieren, zu interpretieren und zu berichten sowie allen Arten von Machtmißbrauch entgegenzutreten. Re-

---

[45] Cutlip, Center und Broom (1985, S. 4).

dakteure und Reporter können von vielen Motiven getrieben werden: Wahrheitsliebe, persönliche Integrität, Erreichen eines breiten Publikums, Ruhm, Wertschätzung der Kollegen, Eitelkeit oder Rache. Bei Mediengesellschaften spielt zum Teil auch die Reichweite eine vorherrschende Rolle, da der Preis der Werbeflächen/-zeiten in direktem Zusammenhang mit der Größe des Leser- oder Zuschauerpublikums steht.

Unternehmen und Medien verbindet eine Haßliebe: Sie bleiben auf Gedeih und Verderb miteinander verheiratet. Es ist wichtig, ein ausgewogenes Verhältnis der Vorteile für beide Seiten zu finden, so daß beide – zumindest auf lange Sicht – sich als Gewinner fühlen. Wenn die Beziehung asymmetrisch bleibt und sich eine Partei ausgebeutet fühlt, wird der Wert der Beziehung für beide Seiten zunehmend negativ, aber eine Scheidung kommt nicht in Frage.

Einige Beispiele sollen die Bedeutung und die verschiedenen Muster der Unternehmen-Medien-Beziehung veranschaulichen.

- Die Fähigkeit von Unternehmern, Beziehungen zu den Medien herzustellen, kann manchmal ihre wesentliche Marketingaktivität darstellen – die Aktivität, die über das Unternehmensimage entscheidet. In den 80er Jahren war Lee Iacocca von Chrysler in den Schlagzeilen, in den 90er Jahren ist es Bill Gates von Microsoft.[46] Ein europäisches Beispiel ist Jan Carlzon. Als Präsident der Scandinavian Airlines (SAS) ist er zum Medienliebling avanciert. Insbesondere zu Beginn seiner Tätigkeit widmete er sowohl den Medien als auch der persönlichen Kommunikation mit seinen Mitarbeitern auf allen Ebenen viel Zeit. Gekonnt nutzte er das Fernsehen, um bestehende und neue Passagiergruppen und Mitarbeiter anzusprechen; ein Großteil des internen Marketing lief über die normalen Fernsehkanäle. Er nutzte diese Möglichkeit, um wichtige Grundsätze zu erklären: die Rolle der Unternehmensführung, die Notwendigkeit, den Kunden in den Mittelpunkt zu stellen, und die Vorteile von gutem Service und hoher Qualität. Er brachte neue Marktsegmente dazu, Flugreisen auszuprobieren. Er tat dies alles auf eine neue, charismatische Art und Weise. Aber die Freundschaft der Medien hält nicht ewig. Als es SAS nicht gelang, die für das Marketing und das Bestehen der Gesellschaft lebenswichtigen Allianzen mit großen europäischen und amerikanischen Fluggesellschaften einzugehen, wendeten sich die Medien gegen Carlzon mit Schlagzeilen wie: „Sind Sie jetzt erledigt?" Sein Privatleben wurde unter die Lupe genommen. Auch das war natürlich eine kostenlose Werbung, aber es ist nicht klar, ob sie SAS eher zum Vorteil oder zum Nachteil gereichte. Auf jeden Fall wurde damit der Name des Unternehmens im öffentlichen Bewußtsein gehalten, und auf dem Markt müssen Erinnerungen ja schließlich ständig neu aufgefrischt werden.

[46] Siehe Iacocca (1984); Gates (1995).

- Wenn ein kritisches, unerwartetes Ereignis eintritt, können die Beziehungen zu den Medien über die Zukunft des Unternehmens entscheiden. Beispiele dafür bieten Perrier, Bergene und Luby's. Im Jahr 1990 entdeckte ein Labor Spuren des krebserregenden Benzols im französischen Mineralwasser Perrier, einem Getränk, das für einen gesunden Lebensstil stand und sich bei den amerikanischen Yuppies besonderer Beliebtheit erfreute. Allein in den USA beliefen sich die Jahresumsätze auf 150 Millionen US$. Perrier hatte keine Krisenstrategie parat und stand der Situation völlig unvorbereitet gegenüber. Die Firma verhielt sich ausweichend und schob die Schuld auf eine Ursache nach der anderen. Wenn ein Konsument bei Perrier anrief, um sich über Benzol und die möglichen Gesundheitsrisiken zu erkundigen, wußte man ihm nichts zu sagen.[47] Der Firmenname verlor schnell sein gutes Image, und 160 Millionen Flaschen mußten weltweit zurückgenommen werden. Im Heimatmarkt Frankreich hatten die Leute keine Bedenken, bald wieder zu Perrier zu greifen. In Großbritannien und in den USA kamen die Kunden nur langsam zurück, was anderen Mineralwässern wie Evian eine Chance eröffnete. Bergene – ein führender Hersteller von Schokoriegeln in Norwegen – verfolgte eine andere Strategie. Man hatte in der Rohschokolade, die für Bergene-Riegel verwendet wurde, Salmonellen gefunden. Die Geschäftsleitung beschloß, eng mit den Medien und den Gesundheitsbehörden zusammenzuarbeiten und sich absolut offen zu geben. Eine interne Arbeitsgruppe, an der auch Vertreter der Behörden teilnahmen, wurde ins Leben gerufen, und man scheute keine Kosten, um die notwendigen Maßnahmen zu treffen. Nach einem anfänglichen Rückgang der Verkaufszahlen und einem finanziell schlechten Jahr eroberte Bergene seine Marktposition zurück. Luby's, eine Kette mit 145 Restaurants, ging sogar noch weiter. Das Unternehmen hatte einen Notfallplan entwickelt vor dem Hintergrund, daß Konsumenten, Medien und Investoren auf Katastrophen und schlechte Publicity irrational und neurotisch reagieren können. 1991 waren in einer Cafeteria der Firma 23 Menschen erschossen worden, ein Gemetzel, das mit Luby's an sich nichts zu tun hatte. Innerhalb von einer Stunde stoppte die Firma jeglichen Handel mit ihren Aktien. Der Generaldirektor war zwei Stunden später am Tatort, kümmerte sich um kostenlose Hotelunterkünfte für die Angehörigen der Opfer, gründete einen Unterstützungsfonds und garantierte den Mitarbeitern ihren Arbeitsplatz auch für den Fall, daß das Restaurant geschlossen werden müßte.
- Jedes Unternehmen träumt davon, in die Medien zu kommen, wenn es neue Produkte oder Leistungen einführt. Medien reagieren aber geradezu allergisch auf Versuche der Unternehmen, sie dazu zu bringen, über ihre Produkte und Leistungen zu berichten. Durch professionelle Presse- und Nachrichtenpro-

[47] Popcorn (1992).

gramme, die sich gezielt an ausgewählte Fachleute und Anwender richten, können jedoch – insbesondere in der Computerbranche – bemerkenswerte Resultate erzielt werden. 1948 führte Victor Hasselblad seine neue Kamera bei einer Pressekonferenz in den USA ein.[48] Er war völlig unbekannt, hatte aber zwanzig Reporter der Fotofachpresse eingeladen. Sie lobten die Kamera als das perfekte Produkt. Hasselblads Beziehung zu dieser kleinen Gruppe von Meinungsbildnern war entscheidend für den schnellen Erfolg der Kamera. So wurde sie wie selbstverständlich für den ersten Mondflug ausgewählt, und fünfzig Jahre nach ihrer Einführung bleibt die Hasselblad für die Berufsfotografen die Königin der Kameras; sie besitzt in ihrer Marktnische einen globalen Anteil von 20 %. Und sie ist der Liebling der Medien geblieben. 1995 war das Interesse der Fachpresse so groß, wie ein Sprecher der Firma erklärt, daß sich eine Werbung für neue Produkte erübrigte.[49]

Diese Fälle zeigen verschiedene Arten von Medienbeziehungen und Interaktionen. Perrier war schlecht vorbereitet und reagierte ausweichend; Bergene war genauso schlecht vorbereitet, wählte aber eine offene und erfolgreiche Strategie in Form eines freundschaftlichen Bündnisses mit den Medien. Luby's war gut vorbereitet.

In unserer immer lauter werdenden Medienwelt ist es heute vielleicht nicht mehr so leicht, sich über die Medien einen raschen Erfolg zu sichern. „Eine Wochentagausgabe der *The New York Times* enthält mehr Informationen, als sie ein durchschnittlicher Mensch im England des 17. Jahrhunderts sein Leben lang erhalten hätte", meint Wurman in seinem Buch „Information Anxiety".[50] Selbst wenn manchmal gar keine Reaktion kommt, spielen die Medien, einschließlich Werbung, eine verstärkende Rolle und können ein bereits bestehendes Interesse beleben. Es besteht kein Zweifel, daß die Massenmedien, insbesondere in der parasozialen Beziehung (R13), auch für die individualisierten Ansätze des RM ihre Bedeutung behalten werden.

Ganz wesentlich ist die Unterscheidung zwischen Aufklärungsjournalisten, die die Materie beherrschen und systematisch langfristige Recherchen betreiben, und allgemeinen Berichterstattern, von denen erwartet wird, daß sie über jedes beliebige Thema schreiben und innerhalb von wenigen Stunden einen Artikel oder einen Kurzbericht liefern können. Es gibt Journalisten und Medien, die sich auf bestimmte Branchen spezialisiert haben, zum Beispiel auf Telekommunikation oder Autos, und das Geschehen in diesen Branchen kontinuierlich verfolgen. Es gibt sogar eine spezielle Gruppe von Journalisten und Beratern im Umkreis von IBM – die sogenannten „IBM-Watchers" –, die sich einzig und allein darauf kon-

[48] Basierend auf einem Artikel von Hemmungs Wirtén (1992).
[49] Interview mit dem Informationsdirektor von Hasselblad (Info, 1996).
[50] Wurman (1989, S.32).

zentrieren, über IBM zu berichten und die Entscheidungen und Aktivitäten der Firma zu interpretieren.

Es gibt zahlreiche Möglichkeiten, um an die Medien heranzutreten: formelle Pressekonferenzen, informelle Zusammenkünfte, Pressemitteilungen, Interviews usw. Es geht nicht nur darum, Nachrichten anzubieten, sondern auch darum, ein persönliches Vertrauensverhältnis zu schaffen. Dies erfordert Planung und Beharrungsvermögen wie jede Art von Marketing. Der Kontakt zu den Medien muß Bestandteil eines gesamten Kommunikationsprozesses sein, der auch die internen Marketingaktivitäten umfaßt.

Die virtuelle Realität ist eine Kreation der EDV. Heutzutage genügt schon ein ganz normaler Computer, um Fotos zu manipulieren; die Dinosaurier in *Jurassic Park* wurden durch eine Software ins Leben gerufen; in einem anderen Film schüttelt Forrest Gump Präsident Kennedy die Hand, obwohl dieser bereits dreißig Jahre tot war, als der Film gedreht wurde. Information und Entertainment verschmelzen zum Infotainment.[51] Eine andere irreale Realität, die längst zu unserem Alltag gehört, ist das Pseudoereignis oder die Pseudonachricht. *Im Gegensatz zum Ereignis, das berichtet wird, weil es geschehen ist, wird das Pseudoereignis eigens konstruiert, um berichtet zu werden.* Mit dem Pseudoereignis verwandt sind belanglose – triviale und kuriose – Vorkommnisse, die zu Sensationen hochstilisiert werden, um das öffentliche Interesse von wichtigen Ereignissen abzulenken. Sie bieten Realitätsflucht und Unterhaltung. Pseudoereignisse sind zum Beispiel die Auftritte von Prominenten bei der Präsentation eines neuen Films oder eines Buches, bei der Eröffnung eines Restaurants, bei einer Sportveranstaltung oder Kunstausstellung. Die Prominenten werden eingeladen, um den Veranstaltungen Glanz zu verleihen; ohne die Anwesenheit der berühmten Gäste würden die Events an sich gar nicht in die Medien kommen. Solche Aktionen bauen auf der Vermarktung von Persönlichkeiten auf: Schauspieler, Autoren, Chefköche, Athleten und Künstler, aber auch Unternehmensleiter und Politiker. Medien spielen bei dieser Art von Marketing eine wesentliche, ja womöglich *die* entscheidende Rolle. Talk-Shows mit Prominenten gehören heute zum täglichen Programm jedes Fernsehsenders. Der amerikanische Pop-Art-Künstler Andy Warhol ist das Musterbeispiel einer Medienpersönlichkeit und Pseudokreation. Erst die Zukunft wird entscheiden, ob seine Kunst wirklich Kunst war oder nur die Kunst, sich in Szene zu setzen.

Wir wollen diese Ausführungen über die Medien mit einem Zitat aus einem Buch über „Celebrity Marketing“[52] abschließen: „Da die Medien die mächtigsten aller Kanäle bilden, sind sie entscheidend, um hohe Sichtbarkeit zu erlangen. Auch andere Kanäle sind in der Lage, das Prominentenimage aus dem Depot auf

---

51 Siehe Postman (1987) über die Vermischung von Realität und Unterhaltung, zu der insbesondere das Fernsehen beigetragen hat.

52 Rein, Kotler und Stoller (1987, S. 255).

den Markt zu bringen, aber keiner besitzt auch nur annähernd die Kosteneffizienz und die Publikumswirksamkeit der Massenmedien.“[53]

[53] Die Idee zu dieser Beziehung stammt auch von Karaszi (1991) sowie Hadenius und Weibull (1993).

Kapitel 5
Nanobeziehungen: Die Ebene unter den Marktbeziehungen

Im vorhergehenden Kapitel haben wir die Beziehungen untersucht, die den Marktbeziehungen übergeordnet sind. Dieses Kapitel beschäftigt sich mit den Beziehungen auf der anderen Seite, also mit jenen, die dem eigentlichen Markt untergeordnet sind und innerhalb einer Organisation stattfinden. Diese Nanobeziehungen (R24 bis R30) betreffen die Organisationsstruktur, die Systeme und Arbeitsabläufe des Lieferanten, welche die Voraussetzung für die Durchführung von Marketingaktivitäten und für erfolgreiche Marktbeziehungen bilden. Sie bilden auch die Ausgangsbasis für den Umgang mit Megabeziehungen. Nanobeziehungen zeigen, daß es eine Marktwirtschaft innerhalb des Unternehmens gibt und daß die Grenzen zwischen der externen und der internen Arbeit eines Unternehmens verschwimmen.

Relationship 24
Marktmechanismen werden in das Unternehmen hineingetragen

Parallel zu den Netzen und Allianzen, welche die freien Marktmechanismen außerhalb des Unternehmens im Zaum halten, entwickelt sich langfristig die Tendenz, innerhalb des Unternehmens Marktmechanismen einzuführen. Das Unternehmen wird selbst zu einem Markt, der mit anderen internen Märkten interagiert. Die Marktmechanismen treten zum Teil an die Stelle der internen Planwirtschaft, und es ist nicht immer klar, wer nun eigentlich der Verkäufer, der Käufer oder der Konkurrent ist. Die Grenzen zwischen dem „Sie" und dem „Wir" werden verwischt. Die neuen internen und externen Marktbeziehungen verlangen nach neuen Marketingstrategien.

In seiner reinsten Form kann ein Unternehmen als eine Planwirtschaft angesehen werden, in der klar definierte Aktivitäten in Richtung klar definierter Ziele koordiniert werden, unterstützt durch Unternehmensmission, Zielsetzungen, Strategien, Produktionssysteme, Organisationsstrukturen und finanzielle Kontrollsysteme. Planwirtschaften, wie wir sie aus dem Kommunismus kennen, haben gigantische Produktivitäts-, Qualitäts- und Wachstumsprobleme. Sie sind für ihre Starrheit, ihren Mangel an Initiative und ihre allgemeine Unfähigkeit, ihre Länder zu verwalten, bekannt. Unternehmen – obwohl sie im Vergleich zu Nationen geradezu winzig klein sind – sind mit ähnlichen Problemen konfrontiert und haben daher eine dynamische interne Marktwirtschaft aufgebaut. Dieser Trend hält seit Ende der 60er Jahre an. Man bezeichnet ihn im allgemeinen als Dezentralisierung, aber im Rahmen des RM-Konzepts würde ich es vorziehen, von *interner Deregulierung* und *Umregulierung* zu sprechen.[1]

Für das RM ist dies insofern relevant, als sich die Beziehungen innerhalb der Organisation dadurch in zweifacher Weise verändern: Marktbeziehungen werden in das Unternehmen hineingetragen und bilden eine neue Basis für die externen Marktbeziehungen. Nach der (zumindest theoretischen) internen Stabilität dank administrativer Routinen ist damit eine marktähnliche Beziehung zwischen dem internen Lieferanten und dem internen Kunden geboren.

Die Einführung einer Marktwirtschaft innerhalb der Organisation tritt in der Organisationsstruktur auf verschiedene Weise zutage (Abbildung 5.1):

- Das Unternehmen ist in vier Typen von Einheiten gegliedert: 1. Geschäftsleitung und Vorstand; 2. Operative Einheiten mit Produktion und Marketing/Verkauf als Kernaktivitäten; 3. Interne Dienstleistungseinheiten; 4. Stabseinheiten.
- Die operativen Einheiten und Dienstleistungseinheiten werden zu Profitcentern: Geschäftsbereiche, Divisionen, Niederlassungen, und innerhalb dieser entstehen kleinere Profitcenter. Die wichtigsten Einheiten – strategische Geschäftseinheiten – genießen eine weitgehende Autonomie.
- Die Stabsabteilungen von den internen Dienstleistungseinheiten zu trennen ist nicht immer einfach. Stabsabteilungen sind eine „Verlängerung" des Managements auf verschiedenen Organisationsebenen. Als solche werden sie als Kostenstellen behandelt, selbst wenn sie ein Profitcenter unterstützen und für dieses arbeiten. Um das Potential der freien Marktkräfte optimal zu nutzen, wird im allgemeinen die Strategie verfolgt, so viele wie möglich zu Dienstleistungseinheiten zu machen. Geht man aber in dieser Richtung zu weit, kann dies der Effizienz schaden, da die Stabsabteilungen intern umgangen werden und das interne Abrechnungssystem schwerfällig und kostspielig wird.
- Der ursprünglichen Idee zufolge sollte ein Profitcenter eine gewisse Eigenständigkeit besitzen. Das bedeutet zum Beispiel, daß eine Produktionseinheit eine Marketing- und Verkaufseinheit beliefern kann, die Marketing- und Verkaufseinheit aber auf einen externen Lieferanten zurückgreifen kann, wenn sie

[1] Eine tiefgehende Analyse der Dezentralisierung bietet Södergren (1987, 1992). In einer Anthologie haben Halal, Geranmayeh und Pourdehead (1993) sich mit den internen Märkten und ihrer Deregulierung befaßt. Sie verwenden jedoch einen Ansatz aus der Organisationstheorie und in gewissem Maße aus der Volkswirtschaftslehre, der sich vom RM-Ansatz unterscheidet. Dienstleistungsmarketing, Qualitätsmanagement und Konzepte wie interaktive Produktion, Gleichzeitigkeit von Produktion und Konsum, die Rolle des Kunden, internationales Marketing, interne und externe Kunden sowie der Netzwerkansatz werden daher nicht einbezogen.

keine Bruder- oder Schwestereinheit findet, die ihr die gewünschten Bedingungen bietet. Eine interne Dienstleistungseinheit kann ihre Dienste gemeinsam mit einem externen Anbieter und den Fachleuten einer operativen Einheit leisten, hat aber auch die Möglichkeit, ihre Dienste an externe Unternehmen zu verkaufen. Die internen Geschäfte setzen ein internes Preissystem voraus, das mit den Marktpreisen konkurrenzfähig sein sollte.

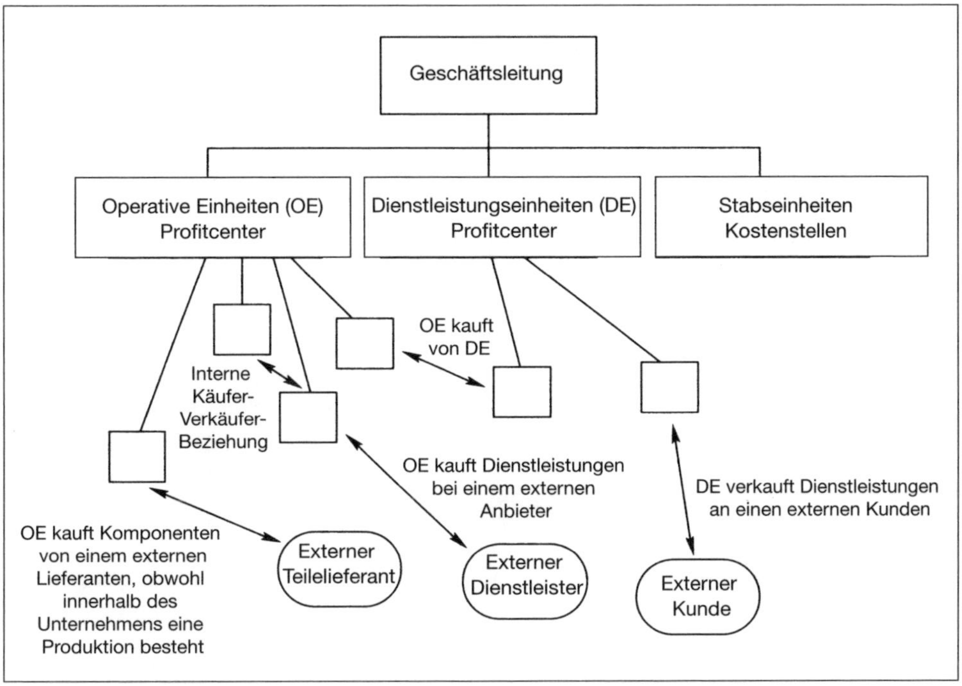

Abbildung 5.1: Marktmechanismen werden in die Organisation hineingetragen

Es gibt keine Marketingtheorie, die sich mit den internen Marktmechanismen befaßt, obwohl die Dezentralisierung und die interne Deregulierung schon so lange betrieben werden. Die Tatsache, daß interne Preiskalkulationen als Konzept existieren, zeigt auf, daß man den Markt hereingelassen hat, wenn auch vielleicht weniger nach marktwirtschaftlichen als nach buchhalterischen Kriterien.[2] In den 80er Jahren begann selbst der staatliche Sektor mit der Dezentralisierung und der Errichtung von Profitcentern.

Durch interne Preise können die Beziehungen schwerfällig werden. Wenn man über jeden Pfennig Rechenschaft ablegen muß – und kaum mehr mit jemandem

[2] Es gibt eine lange Tradition der internen Preisberechnung. Die Diskussion in diesem Abschnitt ist teilweise durch ein Gespräch mit Göran Arvidsson beeinflußt (Wennberg 1994).

in einem anderen Profitcenter reden kann, ohne dafür eine Rechnung vorgelegt zu bekommen – dann ist es mit der Effizienz vorbei. Das Management hat die Möglichkeit, Regeln festzulegen und nur dann einzugreifen, wenn die Marktmechanismen nicht entsprechend greifen, um das interne Marktgleichgewicht zu schaffen. Für die Kernaktivitäten sind interne Preise wichtig, für unterstützende Funktionen weniger. Hat man in einem gewissen Zeitraum dank interner Preise und Wettbewerb zu einer rationalisierten und konsteneffizienteren Arbeitsweise gefunden, verliert die laufende interne Verrechnung an Bedeutung. Sie stellt jedoch einen Versuch dar, von der willkürlichen Kosten-plus-Zuschlag-Preispolitik wegzukommen, die einer internen Besteuerung gleichkommt.

Im Sinne der Transaktionskostenanalyse wird die Existenz einer Organisation dadurch begründet, daß externe Information weniger leicht zugänglich und interne Information leichter zugänglich ist.[3] Diese Analyse geht davon aus, daß interne Beziehungen gut zu kontrollieren und interne Transaktionen daher effizienter sind als Transaktionen mit Außenstehenden. Es ist also einfacher, innerhalb einer Organisation zu arbeiten, als sich auf Marktforschungstechniken und andere Informationsquellen verlassen zu müssen, um etwas über Kunden, Mitbewerber und andere zu erfahren, da manche dieser Quellen den Weg zur Information auch vorsätzlich versperren können. Diese Voraussetzungen der Transaktionskostenanalyse lösen sich jedoch in Luft auf, wenn wir nicht in der Lage sind, die Organisation von ihrem Umfeld eindeutig abzugrenzen, wenn die externen Marktmechanismen mit hineinspielen und Marktmechanismen innerhalb der Organisation eingeführt werden.

Seit Jahrzehnten teilt man Unternehmen bereits in Profitcenter auf, aber in der ersten Zeit herrschte noch Verwirrung hinsichtlich der Verantwortlichkeiten und Kompetenzen. Obwohl die Beziehungen zwischen der zentralen Geschäftsleitung und den einzelnen Bereichen oft gespannt sind, ist man heute besser in der Lage, in Bereiche aufgegliederte Organisationen zu managen, und Profitcenter sind in allen Arten von Organisationen üblich geworden.

Der interne Beziehungsmarkt kann als eine Triade betrachtet werden, die zwei Profitcenter – den Lieferanten und den Käufer – sowie die Beziehung zwischen jedem dieser Profitcenter und dem zentralen Management umfaßt.[4] Die Beziehungen stehen im Spannungsfeld von Zusammenarbeit und Wettbewerb, von Affinität und Konflikt. Die Unternehmensleitung setzt ein gewisses Ausmaß an Regulierungen durch. Die drei Einheiten – Lieferant, Käufer, Management – sind ihrerseits in ein größeres Netzwerk eingebettet, das ihre Beziehungen beeinflußt. In den Beziehungen zwischen Lieferant und Kunde erfolgt ein Austausch von Waren, Dienstleistungen, Geld und Information. Gewisse periphere Dienste wie

[3] Mehr über die Transaktionskostenanalyse in Kapitel 6.

[4] Diese Ausführungen basieren auf Hultbom (1990), S. 101; zitiertes Fallbeispiel S. 136 – 137.

EDV-gestütztes Bestellwesen oder Fakturierungssysteme können diese Beziehungen begünstigen.

Eine Fallstudie von Hultbom soll die internen Beziehungen in einer auf Profitcentern aufgebauten Organisation veranschaulichen. Die Mitglieder der Triade sind hier die Electrolux-Zentrale und ihre Filialen Husqvarna (die auf dem externen Markt Nähmaschinen verkauft) und Mecatronic (interner Verkauf von Komponenten für Nähmaschinen):

„Aus der Untersuchung der Triade geht nicht hervor, daß die Beziehungen zwischen Husqvarna und Mecatronic durch Aktionen der Zentrale beeinflußt wurden. Die beiden Profitcenter wurden sich selbst überlassen. Es gab keine Anzeichen dafür, daß die interne Interaktion zwischen den beiden reibungsloser ablief und die Transaktionskosten geringer waren, als wenn Husqvarna und Mecatronic vollkommen unabhängige Unternehmen gewesen wären und auf dem externen Markt operiert hätten. Käufer wie Verkäufer empfanden die Preisverhandlungen als mühselig, und die Lieferinformationen waren nicht leicht zu bekommen. Mecatronic hielt eine Zusammenarbeit bei Forschung & Entwicklung und Produktion für notwendig, während die Mitarbeiter von Husqvarna davon überzeugt waren, an der Spitze der Technologie zu stehen, und behaupteten, die Produktentwicklung sollte ihnen überlassen werden. Vom Standpunkt des Konzerns betrachtet bestand ein offensichtliches Risiko der Suboptimierung. Die hierarchische Macht der Zentrale wirkte sich indirekt auf die Verkäufer-Käufer-Beziehung aus. Als einer der weltweit führenden Nähmaschinenanbieter fühlte sich Husqvarna in sicherer Position. Mecatronic wiederum hatte einen grundlegenden Restrukturierungsprozeß hinter sich. Das Unternehmen hatte begonnen, ein neues Produkt herzustellen, das sich (aus der Sicht des Engineering) sehr rasch entwickelte. Dies führte zu einer Verunsicherung und einer protektionistischen Haltung. Die Zentrale verlangte schnelle Erträge aus den Kapitalanlagen, was der langfristigen Entwicklung von Mecatronic schaden konnte. Die mühsamen Preisverhandlungen entstanden wahrscheinlich aus der Forderung der Zentrale nach schnellen Erträgen. Diese Forderung, zusammen mit dem internen Wettbewerb, führte zu weniger zufriedenstellenden Informationsflüssen in der Beziehung zwischen dem Käufer und dem Verkäufer."

Wenn man den Markt in ein Unternehmen hineinträgt, materialisieren sich neuartige interne Vernetzungen. Das Management spielt weiterhin eine Führungsrolle, die durch seine hierarchische Macht in diesem Netz bedingt ist. In Analogie zum externen Markt ist das Management wie eine Regierung, die Regulierungen einführen kann und damit den freien Marktmechanismen Grenzen setzt. Erstens überwacht das Management die Profitcenter über die Finanzberichte. Zweitens bleibt der Erwerb finanzieller Ressourcen meist zentralisiert, so daß ein interner Wettbewerb um Kapitalmittel entsteht. Die Unabhängigkeit der betrieblichen Einheiten bei der Zuweisung ihrer Profite, zum Beispiel wenn neue

Investitions- oder Entwicklungsprojekte geplant sind, bleibt häufig beschränkt. Drittens ist es das Management, das die Leiter der Geschäftsbereiche, Tochterunternehmen und Divisionen einstellt oder entläßt. Viertens wird von jedem erwartet, daß er sich nach den Orientierungen, Zielsetzungen und Strategien des Konzerns richtet. Fünftens besteht ein informeller Druck. Sechstens können die internen Einheiten zwar mit einem beliebigen externen Lieferanten oder Kunden Geschäfte machen, wenn dies rentabler erscheint; in der Praxis kann man aber nicht sicher sein, daß das Konzernmanagement eine solche Freiheit unterstützen wird.

Innerhalb dieses Rahmens sind die internen Einheiten berechtigt, ihre Beziehungen zueinander auf Marktbedingungen aufzubauen. Sie gehören häufig verschiedenen Sparten an. Es gibt innerhalb des Unternehmens Märkte für Waren und Dienstleistungen, und die internen Einheiten fakturieren sich gegenseitig. Daher entstehen zwischen den Mitarbeitern und Funktionen andere Beziehungen als in einer traditionellen Planwirtschaftshierarchie. Der Unterschied zwischen den konzerninternen Geschäften und dem externen Markt verliert an Deutlichkeit.

Der interne Informationsaustausch ist oft konfliktgeladen, während er in externen Märkten recht friedlich ablaufen kann. Da in Kombination mit den Marktmechanismen auch eine definierte hierarchische Struktur auftritt, die den Beziehungen zwischen den einzelnen Profitcentern übergeordnet ist, können interne Beziehungen sogar noch komplizierter sein. Marktmechanismen verlangen eine Konfrontation der Interessen aller Parteien und die Lösung von Zielsetzungskonflikten.

Das System des Marktes bedingt Doppelgleisigkeiten, die als wenig kosteneffizient gelten und die man daher durch Koordination zu vermeiden trachtet. Aber die Koordination menschlicher Aktivitäten funktioniert nur bis zu einem gewissen Grad, und wenn man sie zu weit treibt, führt sie zu Trägheit, geringer Produktivität und mangelnder Flexibilität. Kritiker beanstanden auch, daß Profitcenter nichts anderes tun, als Geld innerhalb des Unternehmens hin und her zu schieben, und daß sie keinen zusätzlichen Wert schaffen. Die Tatsache, daß die Unternehmen weiterhin nach Dezentralisierung streben, bedeutet jedoch, daß sie im Einsatz von Profitcentern mehr Vorteile als Nachteile sehen. Die Dynamik der kürzeren, schnelleren Entscheidungswege und die Möglichkeit für die Profitcenter, ihre eigenen Beziehungen und Netzwerke zu entwickeln, überwiegt offenbar die Nachteile. Innerhalb einer Organisation wie auch im Markt gilt es, ein ausgewogenes Verhältnis zwischen Freiheit und Regulierung zu finden.

Beziehung 25
Interfunktionale und interhierarchische Abhängigkeit: die Beziehung zwischen internen Kunden und internen Lieferanten

Als Lee Iacocca die Leitung von Chrysler, dem drittgrößten amerikanischen Autohersteller, übernahm, beschrieb er seine ersten Eindrücke wie folgt: „Niemand bei Chrysler schien zu begreifen, daß die Interaktion zwischen verschiedenen Funktionen in einem Unternehmen von absolut kritischer Bedeutung ist: Die Leute in der Konstruktion und in der Produktion müssen schon fast miteinander schlafen. Aber diese Typen flirteten nicht einmal miteinander ... Die Leute aus der Produktion bauten Autos, ohne sich mit den Leuten vom Verkauf abzusprechen. Sie bauten sie einfach, stellten sie irgendwo ab und hofften, daß irgend jemand sie dort abholen würde. Zum Schluß hatten wir einen riesigen Lagerbestand und einen finanziellen Alptraum.“[5]

Dieses Zitat ist eine gute Einführung in die Beziehungen und Abhängigkeiten zwischen den einzelnen Funktionen eines Unternehmens, ein Aspekt, der in der Marketingtheorie gar nicht oder nur im Vorübergehen erwähnt wird. Ich möchte hier zwei Konzepte aus dem Qualitätsmanagement übernehmen: den *internen Kunden* und das *Prozeßmanagement* (Abbildung 5.2). Es geht hier um *interfunktionale Abhängigkeit* und *horizontale Interaktion*, um das Niederreißen der Mauern zwischen spezialisierten Funktionen und das Aufbrechen organisationeller Silos. Es geht außerdem *um interhierarchische Abhängigkeit* und *vertikale Interaktion*, denn auch zwischen den einzelnen Ebenen der Organisationspyramide haben sich Mauern aufgebaut. Der Begriff des *internen Lieferanten* sollte als Gegenstück zum internen Kunden hinzugefügt werden. Normalerweise spielt ein Mitarbeiter die doppelte Rolle, als interner Kunde etwas zu empfangen und es mit zusätzlichem Wert an einen weiteren internen Kunden zu liefern, zum Beispiel eine Entscheidung, die es zu verfeinern oder umzusetzen galt. In diesem Sinne wird das Unternehmen zu einem Netz von Beziehungen, Prozessen und Projekten. Die Beziehung zwischen Technologie und Marketing ist besonders wesentlich. Wir werden sie separat unter R26 behandeln, da das moderne Qualitätsmanagement einen ganz besonderen Beitrag zur Überwindung der Kluft zwischen Ingenieuren und Vermarktern geleistet hat.

Die Organisation muß in der Lage sein, Prozesse abzuwickeln, ohne sie durch hierarchische und funktionale Barrieren zu behindern. Traditionell gibt es Konflikte zwischen den einzelnen Funktionen. Sie bilden Subkulturen und Stämme innerhalb des Unternehmens, und Stammesfehden sind keine Seltenheit.[6] Man

[5] Iacocca (1984, S. 162).
[6] Siehe auch Neuhauser (1988).

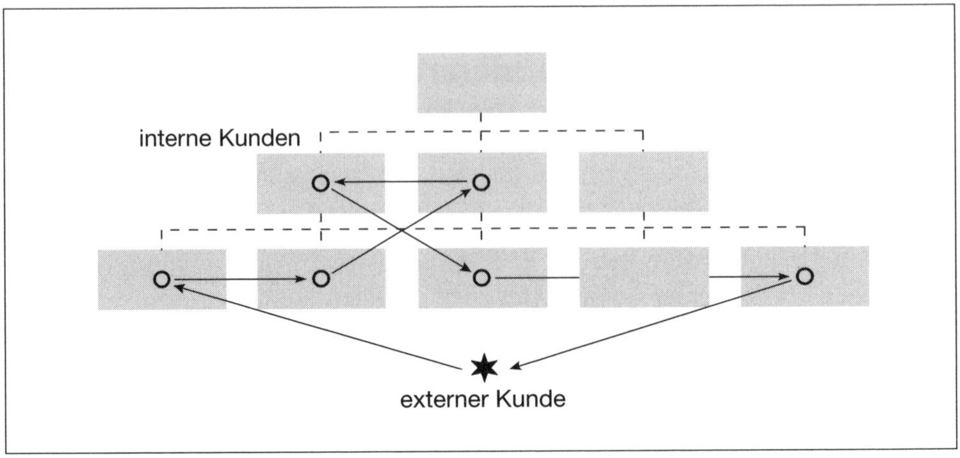

Abbildung 5.2: Beziehungen zwischen internen Kunden, internen Lieferanten und externen Kunden in einer hierarchischen Struktur. Die Pfeile zeigen an, auf welchen verschlungenen Wegen ein Prozeß durch die Organisation laufen kann. Jeder Kreis steht für einen internen Lieferanten und Kunden, mit einem externen Kunden (Stern) als Ausgangs- und Endpunkt

sollte eine Organisation nicht als Aufeinanderhäufung von Schachteln betrachten, sondern eher als ein Bündel von Prozessen. Zunehmend bestimmt das *Prozeßdenken* die Erneuerung von Unternehmen. Harrington meint: „Alles, was wir heute machen, können wir besser machen, wenn wir uns auf den Prozeß konzentrieren. Das Management hat unseren Mitarbeitern die Fähigkeit genommen, einen fehlerfreien Output zu produzieren, indem es ihnen veraltete, mühsame, bürokratisierte Geschäftsprozesse aufgehalst hat."[7] ISO 9000 ist eine internationale Norm für die Beschaffung und die Qualitätsentwicklung. Um eine ISO-Zertifizierung zu erreichen, müssen die Lieferanten ihre Prozesse dokumentieren. *Business Process Reengineering* (BPR)[8] wird als radikal neuer Managementansatz propagiert. BPR setzt voraus, daß man das Unternehmen von Grund auf völlig neu konzipiert, ohne an bestehenden Strukturen festzuhalten, und es nicht mehr nach spezialisierten Funktionen, sondern nach Prozessen organisiert.

Im 2. Weltkrieg entwickelte sich mit der militärische Task Force eine neue Funktionsweise. Um ein bestimmtes Ziel zu erreichen – den Feind an einem bestimmten Ort zu schlagen –, wurde unter den Alliierten eine vorübergehende Zusammenarbeit zwischen verschiedenen Organisationseinheiten errichtet. Dieser Organisationsmodus wurde auch in der Wirtschaft eingeführt, und es wurde

[7] Harrington (1991, S. x).
[8] Hammer und Champy (1993).

üblich, gemeinsam an bestimmten Projekten zu arbeiten. Projekte zeichnen sich dadurch aus, daß sie *zeitlich begrenzt* sind und sich darauf konzentrieren, eine *spezifische Aufgabe zu lösen*. Man setzt dazu *Leute aus verschiedenen Teilen der bestehenden Organisation* ein, manchmal verstärkt durch *Berater und andere externe Anbieter*. Ist die Aufgabe erfüllt, wird die Projektorganisation wieder aufgelöst. Innerhalb des Projekts besteht eine gewisse Hierarchie, zumeist mit einer Managementgruppe, einer Referenzgruppe und Arbeitsgruppen. Heutzutage ist Projektarbeit in den Unternehmen durchaus üblich; bei der Produktentwicklung kann ein Projekt zum Beispiel Leute aus den Bereichen Konstruktion, Engineering, Fertigung, Einkauf und Marketing zusammenführen. Es ist eine organisierte Form der interfunktionalen Zusammenarbeit.

Das Konzept des internen Kunden trägt die Beziehung „Lieferant-Kunde" in das Unternehmen hinein. Jeder Mitarbeiter muß sich als Kunde anderer Mitarbeiter verstehen, von denen er Produkte, Dokumente, Nachrichten, Entscheidungen usw. geliefert bekommt, und als Lieferant für andere interne Kunden. Nur wenn die Kunden zufrieden sind – denn Kundenzufriedenheit ist das, was zählt, intern wie extern –, hat man seine Arbeit getan. Ishikawa, einer der Väter des modernen Qualitätsmanagements, gab bereits in den 50er Jahren die Parole aus: „Der nächste Prozeß ist dein Kunde", um „die verbissene Feindseligkeit zwischen den Arbeitern verschiedener Produktionsprozesse in einem Stahlwerk zu überwinden", und „verwendet sie heute noch in seinen lebenslangen Bemühungen, die Schranken des Sektionalismus in Unternehmensorganisationen zu durchbrechen".[9]

In der Abbildung 5.2 bildete eine hierarchische Struktur den Hintergrund der Beziehungen zwischen internen und externen Kunden. Wenn wir diese hierarchische Struktur in unserer Vorstellung ausradieren, können wir die Beziehungen und den Prozeß deutlicher erkennen.

Die Konzepte des internen Kunden und des Prozeßmanagements kommen aus dem Qualitätsmanagement. Die Verantwortung für die Qualität ist nach und nach von den Fabrikhallen nach oben gewandert und zu einem Bestandteil des Marketing und des allgemeinen Managements geworden. Die Prinzipien des Prozeßmanagements werden seit Jahren in der Fertigung angewendet und seit kurzem auch im Bereich der internen Dienste und der Administration. Albrecht und Zenke haben dies in knappen Worten zusammengefaßt: „Wenn du nicht dem Kunden dienst, dann besteht deine Aufgabe darin, jemandem zu dienen, der dies tut."[10] Ausdrücke wie „white collar work", „Bürotätigkeit" und „administrative Routine" sind nicht mehr sinnvoll; sie werfen mehr Schatten als Licht auf das Geschehen.

[9] Zitiert aus Lu (1985, S. viii).

[10] Albrecht und Zemke (1985).

Wenn das Unternehmen sich nicht um die Verbindungen zwischen sämtlichen Funktionen kümmert, kommt es zu „unterbrochenen Ketten", einem „unsichtbaren Konkurrenten", der für den Erfolg viel hinderlicher ist als sichtbare Konkurrenten.[11] Eine der Botschaften des vernetzten Ansatzes im industriellen Marketing ist die wechselseitige Abhängigkeit zwischen dem Marketing und allen technologischen Bereichen: Forschung und Entwicklung, Beschaffung und Fertigung. Bei der Fertigung und Montage komplexer, maßgeschneiderter Anlagen tritt dies besonders klar zutage. Im Dienstleistungsmarketing hat sich herausgestellt, daß die Bereitstellung, Produktion, Vermarktung und Entwicklung von Dienstleistungen größtenteils von denselben Leuten abgewickelt werden, so daß interfunktionale Beziehungen sich ganz von selbst ergeben.[12]

Man darf einen Prozeß nicht einfach als eine natürliche Abfolge von Tätigkeiten verstehen. Die *Wertkette*[13] kann den Eindruck vermitteln, daß Schlüsselfunktionen wie F&E, Fertigung und Marketing in genau dieser Reihenfolge ablaufen müssen. Der *Wertstern* (oder die *Wertkonstellation*)[14] unterstreicht eher das Gleichzeitige als das Sequentielle und betont, wie wichtig es ist, die Funktionen bedarfsgerecht zu kombinieren, anstatt einer festgelegten Prozedur zu folgen.

Wie externe Netzwerke können auch interne Netzwerke komplex sein. Das Netz spannt sich zwischen den vielköpfigen internen Lieferanten und den vielköpfigen internen Kunden mit formellen und informellen Verbindungen zwischen allen Mitgliedern der Organisation. Allianzen werden also nicht nur mit externen Partnern geschlossen; es gibt auch einen internen Allianzenmarkt. Der Einkauf kann durch ein Profitcenter selbständig vollzogen werden oder über einen „gemeinsamen Einkauf" laufen, wenn eine Einkaufsabteilung bessere Bedingungen erzielen kann, weil sie größere Mengen für eine Reihe von Profitcentern einkauft. „Sourcing Teams" können von verschiedenen Betriebsfunktionen in Anspruch genommen werden.[15]

Abbildung 5.3 zeigt Interaktionsmuster zwischen verschiedenen Abteilungen für ein F&E-Projekt. Die Entwicklung fand im Rahmen eines interfunktionalen Projekts statt („concurrent engineering"), aber der Großteil der Interaktion lief innerhalb der F&E-Abteilung ab. Die Interaktion wurde auch auf verschiedene Weise beurteilt. So bewerteten die Marketingleute die Interaktion mit den Produktdesignern höher als umgekehrt. In einem anderen Fall standen die Designer dem Marketing sehr ablehnend gegenüber, schätzten aber die Kontakte mit den Einkäufern.

---

11 Siehe auch McKenna (1985, S. 142, 143, 129).
12 Siehe Grönroos (1992) und Gummesson (1991).
13 Siehe Porter (1985).
14 Wikström und Normann (1994).
15 Siehe Scheuing (1994).

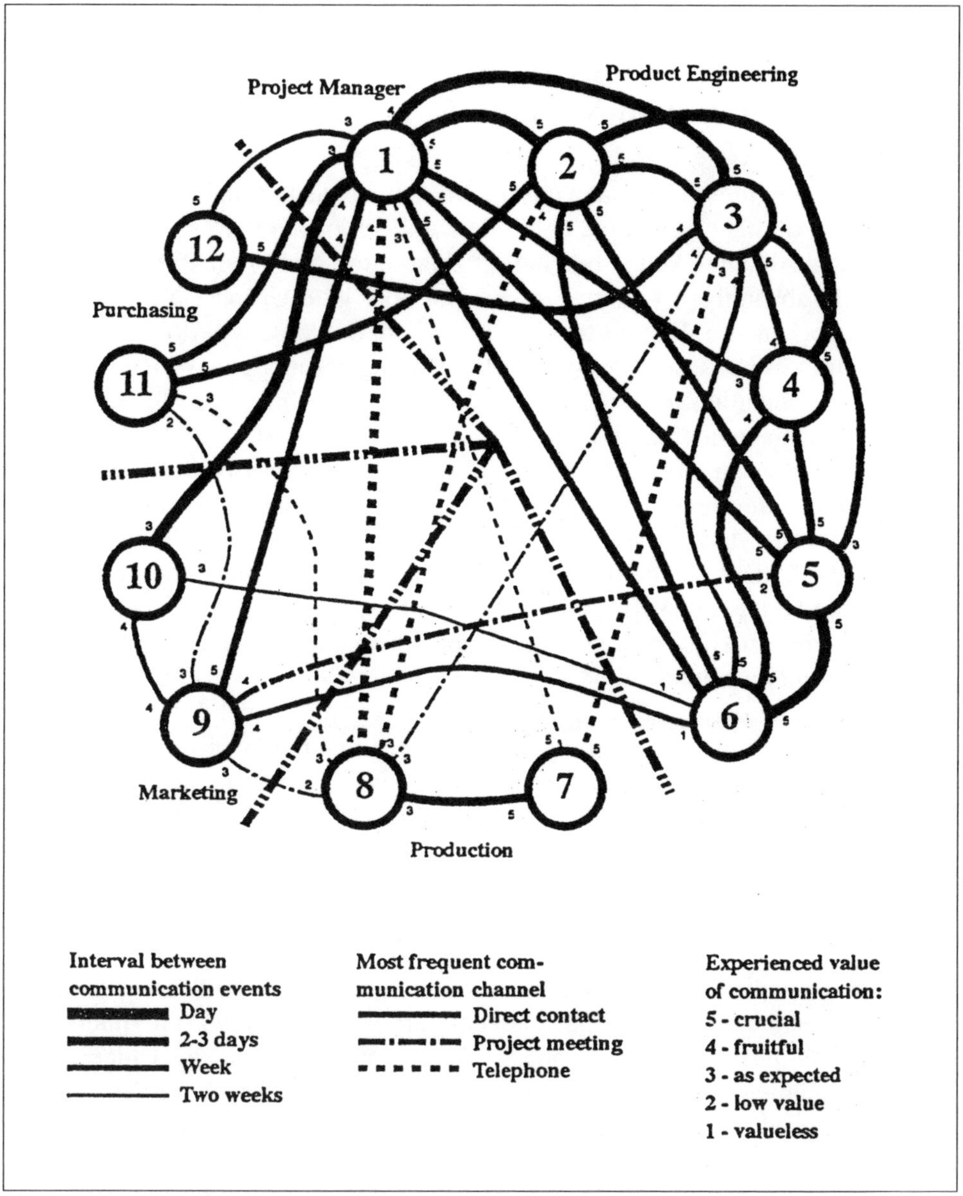

Abbildung 5.3: Interaktion in einem interfunktionalen F&E-Projekt. Zwölf Teilnehmer (als Kreise dargestellt) sind durch Linien verbunden; die Strichstärke zeigt die Häufigkeit der Interaktion. Am Ende jeder Linie gibt eine Zahl die Bewertung der Interaktion durch die Beteiligten an (Bestnote 5). Beteiligt waren die Projektleiter und Vertreter der Bereiche Design, Einkauf, Fertigung und Marketing. (Quelle: Carlsson und Lundqvist 1992, S. 9. Genehmigte Wiedergabe)

Relationship 26
Qualität als Beziehungsstifter zwischen den technischen Funktionen und dem Marketing

In der Marketingliteratur werden uns die Marketingorientierung und die Produktorientierung oft als Gegensätze präsentiert. In R25 haben wir uns mit den interfunktionalen Abhängigkeiten beschäftigt; Marketing und Produktion sind solche gegenseitig abhängigen Funktionen. Es gibt aber gute Gründe, ihre Beziehung separat zu behandeln. Erstens handelt es sich um Schlüsselfunktionen jedes Unternehmens, zweitens ist es der wertvollste Beitrag des modernen Qualitätsmanagements, sie enger zusammengebracht zu haben.

Qualitätsmanagement kann man *von außen*, also vom Markt, oder *intern*, von der Organisation aus, betrachten. Gemeinsam bilden diese beiden Ansätze das *Total Quality Management* (TQM). Nach außen orientiertes Qualitätsmanagement wird vom Markt bestimmt, nach innen orientiertes Qualitätsmanagement hingegen von der Technologie. Zu den treibenden Kräften auf dem Markt gehören die bestehenden Kunden eines Anbieters, die Kunden, die bei der Konkurrenz kaufen, zukünftige Kunden, die noch nicht gekauft haben, und bestehende wie potentielle Mitbewerber.

Um die Marketingorientierung zu verstärken, ist ein Wandel der Werte und der persönlichen Haltungen notwendig. Werte ändern sich nur langsam, und das neue Herangehen an den Markt muß durch die Mission des Unternehmens, seine Ziele und Pläne, seine Strategien, seine Organisationsstruktur und seine Managementsysteme gestützt werden. Dies wiederum verlangt nach einem veränderten Führungsstil. Viel von dem, was heutzutage über Qualität geschrieben wird, konzentriert sich dementsprechend auf Führungsfragen und Mitarbeiterentwicklung.

Zwei häufig zitierte Definitionen der Qualität heben die Beziehung zwischen dem Markt und dem Betriebsmanagement hervor. Crosby (1984) definiert Qualität als *Erfüllung der Anforderungen*, womit er meint, daß die Unternehmen fähig sein müssen, Produkte oder Leistungen zu produzieren, die den Plänen und Spezifikationen entsprechen und von diesen nicht abweichen. Wenn die Pläne und Spezifikationen stimmen, sind ideale Voraussetzungen für die Qualität gegeben. Das ist der Kernpunkt des internen Qualitätsmanagements, das man auch mit folgendem Motto ausdrücken könnte: *„Macht die Dinge richtig!“*

Für das Marketing ist die Frage entscheidend, wessen Anforderungen das Angebot nun entsprechen soll und wie es sowohl für den Kunden als auch für den Lieferanten einen Wert schaffen kann. In der zweiten Definition unterstreicht Juran (1992) die *Gebrauchstüchtigkeit*, was bedeutet, daß der Lieferant einen Wert für den Kunden schaffen muß, indem er dafür sorgt, daß das Angebot den

Bedürfnissen des Kunden angepaßt ist. Diese Definition ist nach außen orientiert, und die Parole lautet hier: *„Macht die richtigen Dinge!"*

Erfolg ergibt sich nicht aus einer „Entweder-oder"-Strategie – entweder produktorientiert und internes Qualitätsmanagement oder marketingorientiert und externes Qualitätsmanagement –, sondern aus einer „Sowohl-als-auch"-Strategie, wo beide Aspekte aufeinander abgestimmt sind. Wir müssen sowohl die Bedürfnisse des Kunden verstehen und dementsprechende Angebote entwickeln als auch die richtige Organisation für ihre Umsetzung schaffen.

Der wichtigste Schluß, der sich aus der Entfaltung des Qualitätskonzepts in der letzten Zeit ergibt und weitgehende Konsequenzen für das Marketing hat, ist folgender: *Qualitätsmanagement in seiner gegenwärtigen Form verstärkt die Beziehung zwischen Produktionsmanagement und Marketingmanagement.* Dies scheint mir eine vernachlässigte, aber grundlegende Änderung in der Führung eines Unternehmens zu bedeuten (Abbildung 5.4). Das Qualitätskonzept hat etwas geschafft, wonach das Marketing schon seit Jahrzehnten strebte, nämlich die Produktorientierung und die Marketingorientierung unter einen Hut zu bringen. Nachdem es zunächst auf technischen Daten und rationalistischen, „objektiv" meßbaren Statistiken basierte, ist Qualitätsmanagement dazu übergegangen, die Wahrnehmungen des Kunden und den Wert für den Kunden zu seinem Prüfstein zu machen.

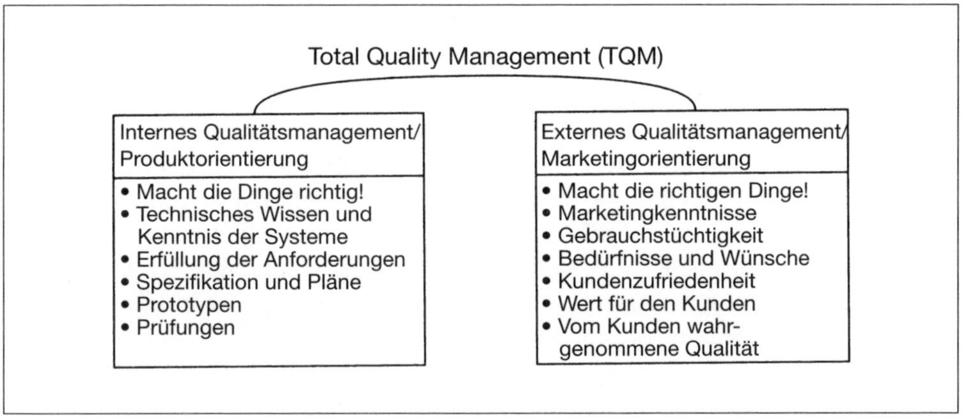

Abbildung 5.4: TQM schmiedet eine Beziehung zwischen der Marketingfunktion und den technischen Funktionen

Der externe Anteil des Qualitätsmanagements setzt bei der vom Kunden wahrgenommenen Qualität und bei den Marktbedürfnissen an. Die umfassendsten Beiträge auf diesem Gebiet findet man in der Marketingliteratur unter den Begriffen Bedürfnisse, Bedürfnisbefriedigung und Kundenzufriedenheit. In der Marktforschung hat das Studium von Kundenzufriedenheit, Konsumverhalten, organisationalem Kaufverhalten und Beziehungen der Kunden zu Marken eine lange Tradition, aber diese Literatur beschäftigt sich fast ausschließlich mit Produkten und kaum mit Dienstleistungen. Das Qualitätskonzept in der Dienstleistungsforschung wiederum orientiert sich hauptsächlich nach außen: auf die Kunden und die Umsätze.

Die Vorgehensweisen von IBM und Apple im Entwicklungsbereich können dies veranschaulichen. IBM besaß den Ruf, ein marketingorientiertes oder besser gesagt verkaufsorientiertes Unternehmen zu sein und die technischen Anforderungen einer harten, systematischen Verkaufstätigkeit gegen die Sorge um Kundenbedürfnisse abzuwägen. IBM stand hinsichtlich Größe, Wachstum und Profiten ganz oben, ein Unternehmen, zu dem man aufschaute, der Traumarbeitsplatz jedes Jungakademikers. Im Laufe der 80er Jahre verlangsamte sich dieser Aufstieg. Der ehemalige Generaldirektor John Akers sagte einmal in einem Interview, daß IBM den Kunden aus dem Blickfeld verloren habe, IBM aber seiner Meinung nach Weltmeister in der Erfüllung von Kundenbedürfnissen werden müsse. Apple, das auf dem Gebiet des PC mit IBM konkurrierte, hatte für seine Computer einen anderen Ansatz gewählt. Ein Apple Macintosh sollte kundenfreundlich sein, so daß jeder ihn bedienen konnte, während ein IBM-Computer eher darauf ausgelegt war, expertenfreundlich zu sein und von Fachleuten verwendet zu werden. Computerfachleute betrachteten den Macintosh als Spielzeug; ein richtiger Computer konnte einfach nicht so unkompliziert sein! Apple setzte auf eine interaktive Beziehung zwischen Computer und Benutzer. Heute wissen wir, daß dieser Ansatz den Sieg davontrug. Wie es in einer Apple-Werbung heißt: „Stellen Sie sich einen Computer vor, der nicht auf den Möglichkeiten der Technologie aufbaut, sondern auf den Möglichkeiten des Menschen.“[16]

Wir wollen hier auf drei Modelle eingehen, die entwickelt wurden, um die Verbindung zwischen Technologie und Markt zu erleichtern. Da ist einmal das Quality Function Deployment (QFD), das darauf abzielt, die Kundenbedürfnisse mit den Eigenschaften der Produkte und Dienstleistungen in Einklang zu bringen. Man spricht in diesem Zusammenhang auch von „House of Quality“ nach der hausförmigen Anordnung seiner Matrizen. Man findet im Detail heraus, *was* die Kunden wollen, und verbindet dies mit der Überlegung, *wie* der Lieferant dies bei der Produktentwicklung technisch umsetzen kann. Die Verbindungen zwischen dem „Was“ und dem „Wie“ werden identifiziert und analysiert, technische Konflikte zwischen den Eigenschaften werden erfaßt, und schließlich werden die Spezifikationen festgelegt.[17]

Die zweite Technik basiert auf Prozeßbeschreibungen von Dienstleistungen, wie wir sie bereits im Zusammenhang mit der Servicebegegnung – R5 – erwähnt

---

[16] Apple-Inserat in i Svenska Dagbladet, 10. Juni 1992.

[17] Hauser und Clausing (1988).

haben. Diese konzentrieren sich auf die Interaktion zwischen dem Kunden und dem Service-/Kontaktpersonal des Lieferanten sowie auf die Interaktion zwischen Service-/Kontaktpersonal, unterstützendem Personal und Management. Zentral ist hier der „Weg des Kunden", also der Weg, den der Kunde von der Überlegung, eine Dienstleistung zu kaufen, bis zur Produktion und Bereitstellung dieser Dienstleistung durchläuft.[18]

Der dritte Versuch besteht aus den weitverbreiteten Qualitätsauszeichnungen, die eine Integration der technischen und internen Aspekte und der Kunden fordern (siehe auch Kapitel 7), und der Qualitätsnorm ISO 9000, die eine Dokumentation der Prozesse verlangt.

TQM im allgemeinen, die Prozeßbeschreibung QFD und die Qualitätsauszeichnungen und Normen sind echte Herausforderungen, die das volle Engagement des Managements verlangen. Die Bereitschaft, die eigenen Werte zu ändern und eine verstärkte horizontale und vertikale Interaktion innerhalb des Unternehmens zu ermöglichen, sind Voraussetzungen für den Erfolg. Bis jetzt ist es nur wenigen Unternehmen gelungen, diesen Ansatz konsequent umzusetzen, um die gewünschten Ergebnisse zu erzielen. Dennoch gibt es heute eine stärkere Integration bei der Produktentwicklung und der Einführung neuer Produkte und Dienstleistungen, und mehr Funktionen arbeiten gleichzeitig zusammen statt hintereinander. Durch die Organisation in Projekte und Prozesse ist man besser in der Lage, Technologie und Markt miteinander zu verbinden.

Bestimmte Leistungen werden vor Ort beim Kunden erbracht, wie zum Beispiel Reinigungsdienste. Die Reinigungsfirma kann sich entweder auf das Bedürfnis des Kunden nach sauberen Räumlichkeiten konzentrieren, auf den Reinigungsbedarf zu einem spezifischen Zeitpunkt oder auf den Betrag, den der Kunde zu zahlen bereit ist. Wenn die Reinigungsfirma die Raumplanung beeinflussen kann, bevor das Büro gebaut wird, kann sie eine bessere Qualität und Produktivität erzielen, was für den Kunden wie für den Dienstleister einen höheren Wert bedeutet. Wenn ein Objekt schwer sauberzuhalten ist, können effiziente Techniken und Hilfsmittel die Aufgabe erleichtern, aber nur innerhalb der von der Bauweise gesetzten Grenzen. Eine Qualitätsverbesserung setzt also eine früh einsetzende Zusammenarbeit zwischen all jenen voraus, die ein Gebäude planen, bauen und instandhalten sollen.

Täglich interagieren wir mit mangelhaft konzipierten und schlecht gefertigten Produkten. Bitner meint zu den Auswirkungen des physischen Umfelds auf die Dienstleistungsqualität: „Typischerweise werden Entscheidungen über Mitarbeiter und die Planung des physischen Umfelds nicht von Marketingmanagern getroffen, sondern von Personalchefs, Betriebsleitern und Gestaltungsspezialisten."[19] Die interne Logik gewinnt damit Überhand über die Kundenlogik.

---

[18] Siehe Gummesson (1993), S. 198 ff. sowie die Diskussion über kontextuelle Matrizen, S. 108 – 110.

[19] Bitner (1990, S. 79).

Der Psychologe Donald Norman hat die Psychopathologie alltäglicher Dinge, sozusagen ihre „geistigen" Mängel, untersucht. Ich möchte diesen Abschnitt mit seiner Zusammenfassung des Designerdilemmas abschließen: „Gutes Design ist nicht einfach. Der Hersteller will etwas, das sich wirtschaftlich produzieren läßt. Die Handelsstufe will etwas, das für ihre Kunden attraktiv ist. Der Käufer hat eine Reihe von Anforderungen. Im Geschäft konzentriert er sich auf den Preis und das Erscheinungsbild, vielleicht auch auf den Prestigewert. Zu Hause wird die gleiche Person eher dem Funktionalismus und der Verwendbarkeit ihr Augenmerk schenken. Der Kundendienst interessiert sich für die Wartungsmöglichkeiten: Wie leicht läßt sich das Gerät auseinandernehmen, diagnostizieren und warten? Die Bedürfnisse der Betroffenen sind verschieden und oft widersprüchlich. Trotzdem kann es dem Designer gelingen, alle zufriedenzustellen."[20]

Offensichtlich gibt es zahlreiche Beteiligte mit unterschiedlichen Bedürfnissen: Designer, Hersteller, Händler, Käufer, Anwender, diejenigen, die sich um die Wartung kümmern, und eventuell auch noch die Gesellschaft und die Umwelt. Wer von all diesen Beteiligten ist nun der Kunde? Nach wem soll sich das Produktdesign richten?

Relationship 27
Internes Marketing: die Beziehungen mit dem „Mitarbeitermarkt"

Bis jetzt haben wir zumindest zwei Phänomene kennengelernt, die man als internes Marketing bezeichnen könnte: das Marketing zwischen Einheiten im selben Unternehmen (R24) und die Beziehungen zwischen internen Kunden (R25). In der gegenwärtigen Marketingterminologie ist der Begriff „internes Marketing" jedoch einem dritten Phänomen vorbehalten, das man folgendermaßen definieren könnte: *Internes Marketing ist die Anwendung der Kenntnisse des Marketingmanagements – die ursprünglich für das externe Marketing entwickelt wurden – auf den „internen Markt", also die Mitarbeiter.*[21]

Abbildung 5.5 zeigt, daß internes Marketing sich nach innen an das Personal richtet. Externes Marketing kann sich ebenfalls auf den internen Markt auswirken, wie es der Pfeil rechts ausdrücken soll. Zum Beispiel kann die Werbung für ein Unternehmen mehr Aufmerksamkeit bei den Mitarbeitern erwecken als bei

---

[20] Norman (1988, S. 28).

[21] Das Konzept des internen Marketing tauchte gegen Ende der 70er Jahre auf. Es wurde von verschiedenen Autoren aufgegriffen und entwickelte sich zu einem Bestandteil des Managements und des Marketing auf der ganzen Welt (siehe z.B. Grönroos 1990, S. 235 – 252, sowie Varey 1995).

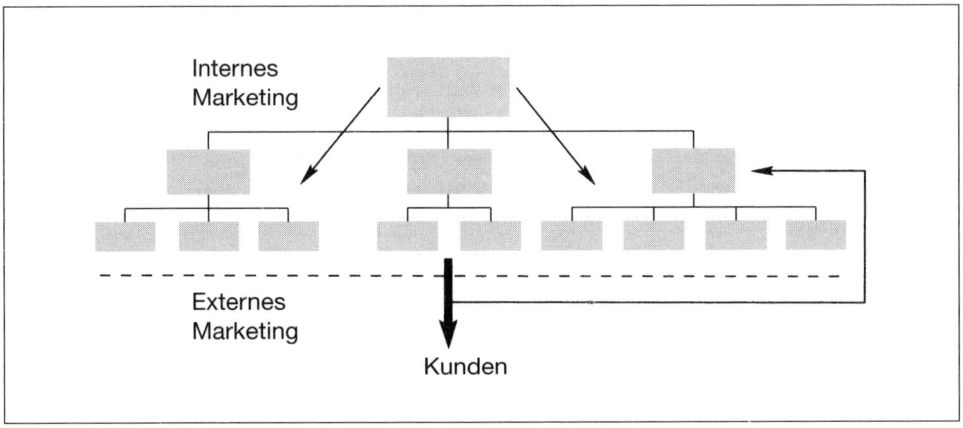

Abbildung 5.5: Die Unterschiede zwischen internem und externem Marketing und die Verbindung zwischen beiden

den Kunden, und wenn der Generaldirektor ein Fernsehinterview gibt, sehen die Angestellten mit lebhaftem Interesse zu.

Internes Marketing in Netzwerken und imaginären Organisationen ist weitaus komplexer als in der einfachen Hierarchie, die wir in Abbildung 5.5 sehen: *Es gilt dann, nicht nur das eigene Personal anzusprechen, sondern auch die anderen Mitspieler im Netz.* Die Gründe für ein internes Marketing können unterschiedlicher Natur sein, und Leute können mehreren Netzwerken gleichzeitig angehören. Wieder einmal können wir feststellen, daß die Grenze zwischen internem und externem Marketing fließend ist. Internes Marketing in einer imaginären Organisation bzw. einem Netzwerk ist bisher nicht untersucht worden. Wir wollen uns also hier an die verfügbaren Kenntnisse über seinen Einsatz in einer hierarchischen Organisation halten und uns auf die allgemeinen Grundlagen konzentrieren.

Internes Marketing hat den Zweck, Beziehungen zwischen dem Management und den Mitarbeitern sowie zwischen den einzelnen Funktionen zu schaffen. Das Personal kann als interner Markt verstanden werden, der wirksam angesprochen werden muß, um die Mitarbeiter für externe Kontakte zu rüsten; ein effizientes internes Marketing wird damit zur Voraussetzung für ein effizientes externes Marketing. Manche Techniken des externen Marketing, insbesondere aus den Bereichen Werbung und Kommunikation, lassen sich auch nach innen anwenden. Internes Marketing kann auf persönlichen, interaktiven Beziehungen aufbauen oder auf einem gewissen Ausmaß an Massenmarketing. Oft werden traditionelle Aktionen, um die Mitarbeiter anzusprechen, routinemäßig durchgeführt, sie stützen sich eher auf bürokratische Prinzipien und auf Wunschdenken als auf professionelles Marketing- und Kommunikations-Know-how.

Internes Marketing entstand aus dem Dienstleistungsmarketing. Es hatte den Zweck, das Service-/Kontaktpersonal – das interaktive Beziehungen zu den externen Kunden unterhalten muß – für einen besseren und unabhängigeren Umgang mit der Servicebegegnung fit zu machen. Es ist ganz wesentlich, daß das Kontaktpersonal über die Angebote des Unternehmens gut Bescheid weiß, aber auch die Mission, die Ziele, die Strategien und die Organisationsprozesse des Unternehmens versteht. Genauso muß auch das Unterstützungspersonal über das notwendige Wissen verfügen, um die internen Kundenbeziehungen richtig zu gestalten.

Zwei klassische Artikel über „Micky Maus Marketing" erzählen die Erfolgsgeschichte des internen Marketingmanagements bei Disney (obwohl man es nicht als solches bezeichnete).[22] Das gesamte Personal stand entweder auf oder hinter der Bühne. Auf der Bühne spielten alle in einer Show mit, ob sie nun Schauspieler im klassischen Sinn waren, Eintrittskarten verkauften, Hamburger servierten oder Müll aufklaubten. Jeder mußte also seine Rolle kennen und zufriedene Kunden schaffen. In den „Zehn goldenen Regeln" der Disneyland-Hotels in Paris lautet Regel Nr. 8: „Wir stehen auf der Bühne und kennen unsere Rolle in diesem Stück. Wir sind Entertainer, wir kennen unseren ‚Text', wir kennen unsere Maßstäbe, und wir versäumen nie unseren Einsatz. Wir bieten eine durchgehend gute Show – und zwar immer."

Selbst wenn internes Marketing als Konzept vom Dienstleistungsmarketing kommt, scheint es auf alle Arten von Organisationen, insbesondere auf größere, anwendbar zu sein. Diese Schlußfolgerung stützt sich auf die Beobachtung, daß die Unternehmen sich dieses Konzept im allgemeinen zu Herzen genommen haben und auch einsetzen.

Die Interaktion zwischen Mitarbeitern und externen Kunden kann sehr umfassend sein, wie wir es bei R5 (der Servicebegegnung) und R6 (dem vielköpfigen Kunden und dem vielköpfigen Lieferanten) gesehen haben. Selbst wenn viele Mitarbeiter nur beschränkte Kontakte zu den Kunden haben, suchen die Unternehmen – manchmal verzweifelt – nach besseren Mitteln, um das Personal auf Änderungen der Firmenorientierung und der Organisationsstruktur vorzubereiten. Die Einführung neuer Angebote, Technologien und Methoden erfordert Mitbeteiligung und Motivation. Zwischen dem, was sich das Management wünscht (und von dem es glaubt, daß es geschieht), und dem, was in den Köpfen der Mitarbeiter und der externen Kunden vorgeht, kann eine abgrundtiefe Kluft bestehen. Dies kann man oft in Dienstleistungsunternehmen beobachten, es ist durch Problem Detection Studies (PDS) klar herausgearbeitet worden.[23] In einer PDS erstellt der Mitarbeiter, der die Untersuchung durchführt, eine Bestandsaufnahme

[22] Pope (1979a, 1979b).

[23] Siehe GAP-Modell (Zeithaml, Berry und Parasuraman, 1991). Die Schlußfolgerungen der PDS stützen sich auf meine eigene Beteiligung an einer Reihe von Studien und Diskussionen mit Marktforschern und deren Klienten.

so vieler Probleme wie möglich. Die Kunden werden über die Bedeutung dieser Probleme befragt, und das Management wird gefragt, was die Kunden seiner Meinung nach antworten werden. Die Übereinstimmung zwischen den Antworten der Kunden und den Einschätzungen des Managements ist immer gering.

Internes Marketing muß weitgehend interaktiv sein. Die traditionellen Mittel des internen Massenmarketing – wie das Verteilen formeller Memos und interner Firmenzeitschriften – reichen nicht aus. Die EDV kann helfen, aber auch soziales Zusammensein ist wichtig. Bei einer Veranstaltung zur Eröffnung der Verkaufssaison kommen große Gruppen für ein bis zwei Tage zusammen, um zu lernen, sich zu unterhalten und soziale Kontakte zu pflegen. Eine Airline hatte die Idee, das gesamte Personal von Mitternacht bis 6 Uhr früh in einer Flugzeughalle zu versammeln – zur einzigen Zeit und am einzigen Ort, wo alle zusammenkommen konnten.

Schulung und Ausbildung können als Instrumente für internes Marketing angesehen werden. Disney betreibt seine eigene Universität, und McDonald's hat eine Hamburger-Akademie. Die Satellitensysteme von Muzak dienen nicht nur dazu, Werbebotschaften und Musik zu übertragen, sondern werden auch für internes Marketing genutzt. Taco Bell, eine der größten Fast-food-Ketten der Welt, verwendet das System, um mit dem Personal sämtlicher Restaurants zu kommunizieren.

Wir wollen nachstehend zwei erfolgreiche Anwendungen von internem Marketing präsentieren. Internes Marketing ist ein Weg, der dazu beitragen kann, eine Unternehmenskultur zu verändern. Das erste Beispiel bietet Ericsson mit seinem Geschäftsbereich Komponenten (ehemals Rifa). Hier werden elektronische Bauteile hergestellt, die für die Telefonschaltungen von Ericsson eine strategische Bedeutung haben. Ein gewisses Ausmaß an firmeninterner Produktion ist notwendig, um die Kernkompetenz zu sichern und zu entwickeln, aber das Unternehmen wollte sein Know-how auch auf dem externen Markt verwerten. Nachdem er lange mit internen Lieferungen ohne Wettbewerb gelebt hatte, mußte der Geschäftsbereich nun seine Fähigkeit unter Beweis stellen, der Konkurrenz anderer Hersteller, darunter jener des erfolgreichen Unternehmens Motorola, standzuhalten. Eine stärker geschäfts- und marktorientierte Strategie war angesagt. Nach einer Untersuchung der möglichen Mittel, das Personal anzusprechen, entschied man sich für eine Publikation, in der die neue Situation erklärt wurde. Das Vorbild dafür war die SAS-Publikation „Carlzon's Little Red", eine vielgepriesene Maßnahme, um die Mitarbeiter zu informieren. Die Broschüre war einfach gestaltet und präsentierte in kurzen Sätzen und unkomplizierten Grafiken die wesentlichen Fakten und Strategien.[24]

---

[24] Die erste SAS-Broschüre ist in Mårtensson (1984, S. 118 – 135) wiedergegeben.

Zahlreiche Versuche hatten gezeigt, daß man sich nicht damit begnügen konnte, eine solche Broschüre auszusenden. Eine Broschüre oder ein Video können die persönliche Interaktion nicht ersetzen. Für sich allein sind sie ungenügend, sie werden nicht von allen gelesen oder gesehen und können leicht mißverstanden werden. Abbildung 5.6 zeigt zwei Seiten der Rifa-Broschüre.

Abbildung 5.6: Zwei Seiten einer Broschüre, die für interne Marketingzwecke bei Rifa verwendet wurde (Rifa, 1983, S. 30 – 31; Zeichnung von Bengt Mellberg)

Im internen Marketing – wie überall sonst auch – ist das Engagement des Managements entscheidend. Der Leiter des Geschäftsbereichs und seine Divisionsmanager mußten zeigen, daß sie hinter dieser Botschaft standen. Nach Diskussionen und Tests kam man zu dem Schluß, daß es das beste wäre, persönlich aufzutreten, selbst wenn das viel Zeit in Anspruch nehmen würde. Wie sollte das geschehen bei 2000 Mitarbeitern in drei weit voneinander entfernten Städten? 56 Auftritte des Bereichsleiters und seines Managementteams waren erforderlich. Die meisten Manager behaupteten, sie hätten dafür keine Zeit. In Gruppen von vierzig Leuten nahmen die Mitarbeiter an Halbtagsprogrammen teil, die durch ein gemeinsames Mittag- oder Abendessen mit dem Management abgeschlossen wurden. Aufgrund der Schichtarbeit waren auch Nachtprogramme notwendig, die bei Kaffee und Kuchen endeten. Nach Berichten und Kommentaren des

Managementteams über laufende Veränderungen arbeiteten die Teilnehmer in Arbeitsgruppen zu verschiedenen Themen; schließlich fand eine Plenumsdiskussion statt. Die Publikation wurde den Teilnehmern beim Abschluß der Veranstaltung als Dokumentation mitgegeben.

Das zweite Beispiel liefert Karlshamns Oljefabriker, eine Fabrik, die Produkte auf Ölbasis herstellt. Zu Weihnachten schenkte man allen Mitarbeitern eine Variante des beliebten Quizspiels Trivial Pursuit. Die Aufgabe der Fabrik, die bisher nur Konsumgenossenschaftsläden beliefert hatte, war erweitert worden: Die Produkte sollten in Zukunft an Einzelhändler aller Art verkauft werden. Man hatte ein umfassendes Organisationsaudit durchgeführt und festgestellt, daß es massive Probleme gab, alle zu informieren. Von den 2000 Fragen in Trivial Pursuit wurden 500 ausgetauscht. Die neuen Fragen waren lokaler Art und betrafen sowohl allgemeine Bereiche wie „In welchem Jahr fanden die ersten Olympischen Winterspiele statt?“ als auch direkt unternehmensbezogene Themen, zum Beispiel „Wie viele Seifenriegel für Hotels produziert die Filiale in Stavanger, Norwegen, jährlich: 2, 4 oder 6 Millionen?“ oder „Was sind die zwei wesentlichen Zutaten unserer Margarine?“

Das Spiel wurde ein Hit. Die Mitarbeiter spielten es in den Weihnachstagen und in ihrer Freizeit. Genau das hatte man beabsichtigt – man hatte es in den letzten Stunden vor den Feiertagen verteilt. Auf diese Weise erreichten die Botschaften auch Familienmitglieder und Freunde. Sogar Menschen, die nicht in der Fabrik arbeiteten, baten um das Spiel, nachdem die lokale Zeitung und das lokale Radio darüber berichtet hatten. Damit reichte die interne Marketingaktion weit über das Personal hinaus und hatte positive externe Kommunikationseffekte, insbesondere in der Stadt, in der die Fabrik stand.

Internes Marketing stellt die menschlichen Ressourcen als Schlüsselfaktor für die Entwicklung und Aufrechterhaltung einer erfolgreichen Tätigkeit in den Vordergrund. Wenn die Mitarbeiter gut informiert sind, sind sie besser motiviert, um servicebewußt und kundenorientiert zu handeln. Diesen Effekt erreicht man am besten durch einen Marketingansatz. Aktives Lernen gehört dazu ebenso wie die Beeinflussung bestehender Haltungen.[25]

Wie wir es im Zusammenhang mit R12 – der elektronischen Beziehung – gesehen haben, bietet das Intranet ein neues Medium für interne Kommunikation und internes Marketing. Wie beim Internet hat auch hier die Technologie nur dann einen Sinn, wenn man sie konstruktiv einzusetzen weiß. Die Rolle der Manager und die Aufgabe der Informationsabteilungen könnte sich ändern, da eine Fülle von Informationen interaktiv im Netz zugänglich wird, und persönlicher Kontakt ist vielleicht nicht mehr im gleichen Ausmaß notwendig wie zuvor.

[25] Nach Grönroos (1990, S. 238).

Relationship 28
Die zweidimensionale Matrix

Das Wort Hierarchie kommt vom griechischen „hieros", heilig, und „archein", Ordnung oder Kontrolle. Eine hierarchische Organisation basiert auf einer klaren Rangordnung und absolutem Gehorsam. Wir wissen heute, daß diese heilige Ordnung nicht unbedingt das beste Mittel ist, um eine leistungsfähige Organisation zu verwirklichen.

Die Hierarchie bietet eine eindimensionale Beziehung, die Matrixorganisation eine zweidimensionale Beziehung. Die Matrixorganisation stellt eine Bemühung dar, aus dem starren Korsett der Hierarchie auszubrechen, und ist eine erster Schritt zum stärker vernetzten Denken und zu verbesserten interfunktionalen und interhierarchischen Beziehungen. Die Matrix ist zu einem Allgemeinplatz geworden und tritt in zahlreichen Varianten auf, meistens in Organisationen mit Produktmanagern. Sie verändert die Beziehungen innerhalb der Hierarchie.

Aus der Perspektive des RM gesehen wirken sowohl die Hierarchie als auch die Matrix plump und naiv. Die erste lebt im Wahn der *alleinigen Befehlsgewalt*, die zweite in der etwas realistischeren – aber nicht allzu realistischen – Vorstellung der *doppelten Befehlsgewalt*.

Wir scheuen vor Komplexität zurück und sehen darin nicht selten eine Niederlage, eine Unfähigkeit, die Realität fein säuberlich aufzugliedern. Die meisten Unternehmen scheinen die Erfahrung gemacht zu haben, daß die Matrix sich nur mühsam managen läßt, können aber gleichzeitig ohne sie nicht leben. Wenn man einen tieferen Blick hinter die glatte Fassade der Matrix wirft, entdeckt man ein multidimensionales, informelles, komplexes und meistens widersprüchliches Netz.

Es ist eine Herausforderung, ein solches Netzwerk managen zu müssen, das durch eine Reihe von Verhandlungen, ein instabiles Machtgleichgewicht, weitgehende Gewinndezentralisierung und eine variable Struktur geprägt ist. Aber die Realität besteht nun einmal aus dieser dynamischen Komplexität, ob es uns paßt oder nicht.

Die Matrix beschränkt sich auf zwei Dimensionen, während es im Netz eine unbegrenzte Anzahl von Dimensionen gibt. Wir alle wissen aus unserem Privatleben, daß die Realität nicht auf ein oder zwei Dimensionen aufbaut, aber Hierarchie wie Matrix bieten verlockend einfache geistige Modelle; wir möchten, daß sie stimmen. Aus dem Studium der Matrix läßt sich dennoch einiges lernen: Es hilft uns, einen Vorgeschmack der Komplexität zu bekommen, mit der wir es in RM-Netzwerken zu tun haben.

Die Matrix betrifft Beziehungen, die für RM von zentralem Interesse sind. Matrizen treten in vielen Formen auf:

- *Produktgruppe und geographisches Gebiet:* Hier haben wir auf der einen Seite eine Kombination von Produkten, auf der anderen Bezirke, Regionen, Länder oder Ländergruppen. In den frühen 90er Jahren war Ericsson in sechs produktbezogene Geschäftsbereiche aufgegliedert, während der Verkauf der Verkaufsabteilung der Zentrale und den lokalen Niederlassungen in der ganzen Welt oblag. Ericsson Telecom, der größte Geschäftsbereich, hatte seinen geographischen Markt in fünf Ländergruppen aufgeteilt: Nordeuropa, Kontinentaleuropa und Australien, Großbritannien, Nordamerika sowie Asien, Afrika und Lateinamerika. Die Gebiete waren flächenmäßig sehr unterschiedlich, spiegelten aber die Bedeutung der jeweiligen Märkte wider.
- *Produktgruppen und Kundensegmente:* Eine einfache Matrix in der Nahrungsmittelindustrie besteht aus Produktlinien auf der einen Seite und zwei Segmenten auf der anderen: dem Einzelhandel und der Gastronomie. Verkäufe an die Konsumenten können über Groß- und Einzelhändler erfolgen, während der Verkauf an die Gastronomie direkt oder über Großhändler laufen kann. Das Kaufverhalten der beiden Segmente ist unterschiedlich, und dementsprechend unterscheiden sich oft auch Produktdesign, Verpackung, Kaufmengen, Preis und physischer Vertrieb.
- *Produktgruppen und Funktionen:* Ich habe eine Zeitlang in einer Niederlassung von Reader's Digest – ein internationaler Verlag und Versand von Büchern und Zeitschriften – als Produktmanager gearbeitet. In dieser Funktion war ich für spezielle Bücher verantwortlich. Meine Arbeit umfaßte die Entwicklung der Produktlinie, die Produktion der Bücher, das Marketing und die Verantwortung für das Profitcenter. Es gab noch zwei weitere Produktmanager, einen für Zeitschriften und einen für Schallplatten. Ich arbeitete mit einer Reihe von internen Funktionen zusammen: mit der Redaktion, der Produktion von Büchern und Werbematerial, dem Versand der Mailings und Bücher, der Buchhaltung mit Budgetierung und Kontrolle der finanziellen Ergebnisse und mit weiteren mehr. Ich selbst war für keine dieser Funktionen verantwortlich und mußte mit den anderen Produktmanagern um ihre Aufmerksamkeit wetteifern. Außerdem stand ich mit etwa 20 anderen Niederlassungen in Konkurrenz, wenn es darum ging, die Dienste der europäischen Zentrale in London und der internationalen Zentrale in Pleasantville, New York, in Anspruch zu nehmen, zum Beispiel für eine Marktforschung.
- *Geographisches Gebiet und Funktion:* Die geographische Vertretung, zum Beispiel bei einer Kette von Einzelhandelsgeschäften, Restaurants oder Hotels, besteht aus einer lokalen Einheit und deren Kunden. Eine Handelskette kann eine zentrale Einkaufsabteilung haben mit verschiedenen Einkäufern für die verschiedenen Produktlinien. Der Zentraleinkäufer muß die Mode der kommenden Saison, die Preise und die zu erwartende Anfrage einschätzen, und die Geschäfte müssen die Waren dann verkaufen.

- *Zeitlich begrenzte Projekte und Basisorganisation:* Die bis jetzt beschriebenen Matrizen gehören zur fixen Struktur einer Organisation. Diese letzte Matrixvariante ist eine Ad-hoc-Organisation, mit Projekten auf der einen Seite und einer Task Force aus Leuten verschiedener Funktionsbereiche auf der anderen. Projekte sind in allen Arten von Organisationen üblich. Wenn Organisationen sich schneller ändern, wird sogar die „fixe" Struktur zum Projekt – man könnte sie als Mutterprojekt bezeichnen. Wenn eine Organisation aus einem Bündel von Projekten besteht, ist sie bereits auf dem besten Weg, ein Netzwerk und eine imaginäre Organisation zu werden.

Wo sich zwei verschiedene Arten von Verantwortlichkeiten kreuzen, kann es natürlich zu einem konstruktiven Dialog kommen, aber auch zu Frontalzusammenstößen zwischen zwei starken Egos. Ein Produktmanager kämpft mit dem anderen um die Aufmerksamkeit der funktionalen Abteilungen. Ein Filialleiter kann das Gefühl haben, daß der Zentraleinkäufer die falschen Waren zum falschen Preis bestellt und er sie daher nicht verkaufen kann. Am Schnittpunkt treffen zwei Standpunkte aufeinander, aber es muß eine gemeinsame Entscheidung getroffen werden. Wer soll nachgeben? Was passiert, wenn beide mit voller Geschwindigkeit vorpreschen? Können wir eine Form der Zusammenarbeit finden, die es beiden „Fahrzeugen" ermöglicht, die Kreuzung im gegenseitigen Einvernehmen zu passieren? Die Entscheidungen müssen auf einem Konsens beruhen, oder die Konflikte werden an das Management der nächsthöheren Ebene herangetragen. Die Bemühungen um ein Einverständnis können lehrreich sein oder zu Trägheit und Verunsicherung führen. Interne Beziehungen brauchen möglicherweise mehr Zeit als externe; sie erfordern viel Geduld, persönliche Reife und soziale Kompetenz. Auch wenn die Matrix an sich nicht unproblematisch ist, hat sie den Vorteil, daß man sich mit dem Produkt und dem geographischen Markt in kombinierter Weise beschäftigen kann.

Vor der Fusion mit Brown Boveri und der Gründung von ABB hatte ASEA eine internationale Produkt/Land-Matrix. Ein Vizepräsident des Unternehmens beschrieb die komplexen Mechanismen einmal mit folgenden Worten: „Die internationale Matrix enthält ein Konfliktpotential. Wir sagen den Managern unserer Divisionen und Tochtergesellschaften, daß sie für die Profite weltweit verantwortlich sind, und den Landesmanagern, daß sie für alles verantwortlich sind, was in ihrem Land geschieht. Das sind zwei absolut verschiedene Rollen, die beide in einer Organisation mit zahlreichen Produkten und Märkten notwendig sind. Diese Rollen erfordern offene Führungskräfte, die fähig sind, Probleme gemeinsam zu lösen. Wenn die Matrixmanager sich nicht über eine Lösung einigen können, kommen sie damit zu uns. Wenn sich dies allzuoft wiederholt, müssen wir einen oder mehrere dieser Manager ersetzen. Wir brauchen schnelle Entscheidungen in einer flachen Organisation mit häufigen interfunktionalen Kontakten im Rahmen einer übergeordneten Philosophie."[26]

Wie jedes andere Organisationsprinzip muß auch die Matrix in der passenden Situation eingesetzt werden. Es gibt Leute, die Matrizen überhaupt ablehnen, weil sie unmöglich zu managen seien. Sie behaupten, Matrizen würden zu Kontroversen führen. Eine alternative Interpretation könnte lauten, daß sie bestehende, aber versteckte Konflikte ins Rampenlicht rücken.

In vielen Großunternehmen lösen verschiedene Matrizenmodelle einander ab. Um einige Überlegungen zu beleuchten, die bei der Suche nach einer funktionstüchtigen Matrixorganisation entstehen können, soll hier die Geschichte der Matrix von Skandia erzählt werden.[27] 1968 bildete die Organisation der Versicherungsgesellschaft eine Matrix mit gewissen Funktionen und Produktgruppen (Gruppen verschiedener Versicherungstypen) auf der einen und vier geographischen Zonen auf der anderen Seite. In den 70er Jahren wurde die Matrix zunehmend marktorientierter. Das Kernmodell war nun eine Matrix zwischen Zonen und Versicherungen für Unternehmen, Konsumenten oder Gruppen oder spezifischen Anwendungen mit den Bezeichnungen KFZ, See und Luft. Zusätzlich zu dieser Matrix wurden zentralisierte Dienste organisiert. Die Zonen wurden international ausgeweitet. Der Bereich Finanzen kam dazu (was einen Bruch in der tadellosen Logik darstellte, da Finanzen ja eine Funktion ist), und die zwei Dimensionen der Matrix waren nicht mehr so klar abgegrenzt. In den 70er Jahren ging man nach und nach dazu über, die Kunden und die Segmentierung in den Mittelpunkt zu stellen. Man bemühte sich, einige der Probleme der Matrix zu überwinden, insbesondere die Doppelgleisigkeit von Abläufen und die Vielzahl verschiedener Versicherungstypen. Das Kommunikationsmuster einer der Einheiten ist in Abbildung 5.7 wiedergegeben. Wir können feststellen, daß sich die Matrix in so etwas wie einem Netzwerk auflöst, auch wenn dieses auf die Mitarbeiter beschränkt ist und die Kunden und sonstigen Partner nicht mit einbezieht.

1993 bot das Organisationsschema bereits ein anderes Bild; seit den 70er Jahren hatte es dazwischen noch einige andere gegeben. Der Versicherungsmarkt hat sich geändert – andere Kundenbedürfnisse, andere Wettbewerbssituation, Deregulierung, neue Arten von Versicherungsleistungen – und die Struktur der Skandia-Gruppe ebenfalls. Abbildung 5.8 zeigt die Matrix für Nordeuropa.

---

[26] Arne Bennborn, zitiert in Brandes und Brege (1990, S. 131).

[27] Die Fallstudie über Skandia basiert auf Englund (1982) sowie Diskussionen mit Kjell Ängelid, Skandia. Die Matrizen wurden mir von Skandia zur Verfügung gestellt.

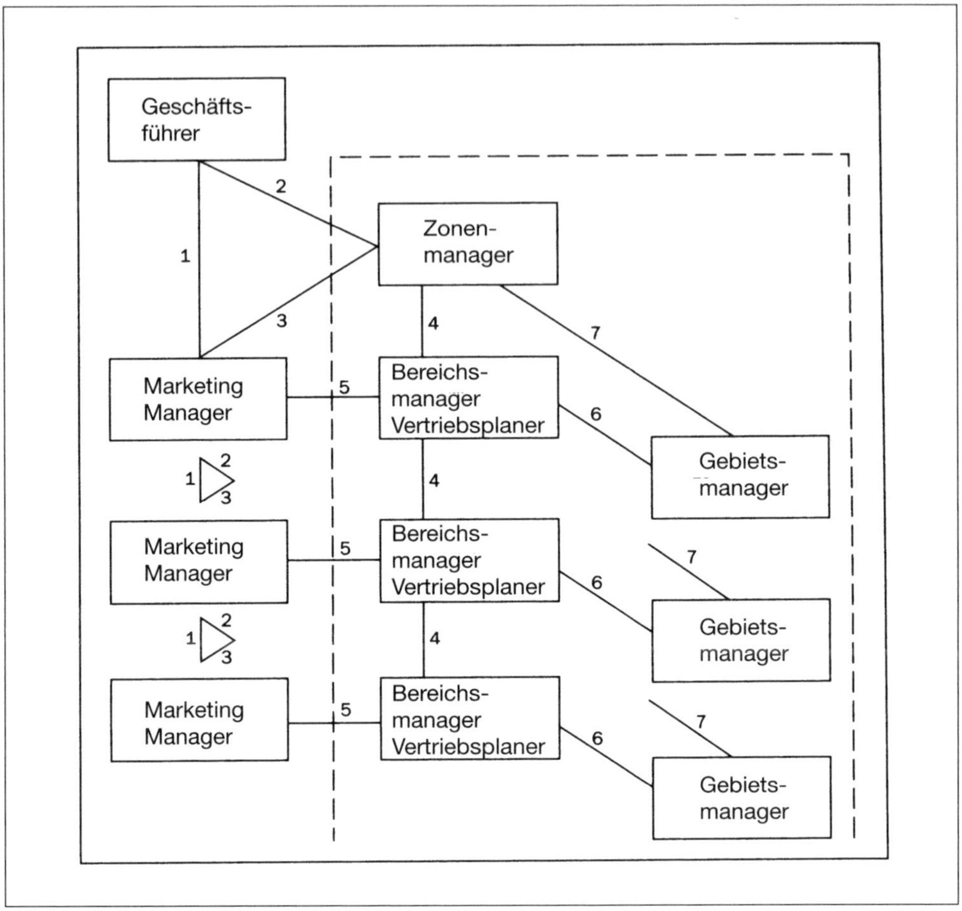

Abbildung 5.7: Das Kommunikationsmuster bei Skandia 1978. Die Zahlen bezeichnen verschiedene Entscheidungen und Kommunikationsarten. So betrifft z.B. Kanal 5 den Themenkreis der Produkte, Märkte und Schäden im Alltagsgeschäft

Die Vorteile der Matrixorganisation lassen sich wie folgt zusammenfassen:

- Das Produkt „gehört" den Produktmanagern, die sich mit allen Aspekten der Produktlinie beschäftigen können. Sie erhalten damit einen umfassenden Überblick über das Produkt, neue Technologien, Kunden, Konkurrenten, Volumen, Marktanteil, Profite und sonstige Aspekte.
- Das geographische Gebiet mitsamt den dazugehörigen Kunden „gehört" den Gebietsmanagern. Sie genießen den Vorteil der lokalen Marktnähe, aber auch die Unterstützung der Zentrale bei Produktfragen, Werbung, Verkaufsförde-

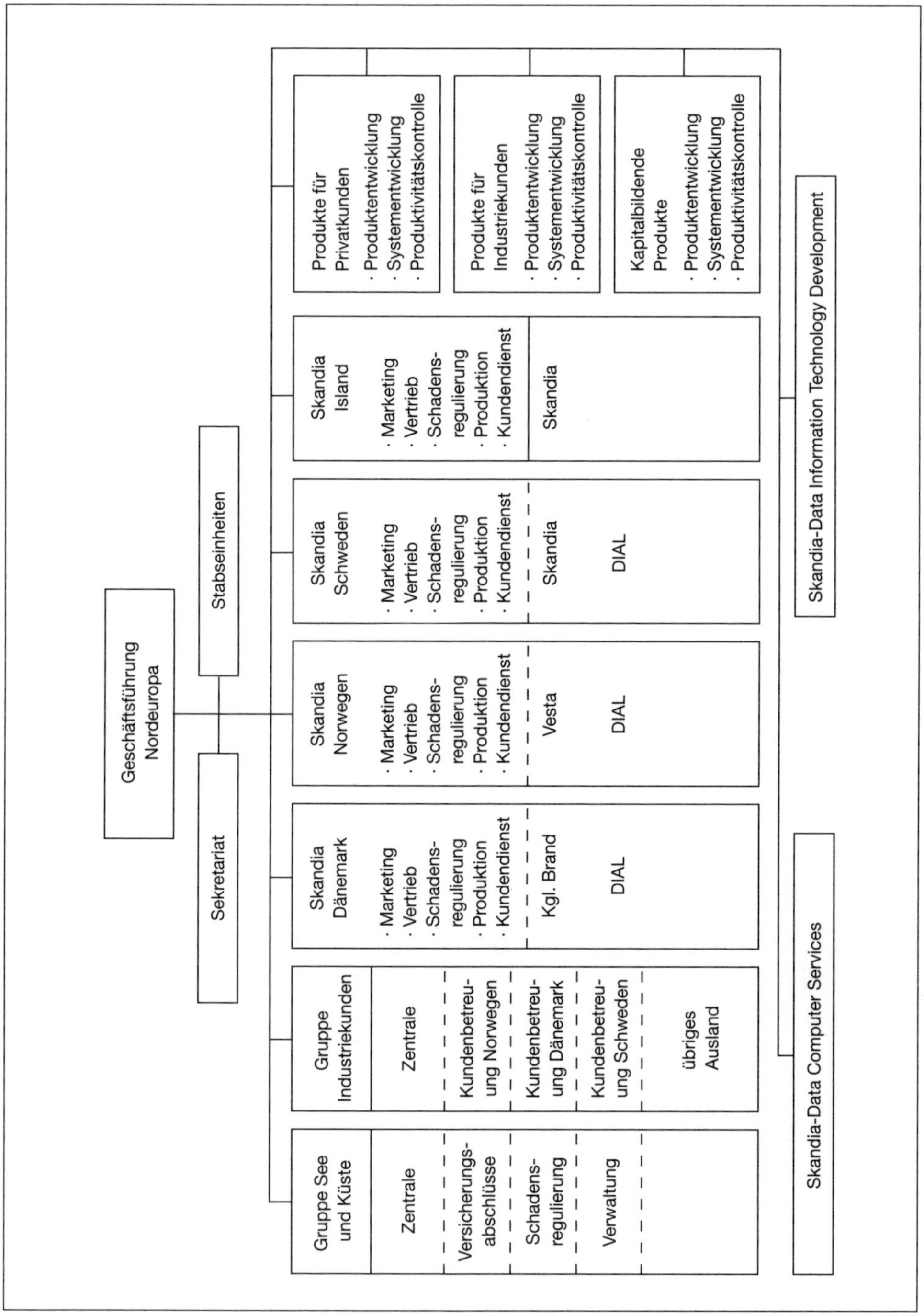

Abbildung 5.8: Die Martrixorganisation bei Skandia Nordeuropa 1993

rung und persönlichem Verkauf, ein Bereich, wo die Erfahrung vieler lokaler Märkte geteilt und weitergegeben werden kann.
- Das Risiko, daß eine Frage übergangen wird und in einem Vakuum bleibt, ist geringer. Es ist ganz wesentlich, daß die Kunden den Lieferanten nicht verlassen, weil seine Produkte veraltet sind, Segmente verschwinden oder weil sie unzufrieden sind. Umsätze, Kosten und Gewinne werden sowohl aus der Sicht des Produkts als auch aus der Sicht des Marktes kontrolliert.

Die Nachteile sind folgende:

- Die Manager müssen eine große Anzahl von Beziehungen pflegen, sowohl nach außen als auch nach innen. An den Schnittpunkten der Matrix kann es leicht zu Konflikten kommen. Zum Beispiel möchte ein Produktmanager ein bestehendes Produkt austauschen, weil er an die langfristigen Gewinnchancen denkt, während der Gebietsmanager in erster Linie nach seiner Fähigkeit eingeschätzt wird, das aktuelle Budget zu erfüllen, und daher lieber auf bestehende Produkte setzt.
- Das Management gibt den Produktmanagern zuwenig Unterstützung, verlangt aber dennoch Spitzenleistungen. Die Verantwortung, die den Produktmanagern übertragen wird, steht nicht immer im Verhältnis zu ihrer Entscheidungs- und Handlungsbefugnis. Am Schnittpunkt der Matrix treffen sie auf Gebietsmanager, die sich häufig auf eine wesentlich größere Organisation und ein größeres Budget stützen können.

In einer Matrixorganisation sind die Fähigkeit zum konstruktiven Dialog, der Verzicht auf Prestigedenken und eine ganzheitliche Sichtweise notwendige menschliche Qualitäten. Es gilt, Probleme schnell zu lösen, flexibel und wandlungsfähig zu sein, ohne verwässerte Kompromisse einzugehen.

Wenn wir nicht in der Lage sind, das vereinfachte zweidimensionale Netz einer Matrix zu managen, wie sollen wir es dann schaffen, mit den komplexen multidimensionalen RM-Netzen umzugehen?

Relationship 29
Die Beziehung zu externen Anbietern von Marketingdienstleistungen

Eine Reihe von Marketingaufgaben werden nicht von den Mitarbeitern erfüllt, sondern externen Anbietern anvertraut. Dies wurde bereits mit der Einführung der FTMs und PTMs, der Vollzeit- und Teilzeitvermarkter, in R4 konzeptualisiert. Die externen Anbieter, mit denen die Marketingfunktion zusammenarbeitet, können als FTMs betrachtet werden, solange sie vom Käufer bezahlt werden. In diesen Beziehungen werden die Dienstleister zu einem Bestandteil der Marketingorganisation des Kunden, ohne ihr im traditionellen Sinn anzugehören. Sie werden zum Teil eines Netzwerks, das die Grenze zwischen Unternehmen und Markt überschreitet.

Die Dienstleistungen externer Anbieter lassen sich in drei Gruppen aufteilen:

- Dienstleistungen, die den *physischen Vertrieb* von Waren betreffen, wie sie z.B. von Transportunternehmen, Großhändlern oder Einzelhändlern angeboten werden.
- Dienstleistungen, die sich in erster Linie um den *Verkauf* und die *Bereitstellung* drehen. Die Dienste von Groß- und Einzelhändlern gehören auch zu dieser Gruppe. Ebenso dazuzuzählen sind Agenten und Broker, auch wenn sie fast nie physisch mit dem Produkt in Kontakt kommen, sowie Telemarketingdienste. In manchen Ländern, etwa in den USA und in Großbritannien, werden Privatversicherungen über Makler verkauft, in anderen Ländern hauptsächlich direkt durch die Versicherungsgesellschaften. Diese zwei Ansätze führen zu unterschiedlichen Marktbeziehungen. In beiden Fällen muß die Versicherungsgesellschaft ihr Image pflegen und das Interesse der Kunden wachhalten. Im Fall des Maklervertriebs ist es auch unerläßlich, die Makler bei Laune zu halten und ihnen zu helfen, gute Geschäfte zu machen – zum Beispiel durch regelmäßige Neuheiten, Qualitätsverbesserungen und Unterstützungsaktionen.
- *Beratungsdienste* aller Art, wie sie zum Beispiel von Werbeagenturen, Marktforschungsinstituten und Personalberatern angeboten werden. Diese Anbieter haben in erster Linie eine beratende Funktion – es handelt sich um wissensgestützte Organisationen –, können aber auch eine ganze Reihe von Arbeiten wie das Drucken von Broschüren oder Kundenbefragungen vor Ort übernehmen.

Externe Anbieter verstärken und ergänzen die Marketingfunktion. Es geht dabei sowohl um ein strategisches Outsourcing als auch um das Auslagern sich wiederholender Routinetätigkeiten. Die Dienstleister werden zu einer Mischform zwischen externem Unternehmen und interner Abteilung. Wenn der Kunde eng und regelmäßig mit ihnen interagiert, werden sie praktisch zu einem Teil der Organisation; manchmal stellt ihnen der Kunde sogar ein permanentes Büro in seinen Räumlichkeiten zur Verfügung. Der Käufer muß sich zwei zentrale Fragen stellen: „Was sollen wir selbst tun, und was soll der unabhängige Dienstleister übernehmen?“ und: „Soll dies eine langfristige oder eine kurzfristige Beziehung werden?“

Die beiden ersten Arten von externen Anbietern haben mit dem physischen Vertrieb (R3) und mit der elektronischen Beziehung und ihren informationsbedingten Diensten (R12) zu tun. Der folgende Teil dieses Abschnitts konzentriert sich nun auf den dritten Typus, die wissensbedingten und beratenden Dienstleistungen.

Jedes Unternehmen nimmt heutzutage für seine Marketingfunktion Beratungsdienste in Anspruch, punktuell oder auf kontinuierlicher Basis. Die Berater bieten Fachkenntnisse, die fehlen oder die zu einem gewissen Zeitpunkt nicht ausreichend vorhanden sind. Es gibt verschiedene Arten von Beratern, die auf den Erfolg der Marketingfunktion Einfluß haben können. Wir werden ihre Rolle im Zusammenhang mit der Bedeutung interaktiver Beziehungen und der Fähigkeit, der Marketingfunktion eine optimale Unterstützung zu sichern, besprechen.

Zu den gängigsten Arten von Beratern gehören:[28]

- *Werbeagenturen:* Die Werbeagentur ist vielleicht die landläufigste Form einer Marketingberatung; auf jeden Fall ist sie die bekannteste und die, von der man am meisten spricht. Wahrscheinlich liegt das daran, daß Marketing nach wie vor überwiegend auf eine Massenkommunikation in Richtung Konsumenten orientiert ist und daß Konsumentenwerbung sich in der Öffentlichkeit besonders bemerkbar macht. Eine Werbeagentur wird entweder bis auf Widerruf verpflichtet und arbeitet kontinuierlich mit ihrem Kunden zusammen oder erhält projektspezifische Aufträge. Die Beziehung mit der Agentur wird ständig überprüft, manchmal in Gedanken an die letzte Rechnung. Abgesehen von wenigen Ausnahmen lassen sich die Auswirkungen der Werbung auf den Umsatz nur schwer messen, während Honorare, Preise von Drucksorten und Werbeflächen leicht zu erfassen sind. Und wie soll man den Wert der Kreativität messen? Es gibt eine firmeninterne Werbeproduktion, die aber durch die Agenturen ergänzt wird; komplett firmeneigene Werbeagenturen findet man heutzutage nur mehr selten. Es muß jedoch ein Ansprechpartner aus Fleisch und Blut festgelegt werden, mit dem die Agentur interagieren kann, üblicherweise ein Marketingmanager, ein Produktmanager oder ein Werbemanager. Es gibt viele Unternehmen, die mehrere Agenturen beschäftigen und in denen jedes Profitcenter seine eigene Wahl treffen kann. Andere wiederum verlangen, daß alle Einheiten weltweit mit derselben Agenturkette zusammenarbeiten.
- *Marketingmanagement-Berater:* Sie verfügen entweder über ein großes Breitenwissen im Bereich des marketingorientierten Managements oder über ein fundiertes Fachwissen auf einem spezifischen Gebiet. Ihre Stärke besteht in ihrem Verständnis der Management- und Marketingfunktion, und sie sind direkt dem Generaldirektor oder dem Marketingdirektor unterstellt. Sie kennen die Marketingaspekte verschiedener Bereiche wie Strategie, Organisation, Planung, Forschung, Kostenminderung oder Downsizing. Einige sind auf be-

[28] Der Rest dieses Kapitels ist eine Überarbeitung von Gummesson (1977).

stimmte Branchen, etwa Einzelhandel oder Computertechnik, spezialisiert. Regis McKenna hat es zum Marketingberater von ganz Silicon Valley gebracht: Er begann mit Apple zusammenzuarbeiten, als das Unternehmen noch so klein war, daß es in eine Hinterhofgarage paßte. Berater können sich auch auf bestimmte Techniken spezialisieren, wie etwa auf die Gestaltung von Ladenlokalen oder auf eine Computeranwendung. Seit den 80er Jahren gilt das Interesse der Managementberater zunehmend der Qualität. Da das gegenwärtige Qualitätskonzept stark kundenorientiert ist, ist die Arbeit von TQM-Beratern eng mit der Marketingfunktion verknüpft. Eine ganze Reihe von Beratungsdiensten sind auch im Kielwasser der Qualitätsauszeichnungen und der ISO 9000 Zertifikation entstanden.

- *Marktforschungsinstitute:* Es gibt Fachleute, die sich darauf spezialisiert haben, Marketingdaten zu generieren[29] und bestimmte Forschungstechniken anzuwenden. Sie erforschen in erster Linie das Konsumentenverhalten in bezug auf bestimme Produkte, Dienstleistungen und Firmen und vergleichen Mitbewerber untereinander. Dies kann in regelmäßigen Abständen oder ad hoc, kollektiv oder in Form von separaten maßgeschneiderten Projekten erfolgen. Abgesehen von ihrer Kompetenz im Bereich der Forschungstechniken liegen ihre Stärken in der Durchführung von Umfragen und im Betreiben von Computersystemen zur Planung, Abwicklung, Auswertung und Präsentation einer Studie. Bis zu einem gewissen Grad können sie auch Schlußfolgerungen ziehen und Maßnahmen empfehlen. Um Schlüsse zu ziehen, sind zwei Arten von Wissen erforderlich, die aber selten in einer Person vereint sind: einerseits die technische Qualifikation zur Untersuchung eines Phänomens, z.B. wie sich die Kunden verhalten und weshalb, andererseits ein institutionelles Wissen über die Branche, das Kundenunternehmen, seine Produkte und Leistungen, die Wettbewerbssituation und die versteckteren Mechanismen, die man nur verstehen kann, wenn man permanent mit ihnen zu tun hat – das Machtspiel, welche Entscheidungen umsetzbar sind und welche finanziellen Risiken akzeptabel sind.

  Das Forschungsinstitut verkörpert eher die erste Art von Wissen, der Kunde die zweite. Die Qualität der Forschung ergibt sich aus der Interaktion zwischen dem Forschungsinstitut und dem Kunden und aus ihrer Fähigkeit, ihre jeweiligen Kompetenzen auf konstruktive Weise zu verbinden. Häufig begeht der Kunde den Fehler, dem Kontakt mit dem Marktforscher nicht genügend Bedeutung zuzumessen, und delegiert diese Aufgabe an einen Mitarbeiter der mittleren oder unteren Führungsebene. Wenn die Resultate dann vorgelegt werden und eine Entscheidung getroffen werden soll, verstehen die Entscheidungs-

[29] Ich verwende lieber den Begriff der Datengenerierung als den allgemein üblichen Begriff der Datensammlung. Im gesellschaftlichen Rahmen ist es nämlich kaum so, daß die Daten bereitliegen, um gesammelt zu werden; sie müssen durch einen Auswertungsprozeß generiert werden, nachdem man zuvor bestimmt hat, was wesentlich ist und was nicht.

träger zuwenig von der Qualität der Daten, und diejenigen, die sie präsentieren, wissen zuwenig über den Gesamtzusammenhang, in dem die Entscheidung zu treffen ist, und besitzen keine Macht.

- *Vortragende und Ausbilder:* Sie kommen aus den Reihen der Schulungs- und Ausbildungsspezialisten, Universitätsprofessoren, Schriftsteller, Managementberater und erfolgreichen Führungskräfte der Wirtschaft. Der Bogen ihrer Tätigkeit spannt sich von formellen Schulungen über allgemeine oder spezielle Marketingthemen bis zu Vorträgen bei Produkteinführungen, Geschäftsessen und Konferenzen. Der Markt für diese Art von Dienstleistung wächst kontinuierlich an. Man fühlt das Bedürfnis, den Blick von der kurzsichtigen Alltagsroutine zu lösen und sich von Erfolgsstorys und begeisterten Vorkämpfern mitreißen zu lassen. Insbesondere kundenzentrierte Themen wie engere Beziehungen zu den Kunden, Messen der Kundenzufriedenheit, Kundenbindungsprogramme und Qualitätsmanagement scheinen Marketingpraktiker, darunter heutzutage auch schon Vertreter des öffentlichen Sektors, zu fesseln.
- *Personalberater:* Mit Personalberatung befassen sich sowohl spezielle Nischenunternehmen als auch Managementberater. Die Rekrutierung von Verkaufspersonal ist ein riesiges Geschäft. Im Bereich der Führungskräfte und Manager halten sogenannte Headhunter Ausschau nach einzelnen Kandidaten, die den gemeinsam mit dem Unternehmen ausgearbeiteten Spezifikationen entsprechen. Sie inserieren nicht, sondern suchen über persönliche Kontakte. Ein Teil dessen, was der Kunde kauft, ist eine Eintrittskarte in ihr Beziehungsnetzwerk. Sie können an einzelne Personen herantreten, ohne andere wissen zu lassen, daß ein Posten frei wird, und garantierten eine vertrauliche Abwicklung. Sie besitzen Erfahrung und können einschätzen, ob ein Kandidat für bestimmte Führungsaufgaben geeignet ist. Die Einstellung des falschen Marketingmanagers verursacht so hohe Kosten, nicht zuletzt durch versäumte Chancen und Umsätze, daß die Personalsuche besonders sorgfältig erfolgen muß.

Einige andere Berater haben wir bereits zuvor erwähnt, wie die *Public-Relations-Berater*, die auf externe und interne Beziehungen spezialisiert sind. Sie stehen oft in direkter Konkurrenz zu Managementberatern und Werbeagenturen. Sie sind zunehmend als Lobbyisten tätig, was sich besonders im Megamarketing (R19) und in der Massenmedienbeziehung (R23) bemerkbar macht. *Anwälte* sind überall in der Welt, und ganz besonders in den USA, zu Schlüsselfiguren in der Marketingarena geworden (R16). Andere wiederum spezialisieren sich auf kleine, aber ganz entscheidende Nischen, zum Beispiel indem sie Firmen helfen, bei großen Ausschreibungen ihre *Angebote zu konzipieren und zu präsentieren.* Wir haben Henry Kissinger als *Berater in Fragen des politischen Risikos* auf internationalen Märkten kennengelernt (R18). *Zukunftsforscher* helfen, neue Trends und aufkommende Konsummuster und Lebensstile zu erkennen.

Wir haben uns auf den Berater als externen Anbieter von Fachwissen konzentriert. Ein weiterer Typus ist der *temporäre Manager*, den man einstellt, wenn man einen Posten schnell umbesetzen muß, um ein Problem auszuräumen, oder bis man eine permanente Kraft gefunden hat. Die Berater bleiben häufig 6 bis 24 Monate in der Kundenorganisation. Die Grenze zwischen Angestelltem und externem Anbieter ist dann praktisch aufgehoben.

Wir haben gesehen, welche spezifischen Fachqualifikationen externe Dienstleister bieten können, um die Marketingfunktion zu unterstützen. Man kann ihre Beiträge auch von einem allgemeineren Standpunkt aus betrachten. Wie wir in R5 gesehen haben, ist es ganz wesentlich, unser Wissen über Dienstleistungsproduktion und Dienstleistungsqualität auch auf die Beziehung mit den Beratern anzuwenden. In der Servicebegegnung muß diese Beziehung interaktiv sein. Sie setzt eine teilweise Koproduktion von Kunden und Anbieter voraus. Es geht nicht darum, Befehle zu erteilen bzw. zu befolgen – außer in bestimmten standardisierten Fällen, zum Beispiel beim Auftrag zum Druck einer Broschüre. Für die Werbeagentur geht es darum, die Bedürfnisse sowohl ihres Kunden als auch der Kunden ihres Kunden (R7) zu begreifen. Zu den Stärken von Werbeagenturen gehören visuelle Gestaltung, kreatives Design sowie die Planung und Durchführung von Kampagnen. Ihr strategisches Wissen kann sehr unterschiedlich sein. In manchen Agenturen gibt es einzelne Mitarbeiter, die ein breiteres Gebiet beherrschen als nur die Werbung und es auch mit Managementberatern aufnehmen können.

Die Planung eines Auftrags muß in enger Beziehung zwischen dem Berater und dem Kunden erfolgen. Die Beteiligung der tatsächlichen Entscheidungsträger ist eine absolute Voraussetzung. Vermittler sind zu vermeiden, da sie die Information – die oft komplex und subtil ist – filtern und manchmal auch verzerren. Diejenigen, die den Auftrag durchführen sollen, brauchen ein entsprechendes Briefing, und zwar direkt aus dem Mund des Kunden.

Die Verstärkung der Marketingfunktion ist ein Beispiel von Outsourcing (oder Resourcing). Das ist zwar nicht neu, hat aber viel an Bedeutung gewonnen, und wir sind noch immer dabei, mit diesen Beziehungen umgehen zu lernen.

Relationship 30
Die Beziehung zu Eigentümern und Geldgebern

Nicht nur der treue Kunde, sondern auch der treue Eigentümer nimmt Einfluß auf den Marketingerfolg. Ein langfristiges Vertrauensverhältnis zwischen Eigentümern (und sonstigen Geldgebern) und dem Management und der Marketingfunktion ist eine Voraussetzung für den Aufbau langfristiger Beziehungen zu den Kunden, Lieferanten, Mitbewerbern und anderen.

Die Bedeutung des Eigentümers für die Finanzierung ist in der Literatur erforscht worden, seine Bedeutung für das Marketing wird aber kaum erwähnt. Investoren treten in den unterschiedlichsten Formen auf und stellen die verschiedensten Forderungen bezüglich kurzfristiger und langfristiger Kapitalerträge. Sie können aktiv oder passiv sein, klein oder groß, bekannt oder anonym. Investoren finanzieren die Geschäftstätigkeit eines Unternehmens, das aber auch andere Geldgeber hat, in erster Linie Banken und andere Finanzinstitute, aber auch Kunden, Lieferanten, und – im Fall von Subventionen – eventuell Behörden.

Ein Erfolgsnachweis in Form von hohen und nachhaltig steigenden Aktienpreisen kann für ein positives Image in der Öffentlichkeit ganz entscheidend sein. Wenn der Aktienpreis niedrig ist, fühlen sich die Kunden verunsichert. Dies gilt insbesondere für Anlagen, die Ersatzteile erfordern, oder Kraftfahrzeuge, wo der Gebrauchtwagenpreis eine wichtige Rolle spielt.[30] Die Vorstellung, die der Kunde von einem Unternehmen hat, kann durch das Image des Haupteigentümers geprägt werden, aber in den meisten Fällen haben die Kunden und besonders die Konsumenten keine Ahnung, wem ein Unternehmen oder eine Marke gehört. Wenn man im berühmten Beverly Hills Hotel in Kalifornien übernachtet, ist man beim Sultan von Brunei zu Gast, dem reichsten Mann der Welt. 1995 waren die Aktien von Disneyland Paris zu 40 % im Besitz von Disney, aber der zweitgrößte Aktionär war der saudiarabische Prinz Al Waleed mit nahezu 24 %. Der Prinz erschien als Retter aus einer finanziellen Krise: Mangelnde Kundennähe und überhöhte Preise hatten zu einem Niedergang geführt, und die Besucher waren ausgeblieben. 1996 erklärte sich der Prinz bereit, noch weitere fünf Jahre als Miteigentümer zu bleiben, um die Stabilität des Vergnügungsparks zu sichern und den Glauben an seine Zukunft zu festigen.

Ironischerweise stehen die Investoren – und nicht etwa die Kunden oder die Mitarbeiter – seit jeher im Mittelpunkt der Bemühungen des Managements, aber ihre Treue nimmt ständig ab.[31] Die Beziehungen zu den Investoren sind jedoch von Land zu Land sehr unterschiedlich. Im Vergleich zu den Vereinigten Staaten sind die japanischen Eigentumsverhätnisse viermal stabiler, und die gegenseitige Treue ist siebenmal so hoch.[32] Wie sehr die Treue der amerikanischen Investoren zurückgegangen ist, zeigen die Investorenbewegungen, die von 14 % im Jahr 1960 auf 52 % im Jahr 1995 gestiegen sind.[33] Das bedeutet, daß der durchschnittliche Investor seine Aktien heutzutage weniger als zwei Jahre lang besitzt, auch wenn der Streuungsbereich von wenigen Stunden bis zu mehreren Jahrzehnten reicht. Man legt mehr Wert auf maximale kurzfristige Kapitalerträge als

30 Siehe McKenna (1985).
31 Reichheld (1996).
32 Gerlach (1992, S. xvii).
33 Reichheld (1996).

auf ein langfristiges Überleben, und Aktien werden als Transaktionsgüter gekauft und verkauft, fast schon wie Eis an einem heißen Sommertag am Strand.

Die Beziehung zwischen einem Unternehmen und seinen Investoren ist auch immer anonymer geworden; manchmal läuft sie nur noch über Computer, die darauf programmiert sind, den schnellsten Reibach des Tages – oder der Stunde – herauszufinden.

Eigentümerschaft ist eine Alternative zu Allianzen. Im Sinne der imaginären Organisation ist sie eines von vielen möglichen Netzwerkmodellen der Organisationsstruktur. Als die Volvo-Renault-Allianz sich auf eine Fusion vorbereitete, beschäftigte man sich mit der Bedeutung der Eigentümerschaft im Lichte der Zukunftsperspektiven von Volvo. Renault war ein französisches Unternehmen im Staatseigentum, für das man eine Privatisierung in Erwägung zog, die aber noch nicht beschlossen war. Es bestand die begründete Befürchtung, daß Volvo von der französischen Regierung geführt werden würde. Selbst wenn Renault privatisiert werden sollte, würde Volvo wahrscheinlich in der Beziehung zum viel größeren Unternehmen Renault machtlos werden. Es wurden Zweifel über den Zweck der Fusion, dann auch über ihre Bedingungen laut. Der Präsident von Volvo sprach von einem „neuen Modell", aber es war ungewiß, wie das Modell in der Realität funktionieren würde. Man warf dem Präsidenten vor, ein Spielchen zu spielen, um sich ewige Macht zu sichern, und viele meinten, daß der Fusionsvorschlag eigentlich gar nichts mit der Produktion oder dem Verkauf von Autos zu tun hatte. Wer würde über neue Automodelle, Vertriebsnetze und sonstige Marketingstrategien entscheiden? Ein Finanzreporter sprach von einem „multinationalen Monster". Zur Verteidigung der Fusion argumentierte man mit den Kostenminderungen und Koordinationsvorteilen, die sich daraus ergeben sollten, und versprach, daß Volvo große Aufträge von Renault erhalten würde. Nach Protesten der Eigentümergruppen und der leitenden Angestellten zerschlugen sich die Fusionspläne schließlich im Herbst 1993.[34]

Ein Jahresabschluß richtet sich an zwei Zielgruppen, nämlich an die Finanzbehörden und an den Aktienmarkt; Monatsberichte und Quartalsberichte sind für den Aktienmarkt bestimmt. Indikatoren über den aktuellen Stand und den Fortschritt eines Unternehmen bleiben den Eigentümern vorbehalten. Um die Investoren aufzuklären und zu informieren, braucht man Indikatoren, die etwas über die Bedeutung der langfristigen Zielsetzungen aussagen. Der Ansatz der ausgewogenen Unternehmensbeurteilung oder Balanced Scorecard bietet einen Rahmen für eine umfassendere Einschätzung eines Unternehmens (siehe auch Kapitel 6). Ich bin jedoch kein Anhänger der Marotte, alles messen zu wollen. Viele Entscheidungen und Investitionen entspringen einer strategischen Notwendigkeit, und eine Einschätzung der Vorteile ist nicht immer möglich, zum Bei-

[34] Siehe Sundqvist (1994).

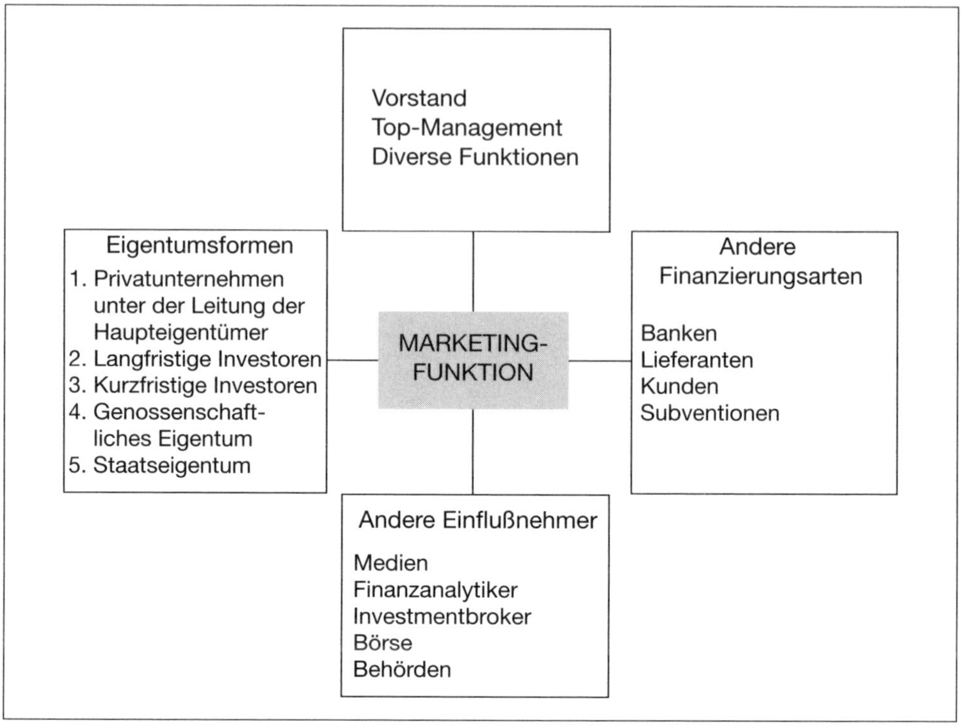

Abbildung 5.9: Die Beziehungen zwischen Marketing, Eigentümern/Investoren und sonstigen Einflußnehmern

spiel wenn es um den Übergang von einer Technologie zur anderen oder um ein langfristiges Produktentwicklungsprojekt geht.

Wenn ein Unternehmen an die Börse geht, ergeben sich daraus wiederum andere Beziehungen. Es werden neue Anforderungen an das Berichtswesen gestellt, und diese Vorgänge werden von einer ganzen Reihe von Interessenten verfolgt: von den großen institutionellen Investoren wie vom „kleinen Mann", von der Börse, von den Finanzreportern, von den Wirtschaftsanalysten und von den Behörden. Der Umgang mit Investoren, Investor Relations (IR)[35], ist zu einem eigenen Beruf geworden.

Abbildung 5.9 zeigt die Marketingfunktion im Zusammenhang mit Geldgebern und Management. Die Eigentumsverhältnisse wirken sich auf das Marketing aus, und die Beziehungen zwischen dem allgemeinen Management, dem Marketingmanagement und den wichtigsten Eigentümern (die meistens im Vorstand vertreten sind) werden zu einem entscheidenden Faktor. Nachstehend werden fünf Arten von Beziehungen mit Eigentümern und Geldgebern erläutert.

[35] Zum Rahmen für die Marketingbeziehungen mit Investoren siehe Tuominen (1996).

1. *Die Eigentümer sind persönlich an der Unternehmensführung beteiligt; es ist ein Teil ihres Lebensstils.* Dies ist typisch für Kleinbetriebe wie Tante-Emma-Läden, Gasthäuser oder Reparaturwerkstätten. Im Einzelhandel gibt es eine ganze Reihe überaus erfolgreicher Unternehmen, die aus der Vision und Ausdauer des Gründers und Eigentümers entstanden sind. Beispiele eines starken Engagements des Eigentümers sind die Nordstrom-Kaufhäuser, die für die Qualität ihrer Waren und ihres Service bekannt sind, und die kundenorientierten und profitablen Feargal Quinn-Supermärkte in Irland. Ein weiteres Beispiel ist Ikea. Der Unternehmensgründer Ingvar Kamprad hat drei Söhne, eine Tochter, seine Ehefrau und seinen Schwager an seiner Seite. Der Einzelhandelsbereich – 125 Ikea-Möbelhäuser und die 79 im Jahre 1993 erworbenen Habitat-Möbelhäuser in Großbritannien, Frankreich und Spanien – befindet sich im Besitz einer von der Familie kontrollierten Stiftung in den Niederlanden. Inter Ikea umfaßt die Franchising-Abteilung (mit den Ikea-Markenrechten, Copyrights und Konzepten), die Finanzabteilung und die Immobilienabteilung. Die Ikano-Gruppe befaßt sich mit Bankgeschäften, Kreditkarten und Versicherungen. Die Unternehmenskultur, die vom Firmengründer ausgeht, ist äußerst ausgeprägt: „... Ingvar Kamprad ist eindeutig der ‚Papa'. ... Für diejenigen, die ihn getroffen haben, bleibt dies ein bedeutendes, unvergeßliches Erlebnis. Und man spricht viel von ihm in den Geschäften: ‚Kamprad hätte das gefallen ...' oder ‚Was hätte Ingvar wohl dazu gesagt ...' Besonders für Alt-Ikeaner ist Ingvar Kamprad ein wichtiges Symbol, die Personifikation des wahren Ikea-Geistes."[36]
   Selbst wenn solche Privatunternehmen an die Börse gehen, können die Haupteigentümer und die zentralen Werte weiterhin das Geschehen bestimmen. Die Trennung zwischen der Rolle des Haupteigentümers und der Rolle des Managers ist heute in den meisten Kulturen üblich. Wenn man sich die Führungskräfte in Europa genauer ansieht, stellt man jedoch fest, daß sie häufig direkt oder indirekt mit einem Netz von Eigentümerfamilien verbunden sind.
   Der Grund, weshalb ein Unternehmen an die Börse geht, ist normalerweise der Wunsch nach Cash-flow, häufig aber auch das Bedürfnis, die absolute Kontrolle einer Familie abzuschwächen. Familieneigentum ist mit gewissen Gefahren verbunden, besonders wenn neue Generationen ans Ruder kommen. Es gibt auch Fälle, wo es die beste Strategie wäre, den Börsengang rückgängig zu machen und die Aktien vom Publikum zurückzukaufen. Voraussetzung dafür ist allerdings, daß dies – was selten genug der Fall ist – finanziell machbar ist. Eine realistische Möglichkeit besteht darin, Investoren zu finden und mit denjenigen, die konstruktiv am Aufbau der Zukunft mitarbeiten wollen, langfristige Beziehungen zu etablieren.

[36] Zitat aus Salzer (1994, S. 162).

Gründer und Unternehmer sind nicht immer leicht zufriedenzustellen, und ein Angestellter, der sich nicht an ihre Anordnungen hält, sollte sich besser einen anderen Job suchen. Sie können auch den Eindruck erwecken, bei der Verfolgung ihres Unternehmenszwecks und in ihrem Kampf ums Überleben rücksichtslos vorzugehen. Der Familie Roddick, Gründer und Eigentümer von The Body Shop, wurde vor kurzem vorgeworfen, ihre Franchisenehmer zu sehr unter Druck zu setzen,[37] während Anita Roddick erklärt: „Es war mir noch nie möglich, die Body-Shop-Werte von meinen eigenen, persönlichen Werten zu trennen."[38] Einzelne Gesellschaften und Familien können sogar ganze Märkte und Länder kontrollieren. Ein besonders extremer Fall ist De Beers mit seinen Eigentümern, der Oppenheimer-Familie.[39] Sie kontrollieren 54 % der Aktien an der Börse von Johannesburg in Südafrika, das heißt ein Viertel des finanziellen Vermögens der Nation. De Beers ist für seine Kontrolle über den weltweiten Diamantenhandel bekannt, insgesamt umfaßt das Imperium 1300 Unternehmen in den verschiedensten Ländern. Viele Unternehmen und Länder haben versucht, aus dem Einflußgebiet von De Beers auszubrechen, aber anscheinend ohne Erfolg. So werden die vorherrschenden Produktions- und Marketingstrategien im Diamantengeschäft weltweit von einer einzigen Eigentümerfamilie bestimmt.

2. *Die Eigentümer verstehen ihre Investition als langfristiges Engagement, sind aber an verschiedenen Branchen beteiligt und nehmen nicht direkt an den laufenden Geschäften teil.* Die Wallenberg-Familie, die einen maßgeblichen Einfluß auf so verschiedene multinationale Konzerne wie Ericsson, Atlas-Copco, Electrolux, SKF und Saab ausübt, konzentriert ihre Investitionstätigkeit auf langfristige Industrieentwicklungen, Internationalisierung und Stabilität. Es besteht ein Engagement, insbesondere in finanziellen und strategischen Angelegenheiten, aber ihre Kenntnis der laufenden Geschäfte und branchenspezifischen Fragen ist beschränkt.

   Langfristige Eigentümerschaft kann Unternehmen zusammenführen, auch wenn diese vom Marketingstandpunkt aus gar nicht zusammengehören. Dies kann zu einem gewissen Zeitpunkt sinnvoll sein, zu einem anderen aber nicht. Der KFZ-Sektor von Saab wird heute von GM kontrolliert, aber die Luftfahrtprodukte von Saab sowie Scania, dem fünftgrößten LKW-Produzenten der Welt, waren 25 Jahre lang im Eigentum von Saab. Sie haben gemeinsame Wurzeln, aber ihre Produkte haben sich in verschiedene Richtungen entwickelt. 1996 wurde schließlich entflochten, da es absolut keine Marketingsynergien mehr gab.

[37] Entine (1996).
[38] Roddick (1991, S. 123).
[39] Siehe Kanfer (1996).

Reichheld[40] erwähnt Warren Buffett und sein Unternehmen Berkshire Hathaway als Beispiel für eine langfristige und äußerst erfolgreiche Investmentstrategie. Buffett investiert nur in wenige Unternehmen, hält an diesen Investitionen fest und findet kurzfristige Aktienpreisentwicklungen uninteressant. Dieser Eigentümertypus ist für die Entwicklung der Marketingfunktion ideal. Er erlaubt dem Unternehmen, langfristige Beziehungen mit Kunden und anderen Partnern aufzubauen.

3. *Die Eigentümer sind Investoren, die nach maximalen kurzfristigen Erträgen streben.* Genauso wie Kunden selbst langfristig unrentabel sein können, gibt es auch Investoren, die keine große Hilfe darstellen, ja sogar richtige Parasiten sind. Solche Investoren kennen kein Verantwortungsgefühl, sondern nur Rechte und Ansprüche; Aktienbesitz ist für sie eine Alternative zum Glücksspiel in Las Vegas. Institutionelle Investoren wie Pensionsfonds spielen heute eine verstärkte Rolle auf dem Aktienmarkt. Sie hegen keine besonderen Gefühle für das eine oder das andere Unternehmen, sondern wollen lediglich das Vermögen der kurzfristigen Investoren vermehren. Investmentbroker werden nach Transaktion bezahlt, so daß sie um so mehr verdienen, je öfter es ihnen gelingt, große Investoren zum Kaufen und zum Verkaufen zu bewegen. Sie werden also für Transaktionen und Eigentümerpromiskuität belohnt und nicht für langfristige Beziehungen und Treue. Für das RM ist das natürlich kontraproduktiv.

   Die 80er Jahre waren von wechselnden Eigentümerverhältnissen auf der Basis kurzfristiger Spekulationen geprägt. In feindseliger Manier fielen räuberische Unternehmen über andere her und finanzierten ihre Übernahmen durch Junk Bonds (hochriskante Anleihen ohne Sicherheiten). Ihr Motto lautete Kostenminderung, Downsizing und stückweises Abstoßen des Unternehmens; sie hatten keinerlei Absicht, das Unternehmen langfristig zu entwickeln, und keinerlei emotionale Bindung an seine Produkte oder Leistungen. Sicher ist es manchmal notwendig, ein selbstgefälliges oder ineffizientes Managementteam aufzurütteln, aber dies sollte dann zum Zweck des langfristigen Überlebens geschehen. Manche dieser Raubritter brachten es zu unermeßlichem Reichtum, andere erlitten schwere Rückschläge und kamen vor Gericht, ja sogar ins Gefängnis.

   Um eine starke Marketingfunktion aufzubauen, braucht man eine gewisse langfristige Stabilität. Reichheld[41], der treuen Investoren und treuen Mitarbeitern genausoviel Gewicht beimißt wie treuen Kunden, schlägt vier aktive Strategien vor, um stabilere Eigentumsverhältnisse zu erreichen: Man kann die gegenwärtigen Investoren aufklären, zu stabileren Investoren übergehen,

[40] Reichheld (1996, S. 165 – 166).
[41] Reichheld (1996, S. 160 – 170).

sich um den richtigen Typus von Haupteigentümern bemühen oder die Aktien vom Publikum zurückkaufen. Wo Instabilität herrscht, wird die Aufmerksamkeit des Managements von den Kernaktivitäten Produktion und Marketing abgelenkt. Die führenden Mitarbeiter können jederzeit ihren Job verlieren und sehen in einem langfristigen Engagement keinen Sinn. Sie werden dazu gedrängt, kurzfristige Erfolge anzustreben, anstatt in die Kundenbindung, die Produktentwicklung und die Entwicklung der Mitarbeiter zu investieren.

4. *Genossenschaftliches Eigentum:*[42] Echte genossenschaftliche Eigentümerschaft zeichnet sich durch das besondere Engagement aus, das für den erfolgreichen Familienbetrieb charakteristisch ist, geht aber noch einen Schritt weiter: Die Eigentümer und die Kunden sind dieselben Leute. Die Kunden besitzen die Lieferorganisationen und kaufen in ihren eigenen Geschäften ein. Auch die Mitarbeiter sind Eigentümer und Kunden zugleich, und manche Genossenschaften werden sogar von unbezahlten Freiwilligen betrieben. Zwischen den Genossenschaftsmitgliedern und dem Ladenpersonal bestehen enge Beziehungen. Das geht gut, solange die Genossenschaft überschaubar bleibt oder in kleine unabhängige Einheiten aufgeteilt ist. Wenn sie größer wird, die Funktionen zentralisiert werden und die Leitung aus der Ferne erfolgt, wird sie ein Unternehmen wie jedes andere auch. Die Genossenschaft wird zur Gesellschaft, und die Eigentümer fühlen sich etwa so sehr als Eigentümer, wie ich mich als Eigentümer von Ford fühle, wenn ich einige Ford-Aktien besitze. Die Mitglieder sind einfach nur noch Kunden, und die echte Mitgliedschaft geht verloren; der Eigentümer/Kunde wird ein Pseudomitglied, wie wir es bei R11 kennengelernt haben. Es gibt auch Einzelhandelsgenossenschaften, und in der Landwirtschaft sind Produktionsgenossenschaften üblich. Zu erwähnen sind auch freiwillige Ketten wie die Best Western Hotels. Teilweise sind Genossenschaften so dominant geworden, daß sie Lieferanten und Kunden gefangen halten, wie es bei R10 beschrieben wurde.
5. *Staatseigentum:* In den meisten Ländern, wenn auch in den USA weniger als anderswo, besitzt der Staat bestimmte Dienste wie Post, Telekommunikation, Eisenbahnen und Fluglinien; auch das Gesundheitswesen, das Unterrichtswesen und die öffentliche Verwaltung sind oft Eigentum staatlicher oder lokaler Regierungen. Hier werden Dienstleistungen infrastruktureller Natur produziert, die nur teilweise den Kräften des Marktes unterworfen sind. Bedauerlicherweise richten Regierungen ihren Managementstil und ihre Werte nach einem bürokratisch-rechtlichen Paradigma statt nach einem

[42] Genossenschaftliches Eigentum und Management scheinen in der Management- und Marketingliteratur weitgehend vernachlässigt worden zu sein; eine Ausnahme bildet Pestov (1995).

Serviceparadigma aus. Das bedeutet, daß solche Gesellschaften hinter der allgemeinen Entwicklung zurückbleiben und sich nicht als ein Dienst am Bürger verstehen. Sie sind zu Reichen für sich geworden, von der Umwelt abgeschottet. Dafür werden sie heftig kritisiert, haben aber gelernt, dies als den natürlichen Lauf der Dinge zu akzeptieren. Sie verbringen mehr Zeit damit, zu „erklären“, warum die Dinge nicht funktionieren können, als dafür zu sorgen, daß sie funktionieren. Aber auch sie haben ihre Konkurrenten. So hat zum Beispiel Federal Express als private Alternative mit den Schwerpunkten Servicequalität und Kundenorientierung neuen Wind in die amerikanischen Postdienste gebracht.

Die Deregulierungs- und Privatisierungswelle, die in den 80er Jahren einsetzte, veränderte das Bild nach und nach. In Großbritannien umfaßten die Privatisierungen der ehemaligen Premierministerin Margaret Thatcher die Flughafenaufsicht, die British Telecom und British Rail. Regionale und lokale Verwaltungen sind zunehmend in geschäftsähnliche Aktivitäten verwickelt. Sie üben eine Doppelfunktion als Behörden und als Dienstleister aus. Diese beiden Rollen bringen sie traditionell durcheinander, indem sie schlechten Service mit der Berufung auf ihre gesetzliche Autorität ausgleichen. Es besteht die Gefahr, daß sie die private Konkurrenz erfolgreich besiegen, indem sie dank dem Geld der Steuerzahler günstigere Angebote machen. Solche Fälle sind in der Bauwirtschaft, im Verkehrswesen, im Freizeitbereich und in anderen Märkten bekanntgeworden.

Die letztlichen Eigentümer aller staatlichen Unternehmen sind die Bürger, also die Konsumenten, aber ihre Chancen, über den demokratischen Prozeß der Wahlen Einfluß auszuüben, sind erschreckend gering. Um eine staatlich geführte Postgesellschaft zu beeinflussen, müssen die Bürger bei der nächsten Wahl für ihren Kandidaten stimmen und hoffen, daß die richtige Partei gewinnt, daß die richtige Person zum Postdirektor ernannt wird, daß sich die richtigen Beamten mit den entsprechenden Angelegenheiten befassen werden, daß die Bedürfnisse und Wünsche der Bürger ihren Weg zur Unternehmensleitung, in das Mission Statement, die Strategien, die Organisation und die Systeme finden und daß die richtigen Leute eingestellt werden, die zur Zufriedenheit der Kunden handeln. Diese Kette von Zwischengliedern ist viel zu lang, und die Beziehung zum Kunden ist distanziert, so distanziert, daß sie überhaupt keine Spannkraft mehr besitzt. Der direkte Kontakt mit der Post – wo der Bürger die Rolle des Kunden spielt – ist zwar möglich, aber der Bürger hat wenig in der Hand; es ist normalerweise eine asymmetrische Beziehung. Die Beziehung zwischen dem Bürger als Eigentümer der Post, der möglicherweise auch über die Steuer für ihre Finanzen mitverantwortlich ist, demselben Bürger als Kunde und dem Staat als Verwalter ist vom Marketingstandpunkt aus nicht einfach zu meistern.

Soll das alleinige Ziel einer Gesellschaft darin bestehen, das Vermögen der Aktionäre – in Geld ausgedrückt – zu maximieren? Kurzfristige Investoren beantworten diese Frage mit einem eindeutigen Ja. Aber könnte Vermögen nicht auch darin bestehen, die Tradition einer bestimmten Branche – Einzelhandel, Automobilindustrie, Filmbranche – aufrechtzuerhalten oder ein Unternehmen in einer bestimmten Stadt, in einer Region oder in einem Land zu betreiben und ein guter Unternehmensbürger zu sein? So sind zum Beispiel einige der Filmgiganten in Hollywood weder im Eigentum von Amerikanern, noch haben ihre Eigentümer eine Ahnung vom Filmgeschäft. Metro Goldwyn Mayer wurde an einen italienischen Betrüger verkauft, der von der französischen staatlichen Bank Crédit Lyonnais unterstützt wurde; nach einiger Zeit sah sich dann die Bank gezwungen, das Studio zu übernehmen. Columbia wurde an die japanische Sony verkauft, Universal an die japanische Firma Matsushita und später an das kanadische Unternehmen Seagram, und 20th Century Fox an australische Eigentümer. Seit diese Zeilen geschrieben wurden, haben sich womöglich schon wieder neue Eigentumskonstellationen entwickelt.

Es gibt auch andere Mitspieler, die Unternehmungen finanzieren, ohne Investoren oder Eigentümer zu sein. Eine positive Bankbeziehung ist äußerst wertvoll. Ein privates Operntheater hat sich dazu entschlossen, mit drei Banken zusammenzuarbeiten: Sein Gründer und Leiter hatte früher als Bankangestellter gearbeitet und gelernt, wie gefährlich es sein kann, sich zum Gefangenen einer einzigen Bank zu machen. Ericsson hat zwei Hauptbanken, wodurch das Unternehmen die finanziellen Machtverhältnisse besser ausbalancieren kann – eine Strategie, die bei japanischen Unternehmen weit verbreitet ist. Der Eigentümer von Ikea hat sich für die finanzielle Unabhängigkeit entschieden, nachdem er erlebt hatte, wie Kleinbetriebe in seiner Heimatstadt von den Banken schikaniert wurden. Er gründete sogar eine Finanzgesellschaft und eine eigene Bank.

Der Aufsichtsrat vertritt die Eigentümer, das Management und andere Partner. Oft genug wird beanstandet, daß in diesem Gremium Mitglieder sitzen, die zuwenig über das Unternehmen wissen und keine funktionalen Fachkenntnisse mitbringen. Die Unterstützung informierter Eigentümer und Aufsichtsratmitglieder und das Vertrauensverhältnis zwischen ihnen, der Geschäftsführung und den Marketingverantwortlichen sind selbstverständlich absolute Voraussetzungen, um sich eine stabile Position auf dem Markt zu sichern. Es ist höchst bedauerlich, wenn das Management die Eigentümer als ein notwendiges Übel erlebt, das es zu besänftigen und zu umschmeicheln gilt. Eigentümer sollten Partner sein. Dies setzt aber voraus, daß man die richtigen Eigentümer auswählt, nämlich solche, die sich durch ihre Investition nicht nur bereichern, sondern auch den Unternehmen, in die sie investieren, einen zusätzlichen Wert bringen wollen. Dann entsteht eine Gewinner-Gewinner-Beziehung im Sinne des Relationship-Marketing.

Abschnitt 3

RM: Konsequenzen und Entstehung

Im zweiten Abschnitt haben wir die dreißig Beziehungen des RM – die 30R – identifiziert. Damit sind die Theorien über Beziehungen, Netzwerke und Interaktion praktisch verwertbar und konkret geworden; sie lassen sich auf die Marketingplanung und die Marketingaktivitäten anwenden.

Im dritten Abschnitt beschäftigt sich Kapitel 6 nun mit den Auswirkungen des BM auf den finanziellen Erfolg, den Marketingplan und das Marketing-audit, die Organisationsstruktur und das Funktionieren der Marktwirtschaft. Kapitel 7 bietet einen Überblick über die Entwicklung des RM und den Ansatz der 30R und zieht daraus den Schluß, daß RM eine Paradigmenverschiebung im Marketing bewirken kann.

Kapitel 6
Die Konsequenzen für das Marketingmanagement

Kapitel 6 beschäftigt sich zunächst mit den „Beziehungsrenditen", also mit den Auswirkungen des RM auf Umsätze, Kosten und Gewinne. Anschließend wird ein RM-inspirierter Marketingplan bzw. Marketingaudit erörtert und der Begriff des Beziehungsportefeuilles eingeführt. Die Verbindungen zwischen RM und neuen Ansätzen in der Organisationsstruktur – imaginären Organisationen – wurden bereits in den vorhergehenden Kapiteln erwähnt. Dieses Kapitel befaßt sich nun ausführlicher mit dieser faszinierenden Frage und schließt mit Ausführungen über die Bedeutung des RM für das einzelne Unternehmen wie für die Marktwirtschaft.

„Beziehungsrenditen": Zahlt sich RM aus?

Jemand (ich glaube, es war Peter Drucker) hat einmal gesagt: „Die Sprache des Managements ist Geld." Im Geschäftsleben interessieren uns die finanziellen Auswirkungen unserer Aktivitäten; „unter dem Strich" lautet die magische Formel. Unternehmensführung und Marketingmanagement müssen sich also die zentrale Frage stellen: Zahlt sich RM aus? Wir können diese Frage etwas weiter fassen: Ist es möglich, die „Rendite" von Beziehungen zu messen, so wie wir die Rendite einer Investition, die Rendite des aufgewendeten Kapitals oder sogar die Rendite der Qualität messen?[1]

Die Definition der Rendite der Beziehungen lautet: *Die Beziehungsrendite ist der Effekt, den der Aufbau und die Pflege der Netzwerkbeziehungen eines Unternehmens auf den langfristigen Nettogewinn hat.*

Die Methoden zur Messung der Beziehungsrendite stecken allerdings noch in den Kinderschuhen. In den folgenden Abschnitten werden ein Überblick über den diesbezüglichen Stand der Technik gegeben, Ansatzmöglichkeiten vorgestellt und Anwendungsbeispiele aus der Praxis gegeben.

Einige Aussagen zur Rendite von Beziehungen sind hier bereits gemacht worden:

[1] Das Konzept Rendite der Qualität wurde von Rust, Zahorik und Keiningham (1994) entwickelt.

- Ein bestehender Kunde bringt dem Cadillac-Verkäufer Carl Sewell im Laufe seines Lebens 332 000 US$.
- Es kostet fünfmal soviel, einen neuen Kunden zu gewinnen, wie einen bestehenden Kunden zu halten.

Es wird allgemein angenommen, daß eine Verbesserung der vom Kunden wahrgenommenen Qualität die Zufriedenheit des Kunden, die Kundenbindung und damit die Rentabilität erhöht. Eine Reihe von Autoren haben Lebenszyklen für Kundenbeziehungen entwickelt mit ihrem Circulus virtuosus oder ihrer Erfolgskette, die alle nach dem gleichen Muster laufen: gute interne Servicequalität → zufriedene Mitarbeiter → die Mitarbeiter bleiben → gute externe Servicequalität → zufriedene Kunden → die Kunden bleiben → hohe Rentabilität.[2] Es gibt auch das Gegenteil, den Circulus vitiosus und die Versagenskette.

Die Logik scheint zwingend: Wenn alle zufrieden sind, geht es uns gut. Die allgemeine Gültigkeit dieser Logik kann jedoch in Frage gestellt werden, da die Logik des Marktes manchmal ihre eigenen Wege geht.

Es genügt nicht, dafür zu sorgen, daß die Kunden zufrieden sind. Bevor der Volvo-Konzern ein langfristiges und umfassendes RM-Programm in Angriff nahm, war er davon ausgegangen, daß zufriedene Kunden auch treue Kunden sind. Es stellte sich aber heraus, daß viele Kunden verlorengingen. Der nächste Schritt im RM-Programm von Volvo bestand also darin, aktive Maßnahmen zu ergreifen, um die Treue seiner zufriedenen Kunden zu fördern. Die meisten Kunden, die einen Lieferanten verlassen, erklären, daß sie mit diesem durchaus zufrieden waren. Für ihre Entscheidung führen sie andere Gründe an, wie etwa das Marketing eines anderen Lieferanten, den Zufall, den Wunsch, etwas Neues auszuprobieren, oder die Empfehlung durch Freunde. Wenn wir von den drei Alternativen von R9 – verlassen, zur Sprache bringen, treu bleiben – ausgehen, bleiben auch viele unzufriedene Kunden bei ihrem Lieferanten, obwohl er teurer ist oder schlechtere Qualität bietet als die Konkurrenz. Sie wechseln nicht, weil es ihnen an Zeit oder an Wissen mangelt, oder sie bleiben zum Beispiel aus nationalistischen oder ideologischen Gründen treu. Die Umstiegskosten können kurzfristig gesehen sehr hoch sein. Aber Kundenbindung gepaart mit Unzufriedenheit ist immer eine Zeitbombe.

Einige Studien haben gezeigt, daß es einen beträchtlichen Unterschied bei der Kundenbindung macht, ob ein Kunde in einem Fragebogen angibt, *sehr zufrieden* oder nur *zufrieden* zu sein. Pitney Bowes, ein Unternehmen, das Frankiermaschinen herstellt, hat festgestellt, daß 78,2 % der *sehr zufriedenen* Kunden angaben,

---

[2] Siehe Grönroos (1990, S. 129 – 133); Normann (1991, S. 153 – 163); Schlesinger und Heskett (1991); Schlesinger und Hallowell (1994). All diese Beiträge basieren auf Dienstleistungen, hier wird jedoch ihre allgemeine Anwendbarkeit angenommen.

auch in Zukunft Kunden bleiben zu wollen, hingegen nur 20,9 % der *zufriedenen* Kunden. Bei Xerox lauteten die entsprechenden Zahlen 80 % bzw. 14 %.[3]

Eine weitere Analyse bietet die Treuebewertungsmatrix (Abbildung 6.1). Diese Matrix bringt die *Attraktivität* eines Lieferanten (wie sie der Kunde wahrnimmt) in ein Verhältnis zur *Stärke der Beziehung*. Die zufriedensten Kunden werden als Botschafter bezeichnet; sie finden den Lieferanten besonders attraktiv und haben eine starke Beziehung zu ihm. Die nächste Gruppe besteht aus treuen Kunden, die etwas weniger begeistert sind als die Botschafter. Die Diagonale stellt Risikokunden dar, die für die Konkurrenz eine leichte Beute wären. Die letzten beiden Gruppen sind jene, die sich aktiv nach einem neuen Lieferanten umsehen, oder bereits verlorene Kunden.

Die Untersuchung eines Unternehmens ergab folgendes Muster: 32 % Botschafter, 30 % treue Kunden, 25 % Risikokunden, 9 % Suchende, 4 % verlorene Kunden. Botschafter und treue Kunden bildeten zusammen fast zwei Drittel der Kunden, ein Resultat, das je nach Art der Geschäftstätigkeit zufriedenstellend sein kann oder nicht.

STÄRKE DER BEZIEHUNG

ATTRAKTIVITÄT

Risikokunden	Treue Kunden	Botschafter
Suchende	Risikokunden	Treue Kunden
Verlorene Kunden	Suchende	Risikokunden

Abbildung 6.1: Treuebewertungsmatrix (Quelle: Johansen und Monthelie, 1996, S. 23. Autorisierte Verwendung)

Was leider weniger ermutigend war, war die Feststellung, daß die Rentabilität nicht besonders gut mit der Kundentreue korrelierte. Die Botschafter waren nicht die gewinnträchtigsten Kunden; diese waren in den Gruppen zu finden, die die geringste Treue aufwiesen. Das *Serviceparadoxon*[4] besagt, daß die Kunden um so zufriedener sind, je weniger Gewinn sie bringen, während die rentableren Kunden die weniger zufriedenen sind. Dies läßt sich am Beispiel der Flugpreise zwischen New York und Europa veranschaulichen. Nehmen wir an, das Ticket kostet in der Economy Class 500 US$ und in der Business Class 2500 US$. Der Business-Class-Reisende ist sehr rentabel und sehr anspruchsvoll. Der Economy-Reisende trägt nur marginal zum Gewinn bei, ist aber dankbar für den niedrigen

[3] Zitiert aus Johansen und Monthelie (1996, S. 17).

[4] Das Serviceparadoxon ist aus einem Gespräch mit Jan Lapidoth Sr. und seinen Erfahrungen bei SAS übernommen.

Preis und stellt keine besonderen Ansprüche. Im ersten Fall liegt der Wert für den Kunden in der Qualität: Pünktlichkeit, Komfort, die Möglichkeit zu arbeiten oder sich zu entspannen. Im zweiten Fall ist es der niedrige Preis. Es ist sehr wahrscheinlich, daß der Business-Reisende weniger zufrieden sein wird als der Economy-Reisende, obwohl er objektiv gesehen einen besseren Service genießt.

Ein Unternehmen kann ausbrennen, wenn seine Geschäftstätigkeit zum permanenten Feuerlöschen geworden ist und es irgendwann kein Wasser mehr gibt, das man auf das Feuer schütten könnte. RM setzt auf langfristiges Denken, aber manchmal muß das Tagesgeschäft gerettet werden, bevor man langfristigere Aspekte in Angriff nehmen kann. Bestimmte Entscheidungen müssen aus einer strategischen Notwendigkeit heraus getroffen werden; es sind Marktinvestitionen, die sich nicht mit einfachen Kennzahlen finanziell einschätzen lassen. Sie haben keinen Platz in der kurzfristigen Gewinn- und Verlustrechnung. Entweder man tätigt sie und hat eine Überlebenschance, oder man tätigt sie nicht und wird vom Markt verschwinden. Wenn ein Wandel schrittweise eintritt, bemerkt man ihn vielleicht erst dann, wenn es bereits zu spät ist, um den Teufelskreis zu durchbrechen.

Zu den Marktbeziehungen gehören nicht nur Kundenbeziehungen. Da sind auch noch die Beziehungen zu Zwischenhändlern, Mitbewerbern, den eigenen Lieferanten und anderen Mitspielern auf dem Markt. Es gibt die Megabeziehungen zu einflußreichen Kräften wie Medien oder Politiker, oder die persönlichen Beziehungen, die einem zukünftige Chancen öffnen. Es gibt die Nanobeziehungen innerhalb des Unternehmens. All diese Beziehungen können ihren Beitrag leisten, zum Beispiel indem sie Kosten senken, die Produktentwicklung beschleunigen oder den Verkauf von Anlagen dort erleichtern, wo ein einzelner Lieferant zu klein wäre, um alleine anzubieten.

Will man den Ertrag von Beziehungen einschätzen, muß man messen, was meßbar ist, und qualitativ bewerten, was sich nicht in Zahlen fassen läßt. Für solche Einschätzungen muß das volle Potential des Menschen eingesetzt werden: gesunder Menschenverstand, Intuition, Erfahrung, Visionen – und der unbestimmbare Begriff des praktischen Urteilsvermögens. „Das Unternehmen von morgen wird den Wert all seiner Beziehungen verstehen und messen können", meint ein Bericht einer britischen Organisation mit dem klingenden Namen *The Royal Society for the Encouragement of Arts, Manufacture & Commerce* (1994).

Wir sind zwar noch nicht so weit, werden aber in den nächsten Abschnitten einige Modelle und Anwendungen kennenlernen, die in dieser Richtung vorgeschlagen worden sind. Es geht dabei um Dauer, Loslösung und Bindung, um RM, geistiges Kapital und Balanced Scorecard, um ein Upgrading der Kundenbasis, um die Bewertung von Kundenbeziehungen, um Beziehungen und Qualität, um Produktivität und Rentabilität, um die Rentabilität des Nichtmeßbaren sowie um Strategien für eine verbesserte Beziehungsrendite.

Dauer, Loslösung und Bindung

Loyalität und Beziehungsrendite sind an diverse wichtige Indikatoren geknüpft. Dies sind, unter anderem, die Dauer einer Beziehung, das heißt, wie lange der Kunde ein Kunde bleibt; die Bindungsrate, als der Prozentsatz von Kunden, die nach einem Jahr, zwei Jahren usw. beim Lieferanten bleiben; und die Loslösungsrate, als der Prozentsatz von Kunden, die sich vom Lieferanten trennen.

Eine zentrale Frage im RM lautet, wieviel Ressourcen aufgewendet werden sollten, um bestehende Kunden zu halten und die Dauer der Beziehung zu verlängern und wie groß der Aufwand sein sollte, um neue Kunden anzuwerben.

Eine britische Studie hat ergeben, daß 80 % der Manager von Dienstleistungsunternehmen das Gefühl hatten, zu viele Ressourcen für das Anwerben neuer Kunden aufzuwenden, und 10 % der Meinung waren, die bestehenden Kunden würden einen zu großen Teil der Ressourcen beanspruchen. Nur 10 % waren mit dem Verhältnis zwischen dem Ressourcenaufwand für neue und für bestehende Kunden zufrieden.[5] Es kommt auch darauf an, die RM-Strategie an die Bedürfnisse und Wünsche der Käufer anzupassen. Vielleicht wünscht sich ein Verkäufer sehnlichst eine Beziehung zu bestimmten Kunden, aber die Kunden gehen nicht darauf ein, einfach weil sie zu diesem Engagement nicht bereit oder nicht fähig sind. Umgekehrt kann ein Verkäufer eine Strategie des Transaktionsmarketing verfolgen und sich dem Wunsch der Kunden nach einer langfristigen Beziehung verschließen.[6]

Eine vielzitierte Studie[7] zeigt, daß 68 % der Kunden, die sich von einem Lieferanten gelöst haben, dies mit der Gleichgültigkeit des Lieferanten begründen und 14 % mit der unbefriedigenden Behandlung von Reklamationen. 82 % der Kundenloslösungen waren auf diese beiden Arten von gescheiterten Beziehungen zurückzuführen. Nur 5 % der Kunden gingen aufgrund von Initiativen der Konkurrenz verloren und 9 %, weil sie anderswo niedrigere Preise vorfanden. In einem Artikel zum Thema „Null-Abgang" kommen die Autoren zu dem Schluß, daß ein Lieferant seinen Nettogewinn verdoppeln könnte, wenn es ihm gelänge, die Loslösungsrate um nur 5 % zu reduzieren.[8] Sie empfehlen den Unternehmen, die Kundenabgänge zu analysieren. Dazu gehören Gespräche mit verlorenen Kunden, aber auch die Erfassung jener schwachen Signale, die darauf hindeuten, daß ein Kunde in den Risikobereich eingetreten ist.

Direct Tire Sales ist ein Unternehmen, das sich auf Reifen und Bremsen spezialisiert hat und drei Viertel seiner Umsätze mit Stammkunden macht.[9] Diese

---

[5] Payne und Rickard (1994).

[6] Bund Jackson (1995a).

[7] Untersuchungen aus den 80er Jahren von Miller Business Systems.

[8] Reichheld und Sasser (1990, S. 105).

[9] Johnson (1992, S. 85).

Kunden geben doppelt soviel aus wie Erstkunden, die über die Werbung gekommen sind (173 US$ gegen 90). Erstkunden, die auf Empfehlung eines Stammkunden kommen, geben beim ersten Besuch beträchtliche 224 US$ aus. Die Kreditkartengesellschaft MBNA America hat eine Kundenverlustanalyse durchgeführt und daraus gelernt.[10] Die Abgangsrate fiel von 10 % auf 5 %, was der Hälfte des Branchendurchschnitts entspricht, und die Rentabilität erhöhte sich drastisch. Ein durchschnittlicher Karteninhaber, der nur ein Jahr bleibt, verursacht einen Verlust von 51 US$; wenn er fünf Jahre bleibt, bringt er einen Gewinn von 55 US$, und wenn er 20 Jahre bleibt, einen Gewinn von 525 US$. Wenn die Abgangsraten von 20 % auf 10 % im Jahr fallen und dann noch einmal auf 5 % reduziert werden, steigt die Dauer der Geschäftsbeziehung von fünf auf 10 und schließlich auf 20 Jahre, und die Profite erhöhen sich dementsprechend. Geht ein Kunde verloren, verschwindet mit ihm sein gesamtes zukünftiges Gewinnpotential. Eine vergleichende Studie über neun verschiedene Branchen – u. a. Versicherungsmakler, Computersoftware und Autoreparatur –, in denen die Abgangsrate reduziert worden war, hat ergeben, daß die Profite um 25 bis 85 % gestiegen waren.

Reichheld (1996) stellt ein sorgsam ausgearbeitetes und durchaus praktikables System für die Einschätzung des finanziellen Wertes langfristiger Beziehungen vor. Seine Untersuchungen haben gezeigt, daß Kundenloyalität nicht allein durch die isolierte Beziehung zum Kunden zustandekommt, sondern daß sie in erheblichem Maß von der Loyalität zweier weiterer „Einsatzverwalter" abhängig ist, nämlich von den Angestellten und den Investoren. Wer loyale Beziehungen zu Kunden, Angestellten und Investoren stimuliert, wird reichlich belohnt. Die Werbeagentur Leo Burnett zum Beispiel verliert pro Jahr lediglich zwei Prozent ihrer Kunden, und ihre Produktivität ist 15 bis 20 Prozent höher als die ihrer Hauptkonkurrenten. Bei Chick-fil-A, einer Kette von 600 Schnellrestaurants, beträgt die Personalfluktuation vier bis sechs Prozent im Jahr, wohingegen der branchenübliche Durchschnitt bei 40 bis 50 Prozent liegt. Hinzu kommt noch, daß die Angestellten von Chick-fil-A 50 Prozent mehr als bei Konkurrenzunternehmen verdienen. Im Vergleich zum Branchendurchschnitt bleiben bei der Versicherungsgesellschaft State Farm Insurance die Agenten zweimal so lange; das Unternehmen erzielt eine um 40 Prozent höhere Produktivität, und seine Kundenbindungsrate beträgt 95 Prozent. Der Toyota Lexus erzielt im Bereich der Luxusklassewagen die höchsten Gewinnmargen; er macht zwar nur zwei Prozent der Verkaufszahlen aus, aber 33 Prozent des Gewinns.

Unter Marktanteil versteht man normalerweise den Prozentsatz des Gesamtmarktes oder des Marktsegments, der von einem Lieferanten abgedeckt wird. Manche vertreten die Ansicht, daß weniger, aber exklusivere Kunden, die mehr

[10] Diese und die folgenden Informationen basieren auf Reichheld und Sasser (1990).

und über einen längeren Zeitraum hinweg kaufen, gewinnträchtiger sind als viele Kunden mit geringem Kaufvolumen und kürzeren Beziehungen.[11] Der *Kundenanteil* wird als alternative Kennzahl zum Marktanteil vorgeschlagen. Das Unternehmen Milliken, ein führendes Textilunternehmen, das den Baldrige Quality Award gewonnen hat, überwacht seinen Kundenanteil. Eine Bank kann einschätzen, welchen Anteil des Finanzvermögens und der Transaktionen eines Kunden sie verwaltet. Taco Bell ist eine erfolgreiche, schnell wachsende Fast-food-Kette mit mexikanischen Gerichten. Sie hat sich das Ziel gesetzt, bis zum Jahr 2000 über 100 000 „Zugangspunkte" (points of access) zu verfügen und damit die größte Fast-food-Kette der Welt zu werden. Das Unternehmen mißt nicht in Marktanteilen, sondern in „Bauchanteilen" und stellt fest, welchen Prozentsatz seiner Nahrung der Kunde bei Taco Bell zu sich nimmt.

RM, geistiges Kapital und Balanced Scorecard

Da die Zahlen aus der Buchhaltung einen maßgeblichen Einfluß auf die Entscheidungen und Praktiken ausüben, ist ein unterstützendes Rechnungswesen eine Voraussetzung für die Entwicklung gesunder RM-Anwendungen. Marketingentscheider müssen allzuoft feststellen, daß das *Rechnungswesen* erstarrt, traditionalistisch und durch gesetzliche Bestimmungen gebunden ist und nur selten eine Unterstützung für wichtige Marketingstrategien bietet.

An anderer Stelle habe ich erwähnt, daß die Menschen verschiedenen Stämmen angehören – und der „Buchhalterstamm" verträgt sich nicht besonders mit dem „Marketingstamm". In den letzten Jahren hat sich jedoch eine Revolution in Gang gesetzt. Neue Rechnungstheorien und Vorgehensweisen, insbesondere der Ansatz der ausgewogenen Unternehmensbeurteilung oder *Balanced Scorecard*, erfassen Indikatoren für andere Kapitaltypen als nur das Finanzkapital, darunter die Kundenbasis und den Wert langfristiger Kundenbeziehungen. Die ursprüngliche Balanced Scorecard enthält Indikatoren für vier Kapitaltypen[12]: das Finanzkaptial, das Kundenkapital, das Kapital des internen Geschäftsprozesses und das Kapital des Lernens und des Wachstums.

In den Chefetagen war es lange in Mode zu betonen, daß „der Mensch unsere wertvollste Ressource" darstellt. Dieser Spruch bezieht sich auf die Mitarbeiter und nicht auf die Kunden, Investoren oder Lieferanten, obwohl auch sie Menschen sind und Ressourcen beitragen. Im Sinne des RM sollte man alle mitzählen, die irgendeinen Einfluß auf den Erfolg des Unternehmens ausüben, also alle Parteien in einem Netzwerk von Beziehungen, darunter natürlich nicht zuletzt die Kunden.

[11] Johnson (1992, S. 79).

[12] Kaplan und Norton (1996).

Traditionell werden in der Bilanz greifbare Vermögenswerte erfaßt, allen voran Geld, Lagerbestände, Maschinen und Gebäude. In der Sprache der Bilanz besitzt der Mensch keinen Wert, während der Sessel, auf dem er sitzt, einen Wert darstellt, der nur langsam gemäß bestimmten Buchhaltungsprinzipien abzuschreiben ist. Der Kunde stellt keinen offiziellen Wert dar. Wenn aber ein Unternehmen verkauft wird oder die Aktien an der Börse gehandelt werden, zahlen die Käufer auch für nicht greifbare Vermögenswerte wie Goodwill oder voraussichtliche zukünftige Erträge.

Buchhaltungssysteme können den Wert der Kundenbeziehungen nicht erfassen, obwohl der Aufbau dieser Beziehungen eine Marketinginvestition darstellt. Buchhaltern sind nicht greifbare Werte meist nicht geheuer. Wenn ein Unternehmen mit Verlust arbeitet, kann das Management sich nämlich auf solche Werte berufen, indem es behauptet, daß die Bücher nicht die ganze Wahrheit darstellen und daß die Situation gar nicht so brenzlig ist, wie es erscheint. Dadurch sind diese Werte vielfach in Verruf gekommen. Das Interesse an einer rechnerischen Erfassung der menschlichen Ressourcen, an sozialen Audits und an den finanziellen Aspekten des Personalwesens ist aber gestiegen. Heutzutage begegnen wir immer öfter Begriffen wie Wissenskapital, Beziehungskapital, menschliches Kapital oder soziales Kapital.

Die traditionelle Bilanz sagt über Dienstleistungsunternehmen und wissensintensive Unternehmen nicht viel aus. Man hat sich bemüht, Verfahren zu entwickeln, um den Wert dieser Unternehmen realistischer darzustellen. Da jedes Unternehmen bis zu einem gewissen Grad auch Dienstleistungen und Wissen umfaßt, betrifft diese Frage auch die Produktionsunternehmen.

Bei neuen und umfassenden Buchhaltungssystemen erkennt das Konzept des geistigen Kapitals die Vorherrschaft des kurzfristigen Finanzkapitals nicht an.[13] Natürlich muß jedes Unternehmen über Finanzkapital verfügen, und bei der ausgewogenen Unternehmensbeurteilung (Balanced Scorecard) wird das Finanzkapital gemeinsam mit dem geistigen Kapital eingeschätzt. Wenn wir Kapital als etwas definieren, „das einen Wert darstellt" – also als eine Ressource – stellen wir fest, daß das Geld und andere „harte" Vermögenswerte nicht das einzige Kapital sind.

Die Definition des geistigen Kapitals lautet: *Geistiges Kapital ist der Gesamtwert eines Unternehmens – der Preis seiner Aktien – minus den Nettobuchwert.*

Das Überleben und das Wachstum eines Unternehmens werden letztendlich von den finanziellen Ergebnissen bestimmt. Es geht darum, die langfristige Bedeutung des geistigen Kapitals für die Erzeugung des Finanzkapitals zu erkennen und geistiges Kapital in Finanzkapital umzuwandeln.

Geistiges Kapital kann in zwei Hauptkategorien unterteilt werden, nämlich in das individuelle Kapital und das strukturelle Kapital.

---

[13] Schwedischer Verband der Dienstleistungsunternehmen (1993); Edvinsson und Malone (1997); Sveiby (1997).

Der Begriff *individuelles Kapital* bezieht sich auf die Mitarbeiter und ihre Eigenschaften. Dazu gehören die üblichen Qualitäten der Mitarbeiter wie Wissen, Verhalten und Motivation, aber hier kommt noch das Beziehungsnetzwerk des einzelnen hinzu. Dieses Netzwerk besteht aus den persönlichen Beziehungen, die sich über einen langen Zeitraum entwickelt haben, und dem Vertrauensverhältnis, das ein Mitarbeiter zu den Kunden und anderen aufgebaut hat. Die Macht und das Prestige des individuellen Kapitals sind bei einer Werbeagentur, einem Steuerberatungsbüro oder einer Anwaltskanzlei, die auf persönliche Beziehungen mit ihren Mandanten aufbauen, offensichtlich. Aber auch für den Einzelhändler, die Bankfiliale, die Autoreparaturwerkstatt oder das Produktionsunternehmen sind sie von Bedeutung; wir haben dies im Zusammenhang mit der Servicebegegnung (R5) und der Beziehung zwischen vielköpfigen Kunden und Lieferanten (R6) festgestellt.

Kapital verkörpert auch ein Mitarbeiter, der in der Lage ist, rasch das Vertrauen der Kunden zu gewinnen, eine Eigenschaft, die besonders beim Verkaufspersonal wesentlich ist. In R1 haben wir die Geschichte des Spitzenverkäufers kennengelernt, der Staubsauger an der Haustür verkauft; wenn er von Tür zu Tür geht, so erzählt er, hat er jeweils 20 Sekunden Zeit, um das Vertrauen des Kunden zu gewinnen.

Verläßt ein Mitarbeiter das Unternehmen, verschwindet auch das von ihm verkörperte individuelle Kapital. Das Unternehmen hatte sich den Mann eigentlich nur geliehen, Tag für Tag von 9 bis 17 Uhr.

In der Wissensbeziehung (R21) wurde Wissen als eine der wesentlichen Ursachen für Allianzen dargestellt. Wir haben zwei Arten von Wissen untersucht: das wandernde Wissen, das sich transportieren läßt, und das verankerte Wissen, das untrennbar mit seinem Umfeld verbunden ist. Verankertes Wissen ist ein Teil des *strukturellen Kapitals* und verschwindet nicht mit dem Ausscheiden eines Mitarbeiters. Im Sinne des RM besteht strukturelles Kapital aus Beziehungen, die mit dem Unternehmen an sich etabliert wurden und mit seiner Kultur, seinen Systemen, seinen Verträgen, seinem Image und seinen Netzwerken verknüpft sind. Je erfolgreicher ein Unternehmen seine Beziehungen auf der Grundlage der Struktur aufbauen kann, desto weniger ist es von einzelnen Mitarbeitern abhängig.

WM-Data ist ein äußerst erfolgreiches europäisches EDV-Consultingunternehmen, es weist seit vielen Jahren ein dauerhaftes Wachstum und anhaltende Profite auf. Das Unternehmen hat sich den neuen Ansatz zu eigen gemacht: „Unser strukturelles Kapital umfaßt die Fähigkeit unserer Mitarbeiter, ihre fachlichen und persönlichen Qualitäten einzusetzen, um hochwertige Beziehungen zur Umwelt zu schaffen und zu erhalten. Es ist also für einen WM-Berater verdienstvoll, Kundenbeziehungen aufzubauen und zu pflegen.“[14]

[14] WM-Data Jahresbericht 1992 (S. 11).

Wir unterscheiden oft zwischen sogenannten „weichen“ (immateriellen) und „harten“ (materiellen) Aktivitäten und Investitionen.[15] Kritiker wenden ein, daß der Wert der weichen Investitionen – Menschen, Image, Wissen – nicht in gleicher Weise gemessen und erfaßt werden kann wie jener der harten Investitionen in Gebäude oder Anlagen. Das stimmt, aber genauso wahr ist auch, daß der Wert der harten Anlagen illusorisch sein kann. Ein Gebäude oder eine Maschine haben nur dann einen Wert, wenn man sie dazu nutzen kann, etwas zu produzieren, wofür genügend Kunden auch zu zahlen bereit sind. Die Kosten für Computer und Standardsoftware gehen in die Bilanz ein, während das Geld, das man in Berater investiert, die spezielle Anwendungen entwickeln, in die Gewinn- und Verlustrechnung eingeht und das Jahresergebnis belastet. Obwohl die Wirtschaft auf Messungen versessen ist, sagt der Generaldirektor von General Electric, Jack Welch, daß „die harte Seite der Qualität in Wirklichkeit die weiche Seite ist“.

Im Hinblick auf die gegenwärtigen Unzulänglichkeiten der Buchhaltungspraxis sind verschiedene Kontrollkennzahlen für Unternehmungen, die auf immateriellen Ressourcen aufbauen, ausgearbeitet worden.[16] Diese Vorschläge machen auch einen weiteren Mangel offenkundig, nämlich daß das Rechnungswesen etwas Historisches ist, was seine Fähigkeit, zukünftige Ertragspotentiale einzuschätzen, beschränkt. Sie empfehlen eine neue Form der Analyse, die von Kennzahlen und „weichen“ Werten ausgeht. Der Gewinn- und Verlustrechnung wird mehr Bedeutung beigemessen als der Bilanz. Außerdem reichen im RM die externen und internen Buchhaltungssysteme nicht aus. Sämtliche Informationssysteme müssen mit einbezogen werden, darunter auch Marketinginformationssysteme, die Daten über Kunden, Mitbewerber, Beziehungen und einzigartige Konkurrenzvorteile bieten.

Da jedes Unternehmen anders ist, müssen die Anwendungen an jede spezifische Situation angepaßt werden. Im folgenden sollen zwei Fälle vorgestellt werden. Der Fall Skandia ist ein Anwendungsbeispiel für die ausgewogene Unternehmensbeurteilung (Balanced Scorecard), das Finanzkapital und das geistige Kapital. Das Beispiel Bank zeigt die dringende Notwendigkeit, die Rendite der Kundenbeziehungen zu berechnen.

Der Fall Skandia

Seit vielen Jahren sammelt die Versicherungsgesellschaft Skandia Erfahrungen mit ihrer eigenen Variante des Balanced Scorecard und Indikatoren für geistiges Kapital, nämlich mit dem sogenannten Skandia Navigator.[17] Skandia arbeitet ak-

[15] Siehe Bergstrand, Lundgren und Söderström (1993).

[16] Schwedischer Verband der Dienstleistungsunternehmen (1993).

[17] Siehe Buck-Lew und Edvinsson (1993), ein Interview mit Skandia-Managern in Fortune (Stewart 1994); Jansson (1993) sowie Ergänzung zum Skandia Jahresbericht (1996).

tiv daran, den Wert der Kundenbasis zu steigern. Bei AFS, dem Geschäftsbereich mit dem schnellsten Wachstum, unterscheidet man verschiedene Kundensegmente: sämtliche bestehende Kunden; diejenigen unter ihnen, die AFS-Kunden sind; AFS-Kunden, die auch von anderen Anbietern kaufen; Vollkunden; Teilkunden; verlorene Kunden und junge Kunden. Kunden können von einer Gruppe zur anderen wandern. Das gesamte Kundenkapital wird wie folgt berechnet:

Kundenwert x Dauer = gesamtes Kundenkapital

Ist die Höhe des Kundenkapitals einmal festgestellt, wird an vier Bereichen gearbeitet, um den Wert dieses Kapitals zu erhöhen. Diese Bereiche sind: 1. verbesserte Kundenbeziehungen, 2. höhere Gewinne durch längere Kundenbeziehungen, 3. Steigerung der Zahl der Abschlüsse und 4. Konzentration auf rentable Kunden.

Beim Marketingplanungsprozeß müssen folgende Fragen gestellt werden: Um wieviel können wir sowohl die Zahl der Abschlüsse als auch die Dauer der Beziehungen steigern? Was werden die Konsequenzen solcher Steigerungen sein? Inwiefern wird dies die Kundenwanderung beeinflussen? Welche Schritte müssen unternommen werden?

Skandia hat mittlerweile eine Liste von 111 Indikatoren erstellt sowie eine „Reserveliste“ mit 55 weiteren. Dies ist bestimmt nicht gerade eine „kurze Liste“ und mag wohl auch den einen oder anderen Manager verschrecken, der sie für zu umfangreich und zu kompliziert hält, als daß sie in Geschäftsberichte aufgenommen geschweige denn in Aktionen umgesetzt werden könnte. 20 dieser Indikatoren zielen auf finanzielle Themen ab, alle anderen auf das geistige Kapital. Folgende Indikatoren haben eine direkte Bedeutung für RM.[18]

- Indikatoren, die auf die Kunden ausgerichtet sind: jährliche Abschlüsse pro Kunde, abgewanderte Kunden, durchschnittliche Dauer der Kundenbeziehungen, Anteil der Stammkunden, durchschnittliche Anzahl der Käufe der Kunden pro Jahr, durchschnittliche Zahl der Kundenkontakte pro Jahr, Verkaufsorte, Kundenbesuche im Unternehmen, Anzahl der für Kundenbesuche aufgewandten Tage, Index für Kundenzufriedenheit.
- Indikatoren, die auf die Angestellten ausgerichtet sind, die jedoch auch Auswirkungen auf die Kundenbeziehungen haben: Motivations-Index, Kompetenz-Index, Mitarbeiterfluktuation sowie durchschnittliche Unternehmenszugehörigkeit in Jahren.
- Indikatoren, die besonders auf Kunden und die elektronische Beziehung ausgerichtet sind: IT-Investitionen pro Kunde, IT-Investitionen pro Dienstleistung und Grad der Unterstützung, Anzahl der internen IT-Kunden, Anzahl der externen IT-Kunden sowie die „IT-Fähigkeit“ der Kunden.

---

[18] Siehe Edvinsson und Malone (1997, S. 151 – 158).

Es ist zeitaufwendig, diese Indikatoren praktisch anwendbar zu machen und einige wenige auszuwählen, die handhabbar sind und verwertbare Informationen liefern. Es dauert Jahre, bis Zeitreihen vorliegen und Trends erkennbar werden. In den Skandia Jahresbericht von 1996 flossen unter anderem folgende Indikatoren ein: Erreichbarkeit am Telefon, ein Index für Kundenzufriedenheit, Anzahl der Kunden, Bindungsrate, Kosten für Geschäftsentwicklung im Verhältnis zu den Gesamtkosten, Anzahl der Angestellten im Verhältnis zu den IT-Investitionen, Anzahl der Verbesserungsvorschläge sowie Einkünfte aus neuen Dienstleistungen.

Beispiel Bank

Die Kritik von Johnson und Kaplan (1987), daß das Rechnungswesen seine Relevanz verloren hat, bezieht sich hauptsächlich auf die willkürliche und mechanische Kostenzuordnung. Die Gemeinkosten werden zu einem Instrument für den Transfer von Profiten und Subventionen. Die Art und Weise, wie die Kosten den einzelnen Produkten und Abteilungen zugeordnet werden, erinnert an russisches Roulette: Wer Glück hat, überlebt, aber man kann das Endergebnis nicht beeinflussen. In einem späteren Werk hat Johnson (1992) seine Kritik überarbeitet und weiterentwickelt, indem er sie nun gegen das Top-down-Management und die Fernkontrolle via Kennzahlen richtet. Kennzahlen bieten eine vereinfachte und verwässerte Information. Sie geben keinen Aufschluß über die Qualität, den Zufriedenheitsgrad der Kunden oder das Ausmaß der Mitarbeitermotivation. Sie erzählen nichts über das, was in den Unternehmen tatsächlich vor sich geht, und nichts über ihre lebendigen Prozesse.

Activity Based Costing (ABC) bietet neue Möglichkeiten der Kostenschätzung. Diese Methode konzentriert sich auf Aktivitäten und Prozesse. Dies ist besonders bei Dienstleistungen wichtig, die ja aus Aktivitäten bestehen, die zum Teil gemeinsam mit den Kunden durchgeführt werden. Wie die meisten Kosten- und Einnahmenschätzungen beschäftigt sich auch ABC mehr mit den Kosten als mit den Einnahmen und läßt daher die Beiträge des Marketing außer acht. Es besteht die Gefahr, daß ABC auf die Wesenszüge der Industriegesellschaft beschränkt bleibt: Massenfertigung, Top-down-Management, Kontrolle aus der Ferne und übermäßiges Kostendenken. Laut Frenckner (1992) muß ABC noch auf D und E, also auf die Begriffe Demand (Nachfrage) und Efficieny (Effizienz) ausgeweitet werden. Im RM-Jargon bedeutet das, daß Kunden und Qualität in den Büchern ihren Platz finden müssen.

Cooper und Kaplan (1991) meinen, daß ABC zu besseren Bewertungen führt als die Pareto-Optimierung oder die 20/80 Regel (die besagt, daß 20 % der Kunden oder Produkte 80 % der Profite bringen). Sie führen die 20/225 Regel ein, nach der diese 20 % für 225 % der Profite verantwortlich sind – woraus sich ergibt, daß die Mehrheit der Kunden oder Produkte nicht rentabel ist! Storbackas Vergleich zwischen verschiedenen Banken unterstreicht diese Schlußfolgerung.[19] Seine „Stobachoff-Kurve" zeigt die Verteilung der Profitbeiträge der Kunden, und seine Studie über Banken führt ihn zu folgenden Schlüssen. Der Profit kann maximal 100 % betragen und wurde mit Hilfe von 10 % der rentabelsten Kunden erreicht. 20 % der Kunden trugen zu 140 % der Profite bei, 60 bis 80 % davon wurden jedoch von unrentablen Kunden wieder zunichte gemacht.

Ein Problem stellen die versteckten Verbindungen zwischen den von den Banken gebotenen Dienstleistungen dar. Diese Verbindungen bedeuten, daß scheinbar unprofitable Dienste notwendige Voraussetzungen für die Cash Cows und die Kundenbindung sein können. Außerdem tragen die unrentablen Dienste/Kunden einen gewissen Anteil der zugeordneten Gemeinkosten. Wenn man diese Dienste/Kunden abschafft, wird die Verteilungsbasis für die Gemeinkosten enger, und im Augenblick gewinnbringende Dienste/Kunden werden dadurch unrentabel.

Banken bieten drei Arten von Kernleistungen, die zu verschiedenen Beziehungen mit den Kunden führen: Transaktionsdienste (Einlagen und Abhebungen), Bilanzdienste (Konten und Darlehen) sowie spezielle Dienste (wie etwa Beratung). Das grundlegende Konzept für die Rentabilität einer Bank war immer die Differenz zwischen den Sollzinsen und den Habenzinsen, also der Nettozinsertrag. Bei einer gegebenen Zinsdifferenz hängt der Gesamtgewinn vom Volumen ab. Die Transaktionsdienste sowie gewisse spezielle Dienste werden „kostenlos" angeboten und aus dem Nettozinsertrag bezahlt. Zwischen den einzelnen Kundensegmenten bestehen erhebliche Rentabilitätsunterschiede. Kunden, die in erster Linie Bilanzdienste in Anspruch nehmen, sind profitabel, während solche, die in erster Linie Transaktionsdienste beanspruchen, keinen Gewinn bringen.

Wenn man die Rentabilität von Beziehungen einschätzen will, muß man feststellen, welche Einnahmen und Kosten daraus entstehen. Der Profit der Beziehungen zwischen Bank und Kunde kann demnach folgendermaßen eingeschätzt werden:

  Einnahmen aus Einlagen
\+ Einnahmen aus Darlehen

= volumenbestimmte Einnahmen
\+ Transaktionsgebühren
\+ Provisionen für Investmentdienste

---

[19] Storbacka (1994, S. 144 – 146). Die Profitschätzungen stützen sich auf Storbackas Schlußfolgerungen.

= Einnahmen aus der Beziehung
– Kosten der verschiedenen Transaktionsarten usw.

= Gewinnanteil einer Kundenbeziehung
– Gemeinkosten

= Rentabilität der Beziehung

Profitschätzungen richten sich traditionell nach Organisationseinheiten oder Produkten. Daten für die Einschätzung der Rentabilität eines Kunden als Konsument, als Familienmitglied oder als Kombination von Konsument und Kleinunternehmer sind derzeit in den Datenbanken nicht abrufbar. Die Daten sind darauf ausgelegt, den Profit der einzelnen Transaktion zu berechnen, anstatt die Profite über die gesamte Lebensdauer eines Konsumenten hinweg zu kalkulieren.

Geldautomaten, die hauptsächlich zur Abwicklung von Banktransaktionen dienen, werden von den Banken als kosteneffizient angesehen. Studien haben ergeben, daß es drei- bis viermal mehr kostet, die Dienste durch eine Person erbringen zu lassen als durch einen Geldautomaten. Nun sollte man aber wissen, worauf diese Schätzungen beruhen und ob alle Kosten mit einbezogen wurden. Seit der Einführung des Geldautomaten soll die Anzahl der Transaktionen gestiegen sein, weshalb der Vergleich hinken könnte. Klar ist jedenfalls, daß die Kundenbeziehungen davon betroffen sind. Die Beziehung zu einem Bankdirektor oder Bankangestellten ist eine persönliche, und besonders in kleinen Filialen kennen Kunden und Personal einander. Die Beziehung zu einem Geldautomaten oder einer Telefon- oder Computerbank ist elektronisch, mechanisch und unpersönlich. Wie sich dies auf die Kundentreue und Kundenbindung auswirken wird, läßt sich noch nicht sagen.

Die Einschätzung der Gewinnträchtigkeit von Beziehungen ist für die Entwicklung des RM von größtem Wert. Es ist jedoch ganz wesentlich, hier von einem ganzheitlichen Ansatz auszugehen und die Zahlen und Kennzahlen durch qualitative und erfahrungsmäßige Bewertungen zu ergänzen. Genauso wesentlich ist es, eine Vision über die zukünftige Orientierung eines Unternehmens zu entwickeln, da kurzfristige Profite mit der langfristigen Entwicklung des Unternehmens in Konflikt geraten könnten.

Je mehr Kundenbeziehungen geschaffen werden können, die keine Kosten mit sich bringen, desto besser. Einige der 30R leisten indirekte Beiträge zu den Kundenbeziehungen. Die Arbeit der externen Teilzeitvermarkter, zum Beispiel der zufriedenen Kunden, die eine positive Mundpropaganda betreiben und das Unternehmen empfehlen, gehört hierher. Wenn sie sich in der Interaktion mit dem Kunden richtig verhalten, tragen die Mitarbeiter zu den Kundenbeziehungen bei, ohne das Marketingbudget zu belasten.

Drillinge, Stämme und Kundeninteraktion

„Qualität, Produktivität und Profite sind Drillinge; versucht man, sie voneinander zu trennen, schafft man eine unglückliche Familie.“[20]

Alle drei drehen sich um dasselbe Phänomen und versuchen, dieselbe Frage zu beantworten: „Wie erfolgreich ist das Unternehmen?“ Sie betrachten das Thema aber aus drei verschiedenen Perspektiven, jeweils einen bestimmten Aspekt betonend.

Ich bin der Auffassung, daß diese unterschiedlichen Perspektiven zur Bildung verschiedener „Stämme“ innerhalb der Organisation geführt haben. Sie verkörpern verschiedene Traditionen und Kulturen; ihr Verständnis des gesamten Wohlergehens des Unternehmens ist beschränkt. Diese drei Stämme sind der *Qualitätsstamm*, der *Produktivitätsstamm* und der *Buchhaltungsstamm.*

Die Mitglieder des Qualitätsstamms beschäftigen sich mit der Ertragsseite; sie denken in Kunden und Umsätzen und stehen den Vermarktern am nächsten. Die Mitglieder des Produktivitätsstamms folgen einer anderen Tradition und befassen sich mit den Kosten; in der Praxis läuft die Produktivitätssteigerung auf eine Kostenminderung hinaus. Der Buchhaltungsstamm beschäftigt sich mit der Bilanz und der Gewinn- und Verlustrechnung. Diese Stämme mischen sich nicht gern, obwohl ihre Tätigkeitsbereiche sich zum Teil überschneiden. Jeder bringt wertvolles Fachwissen ein, hat aber andere Dinge im Blickfeld. Es geht aber darum, alle drei Aspekte gleichzeitig zu sehen: Das ist die Aufgabe des Managements, das die Funktion hat, die Stämme zu koordinieren, um aus jedem das Beste herauszuholen.

Obwohl Organisationen zunehmend imaginär und virtuell werden und RM eine neue Grundlage für das Marketing entwickelt, besteht die Gefahr, daß die alten Methoden der Rentabilitätsschätzung bestehen bleiben. Die entscheidende Frage lautet: Wie soll die Rolle des Kunden eingeschätzt werden?

Sowohl Kunden als auch Lieferanten haben Beziehungskosten. Handelt es sich bei dem Kunden um einen Konsumenten, werden diese Kosten nicht offiziell verbucht. Sie laufen in der Freizeit des Konsumenten auf und fließen nicht in das Bruttoinlandsprodukt ein.

Grönroos[21] hat sich mit Beziehungskosten und Beziehungsrentabilität im Dienstleistungsbereich und ihren Verbindungen zu mangelhafter Qualität beschäftigt. Er stellt sich auf den Standpunkt des Kunden und unterscheidet zwischen direkten, indirekten und psychologischen Kosten. Ein Konsument zahlt für eine Leistung einen bestimmten Preis, aber es kommen zusätzliche Kosten hinzu, wenn Fehler korrigiert werden müssen, die vom Kunden (direkte Kosten) oder

[20] Gummesson (1991a, S. 6).

[21] Grönroos (1992, S. 129 – 140).

vom Dienstleister (indirekte Kosten) verursacht wurden, sowie die geistigen und sozialen Kosten der Fehlerbehebung (psychologische Kosten). Vergleichbare Kosten entstehen auch für den Anbieter. Wenn die Beziehung zwischen dem Kunden und dem Anbieter perfekt ist, verschwinden diese Kosten. Beziehungskosten und Qualität stehen also in umgekehrtem Verhältnis: Hohe Servicequalität führt zu niedrigen Beziehungskosten, geringe Servicequalität zu hohen Beziehungskosten.

Durch unsere Untersuchungen ist deutlich geworden, wie kompliziert es ist, die Rolle des Kunden in Dienstleistungsunternehmen und im Netzwerk der imaginären Organisation zu definieren. In der Produktion und Bereitstellung von Dienstleistungen entspringen Qualität und Produktivität fünf verschiedenen Quellen: Diese Quellen sind der *Dienstleister*, der *Kunde*, die *Interaktion zwischen dem Anbieter und dem Kunden*, die *Interaktion zwischen einzelnen Kunden* und schließlich die *Infrastruktur*. Traditionell werden Qualität und Produktivität als Ergebnis der Arbeit des Dienstleisters angesehen. Weder der Beitrag des Kunden noch der Anteil der Interaktion zwischen dem Dienstleister und dem Kunden werden berücksichtigt. Die Dienstleistungsforschung hat gezeigt, daß die Beziehung zwischen Kunde und Lieferant eine maßgebliche Quelle der Qualität und Produktivität sein kann, da die Produktion von Leistungen interaktiv ist, und daß die Beiträge der Unternehmensangehörigen und die der Kunden einander teilweise ersetzen (siehe R5). In ähnlicher Weise trägt auch die Interaktion zwischen den Kunden zur Qualität und Produktivität bei.

Die Rolle der Kunden wird immer noch unterschätzt und zuwenig genutzt. Folgende Rollen können dem Kunden zugeschrieben werden:[22]

- *Der Kunde als Konsument:* Dies ist die herkömmliche Wahrnehmung des Kunden, und die allgemeine Marketingliteratur beschränkt sich auf die Betrachtung dieser Rolle.
- *Der Kunde als Produzent:* Besonders im Dienstleistungsmarketing und im vernetzten Ansatz zum industriellen Marketing wird deutlich, daß der Kunde gemeinsam mit dem Lieferanten Produkte und Dienstleistungen koproduziert.
- *Der Kunde als Vermarkter:* Unter R4 mit dem Kunden als Teilzeitvermarkter haben wir diese Rolle besprochen; durch Mundpropaganda und Empfehlungen wird der Kunde zum Botschafter.
- *Der Kunde als Triebfeder:* Manchmal ist der Kunde die treibende Kraft, die Produktion, Lieferung und Verkauf zusammenhält. Das ist dann notwendig, wenn der Lieferant schwach ist und Schwierigkeiten hat, seine Aktivitäten zu Gesamtprozessen zu koordinieren; der Kunde wird zum Prozeßmanager und Projektleiter für den Kaufprozeß.

[22] Die Beiträge zur Definition dieser Rollen kommen aus vielen Richtungen; zur Zusammenfassung siehe Storbacka (1994, S. 11 – 13).

- *Der Kunde als Bereitsteller von Wissen:* Der Kunde bringt Wissen ein, manchmal, weil er über ein Fachwissen verfügt, das den Mitarbeitern des Lieferanten fehlt, meistens aber einfach dadurch, daß er seine Bedürfnisse und Wünsche klarstellt – was natürlich voraussetzt, daß der Lieferant auch zuhören kann.

Porter[23] ist für sein Konzept der *Wertkette* bekannt geworden, die aus neun grundlegenden internen Aktivitäten besteht. Zu den primären Aktivitäten gehören die Logistik nach innen (z.B. eingehendes Rohmaterial), die betrieblichen Abläufe, die Logistik nach außen (z.B. Vertrieb der Fertigprodukte), Marketing und Verkauf sowie Kundendienst. Zu den unterstützenden Aktivitäten gehören die Beschaffung, die Technologieentwicklung (technische Entwicklung und Systementwicklung), das Humanressourcen-Management und die Unternehmensinfrastruktur (zum Beispiel Organisation, Systeme). Die Wertkette ist ein Versuch, einzelne Aktivitäten zu isolieren, um ihren Anteil am Wert für den Kunden sowie ihre Kosten zu bestimmen. Die Kette ist im wesentlichen sequentieller Natur, und jede Funktion ist klar abgegrenzt. Bis zu einem gewissen Grad beschäftigt sich das Konzept auch mit interfunktionaler Interaktion, parallelen Aktivitäten und Allianzen, so daß es eine leichte Affinität zum RM aufweist. Aber selbst wenn der Wert für den Kunden als Zielsetzung angegeben wird, ist der Kunde selbst nicht in die Wertkette eingegliedert.

Die *Wertkonstellation* (oder der *Wertstern*)[24] bietet einen alternativen Ansatz. In der Wertkonstellation erscheinen die Beziehungen und Interaktionen mit dem Kunden als Bestandteil des Wertschöpfungsprozesses. Lieferant und Kunde sind gemeinsame Produzenten, gemeinsame Manager und sogar gemeinsame Entwickler eines Produkts oder einer Leistung. Für den Kunden ist der Wert, der von einem spezifischen Anbieter beigetragen wird, nur einer von vielen Werten, die sich zu seiner Wertkonstellation zusammenfügen. Die gemeinsame Produktion in der Servicebegegnung ist ein Schlüsselelement im Marketing und Management von Dienstleistungen, wird aber zunehmend auch auf den Fertigungssektor ausgedehnt. Die Wertkette wird zu einem Sonderfall, der in erster Linie für die Massenfertigung gültig ist. Die Wertkonstellation betont die Integration der Funktionen und gleichzeitigen Aktivitäten, zu denen auch die Beiträge des Kunden gehören.

Dieser Ansatz geht in dieselbe Richtung wie RM. In der Wertkette wird in einer Reihe von sequentiellen Schritten, die jeweils durch interne Dienste unterstützt werden, Wert zugesetzt. Marketing wird damit zum Vertrieb dieses Werts an den Kunden, den „Wertzerstörer". In der Wertkonstellation hingegen verbinden sich verschiedene Funktionen innerhalb der Organisation, ausgelagerte Funktionen

---

23 Porter (1985, S. 36 – 43).

24 Normann und Ramirez (1993); Wikström und Normann (1994).

und der Kunde selbst zu komplexen Konstellationen von sequentiellen und gleichzeitigen Produktions- und Konsumaktivitäten. Der Wert entsteht innerhalb dieser Konstellation. Die Herstellung eines Produkts ist eine Art der Wertschöpfung, der Konsum dieses Produkts zu einem bestimmten Zweck eine andere, vielleicht sogar die wichtigste.

Wenn sowohl der Kunde als auch der Lieferant Teil desselben Wertschöpfungsprozesses sind, ist auch die Rolle des Preises eine andere: „Das bedeutet, daß Gewinne wie Verluste ... zwischen dem Lieferanten und dem Kunden aufgeteilt werden sollten. Anstatt einen Preis festzusetzen, geht es darum, die Teilnahme an der Wertschöpfung zu honorieren. Diese Art der Bezahlung muß in sehr offenen Verhandlungen zwischen den beiden Parteien diskutiert werden."[25]

Die Beziehungsrendite kann erhöht werden, wenn man das Verhältnis zwischen der Dreiergruppe aus Umsatz, Kosten und Kapitaleinsatz auf der einen Seite und den gemeinsam agierenden Stämmen – dem Qualitätsstamm, dem Produktivitätsstamm und dem Buchhaltungsstamm – verändert. Kosten und Kapitaleinsatz können erhöht werden, um den Umsatz noch mehr zu steigern. Durch eine Verringerung des Umsatzes – beispielsweise dadurch, daß man unrentable Kunden aufgibt – können die Kosten noch weiter gesenkt werden. Durch kurzsichtige Konzentration auf die Kosten verliert das Unternehmen an Attraktivität und setzt seine Kundenbeziehungen aufs Spiel.

Die Rentabilität des Nichtmeßbaren: der Fall Superquinn

Es mag manche vor den Kopf stoßen, aber das Wort „Messung" kommt vom Sanskrit-Wort „maya", das soviel bedeutet wie *Illusion* oder *Hexerei*.

Wer von Messungen besessen ist, überläßt die Zukunft des Unternehmens dem Buchhaltungsstamm und würgt Visionen und Leadership ab. Viele „Unternehmensführer" übernehmen niemals wirklich die Führung, sondern sind lediglich überbezahlte Buchhalter. Es ist einfacher, kurzfristige Profite zu quantifizieren als Profite, die niemals gemacht wurden, weil die langfristigen Beziehungen nicht richtig gepflegt wurden. Wenn ein Indikator das Phänomen, das er betrifft, angemessen erfaßt und daher hohe Aussagekraft besitzt, gibt es kein Problem. Ist dies aber nicht der Fall, wird ein Angestellter sich eher um den Indikator kümmern, um seine Karriere zu fördern, statt um die eigentliche Sache. Damit wird Messung zur Illusion.

Es gibt Marketingentscheider, die unter Messungsphobie leiden; sie können weder rechnen noch Zahlen auswerten. Es gibt aber auch Messungsfetischisten und sicherheitsbedürftige Generaldirektoren, Buchhalter und Vermarkter, die der

[25] Wikström und Normann (1994, S. 62).

Illusion der Meßbarkeit unterliegen. Ihre Fetische[26] sind die kurzfristigen Ergebnisse und Profitkennzahlen, was verheerende Auswirkungen auf die langfristige, stabile Entwicklung haben kann. Gewisse Dinge müssen in Geld gemessen werden, andere sollten niemals mit Zahlen in Zusammenhang gebracht werden.

Feargal Quinn kann als Beispiel für die Bedeutung des Nichtmeßbaren herangezogen werden. Der Gründer der erfolgreichen irischen Supermarktkette Superquinn drückt seine Philosophie mit folgenden Worten aus: „Die meisten Unternehmen konzentrieren sich darauf, den Profit aus der laufenden Verkaufstätigkeit zu maximieren. Natürlich sind sie am Wiederholungsgeschäft ‚interessiert' – wer nicht? –, sehen darin aber eher einen Bonus als den Hauptgewinn. Daher neigen sie dazu, sich auf das zu konzentrieren, was sie für den Hauptgewinn halten, und widmen der Erzielung des Bonus weniger Energie."[27]

Laut Quinn sollte es genau umgekehrt sein: „Wenn man sich darum kümmert, das Wiederholungsgeschäft zu sichern, kommen die laufenden Profite weitgehend von selbst." Dies ist ganz im Sinne des RM; kurzfristige Profite ergeben sich aus der langfristigen Investition in Beziehungen, und daher sollte man der langfristigen Sicht den Vorrang geben.

Quinn hatte Schwierigkeiten, seinem Buchhaltungsstamm einen Nachweis über die langfristigen Gewinneffekte vorzulegen; er mußte sich auf sein eigenes Urteilsvermögen verlassen und Mut beweisen. Er meint, daß Unternehmensführung nicht darin besteht, alle Entscheidungen auf der Grundlage von Zahlen zu treffen, sondern auch qualitative Einschätzungen erfordert. Leadership ist Risikobereitschaft, Tatkraft und Vision – das bewußte Erfassen der Lage, gesunder Menschenverstand und Intuition. Zahlen und Abrechnungen können bei der Unternehmensführung hilfreich sein, diese aber niemals ersetzen, wie es viele Manager zu glauben scheinen. Johnson (1992) betont in seiner Beurteilung des Activity Based Costing klar, daß dieses System die Unternehmensrechnung zwar verbessern kann, aber kein Ersatz für Marketingentscheidungen ist.

Quinn bringt folgende Beispiele:

Beispiel 1: In den Superquinn-Läden wurden Spielecken für Kinder eingerichtet, damit die Mütter in Ruhe einkaufen können. Wenn es den Kindern in der Spielecke gefällt, werden die Mütter wahrscheinlich länger bleiben, mehr einkaufen und wiederkommen. Die Rentabilität dieser Investition läßt sich aber nicht in kurzfristigen harten Zahlen messen.

[26] Fetische sind Objekte (bizarr geformte Steine, Tierzähne, Klauen, Federn), die ihren Besitzern (meistens Medizinmänner, Zauberer oder Schamanen) Kraft und Erfolg verleihen sollen.

[27] Dieser Abschnitt basiert auf einem Buch und einem Artikel von Quinn (1992 und 1994); die Zitate stammen aus dem Artikel.

Beispiel 2: Süßigkeiten an der Kasse regen zum Spontankauf an, was zu leicht meßbaren kurzfristigen Umsätzen führt. Während sie an der Kasse warten, werden die Kinder durch die Süßigkeiten angelockt, und die Eltern geraten unter Druck. Die Eltern sind irritiert, die Situation ist ihnen unangenehm, und sie kaufen nächstes Mal vielleicht lieber woanders. Solche Effekte lassen sich nicht buchhalterisch erfassen; es gilt, sie zu beobachten und bei der Entscheidung ein gutes Gefühl zu haben.

Beispiel 3: Als die irische Post restrukturiert wurde, wollte man die Veränderung auch der Öffentlichkeit nahebringen. Man kam auf die Idee, am Jubiläumstag das alte Porto des vergangenen Jahrhunderts, einen Penny pro Brief, anzuwenden. Dabei war man sich bewußt, daß dies eine teure Kampagne werden würde. Zur großen Verwunderung der Beteiligten hatte sich die Aktion bereits zwei Wochen später amortisiert. Leute, die gerne Briefe schrieben, nutzten die Gelegenheit, mehr zu schreiben, und am Tag des billigen Portos stieg die Anzahl der Briefe ganz erheblich. Aber die Früchte dieser Investition kamen postwendend herein, als die Empfänger der Briefe zurückschrieben – nun bei vollem Porto. Es war die ideale Kampagne: Die Kosten wurden sofort wieder hereingebracht, und die Post hatte mit ihrer Botschaft die Öffentlichkeit erreicht.

In all diesen Beispielen wurden Aktionen eingesetzt, um die Umsätze in höherem Ausmaß als die Kosten zu steigern und langfristige, dauerhafte Effekte zu erzielen. Es ist leicht, kurzfristige Kosten richtig vorauszusehen, während langfristige Umsätze nur auf strategische und qualitative Weise eingeschätzt werden können.

Wenn der Lieferant die Beziehungen richtig pflegt, kommt der Kunde wieder. Quinn faßt seine Philosophie im *Bumerang-Prinzip* zusammen: „Das Schöne am Bumerang-Prinzip ist ... daß man letztlich auf derselben Seite wie der Kunde steht ... So ist die Beziehung zum Kunden nicht länger eine Gegnerschaft, sondern eine Partnerschaft.“

Strategien für eine bessere Beziehungsrendite

Wir haben nun eine Reihe von Ansätzen zur Beurteilung der Beziehungsrendite kennengelernt. Sie helfen uns, die vielfältigen Aspekte des RM besser zu verstehen, doch keiner dieser Ansätze liefert die vollständige und endgültige Lösung.

Größtenteils ging es bisher um die Rendite von Kunden-Lieferantenbeziehungen. Auch wenn wir in erster Linie an die Beziehung zu unserem unmittelbaren

Käufer denken, beinhalten Kunden-Lieferantenbeziehungen auch Vermittler, Endverbraucher und unsere eigenen Lieferanten. Darüber hinaus beinhalten Marktbeziehungen auch Beziehungen zu Mitbewerbern in ihren vielfältigen Erscheinungsformen – in erster Linie sind sie natürlich Rivalen, doch sie sind oft auch Kunden, Lieferanten oder kooperative Partner.

Die Rendite der Nicht-Markt-Beziehungen – also die Mega- und Nanobeziehungen – ist nicht so offensichtlich, schon gar nicht auf kurze Sicht. Sie geht allerdings erfolgreichen Marktbeziehungen voraus. Megabeziehungen sind oft strategische und strukturelle Notwendigkeiten; ohne sie könnte der Lieferant keine Geschäfte machen. Nanobeziehungen schaffen interne, für externe Marktbeziehungen notwendige Voraussetzungen.

Zusammenfassend erscheinen folgende RM-Überlegungen aus der Sicht der Beziehungsrendite wesentlich:

Kunde-Lieferant-Beziehungen

- Die Marketingkosten sinken, wenn nicht mehr so viele Kunden angeworben werden müssen wie zuvor.
- Die Kunden werden zu besseren Koproduzenten und sogar Koentwicklern von Angeboten. Daher gibt es weniger Qualitätsmängel.
- Die Lieferanten lernen ihre Kunden besser kennen. Sie können Datenbanken aufbauen, besser auf die Bedürfnisse und Wünsche ihrer Kunden eingehen und gezieltere Angebote entwickeln, was sich positiv auf den Umsatz auswirkt.
- Neue Kunden sind oft keine Vielverwender und kaufen von verschiedenen Quellen. Wenn die Beziehung gut läuft, werden sie eher einem einzigen Lieferanten den Vorzug geben, und der Kundenanteil wird steigen.
- Kunden werden zu besseren Teilzeitvermarktern, ohne das Marketing- und Vertriebsbudget zu belasten.
- Weniger Streitigkeiten. Probleme – etwa Terminprobleme, Falschlieferungen, Servicefehler – lassen sich mit Kunden, die der Lieferant kennt und die ihm vertrauen, leichter lösen.
- Loyale Kunden schauen – innerhalb gewisser Grenzen – weniger auf die Preise, da sie auch andere Aspekte der Beziehung wie beispielsweise Vertrauen, Engagement und Komfort schätzen. Neue Kunden müssen oftmals durch spezielle Angebote gewonnen werden, zum Beispiel durch einen Preisnachlaß, wodurch sie anfangs noch unrentable Kunden sind.

Beziehungen zu Konkurrenten

- Die Konkurrenz hat es schwerer, wenn sich Kundenbindung und Loyalität verstärken, denn dann werden ihr neue Kunden nicht mehr auf dem silbernen Tablett serviert.

- Durch die Zusammenarbeit mit Konkurrenten auf einer Ebene können sowohl Lieferanten als auch Kunden durch Kostenreduzierung und Entwicklung gemeinsamer Produkte und Dienstleistungen Vorteile erzielen.
- Durch Zusammenarbeit innerhalb einer Branche können Konkurrenten einander helfen, die Bedingungen für die gesamte Branche zu verbessern.

Nicht-Markt-Beziehungen

- Die Rendite der Megabeziehungen ist offensichtlich, wenn beispielsweise eine Lobbying-Kampagne erfolgreich ist oder wenn eine Allianz wertvolle Informationen für ein Produktentwicklungsprojekt beisteuert.
- Nanobeziehungen sind teilweise interne Marktbeziehungen, wie zum Beispiel die Lieferanten-Kundenbeziehung zwischen Profitcentern, und die Rendite kann in derselben Weise gemessen werden wie bei externen Marktbeziehungen. In anderen Fällen ist es schon schwieriger, wie beispielsweise beim Wert der Zusammenarbeit zwischen Prozeßmanagement und Marketing durch Qualität.

Empfehlungen

- Achten Sie auf die unprofitablen Kunden, die sich zwischen den profitablen verbergen. Es gilt aber stets das Gesamtbild im Auge zu behalten, da es zwischen den einzelnen Produkten, Leistungen und Kunden Rentabilitätsverbindungen gibt.
- Schaffen Sie eine solide Beurteilungsbasis, so daß der Wert der Beziehungen richtig eingeschätzt werden kann, zum Beispiel die lebenslange Rentabilität eines Kunden.
- Achten Sie auf veraltete Buchhaltungs- und Bewertungssysteme, die für die Massenfertigung des Industriezeitalters konzipiert waren; sie sind für die Wertgesellschaft keine geeigneten Orientierungsinstrumente mehr.
- Sorgen Sie nach Möglichkeit dafür, daß Beziehungen zu einem Bestandteil des strukturellen Kapitals werden, da individuelles Kapital unbeständig und schwerer zu kontrollieren ist. Es ist aber ebenfalls unerläßlich, auf das individuelle Kapital zu achten.
- Analysieren Sie die Rolle des Lieferanten und die Rolle des Kunden in der Beziehung. Wer soll was tun, und was soll in Interaktion geschehen?
- Messen Sie, was sich auf die Beziehungsrenditen auswirkt – soweit es meßbar ist! Tappen Sie nicht in die Falle, Nichtmeßbares für irrelevant zu halten, nur weil es sich schwer in Zahlen fassen läßt. Zahlen müssen stets mit Urteilsvermögen, Visionen und Beharrlichkeit gekoppelt werden.

Einige Warnhinweise

- Zufrieden ist nicht gleichzusetzen mit treu. Wir müssen an den zufriedenen Kunden arbeiten, um die Kundenbindung zu verbessern.

- Treu ist nicht gleichzusetzen mit rentabel. Ein Unternehmen muß aktiv daran arbeiten, die richtigen Kunden anzuwerben.

Und zuletzt

- Stellen Sie sich die provozierende Frage: Wie gut kommen wir mit unserem Beziehungsnetzwerk zurecht? Empfinden dies die Kunden und anderen Beteiligten genauso wie wir, oder besteht eine Kluft zwischen den jeweiligen Wahrnehmungen?
- RM ist keine fundamentalistische Religion. Entscheiden Sie sich den Umständen entsprechend für eine langfristige Verbindung oder einen kurzfristigen Vertrag. Manchmal ist RM nicht zielführend, und Transaktionsmarketing ist die passende Strategie.

Ein RM-inspirierter Marketingplan und das RM-Marketingaudit

Wenn man heute verschiedene Unternehmen fragt, wie ihre RM-Praxis aussieht, sind die wenigsten fähig, eine passende Antwort zu geben. Das bedeutet nicht, daß RM nicht praktiziert wird, sondern daß es stückchenweise in das Unternehmensmarketing eingebaut ist, aber einen anderen Namen trägt. Tatsächlich wird RM reichlich betrieben, aber in Ermangelung von Konzepten, Modellen, einer gemeinsamen Sprache und einer Tradition der Marketingplanung und des Marketingaudits werden diese Beziehungsaktivitäten nicht offen anerkannt und nicht in systematischer und bewußter Weise eingesetzt.

Es ist besonders wichtig, die Planung und Bewertung von Marketingaktivitäten mit unverstelltem Blick zu betrachten, da RM neue Bedingungen schafft. Dies sollte in bezug auf zwei Bereiche des Marketingmanagements – den Marketingplan und den Marketingaudit – getan werden.

Der RM-Plan

RM-Aspekte müssen in den Marketingplan eingeführt werden. Im Lichte des RM wird Marketing zum *marketingorientierten Management*; daher muß der Marketingplan zum integrierenden Bestandteil der *allgemeinen Unternehmensplanung* werden.

Über die Marketingplanung in Netzwerken ist noch wenig geforscht worden. Eine Ausnahme bildet Benndorf[28], der die Beziehungen und Netzwerke im indu-

[28] Siehe Benndorf (1987); Zitat S. 242 – 243.

striellen Marketing und ihre Bedeutung für die Marketingplanungsprozesse studiert hat. Er folgert, daß Unternehmen in einem Netzwerk jeweils von den Plänen der anderen abhängig werden. Im Idealfall sollten ihre Ressourcen und Aktivitäten unter Berücksichtigung der vernetzten Abhängigkeiten gemeinsam geplant werden. Eine solche Planung ist jedoch nicht leicht in die Praxis umzusetzen.

Wir wissen zuwenig darüber, wie sich RM am besten in die Planung eines Unternehmens integrieren läßt. Der einzige Weg, dies herauszufinden, sind Experimente – Versuch und Irrtum.

Um dem Marketingplan eine RM-Dimension zu verleihen, scheint es sinnvoll, vom gegenwärtigen Format des Plans auszugehen und zu diesem RM-Aspekte hinzuzufügen.[29] Ein Marketingplan, der auf die vom RM gebotenen Chancen ausgerichtet ist, kann die Beziehungen und Netzwerke umfassen, die es aufzubauen, zu pflegen oder aufzugeben gilt. Die Planung der Aktivitäten bildet einen normalen Bestandteil eines Marketingplans, und so sollten auch die Aktivitäten und Interaktionen in Beziehungen Gegenstand der Planung sein. Traditionelle Ziele des Marketingplans, wie Umsatzvolumen und Marktanteil, müssen teilweise durch Ziele der Beziehungsrendite, zum Beispiel Kundenbindung und Kundenanteil, ersetzt oder ergänzt werden. Im Sinne des geistigen Kapitals und der ausgewogenen Unternehmensbeurteilung (Balanced Scorecard) sollten auch Ziele wie beispielsweise Mitarbeiterzufriedenheit und -entwicklung etc. mit aufgenommen werden.

Marketingaktivitäten werden üblicherweise als Marketingmix – aus den vier oder mehr P – beschrieben; dazu gehören der Preis, Verkaufsgespräche, der physische Vertrieb sowie andere Aktivitäten und Strategien. Diese Aktivitäten werden durch die 30R nicht ersetzt, aber so wie wir RM hier dargestellt haben, stehen dabei die Beziehungen im Brennpunkt – wir wollen alles durch die Beziehungsbrille betrachten –, und die Aktivitäten werden als Unterstützung der Beziehungen verstanden. Die Beziehungen erweitern das Zusammenspiel zwischen dem Marketing und den anderen Funktionen wie Produktion oder interne Dienste.

Ein Unternehmen muß also sein *Beziehungsportefeuille* definieren und überdenken. Ich spreche lieber von einem Portefeuille als von einem Mix, um zu betonen, daß es hier um eine neue Perspektive und um neue Werte geht – um eine Paradigmenverschiebung. Ein Portefeuille ist eine Ansammlung von Elementen, deren Gesamtvorteil größer sein sollte als die Summe der Bestandteile; es muß zu Synergieeffekten kommen. Man verwendet den Begriff des Finanzportefeuilles für eine Investitionskombination, die bestimmte Zwecke wie ein ausgeglichenes Risiko, maximale kurzfristige Erträge oder eine maximale langfristige Entwicklung erfüllen soll. Im strategischen Management bezeichnet Portefeuille eine

[29] Für einen Überblick über gängige systematische Vorgehensweisen zur Marketingplanung siehe McDonald (1995).

Auswahl von Produkten, die auf dem Markt angeboten werden sollen (Produktportefeuille), oder eine Kundenauswahl (Kundenportefeuille). Das Beziehungsportefeuille ist eine Kombination von RM-Aktivitäten, die im Planungszeitraum durchzuführen sind.

Bei der RM-inspirierten Marketingplanung haben die Marketingmanager die Aufgabe, die 30R durchzugehen und zu entscheiden, wie sie damit umgehen wollen:

1. *Stellen Sie ein Beziehungsportefeuille zusammen!*
   Untersuchen Sie die gegenwärtig für Sie interessanten Beziehungen und Netzwerke, und beurteilen Sie Ihre Interaktionsfähigkeit. Dies sollte einen aktiven Bestandteil der Marketingplanungs- und Unternehmensplanungsprozesse bilden. Verwenden Sie die 30R als Kontrolliste. Jede Beziehung muß für jede einzelne Situation definiert werden. Wählen Sie Beziehungen von besonderer Bedeutung, die zur Zeit nicht gut genug gepflegt werden, aber ein Entwicklungspotential aufweisen.
2. *Setzen Sie Ziele für die Beziehungsentwicklung fest, und überwachen Sie die Ergebnisse und die Umsetzung!*
   Zielsetzungen sind ein wichtiger Bestandteil des Marketingplans, und zwar nicht nur quantitative und kurzfristige Ziele, sondern auch qualitative, langfristige und strategische Ziele. Die Ergebnisse und die Aktivitäten in den Umsetzungsprozessen müssen ebenfalls überwacht werden.
3. *Beurteilen Sie die Auswirkungen des RM auf die Organisation, die Abläufe, die Systeme und die Verfahren!*
   RM stellt neue Anforderungen an die Organisation und ihre Prozesse, Methoden und Verfahren. Wir werden später in diesem Kapitel noch auf die Bedeutung der Organisationsstruktur und der Prozesse für das RM zurückkommen.

Das RM-Audit

Das Marketing wird im Arbeitsalltag laufend überprüft und zumindest einmal im Jahr im Rahmen des Marketingplanungsprozesses einer Prüfung unterzogen. Es wird in Direktions- und Vorstandssitzungen überprüft, in Besprechungen mit anderen Teilnehmern des Netzwerks, in Sonderprojekten für neue Produkte, Dienstleistungen, Marketingkanäle usw. oder zur Einschätzung von Marktveränderungen; in Troubleshooting-Interventionen einer Task Force; bei Produkteinführungen, und bei Marketing- und Verkaufstagungen. Es kann von unseren Partnern in den Netzen überprüft werden, ja sogar von den Medien. Wozu wird ein Marketingaudit nun wirklich benötigt?

Für das Marketingaudit ist folgende Definition vorgeschlagen worden: „Ein Marketingaudit ist eine umfassende, systematische, unabhängige und periodische Untersuchung des Umfelds, der Zielsetzungen, der Strategien und Aktivitäten für das Marketing eines Unternehmens – oder einer Unternehmenseinheit –, um Problembereiche und Chancen zu identifizieren und einen Aktionsplan für die Verbesserung der Marketingleistung des Unternehmens vorzuschlagen."[30]

Ein Marketingaudit steht in enger Beziehung zu Marketing- und Betriebsplänen und Bilanzierungssystemen. Die Prozesse der betrieblichen Planung und der Marketingplanung eines Unternehmens wiederholen sich periodisch – in erster Linie bringen sie Dokumente hervor, an denen sich die nächste Planungsperiode orientieren kann. Normalerweise enthalten sie keine systematische Bewertung, die fundamentale strategische Themen in Frage stellt. Bei McDonald[31] heißt es dazu: „Oft zeigt sich die Notwendigkeit eines Audits erst dann, wenn es mit dem Unternehmen bergab zu gehen beginnt, zum Beispiel durch rückläufige Absatzzahlen, schrumpfende Gewinnspannen, verlorene Marktanteile, nicht ausgenutzte Produktionskapazitäten etc. Dies ist oft der Zeitpunkt, an dem die Unternehmensleitung versucht, die falschen Symptome zu behandeln ..., indem sie neue Produkte einführt, andere Produkte aus der Palette nimmt, den Vertrieb umorganisiert, die Preise senkt und Kosten verringert ... Doch solche Maßnahmen werden kaum Erfolg zeigen, wenn es grundlegende Probleme gibt, die jedoch noch keiner erkannt hat."

Hier kommt der Marketingaudit ins Spiel. Er geht noch einen Schritt weiter als der Marketingplan, um fundamentale Fragen des Marketing zu analysieren.

Im Unterschied zu den vorgenannten Prüfungsaktivitäten muß das Audit alle vier Kriterien der Definition erfüllen: Es muß *umfassend* sein, also alle Marketingaspekte beleuchten; es muß *systematisch* sein, indem es eine geordnete Methode anwendet; *unabhängig*, indem es durch eine Person oder ein Team ohne eigene Interessen am Unternehmensmarketing durchgeführt wird; und es muß *periodisch* erfolgen, das heißt in regelmäßigen Abständen und nicht einfach ad hoc.

RM fügt der Marketingplanung und dem Marketingaudit eine zusätzliche, revolutionäre Dimension hinzu. Da wir Marketing als Teil der Interaktion und des Geschehens in einem Beziehungsnetz verstehen, müssen wir die Marketingfunktion über die Unternehmensgrenzen hinaus erweitern.

Unternehmen und Berater haben verschiedene Methoden für das Marketingaudit entwickelt. Selbst wenn ein Unternehmen von einer allgemeinen Checkliste für das Marketingaudit ausgeht, sollte es diese nach und nach anhand der Erfah-

[30] Kotler, Gregor und Rodgers (1989).

[31] McDonald (1995, S. 28 – 29).

rungen, die es bei ihrer Anwendung sammelt, an seine spezifischen Bedürfnisse anpassen.[32]

Obwohl die Checklisten gewisse Aspekte des RM abdecken können, fehlt ihnen die RM-Perspektive; sie stützen sich nicht auf Beobachtungen, die durch die Beziehungsbrille gemacht wurden. Wir sind noch nicht so weit, eine allgemeine RM-Checkliste vorzuschlagen; die empirische Grundlage ist noch zu dünn. Ich werde nur einige Zusätze zur Checkliste anführen, die der Ansatz des RM und der 30R erfordert. Betrachten Sie jede einzelne der 30R und ihre Elemente, und beantworten Sie folgende Fragen:

1. Ist die Zusammensetzung unseres Beziehungsportefeuilles zufriedenstellend?
2. Wie gut gehen wir mit diesen Beziehungen und ihren Bestandteilen um?
3. Ist diese Beziehung bzw. sind ihre Bestandteile für unseren Erfolg relevant?
4. Könnte diese Beziehung unsere Leistungsfähigkeit erhöhen, wenn wir sie verbessern?
5. Sollten bestimmte Beziehungen abgebrochen werden?
6. Messen wir die Beziehungsrendite auf die bestmögliche Weise?

RM und die imaginäre Organisation

Die neue Organisation stellt sich vor

Bei der Arbeit mit dem RM-Konzept begannen sich Marketing und Organisation als zwei Ausdrücke für ein und dieselbe Erscheinung darzustellen. Ich habe daraus den Schluß gezogen, daß man RM als die Marketingperspektive der imaginären Organisation betrachten kann. Die Richtung der Kausalzusammenhänge ist keineswegs offensichtlich. Vielleicht besteht hier ein Kausalkreislauf, eine gegenseitige und konstruktive Abhängigkeit der beiden Aspekte, eine symbiotische Beziehung (Abbildung 6.2).

In diesem und in den folgenden Abschnitten möchte ich meine Ansichten über die Zusammenhänge zwischen der Organisation eines Unternehmens, dem Markt und dem Marketing mit dem Leser teilen. Um dem Marketingfachmann ein besseres Verständnis ihrer Bedeutung zu vermitteln, soll die Organisation separat und etwas ausführlicher behandelt werden. RM lebt in einem dreifachen Umfeld: im *Markt*, in der *Gesellschaft* und in der *Organisation*. Der RM-Ansatz geht davon aus, daß alle drei in einem gemeinsamen Netz miteinander verwoben sind. Die Nanobeziehungen zeigen die Bedeutung des internen Umfelds. Der Begriff

[32] Siehe die Marketing-Audit-Checklisten bei McDonald (1995, S. 30 – 32) und Kotler (1997, S. 777 – 784).

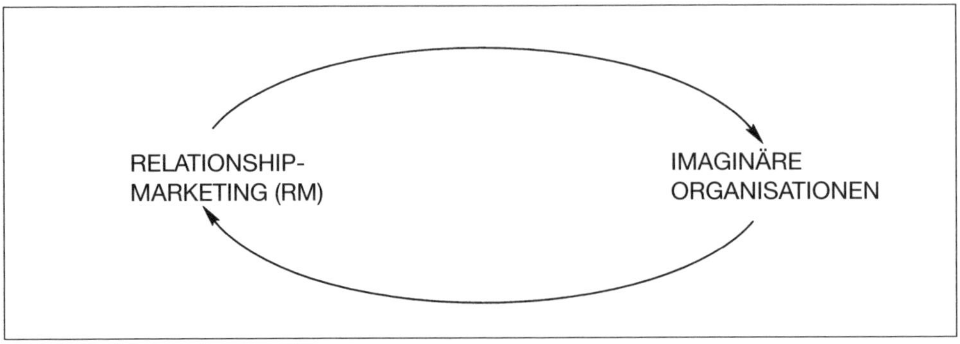

Abbildung 6.2: RM und imaginäre Organisationen als gegenseitige Voraussetzungen und Konsequenzen

der imaginären Organisation wurde in diesem Buch als Sammelbegriff für das neue Organisationsdenken verwendet, aber die folgenden Ausführungen stützen sich auch auf andere Versuche, ein Bild des neuen Unternehmens zu zeichnen.[33]

Für Hedberg et al.[34] ist eine imaginäre Organisation „... ein System, in welchem maßgebliche Ressourcen, Prozesse und Akteure auch außerhalb der Grenzen der Rechtsform, des offiziellen Rechnungswesens und der Organisationsbeschreibungen existieren und gesteuert werden."

Die imaginäre Organisation ist eine Konstruktion, deren Zweck es ist, das Unsichtbare sichtbar zu machen und neue Bezugsrahmen – eine „Imaginisierung" – zu schaffen. Die Organisation wird durch eine neue Brille betrachtet, und es zeichnet sich eine neue Geschäftslogik ab, die frischen Unternehmergeist weckt und zur Erneuerung bestehender Unternehmen anregt.

Die imaginäre Organisation besteht aus einer *Eigenbasis*, die ihrerseits ein *führendes Unternehmen* und einen *Imaginator* (den Unternehmer, die Führungspersönlichkeit) mit seiner *strategischen Karte* umfaßt; einer *Unternehmensmission*, die ein Beziehungsnetz zusammenhält; einer einzigartigen *imaginären Kultur*; einer *Kundenbasis*, die durch ein *Produktions- und Liefersystem*, ein *Marktkommunikationssystem* und einem *Zahlungssystem* mit dem führenden Unternehmen verbunden ist; *Partnerunternehmen* und anderen Beteiligten, die Ressourcen beitragen können.

Ausgehend von dieser Definition und ihren Kernelementen zeichnen sich imaginäre Organisationen dadurch aus, daß sie größer sind, als sie auf dem Organi-

[33] Das neue Organisationsdenken ist von einer Vielfalt an Konzepten und Begriffen bevölkert. Wir wollen sie hier nicht alle verwenden; die Dinge werden ohnehin allmählich etwas unübersichtlich. Zu diesen Konzepten zählen Handys „föderative Organisation" (1990, S. 117 ff.) und seine Organisation der „drei I: Intelligenz, Information, Ideen"; Quinns (1992, S. 120 ff.) „Spinnweborganisation", also ein Netz, und seine „sternförmig aufgehende Organisation" (S. 148), die ständig neue Knospen treibt; Mills´ (1991, S. 31) „Ballungsorganisation", die aus Zusammenballungen von Teams besteht; und Tjosvolds (1993) „auf Teams basierende Organisation".

[34] Hedberg et al. (1997, S. 16).

gramm erscheinen, daß sie über mehr Ressourcen verfügen, als ihre Bilanz verrät, da ihre Kernstücke das geistige Kapital (das sowohl das individuelle als auch das strukturelle Kapital umfaßt) und die Anwendung des Resourcing sind.[35] Die Informationstechnologie ist zwar oft hilfreich, wenn es darum geht, völlig neue Organisationslösungen zu finden, sollte aber keine Voraussetzung an sich darstellen. Weitere Merkmale sind die Einbeziehung der Kunden in die Koproduktion und damit die gemeinsame Wertschöpfung, die Behandlung der Kunden als vorübergehende Mitglieder der Organisation, und die Tatsache, daß die Organisation eher auf Prozessen aufbaut als auf funktionalen Strukturen.

In den 30R haben wir bereits einige organisatorische und imaginäre Merkmale kennengelernt. Dazu zählten die Vollzeit- und Teilzeitvermarkter (R4), die Informatik und die elektronische Beziehung (R12), die Marktmechanismen, die in die Organisation hineingetragen werden (R24), die interfunktionale und interhierarchische Abhängigkeit und die internen und externen Kundenbeziehungen (R25), die zweidimensionale Matrix (R28) sowie die Beziehungen zu externen Anbietern von Marketingdiensten (R29). In einer ganzen Reihe anderer Beziehungen spielen organisatorische Aspekte ebenfalls eine Rolle.

Ich glaube, daß es die imaginären Organisationen, genau wie das RM, schon sehr lange, vielleicht schon seit jeher gibt. Die Art und Weise, wie wir in den Lehrbüchern und in der Ausbildung an die Themen Marketing und Organisation herangegangen sind, hat uns in die Irre geführt. Die Bücher sind voll von den Schwarzweißmalereien einer überholten Industriegesellschaft: Fabriken mit rauchenden Schloten, Massenfertigung, riesige Unternehmen, Hierarchien, klar abgegrenzte Rollen und Positionen, Arbeiter und Angestellte. Wir sind an einem Punkt angelangt, wo das Neue – oder besser gesagt das Alte, aber neu Entdeckte – langsam sichtbar wird und sich lebhafter zu entwickeln beginnt. Das ist das Ergebnis der Dienstleistungsgesellschaft, der Informationsgesellschaft, der Wissensgesellschaft, der neoindustriellen Gesellschaft, der postmodernen Gesellschaft – alles Dimensionen jener Erscheinung, die ich lieber als Wertgesellschaft bezeichnen möchte.

In den folgenden Abschnitten möchte ich nun dem Leser meine persönliche Interpretation der imaginären Organisation im Lichte des RM unterbreiten.

Niemand kann behaupten, ein Unternehmen gesehen zu haben!

Der Titel dieses Abschnitts mag absurd anmuten, aber wenn wir von einem Unternehmen sprechen, beziehen wir uns auf etwas Abstraktes mit gewissen kon-

[35] In der Sprache der imaginären Organisation spricht man lieber von Resourcing als von Outsourcing. Damit wird ausgedrückt, daß das Unternehmen seinen Kernkompetenzen weitere Ressourcen hinzufügt, statt Verantwortungen wie Investitionen, Personalwesen oder Kosten abzugeben.

kreten Zügen. Wenn ein Generaldirektor ein Fernsehinterview gibt oder wenn ein neues Automodell präsentiert wird, erhalten wir einen flüchtigen Eindruck von der Existenz eines Unternehmens. Man kann ein Unternehmen nicht fotografieren, aber man kann Bilder produzieren, die einige seiner Elemente zeigen: das Foto eines Gebäudes oder einer Gruppe von Mitarbeitern, ein Organigramm, ein Logo. Die Produkte und Leistungen des Unternehmens sind greifbare Beweise seiner Existenz. Wir sehen die Spuren des scheuen Tieres im Schnee, wir ahnen, daß es da ist, wir können es vielleicht gerade noch erblicken, bevor es davonspringt.

Morgan (1986) tastet sich mit einer Reihe von Metaphern an die Organisation heran: Er spricht von Maschine, von biologischem Organismus, von Gehirn, von Kultur, von politischem System, von geistigem Kerker, von Fluß und Wandel und schließlich von einem Werkzeug zur Beherrschung der Gesellschaft. Metaphern können uns auf bestimmte Eigenschaften eines Organismus aufmerksam machen, bleiben aber immer bruchstückhaft und zeigen nie das ganze Bild.

Gustavsson (1992) spricht von „Verdinglichung", wenn wir die Organisation mit etwas Greifbarem vergleichen, und von „Versachlichung", wenn wir das Phänomen mit seiner greifbaren Darstellung verwechseln. Dies kann dazu führen, daß wir kurzsichtig an bestehenden Konzepten und Definitionen hängenbleiben. Unsere Wahrnehmung der Organisation nimmt überhand, und wir werden zu ihren Sklaven, anstatt sie uns zu Diensten zu machen. Schlechte Qualität, mangelndes Interesse für den Kunden, Fehlentscheidungen und Trägheit werden der Organisation und dem System angelastet: „Ich bedaure, ich kann da leider gar nichts machen." So etwas nennt man auch „gelernte Hilflosigkeit". Eine derartige Einstellung führt zu miserablem Marketing mit miserablen Kundenbeziehungen. Man findet sie in gewissen Unternehmen, aber insbesondere in jenen Verwaltungsorganisationen, die sich zu einer von uns abgeschotteten „Realität" entwickelt haben – unpersönliches System, Autorität, Computer, Staat, Gesellschaft, öffentliche Meinung – und auf die wir letztlich keinen Einfluß nehmen können oder zu nehmen wagen. Man sieht nur noch die Landkarte, die Landschaft geht verloren. Das berühmte Gemälde des belgischen Künstlers René Magritte, das eine Pfeife darstellt und die Inschrift aufweist „Ceci n'est pas une pipe" (Das ist keine Pfeife) trägt den Titel „La trahison des images" (Der Betrug der Bilder). Es zeigt, wie leicht man ein Bild mit dem abgebildeten Objekt verwechseln kann.

Für Weick[36] bestehen Organisationen aus Beziehungen und Interaktion: „Die meisten ‚Dinge' in Organisationen sind in Wirklichkeit Beziehungen, Variablen, die auf systematische Weise miteinander verbunden sind. Ereignisse hängen folglich von der Stärke dieser Verbindungen ab, von der Richtung der Einflußnahme,

[36] Weick (1979; Zitat S. 88).

von der Zeit, die eine Information in Form von wahrgenommenen Unterschieden braucht, um die Kreisläufe zu durchlaufen. Das Wort Organisation ist ein Substantiv, und es ist auch ein Mythos. Wenn man nach einer Organisation Ausschau hält, wird man keine finden. Was man finden wird, sind miteinander verbundene Ereignisse, die sich zwischen Betonmauern ihren Weg bahnen, und diese Abfolgen, ihre Verläufe und ihr Timing sind die Formen, die wir fälschlicherweise zur Substanz machen, wenn wir von einer Organisation sprechen.“

Badaracco[37] beschreibt den Übergang von dem geschlossenen, klar abgegrenzten Unternehmen – der Festung – zum offenen Netzwerk: „Unternehmen waren ... Inseln der Managerkoordination in einem Meer von Marktbeziehungen. Aber dies ist eine überholte Sichtweise. Unternehmen reißen heute Barrieren nieder, die wie die Berliner Mauer jahrzehntelang standgehalten hatten. Ihre Manager arbeiten heute in einer Welt, die nicht nur aus Märkten und Firmen besteht, sondern aus komplexen Beziehungen zu einer Vielzahl anderer Organisationen.“

Folglich kann sich das Management nicht mehr darauf verlassen, daß die Grenzen des Unternehmens klar abgesteckt sind. Man erwartet von den Managern, daß sie eine Festung verteidigen, die ständig in Bewegung ist, deren Charakter sich ständig wandelt und deren Grenzen wechseln, je nachdem, wessen Standpunkt im Vordergrund steht: Eigentümer, Kunden, Jahresbericht, Produktion oder andere.

Das Unternehmen und der Markt: zwei Phänomene oder zwei Perspektiven desselben Phänomens?

Wir haben bereits gesehen, daß die Grenzen der Unternehmen verschwimmen. In diesem Abschnitt wollen wir dieses Phänomen anhand der Systemtheorie und der Transaktionskostenanalyse näher erläutern. In beiden Fällen geht es um den Versuch, Grenzen zu definieren.

Auf das Unternehmen und den Markt angewendet, geht die *Systemtheorie* davon aus, daß das *System* (die Organisation) vom *Umfeld* (dem Markt und der Gesellschaft) abgegrenzt werden kann und daß es *Subsysteme* und *Komponenten* (die internen Funktionen der Organisation) umfaßt. Dieser Ansatz hilft uns, das Ganze und seine Bestandteile zu sehen. In einem Netz jedoch sind die Grenzen zahlreich und wechseln ständig. Der Unterschied zwischen einem Unternehmen und seinem Markt sowie seinen Funktionen ist eine Frage der Abstufungen, der Übergänge und der Gattungsunterschiede. Wenn Entscheidungen aus Verhandlungen, aus einem Konsens oder aus Machtverhältnissen durch Interaktion in einem Netzwerk entstehen, kann man nicht mehr von eindeutigen Systemgrenzen sprechen. Das traditionelle Bild des atomisierten Marktes, bevölkert von einer

[37] Badaracco (1991; Zitat S. ix).

Vielzahl unabhängiger Unternehmen, die relativ passiven Käufern gegenüberstehen, wird uns aber nach wie vor in den Lehrbüchern vorgesetzt.

Als der Deal zwischen Volvo und Procordia angekündigt wurde, stellte sich die Frage, wo die Unternehmen und der Markt eigentlich standen. Volvo besaß bereits 43,5 % der Procordia-Aktien. Procordia wollte Volvo kaufen, aber das neue Unternehmen sollte Volvo heißen. Procordia produzierte Tabak, Tabletten und Hamburger, Volvo baute PKWs, LKWs, Busse und Flugzeugmotoren. Es war keine Produktsynergie in Sicht. Dem Raucher konnte es völlig egal sein, ob die Tabakpflanzen nun Volvo und einigen hunderttausend anonymen, täglich wechselnden Aktionären gehörten. Die Beziehung bestand zwischen dem Konsumenten, der Marke und dem Geschäft, wo die Zigaretten gekauft wurden. Außerdem besaßen beide Unternehmen auch Anteile an anderen Unternehmen. Es gab auch Beteiligungsverhältnisse zwischen Volvo und Renault, aber das Projekt einer Fusion zwischen diesen beiden Unternehmen war fehlgeschlagen. Zahlreiche Subunternehmer waren an ihren Kunden Volvo gebunden und gehörten von den betrieblichen Abläufen her zum Volvo-Imperium.

Die Dichotomie der *offenen* und *geschlossenen* Systeme in der Systemtheorie wird durch die Eigenschaften von Netzwerken und imaginären Organisationen überbrückt. Ein Netzwerk ist ein offeneres System als ein Unternehmen im klassischen Sinn der „Festung". Netzwerke können aber auch nur nach innen hin offen sein und und sich jenen, die nicht dazu gehören, völlig verschließen.

Das Unternehmen als offenes System interagiert mit seinem Umfeld. Heutzutage wäre es wohl richtiger, zu sagen, daß ein Unternehmen *sowohl mit seinem Umfeld interagiert als auch in dieses Umfeld integriert ist*. Der Kunde wird ebenfalls zu einem Teil des Unternehmens, wie es im Dienstleistungsmarketing besonders deutlich zutage getreten ist. Ein Beispiel dieser gleichzeitigen Interaktion und Integration bietet Ernst & Young, eine der größten Steuerberatungs- und Wirtschaftsprüfungsfirmen der Welt. Ihr Büro in Chicago wurde in ein „virtuelles Büro" für 500 bis 1360 Mitarbeiter verwandelt. Die Steuerberater arbeiten in den Büros und Konferenzzimmern der Klienten, in Hotelzimmern, in Flughäfen und Flugzeugen, in ihren Autos und zu Hause. Wenn sie im Büro arbeiten möchten, rufen sie am Vortag an, um einen Raum zu reservieren („Hotelling"), der für sie vorbereitet und mit ihrer Telefonverbindung ausgerüstet wird. Im Sinne der täglichen betrieblichen Abläufe scheinen die Grenzen zwischen der Steuerberatungsfirma und dem Klienten von keiner besonderen Bedeutung zu sein.

Die *Transaktionskostenanalyse*[38] stellt sich als Orientierungshilfe für die Abgrenzung zwischen einem Unternehmen und seinem Markt dar. Diese Analyse hat als Synthese von Volkswirtschaftslehre, Organisationstheorie und Vertrags-

[38] Die Transaktionskostenanalyse wird von Coase (1937, 1991) und Williamson (1975, 1985, 1990) besprochen. Bei Johanson und Mattsson (1987) findet man einen Vergleich zwischen der Transaktionskostenanalyse und dem vernetzten Ansatz im industriellen Marketing.

recht viel Beachtung gefunden. Bedauerlicherweise stützt sie sich auf vereinfachte Annahmen über die Industriegesellschaft und die Produktion und läßt die dienstleistungsorientierte Wirtschaft außer acht. Sie beschränkt sich auf das Unternehmen in „Reinkultur“ und befaßt sich nicht mit Mischformen wie Franchising oder Allianzen. Das allgemeine Marketingmanagement wird ebensowenig berücksichtigt wie das Dienstleistungsmarketing oder die Vorstellungen des RM. Der Ausgangspunkt dieser Analyse erscheint also vereinfacht und überholt.

Dennoch findet man unter den Grundprinzipien der Transaktionskostenanalyse einige Elemente, die ein Licht auf die Unterschiede zwischen RM und dem traditionellen Organisations- und Marketingverständnis werfen. Die neoklassische Wirtschaftstheorie kennt keine Transaktionskosten, so daß die Transaktionskostenanalyse, so unzulänglich sie auch sein mag, doch ein Stück Realismus hinzufügt. Die Analyse stellt das Geschäft – die Transaktion – in den Vordergrund und geht von der Annahme aus, daß ein Unternehmen bestrebt ist, die Transaktionskosten so gering wie möglich zu halten. Gemeint sind die Kosten für den Abschluß eines Geschäfts, die weitgehend mit den Marketing- und Beschaffungskosten gleichzusetzen sind. Es ist kosteneffizient, bestimmte Aktivitäten innerhalb des Unternehmens durchzuführen und andere über den marktwirtschaftlichen Mechanismus von Angebot und Nachfrage abzuwickeln, indem man von externen Lieferanten kauft. Gemäß der Transaktionskostenanalyse ergeben sich aus dem Kostenvergleich zwischen Eigenproduktion und Einkauf die Grenzen des Unternehmens.

Die Transaktionskostenanalyse geht von drei Annahmen aus, die das Entstehen eines Unternehmens begründen sollen: 1. Indem man ein Unternehmen unter demselben Eigentümer und demselben Management organisiert, kann man die Arbeit besser planen, so daß Doppelgleisigkeiten verschwinden und eine Suboptimierung vermieden wird. 2. Da eine Organisation aus einer Reihe von koordinierten Einheiten unter demselben Management besteht, lassen sich Probleme und Streitigkeiten leichter lösen als auf einem Markt mit vielen unabhängigen Mitspielern. 3. Innerhalb der eigenen Organisation hat man besseren Zugang zu Informationen. Dies sind theoretische Spekulationen, die sich nicht auf konkrete Daten aus der Realität stützen.

Damit gibt es also zwei Möglichkeiten, mit den Transaktionskosten umzugehen: innerhalb der Organisation, wenn dies kosteneffizienter ist (Alternative a in Abbildung 6.3), oder auf dem Markt, wenn dies die billigere Lösung ist (Alternative b). RM jedoch bietet eine dritte Option, welche die ersten beiden kombiniert, nämlich die Transaktionskosten durch eine tiefere Beziehung mit einem externen Lieferanten zu optimieren (Alternative c). Auf diese Weise kann ein Unternehmen seine Transaktionskosten reduzieren, ohne seine Größe oder seine Eigentumsverhältnisse ausbauen zu müssen.

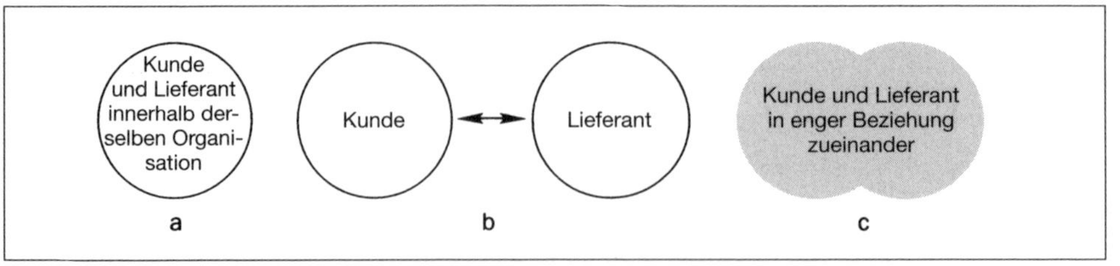

Abbildung 6.3: Drei Fälle von Transaktionskosten. Die Fälle a und b werden in der Transaktionskostenanalyse behandelt. Fall c wird immer häufiger und ist typisch für RM und imaginäre Organisationen

Für die Transaktionskostenanalyse ist es schwierig, Beziehungsaspekte zu analysieren und zu messen, weshalb sie sie einfach beiseite läßt. Die Analyse berücksichtigt jedoch zwei Unwägbarkeiten: die *begrenzte Rationalität* des Menschen und sein *opportunistisches Verhalten*. Oder einfacher ausgedrückt: Dummheit, Egoismus, Gier und Unehrlichkeit sind derart prägnante Züge der menschlichen Natur, daß sie die Anwendbarkeit der Transaktionskostenanalyse beeinträchtigen können.

Jedes Unternehmen braucht sowohl eine strategische Kernkompetenz als auch unterstützende, untergeordnete Aktivitäten. Der Kern ist das, was von der Festung geblieben ist. Die Transaktionskostenanalyse spricht bei den spezifischen Ressourcen, die den Kern des Unternehmens darstellen, von einer *Spezifizität der Vermögenswerte*. Ein Teil dieses Kerns muß erhalten werden, um die eigenständige Kompetenz des Unternehmens zu wahren. Andere Aktivitäten können durch Outsourcing oder Resourcing abgewickelt werden. Externe Ressourcen werden dann eingesetzt, wenn jemand anders etwas besser oder billiger erledigen kann. Der zugesetzte Wert in der Wertkette ist größer, wenn jemand anders die Arbeit übernimmt, solange die Transaktionskosten nicht überhöht sind. Quinn[39] führt aus, daß nicht nur Hilfsaktivitäten Gegenstand eines Outsourcing sein können, wie es oft behauptet wird, sondern auch gewisse Kernaktivitäten. Er empfiehlt, die Eigenproduktion auf eine sorgfältig ausgewählte Anzahl von internen Ressourcen zu konzentrieren, die sich auf Wissen und Leistungen stützen, bei denen das Unternehmen stark genug ist, um sich einen soliden Wettbewerbsvorteil zu sichern. Das Unternehmen muß jedoch seine Kernkompetenz bewahren, indem es rund um die Reste der Festung einen Burggraben anlegt. Dagegen wenden die Vertreter des Hyperwettbewerbs ein, daß die Kernkompetenz ständig neu gestaltet werden muß. Man kann nicht überleben und florieren, indem man das Bestehende schützt, sondern nur durch ständigen Umbruch des Status quo.

Viele arbeiten schon längst im Geiste der imaginären Organisation. So gesehen ist die „neue" Organisation nichts Neues. Autoren sind kaum jemals bei ihrem

[39] Quinn (1992, S. 47 und 53).

Verleger angestellt; sie haben eine unabhängige Beziehung zu ihm und erhalten einen gewissen Prozentsatz der Bücherumsätze als Tantiemen. Filmgesellschaften haben normalerweise keine eigenen Schauspieler oder Regisseure; manche Theater haben ein fixes Ensemble, andere stellen für jedes neue Projekt eine neue Truppe zusammen. In der Bauwirtschaft gibt es vielfältige Organisationsmodelle, normalerweise mit einer Vielzahl von Subunternehmen und Beratern, wie etwa unabhängigen Architekten. Solche Projekte waren schon immer imaginäre Organisationen, die für eine spezifische Aufgabe und einen begrenzten Zeitraum geschaffen wurden. Manche Projekte sind klein, andere sind gewaltig und langfristig wie der Bau des Eurotunnels unter dem Ärmelkanal.

In der Wirtschaftswissenschaft jedoch erscheinen der Markt und das Unternehmen als zwei deutlich abgegrenzte Einheiten. Der Markt wird – mit Hilfe von Preis und Konkurrenz – von Angebot und Nachfrage beherrscht. Für den Ökonomen, der Unternehmensaggregate in Form von Industrien, Regionen und Ländern studiert, bleibt das einzelne Unternehmen eine anonyme Größe. In einem Management-Standardwerk aus den 50er Jahren ist folgende Definition zu lesen: „Ein Unternehmen ist eine Einheit, innerhalb welcher eine Planwirtschaft herrscht" – wobei das Idealmodell so aussieht, daß alle Mitarbeiter wie Soldaten in Reih und Glied auf ein klar festgelegtes Ziel zusteuern. In R24 – wo die Marktmechanismen in die Firma eingebracht werden – haben wir gesehen, daß dieses Modell nicht zutrifft und daß außerdem die externe Deregulierung der Märkte auch ihr internes Pendant hat. Dezentralisierung, Aufgliederung von Unternehmen in Tochtergesellschaften, Geschäftsbereiche und andere Profitcenter haben die Auflösung der internen Planwirtschaft noch beschleunigt.

Welche Grenzen wir setzen wollen, hängt also vom jeweiligen Zweck dieser Grenzen ab. So wird ein Unternehmen zu einer ganzen Reihe von verschiedenen Organisationen. Der Wunsch nach allgemeingültigen Grenzen kann nicht mehr erfüllt werden, wenn wir klare Linien ziehen wollen; allgemein gesehen sind Unternehmen verschwommene Gebilde. Mehrere Grenzen bestehen zugleich. Eine Grenze stützt sich auf das Recht und betrifft die Festlegung einer bestimmten Unternehmensform, die Steuern und die Jahresabschlüsse; eine andere ist finanzieller Natur und betrifft die Geldbeschaffung; eine dritte ist betrieblicher Art und betrifft die tägliche Arbeit mit Partnern, Kunden, Lieferanten und anderen; eine vierte (strategische) Abgrenzung wäre zum Beispiel ein gemeinsames Entwicklungsprojekt mit Mitbewerbern, Forschungsinstituten und Beratern; eine fünfte (ökologische) Grenze betrifft die Umweltkonsequenzen der Aktivitäten. Kunden stehen sowohl innerhalb als auch außerhalb der Organisation – je nachdem, wie man die Grenzen zieht.

Wenn man die Geschäftstätigkeit als ein Geflecht von Beziehungen, Netzwerken und Interaktion versteht, wird es schwierig, den Anfang und das Ende eines Unternehmens abzustecken. Wir brauchen neue Konzepte und Modelle, um uns die Realität geistig zu erschließen. Das Schema links in Abbildung 6.4 zeigt die traditionelle Terminologie, das Unternehmen als klar abgegrenzte, hierarchische Struktur und den Markt als deutlich identifizierbare Kunden, andere Unternehmen und Konsumenten. Rechts sehen wir ein Beziehungsnetz, das alle Arten von Akteuren enthält. In diesem Netz können wir mehr oder weniger deutliche Zusammenballungen von Beziehungen erkennen und sie für spezifische Zwecke als Organisationen bezeichnen. Die schwarzen Punkte stellen die Kernkompetenzen dar. Wir gehen von *exklusiven* Organisationsstrukturen – also Strukturen, die ausschließen und abgrenzen – zu *inklusiven* Strukturen über, die einbeziehen und vereinen.

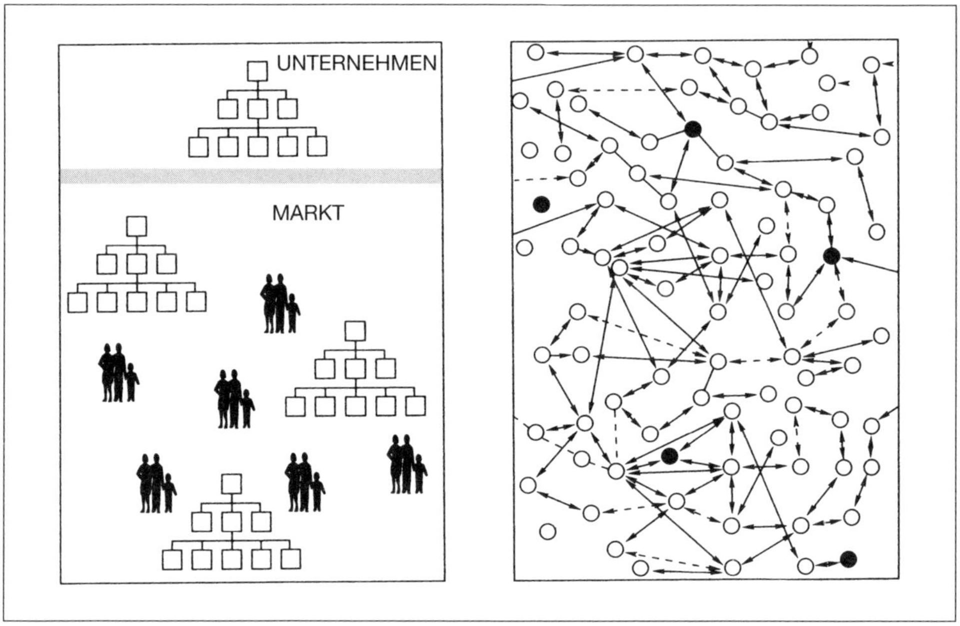

Abbildung 6.4: Das traditionelle Bild des Unternehmens und des Marktes in der Systemtheorie, in der Transaktionskostenanalyse und in der Wirtschaftswissenschaft (links) im Vergleich zur komplexen vernetzten Realität (rechts)

Organisationsparadoxe

Ein Paradoxon ist eine *scheinbar* absurde oder widersprüchliche Aussage, die sich aber als keineswegs absurd oder widersprüchlich erweist, wenn man etwas tiefer in die Materie eintaucht. Naisbitt (1994) hat eine Reihe globaler Paradoxe definiert. Ein solches Paradoxon besagt: Je integrierter die Weltwirtschaft wird, um so mehr Gewicht erhalten die kleinen Akteure. Mit anderen Worten: Je größer die globalen Konzerne, um so wichtiger werden die lokalen Kleinbetriebe. Wenn dieses Paradoxon stimmt, dann verliert die atomisierende Entweder-oder-Aufteilung der Unternehmen in große, kleine und eventuell mittlere Unternehmen allmählich ihren Sinn. Sie mag im alltäglichen Sprachgebrauch bestehen bleiben, hat aber für finanzielle Einschätzungen, statistische Klassifizierungen oder Prognosen keine Gültigkeit mehr.

Unternehmen scheinen darauf hinzustreben, Dinge zu vereinen, von denen wir gelernt haben, sie als Gegensätze zu betrachten. Sie wollen gleichzeitig *lokal* und *global, groß* und *klein, zentralisiert* und *dezentralisiert, stabil* und *dynamisch* sein. Sie wollen *größer* werden, *ohne zu wachsen.* Sie wollen sowohl *standardisierte Massenfertigung* als auch *individualisierte Massenfertigung* und *maßgeschneiderte Produkte und Dienstleistungen* anbieten. Für die sequentiell ausgerichteten Gehirne der westlichen Zivilisation sind das Widersprüche in sich, in der Logik des RM und der imaginären Organisationen hingegen ein Stück Realismus.

In einer Werbeeinschaltung beschreibt der deutsche Gigant Siemens seinen Telekombereich mit den Worten „Local Presence – Global Player" unter dem Titel „Connecting the Global Village".[40] Das ist ein Beispiel des Versuchs, sich sowohl lokal als auch global, also „glokal" zu profilieren. Das bedeutet nicht unbedingt, daß man überall in der Welt dasselbe Produkt verkaufen oder die Unternehmen mit standardisierten Techniken führen kann. In manchen Fällen ist das machbar – bei amerikanischen Seifenopernbetrieben wie McDonald's –, in anderen geht das nicht so gut, wie bei Disneyland Paris. Bei Ikea hält man am Kernkonzept fest, nimmt aber lokale Anpassungen vor. Es verlangt Fingerspitzengefühl, ein und dasselbe Angebot zu verwerten, genauso wie es Fingerspitzengefühl erfordert, Änderungen anzubringen. Standardisierung und individuelle Gestaltung finden zueinander.

ABB versucht, das Beste aus den angeblichen Gegensätzen zusammenzufügen. Der Konzern ist aus der Fusion der schwedischen Asea und der Schweizer Firma Brown Boveri entstanden. 1991 zählte ABB 215 000 Mitarbeiter und war in 8 Hauptsegmente, 65 Geschäftsbereiche, 1300 Tochtergesellschaften, 5000 Profitcenter und unzählige Teams aufgegliedert. Die Zahl der Manager in der Zentrale wird gering gehalten. Die Leiter der betrieblichen Einheiten und ihre Mitarbeiterteams sollten, wie es ABB-Präsident Percy Barnevik ausgedrückt hat, in einem kontinuierlichen Prozeß von Kontakten, Informationsaustausch, Prioritätensetzung und Berichtigungszyklen auf einer selbstkoordinierenden Basis funktionieren. Laut einem leitenden Angestellten von General Electric, einem

---

[40] Anzeige in *International Management* (Juli/August 1993, S. 20 – 21).

Konkurrenten von ABB, müssen Mitarbeiter die Fähigkeiten haben, in einer Netzwerkorganisation ohne feste Grenzen arbeiten zu können. Man will das Beste aus dem Großkonzern mit dem Besten des Kleinunternehmens kombinieren.

Die Giganten der Wirtschaftswelt schöpfen ihre Muskelkraft aus ihrer Größe. Wie die Dinosaurier, die seit 65 Millionen Jahren ausgestorben sind, laufen sie aber Gefahr, zu schwerfällig zu werden, um schnell und effizient zu proagieren, zu agieren und zu reagieren. Die Planwirtschaft des durch und durch integrierten Unternehmens wird durch ein modulares Unternehmen ersetzt, das sich einige Kernkompetenzen erhält und Produkte und Leistungen von anderen Anbietern zukauft. Man könnte eine neue imaginäre Organisation der alten Dinosaurierorganisation gegenüberstellen (Abbildung 6.5). Die „Dino-Organisation" ist ein Spiegelbild der Industriegesellschaft, als ein Unternehmen noch aus einigen qualifizierten, mächtigen Leuten bestand, die über Horden von Arbeitern und Angestellten herrschten.

ORGANISATION	KÖRPER	GEHIRN
Dinosaurier-Organisation	groß	klein
Imaginäre Organisation	klein	groß

Abbildung 6.5: Dinosaurier-Organisation und imaginäre Organisation

High-Tech – High-Touch: ein ausgewogenes Verhältnis von Informationstechnologie und Humanressourcen

So wie wir es hier definiert haben, bildet das virtuelle Unternehmen eine Untereinheit des imaginären Unternehmens, sein Schwerpunkt ist die Informationstechnologie (IT).[41] „Virtuell" (als Gegenteil von „reell") stammt aus der Computersprache, wo ein virtueller Speicher dem Computer erlaubt, so zu funktionieren, als hätte er mehr Speicherkapazität als in Wirklichkeit. Im selben Sinn nutzt das virtuelle Unternehmen mehr Ressourcen, als es eigentlich besitzt.

Die IT hat nach und nach die Strukturen und Abläufe der Unternehmen geprägt. Sie kann dazu beitragen, Aktivitäten zusammenzuführen, die aus verschiedenen Teilen der Organisation, aus verschiedenen rechtlichen Einheiten mit verschiedenen Eigentümern und aus verschiedenen geographischen Standorten kommen. IT kann die Handlungsfähigkeit verbessern und die Kosten der Kundenkontakte senken. Dies ist vielleicht erst das Tor zu einem neuen Unternehmenstypus, wo die zukünftigen Möglichkeiten der Elektronik – der Kommunikations-Super-

[41] Siehe auch Davidow und Malone (1992).

highway – noch zu erforschen wären: Datenbanken mit schnellem Zugang zu den Kunden, schnelle Kommunikationsnetzwerke und Standards, die eine rasche Anwendung neuer Errungenschaften ermöglichen. Der Tagesmarkt für Öl wurde seinerzeit in Rotterdam (Niederlande) eingerichtet. Heute existiert er in einem IT-Netzwerk. Er dehnt sich auf die ganze Welt aus und arbeitet rund um die Uhr. Er ist überall und nirgendwo. Ein Handelsraum hat den Handelsplatz ersetzt.

Die Schaffung, Erhaltung und Veränderung von Beziehungen durch die Informationstechnologie bildet die Grundlage des virtuellen Unternehmens. Die IT hat auch dazu beigetragen, die Beziehungen zwischen den internen Kunden zu verändern – bei Ericsson wurden 1996 200 000 interne Nachrichten per E-Mail verschickt, täglich und weltweit –, die die Grenzen zwischen internen und externen Kunden verwischen. Durch E-Mail bilden sich neue „Stämme", die physisch weit verteilt sind, aber geistig durch die gemeinsame Sache zusammengeschweißt werden.

Nagel und Allen[42] bieten eine ausgewogene Darstellung der virtuellen Organisation. Im engeren Sinn handelt es sich um ein Projekt, das durch hochentwickelte Informationssysteme und ihre virtuelle Netzwerkstruktur (VNA) zusammengehalten wird. VNA ist ein Kommunikationsnetzwerk, das sich durch Schnelligkeit, hohe Leistungsfähigkeit, geringe Kosten und große Flexibilität auszeichnet. Die virtuelle Organisation baut auf einem Wissensvorsprung auf. Noch im Jahre 1993 meinten die Autoren, das virtuelle Unternehmen wäre noch nicht in Sicht. Es verlangt einen neuen Führungsstil, bei dem es darum geht, Beziehungen zu Leuten aufzubauen, die man nicht kennt und mit denen man niemals physisch zusammentreffen wird, denen man aber dennoch vertrauen muß. Zusammenfassend betonen die Autoren, daß die Technologie zwar ein Potential bietet, daß es aber *die Menschen sind, die etwas daraus machen.*

Der letzte Teil ihrer Ausführungen verdient unsere besondere Aufmerksamkeit. Je mehr ich von begeisterten IT-Verfechtern und ihren virtuellen Organisationen höre, um so mehr scheint mir Vorsicht angesagt. Es fehlt ihnen die geschichtliche Dimension: Viele sind jung und schienen von der Technologie völlig besessen und geblendet zu sein. Sie behaupten, daß die IT die wirtschaftliche Entwicklung antreibe. Seit den späten 50er Jahren hat die Computertechnologie sich immer wieder mit Qualitäten und Fähigkeiten gebrüstet, die sie nie besessen hat. EDV-Spezialisten verwandelten veraltete administrative Routinen in starre Computersysteme, die – schnell wie noch nie – die falschen Ergebnisse produzierten. Was sie da schneller machten, begriffen sie nie wirklich – Geschwindigkeit war alles. Sie überschätzen bis heute ihre Bedeutung. Im Vergleich zum Menschen ist die IT nicht besonders gescheit; was sie kann, ist, unsere Leistungen zu verbessern, etwa so wie ein Gabelstapler unseren Rücken schont oder ein Auto unsere Reisezeiten verkürzt.

[42] Nagel und Allen (1993, S. 64).

Wir haben die Informationstechnologie in R12 besprochen, der elektronischen Beziehung, als Gegensatz zu R18, der persönlichen Beziehung und dem sozialen Netzwerk. Notwendig sind beide: das ist die Botschaft hinter der Formel High-Tech – High-Touch, hochentwickelte Technologie und menschlicher Touch. Die IT kann die Humanressourcen (Human Resource Management – HRM) nicht ersetzen. In meiner Organisationsvorstellung sollte HRM sowohl das Personal als auch die Kunden umfassen.[43] Rod, ein Manager bei Stew Leonard, drückte dies besonders treffend aus, als er uns die drei Grundlagen des Erfolgs erklärte: „Die erste ist die Einstellung! Die zweite ist die *Einstellung*!! Und die dritte ist die EINSTELLUNG!!!“ Die Einstellungen, Wahrnehmungen und Paradigmen – unsere Art, uns mit der Realität auseinanderzusetzen und Probleme und Chancen zu identifizieren – sind wesentlicher als die IT oder ausgeklügelte Meßmethoden. Zohar und Marshall formulieren das folgendermaßen: „Für den Physiker ist *Messung* ein Mittel, um die Situation zu betrachten ... die *Einstellung* ... ist das menschliche Äquivalent der Messung.“[44] Innerhalb dieses menschlichen Rahmens kann man hoffen, daß die IT Impulse und Beiträge liefert.

Wenn ein Unternehmen wächst und sich physisch zersplittert, können persönliche Kontakte leicht auf der Strecke bleiben. Beziehungen werden über IT aufrechterhalten, ohne Kontakt von Angesicht zu Angesicht. Das System der lebenslangen Anstellung macht etwas möglich, das die Japaner „Mimikosuri“ nennen – die Fähigkeit, jemandem die Ohren zu massieren. Diese „Massage“ vereinfacht Entscheidungen und Umsetzungen, löst Konflikte und erspart es den Kollegen, das Gesicht zu verlieren. Eine über Jahrzehnte aufgebaute persönliche Beziehung bietet auch noch im Zeitalter der IT Sicherheit und Unterstützung. Ohne das persönliche Vertrauenskapital als Grundlage wird die IT leicht zum Managementrisiko.

Mimikosuri spielt auch in vielen westlichen Ländern eine Rolle, wo Beschäftigung auf Lebenszeit noch üblich ist. Bei der Untersuchung internationaler Großunternehmen habe ich festgestellt, daß diese oft durch persönliche Kontakte zusammengehalten werden, ungeachtet organisatorischer Grenzen. Wenn Probleme zwischen der europäischen Zentrale und den Überseeniederlassungen entstehen, kann die persönliche Beziehung zwischen dem Geschäftsführer der Niederlassung und dem zentralen Management entscheidend sein. In manchen Filialen sind die Geschäftsführer Einheimische, die bessere Kenntnisse über den Markt, die Kultur und die lokale Unternehmensführung besitzen als ihre europäischen Kollegen. Dennoch fehlt ihnen die tiefere Beziehung zum zentralen Management – Sprache, Werte, kulturelle Bezugspunkte, Erfahrungen der Studienzeit –, eine Beziehung, die von frühester Jugend an gewachsen ist.

[43] Schneider (1994).

[44] Zohar und Marshall (1993, S. 100).

Die Möglichkeiten der Fernarbeit nehmen dank der IT zu. Früher erwartete man von allen Angestellten, zur gleichen Zeit am selben Ort zu sein. Dann wurde die flexible Arbeitszeit eingeführt, und die Mitarbeiter sind nur mehr teilweise gleichzeitig an Ort und Stelle. Anstatt von zu Hause ins Büro zu fahren, können sie sich nun auch geistig zur Arbeit begeben über den Computer und die Telefonleitung. Dies reduziert die Belastungen des Hin- und Herfahrens wie Zeitverlust, Warteschlangen, Umweltverschmutzung und Lärm, und man ist nicht mehr gezwungen, in der Nähe des Arbeitsplatzes zu wohnen. Der Nachteil ist eine schwächere soziale Beziehung zu den Kollegen, denn die Gruppenzugehörigkeit kann ein wichtiger Motivationsfaktor sein. Andererseits ist es nicht jedermanns Sache, eng mit anderen zusammenzuarbeiten. Es kommt häufig zu Konflikten, deren extremste Auswüchse wie Mobbing oder sexuelle Belästigung zunehmend Grund zur Besorgnis geben.

Die Humanressourcen-Quote: interne und externe „Angestellte"

In der imaginären Organisation ist es nicht mehr ganz so eindeutig, wer angestellt ist und wer auf andere Weise eingesetzt wird. Für die bedeutende internationale Versicherungsgesellschaft Skandia AFS besteht ihre Organisation laut eigener Beschreibung aus 785 000 Kunden, Allianzen mit 46 000 aktiven und unabhängigen Maklern und Banken, 1700 Angestellten und einer zentralen Managementgruppe von 50 Mitarbeitern.[45]

Hedberg et al. (1994) schlagen die Anwendung einer I/A-Quote vor. Sie unterstreicht die Tatsache, daß das Unternehmen über mehr menschliche Ressourcen (involvierte Personen, I) verfügt, als es Angestellte zählt (A). Bei AFS ist diese Quote hoch: 831 000/1750 = 475.

Handy spricht von der „Kleeblattorganisation" als Metapher für die verschiedenen Rollen innerhalb eines Unternehmens.[46] Ein Kleeblatt hat normalerweise drei Blätter, die hier für die drei Arten von menschlichen Ressourcen stehen. Das erste Blatt besteht aus den *Angestellten*, die sich mit den Kernaktivitäten des Unternehmens beschäftigen. Das zweite Blatt sind die *Lieferanten*, die der imaginären Firma zusätzliche Ressourcen zuführen. Das dritte Blatt sind die *Teilzeitangestellten* und das *Zeitpersonal*. Aber es gibt auch den speziellen vierblättrigen Klee, wo das vierte Blatt für die *Kunden* steht. Im Dienstleistungsmanagement werden Kunden schon lange als Teilzeitmitarbeiter in der Produktion und Bereitstellung von Dienstleistungen und im Marketingprozeß behandelt. Man kann die Kunden als professionelle Vertreter des Bedarfs und der Nutzung der Dienstleistung betrachten, ohne die eine Dienstleistung oft gar nicht produziert werden

[45] Laut Anhang zum Jahresbericht 1995 von Skandia.

[46] Handy (1990, S. 87 ff.).

könnte. Die Kundenbasis wird auch zunehmend als entscheidendste Ressource eines Unternehmens akzeptiert.

Obwohl Lieferanten keine Angestellten sind, können die Grenzen zwischen Lieferanten und Eigenmitarbeitern undeutlich werden. Das Heimgewerbe hat in der Fertigung eine lange Geschichte, insbesondere in der Textilindustrie. Die Heimarbeiter bieten Flexibilität, stellen zusätzliche Ressourcen in Spitzenzeiten dar und kosten nichts, wenn der Absatz zurückgeht. Die „Wissensindustrie" beschäftigt Intellektuelle, die organisiert sein müssen, aber von freien Intellektuellen wie Dichtern, Schriftstellern und Kritikern abhängig sind. Erstere sind ein offizieller Bestandteil der Organisation, letztere gehören zum externen Netzwerk. Die Suche nach der richtigen Organisation für das wissensbedingte Unternehmen dreht sich zum Teil um die Frage, in welcher Form diejenigen, die den Umsatz schaffen, mit dem Unternehmen verbunden sein sollen: Anstellung, Teilzeitarbeit oder Vollzeitarbeit, Eigentümerschaft oder geteilte Eigentümerschaft und die Rechtsform. Finanzielle und steuerliche Überlegungen können die Struktur der Organisation mitbestimmen. Freiberufliche Mitarbeiter sind in gewissen Branchen wie Journalismus oder Bühnenkunst üblich. Ein Freiberufler kann sein eigenes Unternehmen besitzen, das durch Partnerschaften oder Einstellen von Personal wachsen kann. Bei Beratern und Handwerkern ist dies gang und gäbe. Unternehmen, die Aushilfssekretärinnen und Zeitpersonal vermitteln – wie das internationale Unternehmen Manpower – erfreuen sich eines schnellen Wachstums, da immer mehr Unternehmen zum Outsourcing interner Dienste greifen. Computerberatungsfirmen erzielen oft den Großteil ihrer Einnahmen, indem sie ihre Programmierer im Rahmen langfristiger Verträge „verleihen". Wenn man heutzutage ein Unternehmen besucht, kann es gut sein, daß man am Empfang von Leuten begrüßt wird, die von einer Sicherheitsgesellschaft zur Verfügung gestellt werden.

Letztlich kann man die interessante und paradoxe Beobachtung machen, daß *die Kundenbeziehungen enger werden, die Beziehungen zu den Mitarbeitern hingegen lockerer und flexibler*.[47] Dies ist ein weiterer Ausdruck der imaginären Eigenschaften einer Organisation und zeugt davon, daß die Unterscheidung zwischen Unternehmen und Markt zunehmend verblaßt.

Von abgegrenzten Strukturen zu grenzenlosen Prozessen

Hierarchie bedeutet soviel wie „heilige Führung", eine Bezeichnung, die dem Ego mancher Manager wohl entsprechen mag. Ihr nächster Verwandter ist die *Bürokratie*, also die „Führung vom Schreibtisch aus". Der Anfang vom Ende der Hierarchie ist die Einrichtung von Profitcentern und die Einführung von Marktmechanismen innerhalb des Unternehmens (R24). *Heterarchie*, „multidimensio-

[47] Root (1994).

nales Management", oder *Adhocratie*, „Management gemäß den Anforderungen einer vorübergehenden Situation", wären passendere Bezeichnungen für die Organisationen und das Management von heute.

Bürokratie und Adhocratie sind Extreme; hier steht die Forderung nach regelgestützter Führung den Forderungen nach Flexibilität und Anpassungsfähigkeit an individuelle Situationen gegenüber. Die *Projektorganisation*, die wir unter R25 (interfunktionale und interhierarchische Abhängigkeit) besprochen haben, war lange eine vorübergehende Ergänzung zu einer relativ fixen hierarchischen *Basisorganisation*. Heutzutage wird die Basisorganisation immer dynamischer und wird zunehmend zum *Mutterprojekt* einer ganzen Reihe von *Tochterprojekten*.[48] Vielleicht könnte man die imaginäre Organisation als hochentwickelte, zeitgemäße Version der Projektorganisation charakterisieren.

Die Wandelbarkeit der Adhocratie ist auch ein Teil der Kultur und des Lebensstils. Adhocratie bedeutet ein Gespür für das Unerwartete, schnelles Handeln, viel Freiheit, Unterstützung durch das Management und die Kollegen, Großzügigkeit, akzeptierte und notwendige Unordnung – und nur der Himmel setzt die Grenzen. Bürokratie steht für das Geplante, Repressive, wo Regeln und Rituale mehr wiegen als die eigentliche Sache und das Ergebnis. Ob im staatlichen Sektor, in der Industrie oder in Beratungsfirmen: Stets haben Bürokratien erwiesenermaßen adhocratische Tendenzen erstickt.

In ihrer extremen Ausprägung führt Adhocratie zum Chaos. Paradoxerweise erfordert es viel Disziplin, damit eine Adhocratie funktionieren kann. Die wissensbedingte Organisation braucht also auch einen Schuß Bürokratie. In der Sprache des Tao ist *Yin* die adhocratische Eigenschaft und *Yang* die bürokratische. Die Dynamik entsteht im Spannungsfeld zwischen Yin und Yang. Hat das Yang zuviel Spielraum, erstarrt die Organisation. Nimmt das Yin überhand, entstehen Chaos und Zerstörung. Die beiden Extreme sind keine Gegner, sondern Partner. Ihr kombiniertes Ergebnis ist die *dynamische Stabilität*.

Chaos und Ambiguität sind zentrale Konzepte im Klassiker „In Search of Excellence" (1982) von Peters und Waterman sowie in Peters' späteren Werken „Thriving on Chaos" (1985) und „Liberation Management" (1992). Ehrlemark (1978) hat erklärt: „Das Unternehmen bewußt in dem Maß ungeführt und unführbar zu halten, daß aus Unruhe und Unordnung Stabilität und Entwicklung entstehen, ist möglicherweise die wahre Kunst des Managements." In „Strategic Management and Organisational Dynamics" bezieht sich Stacey (1993) auf die Chaosforschung aus der Physik. Das Konzept der *dissipativen Strukturen* stammt vom Nobelpreisträger und Chaosforscher Ilya Prigogine. Dabei handelt es sich um Strukturen, die sich in Systemen, die sich im Ungleichgewicht befinden, in flüchtige Prozesse auflösen: „... ein Großteil der Realität ist nicht geordnet, stabil

[48] Vgl. die Dichtomie Muttergesellschaft – Tochtergesellschaft, die sich auf stabile Basisorganisationen bezieht, die durch formelle und rechtlich verbindliche Entscheidungen miteinander verbunden sind.

und im Gleichgewicht, sondern eine brodelnde, blubbernde Masse voller Veränderungen, Unordnung und Prozesse."[49] Unordnung und Ordnung koexistieren und bedingen einander. Die Chaostheorie in ihrer popularisierten Form ist anhand des „Schmetterlingseffekts" bekannt geworden: „Wenn ein Schmetterling in Peking mit den Flügeln schlägt, wirkt sich das auf das Wetter in New York aus." Die winzigsten Vorkommnisse haben ihre Auswirkungen, ganz im Sinne des Wassertropfens, der das Faß zum Überlaufen bringt. Wenn Netzwerke komplex werden und unzählige Interaktionen umfassen, kann sich ein geringfügiges Ereignis im Netz mit unvorhersehbaren und bedeutenden Folgen verbreiten.

Die Mitarbeiter einer wissensbedingten Organisation sind zum Großteil Intellektuelle und Fachleute. Unabhängigkeit und Entwicklungschancen sind Voraussetzungen für ihre Leistungen. Intellektuelle zu managen bedeutet „institutionalisierte Anarchie", Verwalten des Unverwaltbaren: „Sie zu managen ist ein Handwerk oder ein Gewerbe, vielleicht sogar eine Kunst. Eine Wissenschaft ist es jedenfalls nicht."[50] Oder um mit Drucker zu sprechen: „In dem Maße, wie sich die Unternehmensorganisation rund um Wissen und Information restrukturiert, wird sie einem Nichtunternehmen – einem Krankenhaus, einer Universität oder einer Oper – immer ähnlicher werden als dem Produktionsunternehmen von 1920, wo es einige Generalisten gab, die man ‚Manager' nannte, und eine Vielzahl von unqualifizierten und unwissenden ‚Arbeitsbienen', die das taten, was man ihnen sagte."[51]

Der mechanische Betriebsmodus der Produktion, der das Leben in vielen Organisationen infiziert hat und noch immer präsent ist, ist heute selbst für seinen ursprünglichen Anwendungsbereich überholt. Aber auch Krankenhäuser, Universitäten und Opernhäuser stehen vor gigantischen Herausforderungen und suchen nach neuen Strukturen. Das Gesundheitswesen ist in den meisten Ländern im Fluß und im Wandel, und die Bürokratie an den Universitäten ist berüchtigt.

Die Notwendigkeit flacherer Organisationen ist von etlichen Autoren hervorgehoben worden. Der ehemalige Präsident von SAS, Jan Carlzon, hatte seinem Buch ursprünglich den Titel „Reißt die Pyramiden nieder"[52] gegeben. Für Zuboff (1988) sind Hierarchien in einer Zeit, wo die wirkliche Macht im IT-gestützten Wissen liegt, überholt und dysfunktionell. Aber Hierarchien sind nach wie vor in der Praxis üblich und haben auch ihre Befürworter. So meint Eliott: „... 35 Jahre Forschung haben mich davon überzeugt, daß die Managementhierarchie die effizienteste, die robusteste und eigentlich die natürlichste Struktur ist, die je für große Organisationen erfunden wurde."[53]

---

49 Prigogene und Stengers (1985).

50 Donovan (1989).

51 Drucker (1988a, S. 3).

52 Das Buch ist in englischer Fassung unter dem Titel „Moments of Truth" erschienen (1986).

53 Eliott (1990, S. 127).

Peters und Waterman (1982) haben eine anschauliche Bezeichnung für ein informelles Phänomen gefunden: *skunk works*, Querkopfwerke. In der Forschung und Entwicklung und im Engineering sind Querkopfwerke Guerilla-Aktionen: Die Querköpfe sind die Gesetzlosen der formellen Organisation. Es sind passionierte Techniker und Hacker, die von einer Idee besessen sind. Sie halten ihre Arbeit vor dem Management verborgen, das vielleicht zu weit entfernt vom Pulsschlag des Marktes und der neuen Technologie steht. Einige der erfolgreichsten Innovationen waren zu irgendeinem Zeitpunkt ihrer Entwicklung Querkopfprodukte. Dazu zählt etwa der Saab Turbo, die erste kommerziell erfolgreiche Anwendung des Turbomotors für einen PKW, oder Losec, ein Medikament gegen Geschwüre, das Astra zu einem der reichsten Pharmaunternehmen der Welt gemacht hat. Wir können nicht wissen, wie viele brillante Ideen systematisch abgewürgt worden sind. Man darf aber auch nicht vergessen, daß viele dieser Querkopfprodukte auf dem Markt scheitern, selbst wenn sie technologisch gesehen großartig sind.

Querköpfe sind Adhocraten, aber illegitime Adhocraten. Sie können bestraft und verstoßen werden. Sie können auch stillschweigend toleriert werden, um kreativen und unternehmerischen Köpfen die Chance zu bieten, ihre Ideen mit Hilfe der Unternehmensressourcen umzusetzen, ohne durch interne Hürden eingeengt zu werden; sie werden dann zu *Intranehmern*. Die passive Duldung von Querköpfen scheint recht verbreitet zu sein. Der Weltkonzern 3M – den die Konsumenten vor allem durch sein Scotch-Klebeband kennen – erlaubt seinen F&E-Mitarbeitern, 15 % ihrer Zeit für eigene Projekte zu reservieren. Es gibt auch *Extranehmer*, die ihr Angestelltenverhältnis auflösen, aber weiterhin mit dem „Mutterunternehmen" zusammenarbeiten oder einen Teil seiner Kunden übernehmen.[54]

Die imaginäre Organisation hat Ähnlichkeiten mit der transzendenten Organisation, wie sie Gustavsson (1992) beschrieben hat. Es handelt sich um ein Organisationskonzept, das tief im Bewußtsein der Organisationsmitglieder verankert ist, einem *kollektiven Bewußtsein*. Dieses Bewußtsein reicht tiefer als die beobachtbaren Zeichen und Aktivitäten einer Unternehmenskultur, tiefer als die formellen und informellen Strukturen des Unternehmens und ihre Gebote und Verbote. Es findet seinen Ausdruck in intuitiven und spontanen Reaktionen. Zohar und Marshall[55], die in Anlehnung an die Quantentheorie der Physik von einer Quantengesellschaft sprechen, meinen: „Personen sind nicht ganz dasselbe wie isolierte Individuen, noch sind sie eine Menge. Personen sind lebendige Netze von biologischen Vorgängen, Emotionen, Erinnerungen und Beziehungen. Jede Person ist einzigartig, aber keine kann sich alleine entfalten. Jede enthält in gewisser Weise andere, und ist in anderen enthalten, ohne daß ihre persönliche

[54] Johnson und Hägg (1987, S. 64 – 74).

[55] Zohar und Marshall (1993); Zitat S. 64; folgende Zitate S. 82, 6 und 85.

Wahrheit jemals völlig isoliert oder erschöpft werden könnte." Das ist eine treffende Beschreibung der russischen Beziehungspuppe, die wir im 1. Kapitel herangezogen haben, um die Existenz von Marktbeziehungen, Megabeziehungen und Nanobeziehungen aufzuzeigen.

Aus der Quantenphysik läßt sich eine gewagte Metapher ableiten, welche die Realität in der Gestalt von Teilchen oder Wellen beschreibt. „Die Wellengestalt bezieht sich auf unser unstrukturiertes Potential, auf unsere Ausdehnung über die Grenzen von Raum, Zeit, Wahl und Identität. Die Teilchengestalt liefert uns unsere strukturierte Realität, unsere Grenzen, unser klar definiertes Selbst, unsere geordneten Gedanken, unsere sozialen Rollen und Konventionen, unsere Regeln und Muster", erklären Zohar und Marshall, und fahren fort: „Atomismus negiert die Realität und Bedeutung von Beziehungen und bereitet damit den Boden für Konflikt und Konfrontation und die Verfolgung einschränkender Eigeninteressen ... Wir werden gut beraten sein, uns mit dem Beziehungsganzen oder der ‚Beziehungsganzheitlichkeit' zu beschäftigen ... Dies sind möglicherweise die elementarsten konzeptuellen Bausteine der Quantengesellschaft. Sie beinhalten fast alle Aspekte der gesellschaftlichen Realität und verändern damit grundlegend unser Beziehungskonzept und das Wesen der Gemeinschaft." Die Teilchen wären das klar Definierte, das Individuum, die formelle Organisation, die Gebäude, die Anlagen – alles, was sichtbar und greifbar ist. Die Wellen wären dann die Beziehungen, das kollektive Bewußtsein und die Organisationskultur, die kohärenten Prozesse und die Dynamik.

Zusammenfassend kann man sagen, daß dynamischen Prozessen eine immer größere Rolle zukommt und fixe Hierarchien zunehmend an Gewicht verlieren. „Organisationskonzepte sollten aus Prozessen bestehen, die Abfolgen permanent wechselnder Lösungen ausgeben", meinen Nystrom et al.[56] Strukturen und Prozesse wechseln ihre Plätze wie in Abbildung 6.6. Das Prozeßverständnis ist eine Erweiterung dessen, was wir in R25 unterstrichen haben. Das gesamte Unternehmen wird nicht mehr als eine Reihe von einzelnen Aktivitäten verstanden, die auf funktionale Schubladen und hierarchische Ebenen beschränkt sind, sondern als ein kohärenter Unternehmensprozeß. Die Prozesse gehen über das Unternehmen hinaus und vereinigen sich mit dem Markt. Das Netzwerk hat keine Grenzen, und innerhalb des Netzes herrscht Interaktion. Das Sequentielle weicht zugunsten des Gleichzeitigen zurück, wie wir es beim *Concurrent Engineering* und bei der Wertkonstellation gesehen haben.

---

[56] Nystrom, Hedberg und Starbuck (1976, S. 226).

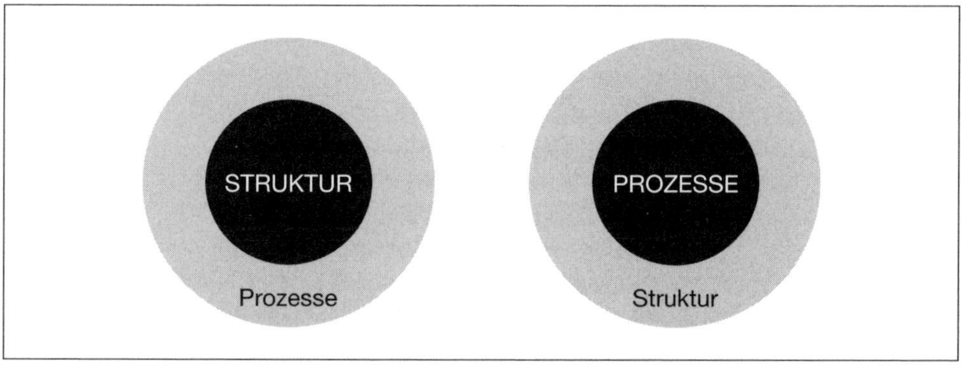

Abbildung 6.6: Von der Struktur im Mittelpunkt, gestützt auf Prozesse, zu den Prozessen im Mittelpunkt, gestützt auf Strukturen

Synthese

Auf den letzten Seiten haben wir uns mit RM und der imaginären Organisation als gegenseitige Spiegelbilder beschäftigt. Mit etwas grafischer Verspieltheit lassen sich diese Betrachtungen in Form von fünf bildhaften Darstellungsweisen eines Unternehmens zusammenfassen (Abbildung 6.7). Das erste Bild zeigt die *klar abgegrenzte hierarchische Struktur*. Das zweite ist die *Matrixorganisation*, die wir in R28 als Ausweitung der Hierarchie und rudimentäres Netzwerk kennengelernt haben. Beides sind traditionelle Bilder, wenn auch die Matrix bereits die Auflösung der Hierarchie signalisiert. Das dritte Bild zeigt ein *multidimensionales Netzwerk*. Sein Kern, die einzigartige Kompetenz, die die Organisation legitimiert, erschient in Schwarz. Wir erkennen hier die typischen Merkmale des RM, ein Netzwerk von Beziehungen, in welchem die Parteien interagieren. Wir erahnen bereits die imaginäre Organisation, in die andere Akteure als nur die Mitarbeiter Eingang finden, insbesondere die Kunden. Das vierte Bild betont die *Grenzenlosigkeit und die amorphen Züge* der imaginären Organisation und zeigt das Unternehmen als *verschwommenes Gebilde*. Das letzte Bild geht einen ganzen Schritt weiter zur *Prozeßorganisation*: eine Reihe harmonischer Wellen und vollständig abgestimmter Prozesse.

Wenn etwas Neues beschrieben wird, geschieht dies oft in Form einer extremen Alternative. Die imaginäre Organisation als absolut flexible Organisation mit niedrigen Transaktionskosten und schneller Anpassung an neue Bedingungen ist ein idealisiertes, ja ein absurd vereinfachtes Bild. Dasselbe läßt sich auch über das RM-Konzept sagen. RM kann zu gutmütig und harmonisch wirken, um sich in einem geldgierigen und unvollkommenen Geschäftsumfeld Glaubwürdigkeit zu verschaffen. Die neuen Bilder können wie eine Fata Morgana in der Wüste er-

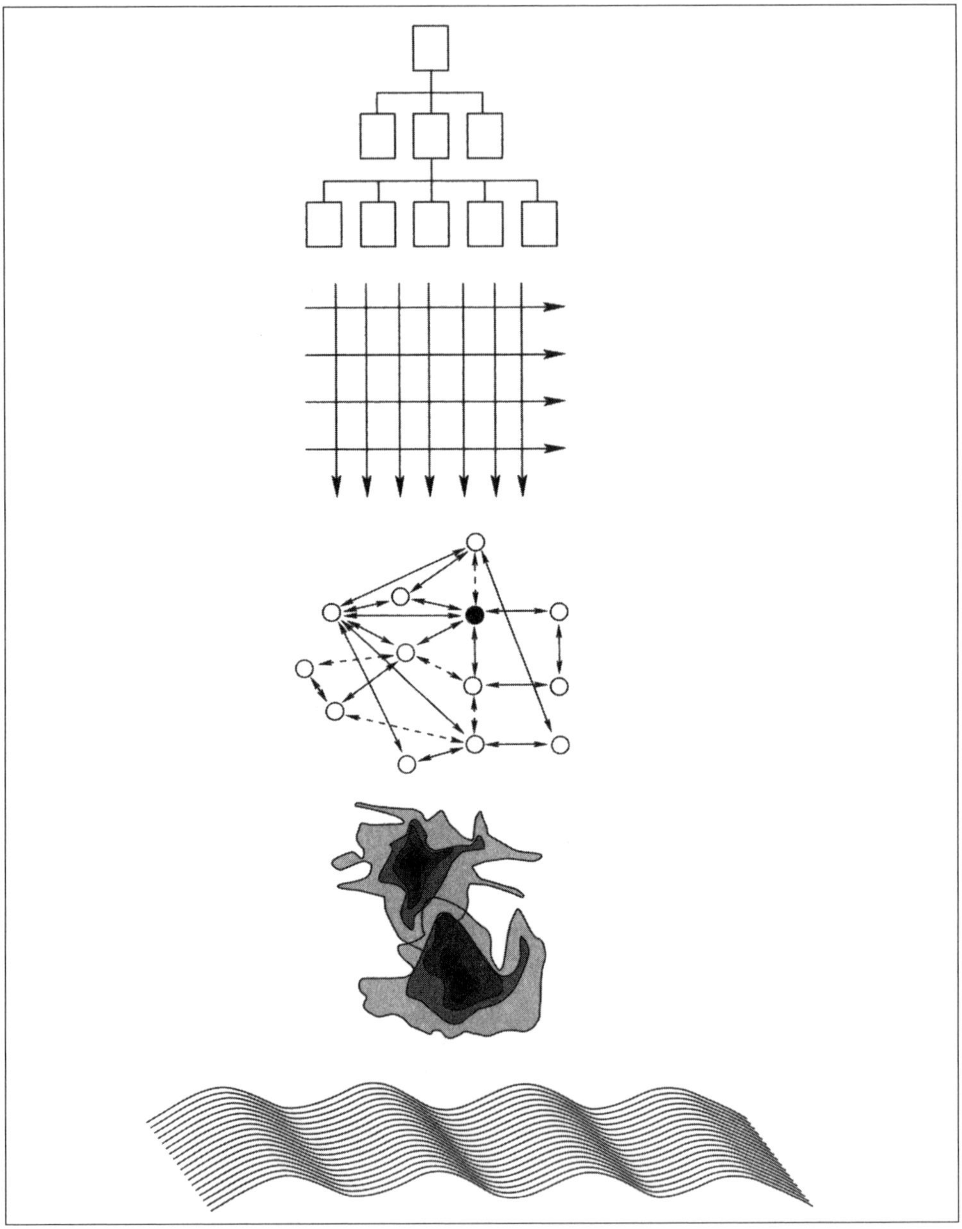

Abbildung 6.7: Organisationsstrukturen im Wandel (von oben nach unten): die Hierarchie mit ihren klaren Grenzen; die Matrix, das zweidimensionale Netzwerk; die imaginäre Organisation, zuerst als Netzwerk dargestellt, dann als Amöbe mit verschwommenen Konturen, die sich von einer Kernkompetenz ausgehend immer mehr auflösen; und schließlich die Prozeßorganisation, das Unternehmen als eine Reihe von Prozessen oder Wellen

scheinen; vielleicht errichten sie sogar einen neuen geistigen Kerker. Möglicherweise unterliegen wir nur der Illusion, etwas zu „sehen“, etwa wie wir zu „sehen“ glauben, daß der Zauberer seine hübsche Assistentin in zwei Teile sägt. RM und die imaginäre Organisation sind eher Ausrichtungen und Vorsätze; sie heben gewisse Eigenschaften des Marketing und der Organisation hervor, die bislang vernachlässigt wurden und die es nun stärker in den Vordergrund zu rücken gilt.

In Abbildung 6.8 wurden die Hierarchie, die Matrix, das Netzwerk, die Amöbe und der Prozeß zu einem einzigen Bild übereinandergelegt, ohne ihre Strukturen zu verschmelzen. All diese Strukturen koexistieren in diversen Verhältnissen zueinander; jetzt aber werden die Proportionen neu überdacht. Die Rolle der Hierarchie wird zugunsten dynamischer Veränderungen und Prozesse reduziert. Wie die Abbildung zeigt, ist es schwierig, alles auf einmal zu sehen; man läuft Gefahr, gar nichts mehr zu erkennen oder nur mehr ein Chaos zu sehen.
Zusammenfassend weist die Verbindung zwischen RM und imaginären Organisationen folgende typische Züge auf:

- RM existiert im Markt, in der Gesellschaft und in der Organisation. Die imaginäre Organisation fügt Dimensionen hinzu, die unser Verständnis für Entstehung und Funktionen des RM vertiefen.

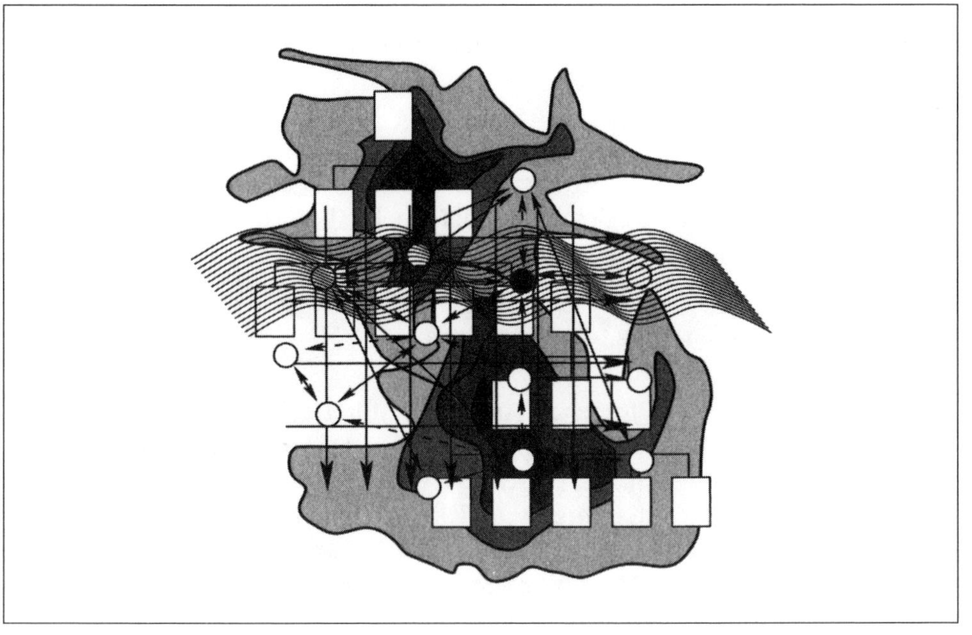

Abbildung 6.8: Das Unternehmen als viele Bilder zugleich: Hierarchie, Matrix, Netzwerk, Amöbe und Prozesse

- Die Organisation existiert, aber nicht als physische und greifbare Körperschaft. Ihre wichtigsten Ressourcen – ihre Kernkompetenzen – sind in der Bilanz nicht ausgewiesen.
- Die Grenzen zwischen einem Unternehmen und seinen Märkten sind undeutlich, und die Personen, die eingesetzt werden, sind nicht gleichzusetzen mit den Angestellten. Ein großer, manchmal der größte Teil der eingesetzten Leute befindet sich außerhalb der Organisation. Der Kunde ist in die Organisation integriert, und die Kundenbasis ist eine wesentliche, manchmal die wichtigste Ressource. So werden die Rollen des Lieferanten und des Kunden weniger offensichtlich; Wert entsteht durch ihre Interaktion.
- Die zunehmend allgegenwärtige und flexible Informationstechnologie bietet neue Entwicklungsmöglichkeiten für RM und imaginäre Organisationen. Die elektronische Beziehung muß aber im richtigen Verhältnis zu den sozialen und menschlichen Beziehungen bleiben.
- Das Unternehmen wird zum Mutterprojekt, und das, was man traditionell als Projekt bezeichnete, zum Tochterprojekt. Die Organisation wandelt sich von einer stabilen, abgegrenzten Hierarchie zu einer Reihe von dynamischen und kohärenten Prozessen.

Die Bedeutung von Beziehungen für die Unternehmen und die Marktwirtschaft

Unter diesem Titel wollen wir uns mit zwei Phänomenen beschäftigen: erstens mit dem *Bedürfnis nach Sicherheit in einer unsicheren Welt*, zweitens mit der Ausweitung des Marketinggleichgewichts (in R2 besprochen) vom *partiellen* zum *vollständigen* Marketinggleichgewicht.

Unser Bedürfnis nach Sicherheit

Im 1. Kapitel haben wir folgende Argumente für Beziehungsmarketing angeführt: 1. verstärkte Kundenbindung und längere Dauer für bessere finanzielle Ergebnisse; 2. die Möglichkeit, bessere Voraussetzungen für eine effiziente Geschäftstätigkeit und die zukünftige Entwicklung des Unternehmens zu schaffen. Im kämpferischsten Fall – dem Hyperwettbewerb – werden Konkurrenten zu tödlichen Gegnern, und der Marketingkrieg wird entfesselt. Im friedlichsten Fall werden Konkurrenten zu Kollegen und Freunden. Oder sie versuchen von beiden ein bißchen: „Geschäftsleute und Industrielle, die auf der einen Seite für die radikale Freiheit des Laissez-faire-Marktes kämpfen, schließen sich dennoch in Lobbies und Kartellen zusammen."[57] Auch ein Blick in die Geschichte zeigt, daß Beziehungen immer schon im Mittelpunkt der Geschäftstätigkeit standen. Warum? Ich möchte hier den Versuch einer Erklärung wagen.

Konsumenten wie Unternehmen brauchen ein *grundlegendes Maß an Sicherheit*. Sicherheit wird mit Begriffen wie *Versprechen, Ehrlichkeit, Vertrauen, Verläßlichkeit, Voraussehbarkeit, Stabilität, Angst vor Betrug oder Verrat, Verringerung von Unsicherheiten und Risiken* in Zusammenhang gebracht.

Das Versprechen ist ein Kernkonzept jeder Beziehung.[58] Versprechen sind nur in Ausnahmefällen rechtliche Versprechen, also Verträge, deren Einhaltung mit Hilfe der Gerichte erzwungen werden kann. Die meisten Versprechen erfolgen ohne schriftliche Verträge; es sind moralische Zusagen, eine Leistung zu erbringen, Waren zu liefern oder an einem Entwicklungsprojekt mitzuarbeiten. Die Qualität bestimmter Lieferanten und ihrer Angebote lassen sich leicht im vorhinein einschätzen (Suchqualitäten), während andere erst ausprobiert werden müssen (Erfahrungsqualitäten). Für den Kunden kann die Beurteilung oft selbst nach dem Kauf noch schwierig sein; dann bleibt einem nichts anderes übrig, als sich auf das Versprechen des Lieferanten zu verlassen (Vertrauensqualitäten).[59]

Der Markt wie die Gesellschaft im allgemeinen sind so voll von Unsicherheit und Risiko, daß man nur das offen lassen sollte, was sich naturgemäß nicht voraussagen läßt. Was geplant werden kann, sollte auch geplant werden. Was nicht geplant werden kann, läßt sich am besten dadurch in den Griff bekommen, daß man auf das Unerwartete vorbereitet ist. Unternehmen müssen darauf achten, daß Versprechen eingehalten werden – in ihrer Rolle als Lieferanten wie als Kunden. Der Lieferant muß verläßlich sein und das richtige Produkt zur richtigen Zeit am richtigen Ort liefern; das JIT-Konzept ist der höchste Ausdruck dieser Anforderungen. Auch der Kunde sollte verläßlich sein, keine Aufträge stornieren und sich nicht vor dem Zahlen drücken. Unternehmen brauchen Vorhersehbarkeit, zum Beispiel um die Produktion richtig zu planen und mit maximaler Produktivität und Qualität durchzuführen.

Wenn die Gesellschaft eine schwache Infrastruktur aufweist, können Unternehmen nicht effizient arbeiten. Leidet man unter häufigen Stromausfällen, unverläßlichen Fluglinien und Flughäfen, einer korrupten und unberechenbaren Regierung, kann man es schwer mit Konkurrenten in verläßlicheren Gesellschaften aufnehmen. Als die amerikanische Post nicht in der Lage war, Auslieferungszusagen zu machen, öffnete dies einen Markt für Federal Express, DHL und andere, die die Verantwortung für die Lieferbedingungen übernahmen. Auch der interne Markt muß verläßlich und voraussehbar sein. Man erzählt sich die Geschichte

---

[57] Zohar und Marshall (1993, S. 73 – 74).

[58] Das Konzept des Versprechens wird in der Marketingliteratur nur wenig behandelt; siehe Levitt (1981) und Calonius (1987).

[59] Die Begriffe „Suchqualitäten" und „Erfahrungsqualitäten" sind von Nelson (1980) übernommen, der Begriff „Vertrauensqualitäten" von Darby und Karni (1973).

eines Unternehmens in New York, das seine interne Post – Briefe und Pakete – an Mitarbeiter, die im selben Gebäude arbeiteten, über Federal Express schickte. Die Post ging zunächst zur Zentrale von Federal Express in Memphis, Tennesse, und kam dann zurück in dasselbe Gebäude in New York. Eine Auslieferung binnen 24 Stunden war garantiert, während die interne Post ein paar Tage brauchte und keine Garantie bot. Nach meinen Erfahrungen mit der internen Post großer Unternehmen könnte diese Anekdote durchaus wahr sein.

Unternehmen können aus verschiedenen Quellen Sicherheit schöpfen (Abbildung 6.9).

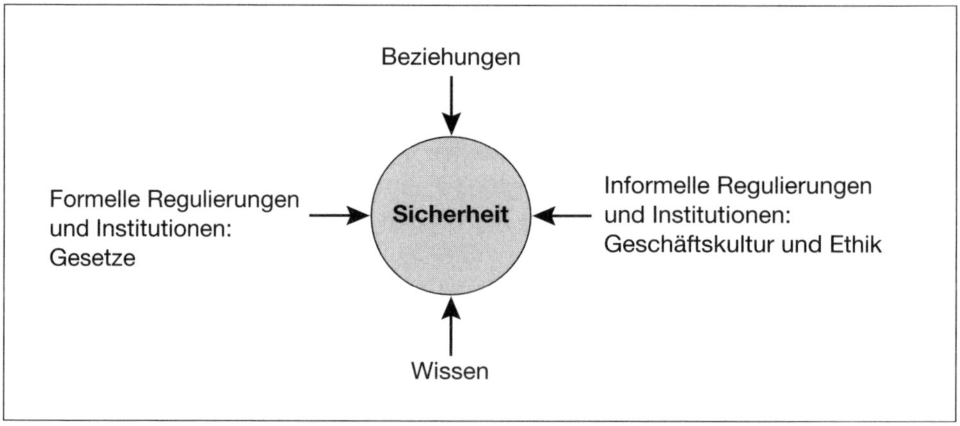

Abbildung 6.9: Verschiedene Quellen, die zur Sicherheit eines Unternehmens beitragen können

Beziehungen können Sicherheit geben. Man vertraut einander und plant zukünftige gemeinsame Geschäfte. Die Beziehungen öffnen den Weg für ein Plussummenspiel, in dem jeder gewinnt. Genau darum geht es ja in diesem Buch, das ist die Seele des Relationship-Marketing.

Sicherheit kann auch durch *Gesetze* und andere formelle Regulierungen entstehen sowie durch Institutionen, die für die Einhaltung dieser Bestimmungen sorgen. Die besonderen Eigenschaften und Konsequenzen solcher Ansätze wurden in R16 und R17 – der rechtlich begründeten Beziehung und dem kriminellen Netzwerk – besprochen. Aber Gesetze bieten nicht automatisch Sicherheit: „Formelle Verträge sind oft unwirksam, wenn es gilt, die Unsicherheiten, Konflikte und Krisen zu regeln, die sich in einer Geschäftsbeziehung im Laufe der Zeit zwangsläufig ergeben".[60] In einem Gerichtsverfahren ist die Macht oft extrem asymmetrisch verteilt. Zum Beispiel kann ein Unternehmen ein Team von Star-

[60] Håkansson und Snehota (1995, S. 8).

anwälten engagieren (absetzbare Kosten), um gegen einen Privatkunden zu prozessieren, der sich nur ein Minimum an Rechtsbeistand leisten kann (nicht absetzbare Kosten). Die stärkere Partei kann die schwächere mit der Zeit mürbe machen. In den USA übertreibt man jedoch in die andere Richtung, und einzelne Konsumenten erhalten ungeheuer hohe Entschädigungen für geringfügigste Schäden, so daß hier die Unternehmen vielleicht in der schlechteren Position sind.

Geschäftskultur und Ethik – die informellen Regulierungen und Institutionen – können ebenfalls zur Sicherheit beitragen. Die Kultur kann ganz eindeutig sein, mit klaren Regeln und einem klaren ethischen Kodex, der definiert, was richtig und was falsch ist. Das funktioniert dann wie bei einem Brettspiel, wo an den Spielregeln nicht gerüttelt wird: Wer eine Fünf würfelt, rückt fünf Felder vor. Die Kultur kann eindeutige Belohnungen und Strafen vorsehen, und wer sich danebenbenimmt, wird aus der Geschäftsgemeinde ausgeschlossen. Bei einer raubgierigen Geschäftskultur wie im heutigen Rußland wird die Unsicherheit total. Wie in der Transaktionskostenanalyse betont wird, beeinträchtigt menschlicher Opportunismus das rationale Verhalten von Organisationen.

Wissen wurde in R21 als Triebkraft für Beziehungen besprochen. Wenn der Kunde über ein großes Wissen verfügt, kann er sich auf dieses Wissen verlassen und sich sicher fühlen. Für die meisten Konsumenten ist es schwierig, medizinische Leistungen oder einen Gebrauchtwagen zu kaufen; sie wissen meistens nicht genügend Bescheid, um die Qualität zu beurteilen. Der Gebrauchtwagenhandel scheint nach wie vor eine Sparte zu sein, wo das Unwissen des Kunden ein natürlicher Bestandteil der Geschäftspolitik ist. In der heutigen Gesellschaft – die gerne als eine auf Wissen aufgebaute Gesellschaft bezeichnet wird – ist das Wissen zersplittert. Wir sind von immer mehr Produkten und Dienstleistungssystemen abhängig, die wir nur in einem beschränkten Ausmaß verstehen. Wir mögen in der Lage sein, sie zu verwenden, wissen aber nicht, was unter der Oberfläche steckt. Wir müssen uns auf die Hilfe von Mittelsleuten – Makler in Wissens- und Unsicherheitsfragen – verlassen, vor allem dann, wenn etwas schiefgeht. Auch wenn wir absolut betrachtet mehr Wissen erwerben, wächst der Bedarf nach Wissen noch schneller, und relativ gesehen werden wir immer unwissender. Es bleibt uns nichts anderes übrig, als unsere Entscheidungen auf Symbole wie Unternehmensidentitäten oder Markennamen zu stützen und auf das, wofür sie in unserer Vorstellung stehen. Das Image und die parasozialen Beziehungen aus R13 werden zu einem wichtigen Ersatz für fehlendes Wissen.

Die vier Wege, um sich Sicherheit zu verschaffen, schließen einander nicht aus. Selbst starke Beziehungen und umfassendes Wissen können eine Prise formelles Recht gebrauchen. Eine mächtige Geschäftskultur umfaßt soziale Beziehungen und persönliche Nähe. Die Vereinigten Staaten sind ein Beispiel einer rechtlich dominierten Kultur mit weniger starken Beziehungen, Japan ist das Gegenbeispiel dazu. Selbst innerhalb eines Landes kann es je nach Branche oder Region unterschiedliche Kulturen geben. Es ist bemerkenswert, wieviel Gewicht die Unternehmen in der Praxis ihren Beziehungen beimessen müssen und wie wenig Gewicht diesen Beziehungen in der Marketingliteratur und in der Marketingtheorie beigemessen wird. Globaler Wettbewerb und Massenmärkte schaffen Anonymität und Unsicherheit über die Spielregeln, was ein wachsendes Bedürfnis nach Vertrauen erklären kann. Wer die Kunst beherrscht, anderen Vertrauen einzuflößen, und sei es in betrügerischer Weise, ist im Geschäftsleben erfolgreich.

Ich schließe aus alledem, daß langfristige und enge Beziehungen am besten geeignet sind, das Bedürfnis nach Sicherheit zu befriedigen, auch wenn sie etwas Unterstützung aus den anderen Quellen brauchen. Das Verhältnis der Beiträge aus den vier Quellen kann wechseln. Wenn man auf einem Gebiet sehr viel weiß, genügt das vielleicht, um sich sicher zu fühlen. Wenn die Geschäftskultur stark ausgeprägt ist und niemand die Regeln oder die Gesetze bricht, führt dies ebenfalls zu hoher Sicherheit.

Vom partiellen zum vollständigen Marketinggleichgewicht

Eine der Schlußfolgerungen aus R2 (der Beziehung Kunde-Lieferant-Mitbewerber) lautete, daß der Markt von Wettbewerb, Zusammenarbeit und Regulierungen/Institutionen regiert wird. Diese drei Kräfte streben nach einem Gleichgewicht – dem Marketinggleichgewicht –, ohne jedoch diesen himmlischen Zustand jemals zu erreichen. In diesem Spannungsfeld entsteht ein dynamischer Zustand, solange keine einzelne Kraft übermäßig dominant wird.

Wir wollen diese Schlußfolgerung in diesem Abschnitt noch weiterführen, indem wir die imaginäre Organisation mit einbeziehen. Das Marketinggleichgewicht bezog sich auf den Zustand des *externen Marktes*, aber derselbe Begriff läßt sich auch auf den *internen Markt* eines Unternehmens anwenden. Diese beiden Erscheinungen wollen wir nachstehend jeweils als *partielles Gleichgewicht* bezeichnen.

Der Kreis, der die drei Kräfte des partiellen Marketinggleichgewichts in Abbildung 2.3 zeigte, wird ebenfalls innerhalb einer Organisation als ausgleichende Kraft benötigt. Das Unternehmen wird durch seine Controllingsysteme, die „harten“ wie die „weichen“, gesteuert. Zu den harten Systemen gehören das Finanzcontrolling, die Produktionsplanung und die Marketingplanung; zu den weichen die Unternehmensmission, die Werte und das kollektive Bewußtsein. Diese Controllingsysteme entsprechen den Regulierungen/Institutionen. Der Wettbewerb und die Preismechanismen wurden laut R24 in das Unternehmen hineingetragen, und viele weitere Rs unterstützen diese Vorstellung.

Der Markt und das Unternehmen werden also von denselben drei Mechanismen regiert: Wettbewerb, Zusammenarbeit und Regulierungen/Institutionen (Abbildung 6.10). Die Verhältnisse zwischen diesen Kräften und ihre Inhalte können zwischen Markt und Unternehmen, von Unternehmen zu Unternehmen und innerhalb von Märkten unterschiedlich sein. Jede spezifische Marketingsituation – sowohl innerhalb als auch außerhalb des Unternehmens – strebt nach ihrem eigenen, spezifischen Marketinggleichgewicht.

	WETT-BEWERB	ZUSAMMEN-ARBEIT	REGULIERUNGEN & INSTITUTIONEN
Traditionelle Vorstellung der internen Abläufe eines Unternehmens	nein	ja	ja
Traditionelle Vorstellung der Abläufe am Markt	ja	nein	nein
Neue Vorstellung des Unternehmens und des Marktes	ja	ja	ja

Abbildung 6.10: Heutzutage werden Unternehmen und Markt von denselben Kräften kontrolliert

Abbildung 6.11 kombiniert das partielle Marketinggleichgewicht aus R2 (Abbildung 2.3) mit der Darstellung der komplexen, vernetzten Realität in Abbildung 6.4, wo sich die klaren Grenzen zwischen dem Unternehmen und seinem Umfeld aufgelöst haben. Hier können wir nun von einem *vollständigen Marketinggleichgewicht* sprechen.

Schlußbemerkung

Dieses Kapitel befaßte sich mit den Konsequenzen des RM für das Marketingmanagement, aber auch für Organisationen und für die Gesellschaft. Es lenkte unsere Aufmerksamkeit auf die Erträge von Beziehungen und betonte, daß RM im Marketingplan und im Marketingaudit zu berücksichtigen ist. Die organisatorischen Konsequenzen des RM und seine Auswirkungen auf imaginäre Organisationen wurden analysiert. Wir haben weiterhin gesehen, daß RM besonderen Nachdruck auf Sicherheit durch Beziehungen legt, mit Betonung der Zusammenarbeit als einer der drei Kräfte, die das Funktionieren der Marktwirtschaft gewährleisten. Das Streben nach einem vollständigen Marketinggleichgewicht wurde erklärt. Dies ist der Versuch einer Synthese verschiedener Trends im heu-

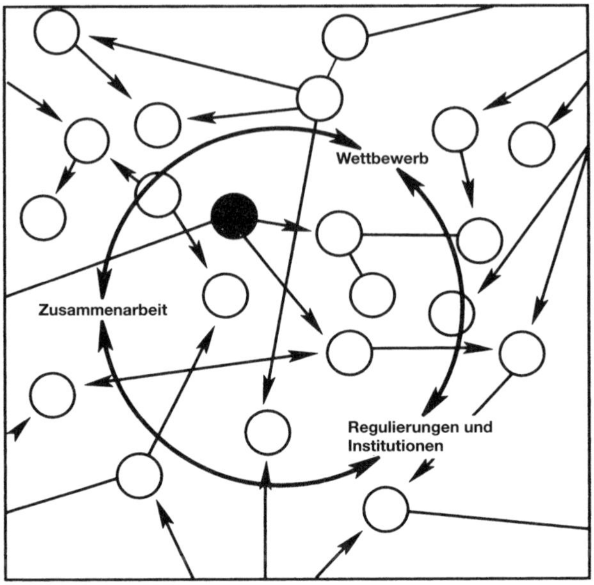

Abbildung 6.11: Vollständiges Marketinggleichgewicht im Netzwerk, sowohl „außerhalb“ als auch „innerhalb“ der Organisation

tigen Management, die durch die geistigen Bilder, die uns das RM und die imaginäre Organisation bieten, sichtbar gemacht werden konnten.

Kapitel 7
Die Entstehung des RM

Kapitel 7 befaßt sich mit der Entstehung des RM sowie mit seinen theoretischen und praktischen Grundlagen. Es beginnt mit einer Einführung in die Verbindungen zwischen Theorie und Paris und einer Darstellung der Theorien und Werke, die das Konzept der 30R beeinflußt haben. Danach wird eine Synthese in Form von grafischen Darstellungen angeboten. Das Kapitel schließt mit einigen Überlegungen zu den Beiträgen, die RM zu einer Paradigmenverschiebung im Marketing leisten kann.

Zur Theorie und Praxis des Marketing

Das Wort *Theorie* kommt aus dem Griechischen und hat dieselbe Wurzel wie das Wort *Theater*. Sowohl die Theorie als auch das Theater bieten geistige Bilder oder Szenen, die dem Publikum etwas Interessantes aufzeigen können.

Es ist eine alte Weisheit, daß nichts so praktisch ist wie eine gute Theorie. Der Pionier und Vorkämpfer der Qualität, W. Edwards Deming, hat einmal gesagt, „Erfahrung besagt nichts, wenn sie nicht mit der Theorie verbunden ist".[1] Robert Pirsig erklärt in seinem philosophischen Roman *Lila*: „Daten ohne Verallgemeinerung sind bloß Geschwätz."[2] Das bedeutet, daß Daten wertlos sind, wenn man sie nicht in Kategorien, Modelle oder Theorien strukturieren und organisieren kann, die später in mehr als nur einem einzigen Fall angewandt werden können. Die Theorie ist ein Instrument, das dazu dient, aus Gesprächen, Beobachtungen, Statistiken, Ratschlägen und Ideen einen Sinn abzuleiten und damit an der Entstehung neuen Wissens für die Zukunft mitzuwirken. Die mühsamste Aufgabe besteht normalerweise nicht darin, mehr Daten zu sammeln – oder besser gesagt zu generieren –, sondern bereits bestehende Daten auszuwerten und zu kombinieren und daraus sinnvolle Schlüsse zu ziehen. Die Theorie bietet einen Zusammenhang; sie ist wie eine Landkarte, nach der man sich richten kann.

Dazu muß die Theorie aber eine gute Theorie sein. In einer angewandten Disziplin wie dem Marketing müssen sich gute Theorien auf Daten aus der Realität stützen. Die Karten müssen klar gezeichnet sein, weil sie uns sonst in die falsche Richtung führen mit der Folge, daß wir in Sümpfen versinken oder gegen Felswände prallen.

---

[1] Zitiert beim Neunten Weltproduktivitätskongreß in Istanbul, Juni 1995.

[2] Pirsig (1992, S. 70).

Welche Art von Landkarten bieten also die Marketingbücher, und auf welche Karten stützen sich die Entscheidungen und Handlungen eines Unternehmens? Wenn wir von einem Unternehmen sprechen, denken wir dabei an große Fabriken mit rauchenden Schloten? Verstehen wir Unternehmen als unabhängige Akteure in einem bestimmten Markt? Die Wirtschaftstheorien der Industriegesellschaft haben die Rolle der Dienstleistungen, des geistigen Kapitals, der Netzwerke, der Information, der Kommunikation, des Wertes für den Kunden oder der imaginären Organisationen nicht ausreichend erfaßt. Wir müssen irreführende Karten beiseite legen und lernen, richtigere zu zeichnen.

Im Kapitel 1 wurde erklärt, daß das Konzept der 30R auf Anregungen aus verschiedenen Quellen aufbaut, die in den 30 Rs nachvollziehbar sind. Diese Quellen waren folgende: *Marketing-Mix und traditionelle Marketingmanagement-Literatur; Dienstleistungsmarketing; vernetzter Ansatz zum industriellen Marketing/Business Marketing; Total Quality Management (TQM); geistiges Kapital und Balanced Scorecard* sowie die *Theorie der imaginären Organisation.* Die Verbindung zur *imaginären Organisation* wurde bereits in Kapitel 6 erörtert; auf den folgenden Seiten wollen wir uns nun mit den anderen Theorien befassen.

Mit Ausnahme eines geringen Anteils der Literatur über Dienstleistungsmarketing und industrielles Marketing verwendet keine dieser Quellen den Begriff RM, obwohl sie sich alle um das Phänomen des RM drehen. In den 90er Jahren begann sich eine schnell wachsende Literatur zu entwickeln, die sich auf ein RM-Konzept stützt. Diese Literatur hat aber im Vergleich zu den weitgehenden Beiträgen der anderen Quellen nur einen begrenzten Einfluß auf das ursprüngliche Konzept der 30R gehabt. Gegen Ende meiner Arbeit jedoch habe ich in den jüngsten Werken über RM wertvolle Unterstützungen und Anregungen gefunden. Sie gaben mir die Gelegenheit zu einem „Benchmarking", also die Möglichkeit, mein eigenes Konzept mit den besten Konzepten anderer Autoren zu vergleichen. Die Tatsache, daß RM heutzutage weit verbreitet und anerkannt ist und eine kritische Masse des Interesses für RM entstanden ist, hat mich in meiner Forschungsarbeit ermutigt.

Es ist oft schwer zu unterscheiden, ob ein Beitrag als theoretisch anzusehen ist oder ob er aus der Praxis kommt. In der wissenschaftlichen Forschung wird eine Theorie von *empirischen Daten* begleitet. Der Begriff empirisch kommt aus dem Griechischen *empeiria, Erfahrung.* In der Wissenschaft bezeichnet das Wort empirisch Daten aus der Realität, die mit Hilfe bestimmter Methoden und Techniken generiert werden. Man beachte, daß sich viele Institute und Fakultäten einer verarmten Sprache bedienen, indem sie den Begriff empirische Daten auf quantitative Daten beschränken.

Die empirischen Daten, die zum RM-Konzept beigetragen haben, umfassen auch solche, die aus der praktischen Erfahrung und aus einem Näheverhältnis zu Unternehmen und Regierungsorganisationen abgeleitet sind. Unsere Erfahrungen als Privatkonsumenten sind ebenfalls von Bedeutung. Ein Großteil unseres Marketingwissens basiert auf Erfahrung und Intuition, ergänzt durch die Ergebnisse wissenschaftlicher Forschungen. Würde das Marketing, das in Lehrbüchern und Seminaren erläutert wird, nur auf den zersplitterten Beiträgen der akademischen Forschung aufbauen, wäre die Ausbeute recht dürftig. Es ist notwendig, die Lücken – all die Bereiche, die (noch) nicht wissenschaftlich untersucht wurden – mit dem besten verfügbaren Wissen, insbesondere dem Wissen „jener, die am Ort des Geschehens waren“, zu füllen. Akademische Wissenschaft und reflektierende Praktiker sind aufeinander angewiesen.

Ich unterscheide gerne zwischen *Praktikern* und *reflektierenden Praktikern*. Reflektierende Praktiker nehmen sich die Zeit, ihre Handlungen tiefgehender zu überdenken als der normale Praktiker. Sie können engagiert und distanziert zugleich sein. Das stillschweigende Wissen und die Einblicke, die sie durch den Umgang mit der Materie erworben haben, werden zunehmend als Beitrag zur Forschung anerkannt, und viele von Praktikern geschriebene Bücher sind eine wertvolle Quelle des Wissens über das Geschäftsleben. Auch der *aufklärende Journalismus* seriöser Fachzeitschriften bietet Beispiele, Fallstudien und weitere empirische Beiträge.

Drucker[3] meint, daß „wir sowohl in der akademischen Wissenschaft wie im Management Gefahr laufen, den Hochglanz der Oberfläche für das Wesen der Leistung zu halten. Aber es ist so leicht, der Sophisterei zu verfallen – ausgeklügelte Techniken mit Verständnis zu verwechseln, Fußnoten mit Bildung und Modetrends mit der Wahrheit...“. Theorien, Bücher und Nachrichten sollten konstruktiv, aber kritisch aufgenommen werden. Zu leicht erliegt man der Verlockung „zeitgeistiger“, allzu einfacher Antworten auf komplexe Probleme, die von irgendwelchen Professoren, Autoren, Führungskräften, Ökonomen, Beratern oder den Medien angeboten werden. Genausoleicht kann man aufgrund geistiger Gleichgültigkeit oder Voreingenommenheit an den wertvollsten Dingen blind vorbeigehen.

Beiträge zu einer RM-Theorie

Dieser Abschnitt beschreibt meinen persönlichen RM-Weg und versucht zu erklären, wie ich zu meinem gegenwärtigen Standort, nämlich zum Ansatz der 30R, gelangt bin. In der Geschichtswissenschaft gibt es, gegenteiligen Behauptungen zum Trotz, bekanntlich nicht nur eine objektive, umfassende und allgemeine Geschichte von Ereignissen und ihren Auswirkungen. Es gibt nur mehr oder weniger systematische und vollständige Versuche, dorthin zu gelangen. Die-

[3] Drucker (1988b).

se wiederum hängen davon ab, mit welcher Information man es zu tun hat und inwieweit man fähig ist, diese Information auszuwerten und zu strukturieren. Auswertung geht immer von einem Paradigma aus, von seinen Werten, Axiomen und Verfahren. Dies gilt auch für die Entstehung des RM. Es ist ein Gebot der wissenschaftlichen Ehrlichkeit, einen Überblick über die eigenen Quellen zu bieten, um dem Leser die Chance zu geben, die Gedankengänge des Autors nachzuvollziehen und seine eigenen Schlüsse zu ziehen.[4]

Der Marketing-Mix und die 4P

Die Marketinglehre und die entsprechenden Lehrbücher sind in erster Linie um die Theorie des Marketing-Mix aufgebaut.[5] Kernstück dieser Theorie ist der Einsatz verschiedener Mittel, um den Markt zu manipulieren. Die bekannteste Variante basiert auf vier Parametern, die alle vier mit P beginnen: *Product, Price, Promotion, Place* (Produkt, Preis, Werbung, Ort). Diese Parameter sind unter dem Namen „4P" bekannt geworden.

Die Marketingdefinition der American Marketing Association – die zu einer offiziellen, anerkannten Definition zu werden scheint – baut auf den Vorstellungen des Marketing-Mix auf: „Marketing ist der Prozeß der Planung und Durchführung der Gestaltung, der Preisfestlegung, der Verkaufsförderung und des Vertriebs von Ideen, Produkten und Dienstleistungen mit dem Zweck, einen Austausch zu schaffen, der individuelle und unternehmerische Ziele erfüllt."[6]

Der Lieferant wird als unabhängige Einheit auf dem Markt verstanden. Mit verschiedenen Mitteln übt er einen Einfluß auf den Markt aus. Dies kann unter Bedingungen geschehen, die von einem einzelnen Unternehmen mehr oder weniger kontrollierbar sind, wie etwa die Vorlieben der Konsumenten, die allgemeine Wirtschaftslage und die Gesetze. Wie viele dieser Bedingungen der Lieferant beeinflussen kann, ist abhängig von seiner Größe, seiner Macht, seiner Kreativität, seiner Hartnäckigkeit und nicht zuletzt auch vom Zufall.

Im 1. Kapitel haben wir das Marketingkonzept, ausgehend von den Bedürfnissen und Wünschen des Kunden, beschrieben. Hinter den 4P steckt die Idee, daß das Marketingmanagement, indem es Entscheidungen über den Einsatz einer Reihe von Aktivitäten trifft, den Konsumenten davon überzeugen soll, ein Produkt zu kaufen. Wenn ein Lieferant sich in der Lage fühlt, ein Bedürfnis zu befriedigen, muß er sich darum bemühen und dafür sorgen, daß der Konsument seine Produkte kauft.

---

4 Andere Versuche, die allgemeine Geschichte und Entwicklung des RM darzustellen, teilweise auf der Basis anderer Einflüsse, sind bei Sheth und Parvatiyar (1993) zu finden.

5 Wer die Marketing-Mix-Theorie eingehender studieren möchte, kann jedes beliebige Buch, das im Titel den Begriff „Marketingmanagement" enthält, zur Hand nehmen.

6 AMA (1985).

In der Praxis jedoch hat der Ansatz der 4P zu einer manipulativen Haltung gegenüber anderen Menschen geführt.[7] Wenn wir nur die richtigen Maßnahmen in der richtigen Kombination und in der richtigen Intensität ergreifen, wird der Kunde kaufen; es geht also darum, Druck auf den Konsumenten auszuüben. Der Konsument ist eine verschlossene Black Box, vielleicht mit einem winzigen Guckloch. Wir wissen meistens nur wenig darüber, was im Kopf der Konsumenten vorgeht, wie sie denken, was sie fühlen und von welchen Motiven sie getrieben werden. Es ist eher ein Reiz-Reaktions-Modell und erinnert mich an die Beziehung zwischen dem Angler und dem Fisch. Wenn wir den Köder verbessern, wird der Fisch anbeißen und hängt am Haken. Der Lieferant und sein Verkaufspersonal sind der aktive Teil. Manchmal bleibt der Konsument störrisch und lehnt ein Angebot ab. Schlußfolgerung: Wir haben eben den falschen Köder benutzt. Diese Herausforderung anzunehmen – „Akzeptiere niemals ein Nein als Antwort!" – und zu unseren Gunsten umzudrehen gehört zu einer aggressiven Verkaufskultur einfach dazu.

Ich möchte behaupten, daß das Konzept des Marketing-Mix nicht kundenorientiert, sondern *anbieterorientiert* ist. Hinter der beschriebenen Haltung zum Markt und dem Vermarktungsmodus steht eine reichhaltige Erfahrung. Aus der Perspektive des Lieferanten erscheint dies oft zweckmäßig. Der Marketing-Mix ist aber auch nicht ohne Probleme. Ein Problem ist die Frage, wie die einzelnen Aktivitäten kombiniert werden sollen. Welche Auswirkungen hat ein bestimmter Mix, und was geschieht mit den anderen Maßnahmen, wenn ein Parameter verändert wird? Was passiert, wenn wir den Preis um 10 % senken? Wenn wir mehr in die Werbung investieren? Wenn wir ein neues Produkt für ein neues Segment einführen? Der Vermarkter versucht, den optimalen Mix – oder realistischer gesehen einen zufriedenstellenden Mix – zu finden, der auf dem Markt gut ankommt und gleichzeitig Gewinne schafft. Aufgrund der komplexen Interaktion verschiedenster Faktoren und der Unsicherheit in einem konkurrenzorientierten Markt ergibt sich der Mix aus dem Zusammenspiel von verfügbaren Daten, analytischer Vernunft, Erfahrung, Meinungen, Emotionen, Intuition und Visionen. In Kapitel 6 haben wir PIMS als einen Versuch erwähnt, Verbindungen zwischen den verschiedenen Marketingparametern und Profiten herzustellen, um die Unsicherheit abzuschwächen. PIMS verwendet etwa 30 Parameter und schöpft die Daten aus einer laufend aktualisierten, umfassenden Datenbank. Die Einführung des PIMS-Systems in einer Geschäftseinheit ist jedoch eine kostspielige Angelegenheit und gibt keine vollständige Antwort. All jenen, die nicht direkt am PIMS beteiligt sind, stehen lediglich bestimmte allgemeine Schlußfolgerungen zur Verfügung.[8]

---

[7] Anthony Cunningham, der erste Marketingprofessor in Irland, betonte mir gegenüber, daß die Marketingdenker, als sie begannen, Bedarfsorientierung und die 4P zu vertreten, durchaus nicht auf Manipulation aus waren. In der Praxis dürfte jedoch etwas anderes herausgekommen sein.

[8] Buzzell und Gale (1987).

Die Marketing-Mix-Theorie basiert auf Studien über das Marketing von Konsumgütern, also weder auf Dienstleistungsmarketing noch auf industriellem Marketing. Die Literatur konzentriert sich zumeist nur auf das engere Konzept des Konsumenten und interessiert sich weniger für das generische Konzept des Kunden. Dennoch beschäftigen sich zahlreiche Studien mit Vertriebskanälen und umfassen somit auch einen Teil des Dienstleistungsmarketing wie des industriellen Marketing, nämlich die Groß- und Einzelhandelsorganisationen. Die Unternehmen der Vertriebskanäle sind Anbieter von Dienstleistungen, werden aber aus der Warenperspektive betrachtet.

Beim Marketing-Mix geht es um Massenvermarktung und standardisierte Konsumgüter. Diese sind üblicherweise verpackt und werden in den Regalen der Supermärkte gestapelt. Die Beziehungen zwischen dem Ladenpersonal und dem Konsumenten sind minimal und beschränken sich auf kurze Begegnungen an der Kassa. Die Geschäfte sind „Dienstleistungsfabriken", und die Dienstleistung besteht aus der Bereitstellung von Räumlichkeiten zu bestimmten Öffnungszeiten, von Waren, die in den Regalen zur Verfügung stehen, von Verpackungen und Schildern mit Produkt- und Preisinformationen, von mehreren Kassen und von Hilfsmitteln wie Einkaufswagen, Körbe und Taschen. Zu den Konsumgütern gehören auch langlebige Gebrauchsgüter wie Gefrierschränke und CD-Player. Der Verkauf über kleine Läden und Geschäfte mit persönlicher Bedienung wird in der Literatur nur spärlich behandelt: Solche Läden stützen sich nicht auf Massenvermarktung.

Seit ihrer Einführung in einem Buch von McCarthy, das erstmals 1960 erschien, sind die 4P vielfach erörtert worden. Die Struktur der 4P dient als Modell für eine Reihe von weltweit verbreiteten Büchern, die alle einen ziemlich ähnlichen Inhalt aufweisen. Die Ps wurden auch auf weitere Ps ausgeweitet, um das Gebiet des Marketing umfassender abzudecken.[9]

Obwohl die 4P den harten Kern der Marketing-Mix-Theorie bilden, beschäftigt sich die Marketingmanagement-Literatur auch mit einer Reihe weiterer Bereiche. Dazu zählen die Marketingstrategie und ihre Verbindung zur Unternehmensmission, die Zielsetzungen und Strategien des Unternehmens, die Marktsegmentierung, die Techniken der Marktforschung, die Verfahren für die Marketingplanung sowie die Gestaltung der Marketing- und Verkaufsorganisation. Gleichzeitig werden Dinge wie Reklamationswesen, Fakturierung, Design und Produktion aus der Marketing-Mix-Theorie ausgeklammert oder nur am Rande behandelt. Der 4P-Ansatz bleibt eng auf Funktionen beschränkt und bildet keinen integrierten Bestandteil des gesamten Managementprozesses. Es sorgt zwar für Marketingmanagement, aber nicht für marketingorientiertes Management.

---

[9] Siehe z.B. Booms und Bitner (1982), Kotler (1986), Judd (1987) und Baumgartner (1991).

Die Marketing-Mix-Theorie ist ein Kind der standardisierten Massenfertigung in der Industriegesellschaft und ihrer Abhebung vom individuellen Konsumenten. Unsere heutige Wertgesellschaft – die wir auch als Dienstleistungsgesellschaft, Informationsgesellschaft, auf Wissen aufbauende Gesellschaft, postindustrielle oder sogar postmoderne Gesellschaft bezeichnen – schreit nach einer anderen Art der Produktion. Selbst wenn Massenfertigung und Massenmarketing stets eine wichtige Rolle im Wirtschaftsleben spielen werden, sollten sie nicht mehr die alles beherrschenden Bosse sein. Im Brennpunkt sollte die individuelle Gestaltung der Angebote stehen, mit einem individuelleren Marketing, oft in jener Kombination, die im paradoxen Konzept des individualisierten Massenmarketing ihren Ausdruck findet (Abbildung 7.1).

	Vorherrschende Produktion	Vorherrschendes Marketing
Industriegesellschaft	Massenfertigung	Massenmarketing
Wertgesellschaft	individualisierte (Massen)Fertigung	individualisiertes (Massen)Marketing

Abbildung 7.1: Marketing und Produktion in der Industriegesellschaft und in der Wertgesellschaft

Die Marketing-Mix-Theorie beschäftigt sich besonders mit vier Phänomenen, die mit Beziehungen, Netzwerken und Interaktion zu tun haben. Das erste ist die *Beziehung zwischen dem Lieferanten und dem Kunden* (R1). In der Marketing-Mix-Theorie nennt sich das „persönlicher Verkauf", eine Unterkategorie der Verkaufsförderung (Promotion). Sie befaßt sich mit den Kontakten von Angesicht zu Angesicht zwischen einem Verkäufer und einem Kunden, die das Ziel haben, den Kunden zum Kaufen zu bewegen. Das zweite Phänomen ist der Wettbewerb, den wir als *Beziehung zwischen dem Käufer, dem aktuellen Lieferanten und den Mitbewerbern* (R2) definiert haben. Das dritte finden wir unter dem vierten P (Place) als *Netzwerk von Vertriebskanälen* (R3). Die Marketing-Mix-Theorie beschäftigt sich schließlich auch mit dem Image und der Marke und ihrem Wert, also mit Faktoren, die einen Beitrag zur *parasozialen Beziehung* (R13) leisten.

Dienstleistungsmarketing

In den frühen 60er Jahren überholte der Anteil des Dienstleistungssektors am BIP und an der Beschäftigung denjenigen des industriellen Sektors. Die Reaktionen auf diese Entwicklung kamen nur langsam, und es dauerte bis Mitte der 70er Jahre, bis man dem Dienstleistungsmarketing und dem Dienstleistungsmanagement einige Aufmerksamkeit schenkte. Der eine oder andere Autor hatte sich zwar bereits in den 60er Jahren mit Dienstleistungsmarketing beschäftigt, aber offenbar war „die Zeit noch nicht reif" (was auch immer das heißen mag). In den 80er Jahren wurde das Dienstleistungsmarketing zur Marketingsparte mit der rasantesten Entwicklung, und wird dies wahrscheinlich zusammen mit dem RM auch in den 90er Jahren bleiben. Es kamen Beiträge von Forschern aus vielen Ländern, insbesondere aus den USA. Großbritannien, Frankreich und der Nordischen Schule (in erster Linie aus Schweden und Finnland).[10]

In der Anfangszeit wurden große Anstrengungen unternommen, um die Unterschiede zwischen Waren und Leistungen aufzuzeigen und nachzuweisen, daß Dienstleistungen eine eigene Art von Marketing erfordern. Niemand ist aber je wirklich in der Lage gewesen, auf grundlegende und allgemeine Weise zu begreifen, was Produkte und was Dienstleistungen sind und wie sie zueinander stehen. Im allgemeinen werden in der Literatur vier Unterscheidungsmerkmale hervorgehoben: Dienstleistungen sind *nicht greifbar*, Produkte schon; Dienstleistungen sind *weniger standardisiert* als Produkte; Dienstleistungen *können nicht gelagert werden*; und schließlich spricht man von *Gleichzeitigkeit und Untrennbarkeit*, um auszudrücken, daß Produktion und Bereitstellung von Dienstleistungen teilweise gleichzeitig erfolgen und die Kunden zum Teil am Produktionsprozeß beteiligt sind.

Ich erwähne diese angeblichen Unterschiede deshalb, weil sie in der Literatur als stets wiederkehrendes Argument verwendet werden, um das Marketing von Produkten und das Dienstleistungsmarketing zu trennen. Diese Merkmale können auf den ersten Blick bestechen – sie sind einleuchtend. Welches aber sind ihre praktischen Konsequenzen? Die ersten drei können problemlos wieder verworfen werden. Ich möchte dies anhand von einigen Beispielen erklären.

Fluglinien werden als Dienstleistungsunternehmen angesehen. Wenn ich fliege, sind aber das Flugzeug, die Mahlzeit, die Getränke und das Personal durchaus greifbar. Der Flughafen, die Aussicht aus dem Flugzeugfenster und das Gefühl bei Turbulenzen sind greifbar, und wenn man das Glück hat, mit der Concorde zu fliegen, spürt man die Vibrationen, wenn der Geschwindigkeitsanzeiger „1 Mach" erreicht und das Flugzeug die Schallmauer durchbricht. Wenn ich im Krankenhaus liege und operiert werde, bin ich selbst die „Maschine", der Gegenstand der „Reparatur und Wartung". Die Behandlung ist unangenehm und möglicherweise schmerzhaft. Es kann mir danach besser oder schlechter gehen, ich kann sogar sterben. Was könnte es Greifbareres geben?

---

10 Zur Geschichte des Dienstleistungsmarketing siehe Berry und Parasuraman (1993) sowie Fisk, Brown und Bitner (1994). Zum Überblick über Dienstleistungsmarketing siehe Grönroos (1990); Lovelock (1992); Meyer (1994); Meffert und Bruhn (1995) und Zeithaml und Bitner (1996). Die Entwicklung des RM im Rahmen des Dienstleistungsmarketing hat Berry (1995) beschrieben.

Dienstleistungen wie Produkte können standardisiert und in Fabriken hergestellt werden, dabei aber dennoch maßgeschneiderte Elemente enthalten. Die Pizzeria und die Privatkundenbank bieten weitgehend standardisierte Leistungen, während wissensintensive Leistungen von Unternehmensberatern, Anwälten oder Architekten hochgradig individualisiert sind (obwohl auch hier standardisierte Bausteine enthalten sind).

Die Behauptung, daß man Dienstleistungen nicht lagern kann, ist ein Unsinn. Dienstleistungen werden in Systemen, Gebäuden, Maschinen, Wissen und Menschen gelagert. Der Geldautomat ist ein Lager von standardisierten Geldabhebungen. Die Notaufnahme eines Krankenhauses ist ein Lager von qualifizierten Menschen, Anlagen und Verfahren. Das Hotel ist ein Lager von Zimmern. Frisches Brot, Milch, Obst, Fisch und Fleisch sind schnell verderblich, ganz zu schweigen von Austern oder einer offenen Flasche Mumm Cordon Vert. Aber Nahrungsmittel können behandelt werden, um ihre Haltbarkeit zu verlängern, wobei manche Behandlungen die Qualität erhalten, andere nur kosmetisch wirken oder die Gesundheit der Konsumenten durch Zusatz von Chemikalien, Bestrahlungen oder gentechnischen Manipulationen mit unbekannten Auswirkungen gefährden.

Anders verhält es sich mit dem vierten Merkmal. Die Gleichzeitigkeit des Produktions- und Konsumprozesses, die Präsenz des Kunden und die Rolle des Kunden als Koproduzent sind der Angelpunkt der Unterscheidung zwischen Waren und Dienstleistungen. Dies sind auch hervorstechende Merkmale des RM, die eine Interaktion in einer Beziehung zwischen Kunde und Lieferant, manchmal auch zwischen Kunde und Kunde, voraussetzen. Diese Interaktion kann von Angesicht zu Angesicht erfolgen, aber auch über EDV oder sonstige Einrichtungen laufen.

Dienstleistungen haben stärkere Auswirkungen auf die Volkswirtschaft, als man es ursprünglich angenommen hatte. Die statistischen Kategorien wie die herstellende Industrie mit Untergruppen wie Autoindustrie oder Elektronikindustrie sind produktions- und produktorientiert und haben für das Marketing wenig zu bieten. In den entwickelten Industriestaaten arbeiten in den 90er Jahren weniger als 20 % der arbeitenden Bevölkerung in den Fertigungsbetrieben.

Um das Gesamtangebot für den Kunden konkurrenzfähig und wertschöpfend zu gestalten, müssen Produkte wie Dienstleistungen in Einklang mit den Anforderungen der Kunden gebracht werden. Dienstleistungen dienen auch dazu, ein Angebot zu differenzieren, und erhalten damit eine strategische Rolle im Marketing. Auch die Büroarbeit wird heute als interne Dienstleistung angesehen und nicht mehr als administrative Routine oder Angestelltenbürokratie. Interne Dienstleistungen werden aus dem Ganzen herausgelöst und erhalten ihre eigene Identität, eigene Profitcenter werden eingerichtet. Die EDV-Abteilung wird zum Computerberatungsunternehmen, der Immobilienbereich wird von einer Hausverwaltungsgesellschaft übernommen, und eine Finanzgesellschaft kümmert sich um Cash flow, Kredite und Pensionskassen. Die Dienstleistungen müssen demnach intern vermarktet und verkauft werden und werden zu einer Unterstützung des externen Marketing.

Die Tatsache, daß es bei den Dienstleistungen so viel Unzufriedenheit gibt, beeinflußt die Beziehungen zwischen Kunden und Lieferanten. Dies gilt sowohl für den privaten als auch für den öffentlichen Sektor. Letzterer ist in vielen Ländern kontinuierlich angewachsen und stellt eine schwere Budgetbelastung dar. Seine Produktivitätsentwicklung gilt als träge oder gar inexistent, aber es gibt nur wenige harte Beweise, um diese Ansicht zu belegen. Zum Teil ist die Größe des öffentlichen Sektors eine ideologische und politische Frage, zum Teil eine Frage des Managements. Kann der öffentliche Sektor heute notwendige Dienste zu angemessenen Kosten bereitstellen? Die Antwort ist nicht eindeutig. Klar ist jedenfalls, daß der öffentliche Sektor seine Obrigkeitsrolle genutzt hat und immer noch nutzt, um schlechten Service wettzumachen. Seine ursprüngliche Aufgabe – Dienste für die Bürger zu gewährleisten – ist oft ins Gegenteil umgeschlagen; die Bürger sehen sich aufgefordert, Beamten zu dienen, die sich hinter Paragraphen und überholten, unzweckmäßigen Vorschriften verschanzen.

Dem privaten Dienstleistungssektor werden teilweise dieselben Probleme vorgeworfen. Dies gilt für die USA wie für Europa. Die Dienstleistungen im ehemaligen Ostblock waren katastrophal, wenn auch in bestimmten Ländern und Bereichen manchmal besser als im Westen. Es sind Befürchtungen laut geworden, daß der Dienstleistungsbereich in den USA überholt werden könnte, wie es bei der Warenproduktion in den 70er Jahren geschah. Die Japaner haben sich bis jetzt auf der internationalen Dienstleistungsszene noch nicht besonders bemerkbar gemacht, haben aber in diesem Bereich langfristige Wachstumspläne. Bei den Finanzdienstleistungen sind sie in Führung; die zehn größten Banken der Welt sind heutzutage japanisch. In Singapur und in Melbourne hat das japanische Unternehmen Daimaru seine ersten Großeinkaufszentren errichtet, in denen Einkaufen zum totalen und lustvollen Erlebnis werden soll.

Ausgelöst durch diese Unzufriedenheit mit vielen Dienstleistungen hat sich ein Großteil des Dienstleistungsmarketing auf die Dienstleistungsqualität konzentriert im Sinne der vom Kunden wahrgenommenen Qualität, der Kundenzufriedenheit und des Werts für den Kunden. Eine ganze Reihe von Dienstleistungsqualitätsmodellen wurde entwickelt.[11] Listen von Qualitätsdimensionen – wesentliche Eigenschaften einer Dienstleistung, mit denen die Kunden zufrieden oder unzufrieden sind – wurden erstellt. Die Dimensionen können auch als Faktoren angesehen werden, die die Wahrscheinlichkeit einer Kundenbindung er-

[11] Zum Überblick über die Dienstleistungsqualitätsmodelle siehe Gummesson (1993) sowie Edvardsson, Thomasson und Øvretveit (1994).

höhen oder reduzieren. Die am häufigsten angeführten Dimensionen sind die *Verläßlichkeit* (die Fähigkeit, die Dienstleistung gemäß den Zusagen zu erbringen), das *Entgegenkommen* (die Bereitschaft, einen Kunden zu bedienen), das vermittelte *Sicherheitsgefühl* (die Fähigkeit und Glaubwürdigkeit des Dienstleisterpersonals), die *Empathie* (die feinfühlige, verständnisvolle und persönliche Betreuung des einzelnen Kunden) und die *Greifbarkeit* (die Produkte und Menschen, die zur Bereitstellung der Dienstleistung dazugehören).[12]

Das Konzept der *Interaktion* hat sich im Dienstleistungsmarketing als zentral erwiesen, und steht auch durch seine Beiträge zum RM im Vordergrund. Die meisten Publikationen über Dienstleistungsmarketing konzentrieren sich auf die *Servicebegegnung*, also die Interaktion zwischen dem Kunden und dem Dienstleister (R5). Die Tatsache, daß Marketing und Produktion Hand in Hand arbeiten müssen, bildet gemeinsam mit der Qualität das Kernstück der Theorie des Dienstleistungsmarketing. Die Konzepte der Servicebegegnung und der Servicequalität unterstützen das *Bestreben des modernen Qualitätsmanagements, die Kluft zwischen Marketingfunktion und technischen Funktionen zu überbrücken* (R26). Das Dienstleistungsmarketing ist die Mutter des *internen Marketing* (R27), das sich in weiterer Folge als allgemein anwendbar erwiesen hat. Die *elektronische Beziehung* (R12) ist im Dienstleistungsbereich von höchster Bedeutung.

Durch die Beschäftigung mit dem Dienstleistungsmarketing kristallisierte sich auch die Bedeutung einer ganzen Reihe weiterer Beziehungen heraus. Dazu zählen etwa die Vorstellung, daß Marketing von allen betrieben wird, nicht nur von den *Vollzeitvermarktern*, sondern auch von *Teilzeitvermarktern* (R4), die nichtkommerzielle Beziehung, in der es meistens um Dienstleistungen geht (R14), die Notwendigkeit der *Kundennähe* (R8), die *Beziehung zu unzufriedenen Kunden* und die Wiederherstellung guter Beziehungen (R9), die *Einführung der Marktwirtschaft in das Unternehmen, unter anderem der interne Austausch von Dienstleistungen* (R24), sowie die *Interaktion zwischen internen Kunden und die Überwindung der traditionellen funktionalen und hierarchischen Grenzen* (R25).

Der Netzwerkansatz im industriellen Marketing/Business Marketing

Industrielles Marketing ist das Marketing, das sich an andere Unternehmen richtet (im Gegensatz zu Konsumenten oder Haushalten). Der Begriff hat einen einschränkenden Beigeschmack: Man denkt dabei an Fertigungsindustrien, die einander etwas verkaufen. *Business Marketing* oder *Business-to-Business-Mar-*

[12] Diese fünf Dimensionen werden von Zeithaml, Parasuraman und Berry (1990) vorgeschlagen. Viele andere haben allgemeine Dimensionen der Dienstleistungsqualität herausgearbeitet, z.B. Grönroos (1990, S. 46 – 48); siehe auch einen Überblick und eine integrierende Darstellung der Dimensionen von Produktqualität, Dienstleistungsqualität und Softwarequalität bei Gummesson (1992, S. 51 – 59).

keting sind weitere Begriffe, die versuchen, die Anwendung zu erweitern und zum Beispiel auch den Verkauf von Konsumgütern an zwischengeschaltete Unternehmen einzubeziehen. Ein wesentlicher Bereich des industriellen Marketing betrifft auch den Verkauf an den staatlichen Sektor. Sicher ist es notwendig, sich an Begriffe zu halten, die eine gewisse Akzeptanz erreicht haben, aber gleichzeitig muß man sich ihres vollen Inhalts bewußt sein, auch wenn die Worte nicht das gesamte Phänomen abdecken, das wir vermitteln wollen.

Der *Netzwerkansatz*[13] bezeichnet Entwicklungen der Marketinglehre durch die IMP-Gruppe (International/Industrial Marketing and Purchasing Group). Diese Gruppe hat ihre Wurzeln in der Universität von Uppsala, Schweden, hat sich jedoch bald auf wichtige Universitäten überall in Europa und später in Australien ausgeweitet; in Asien und den USA ist sie weniger präsent. Ab den 70er Jahren wurden umfassende Studien durchgeführt, über die zahlreiche Artikel und Bücher geschrieben wurden. Die Arbeit der Gruppe ist eine Reaktion auf die Marketing-Mix-Theorie – eine Antwort, die in einem Werk von Håkansson und Snehota aus dem Jahre 1976 dokumentiert wurde.

Ähnlich ging auch Bund Jackson in den späten 70er Jahren in den USA an die Frage des industriellen Marketing heran. Sie kam zu ähnlichen Ergebnissen wie die IMP-Gruppe, verwendete aber eine andere Sprache (Relationship-Marketing gegen Transaktionsmarketing) und ging von anderen theoretischen und empirischen Grundlagen aus. Ihre Publikationen gehen auf das Jahr 1985 zurück und wurden als bahnbrechende Beiträge zum industriellen Marketing gefeiert. Aus der IMP-Gruppe ist eine Denkschule entstanden, deren Mitgliederzahl stetig gewachsen ist. Erstaunlicherweise hatte Bund Jackson in unserer Zeit der Globalisierung bis 1996, als ich ihr davon erzählte, noch nie von den IMP-Forschungen gehört.

Gemäß den Grundvorstellungen des Netzwerkansatzes kann ein Unternehmen „als Knoten in einem sich stetig ausweitenden Muster von Interaktionen angesehen werden; an manchen ist es direkt beteiligt, manche wirken sich indirekt auf das Unternehmen aus, und manche finden unabhängig von ihm statt. Dieses Netz von Interaktionen ist so komplex und vielschichtig, daß es sich einer vollständigen Beschreibung oder Analyse entzieht. Schon die Interaktion zwischen einzelnen kaufenden und verkaufenden Unternehmen kann komplex genug sein ...“[14].

Der Netzwerkansatz versteht industrielles Marketing als Interaktion in einem Netzwerk von Beziehungen. Selbst wenn sich die Forschung zunächst auf Dyadenbeziehungen konzentriert hat, hat sie ihr Spektrum nach und nach auf kom-

---

[13] Zur Darstellung des Netzwerkansatzes und der entsprechenden Forschungsprogramme siehe die Anthologien von Håkansson (1982, 1987), Ford (1990), Axelsson und Easton (1992), Möller und Wilson (1995) sowie Håkansson und Snehota (1995). Zur kritischen Diskussion der Relevanz des RM im industriellen Marketing siehe Blois (1996).

[14] Ford, Håkansson und Johansson (1986, S. 26 – 27).

plexere Netze ausgeweitet. Zusätzlich zu Netzwerken und Interaktion zählen *Akteure, Aktivitäten* und *Ressourcen* zu den Hauptvariablen. Die Akteure agieren im Netzwerk und managen, nutzen und verwandeln die Ressourcen. Bestimmte Verbindungen in den Netzwerken werden ebenfalls besonders hervorgehoben, unter anderen die *sozialen, technologischen, planungstechnischen, finanziellen* und *rechtlichen Bande*.

Das Wesen der Beziehungen ist von Unternehmen zu Unternehmen verschieden. Es wird beeinflußt von der Art des Produkts, dem Standardisierungsgrad, der Komplexität, der Häufigkeit und den technischen Voraussetzungen. Manchmal überwiegen geschäftliche Aspekte, manchmal eher technologische. Die Beziehungen zwischen zwei Unternehmen sind Untersysteme von größeren Netzwerken. Diese größeren Netzwerke sind bevölkert von den Kunden des Kunden, den Lieferanten des Lieferanten, den Mittelsleuten und vielen weiteren Mitwirkenden. Nationale Beziehungen sind gewöhnlich ausgedehnter, informeller und intimer als internationale Beziehungen. Der Netzwerkansatz unterstreicht die Langlebigkeit und Stabilität der Beziehungen, die Bedeutung der Zusammenarbeit als Mittel für eine effiziente Marktwirtschaft, die Bedeutung von Transaktionskosten und Umstiegskosten, die aktive Beteiligung der Parteien, die Bedeutung von Macht und Wissen sowie die Bedeutung der Technologie, der Beschaffung und der Logistik.

Der Netzwerkansatz baut auf empirischen Studien des industriellen Marketing auf, so daß die Theorie nur für diesen Bereich geeignet ist, bis weitere theoretische oder empirische Untersuchungen ihren Anwendungsbereich erweitern können. Wenn man die Ergebnisse mit anderen Theorien und Daten vergleicht, zeichnen sich für mich drei Indikationen für eine Verallgemeinerung ab. Erstens liegt die Betonung eher auf marketingorientiertem Management als auf Marketingmanagement. Wie in den Forschungen im Dienstleistungsbereich hat man auch hier festgestellt, daß Marketing nicht als unabhängige Funktion isoliert werden kann, sondern eine Managementhaltung darstellt. Zweitens regen die Ergebnisse dazu an, andere Marketingmanagement-Ansätze – darunter auch das Dienstleistungsmarketing – neu zu überdenken. Schließlich sind Marketingsituationen selten eindeutig abgegrenzt. Fast alle Unternehmen verkaufen sowohl an Konsumenten als auch an Unternehmen und bieten sowohl Produkte als auch Dienstleistungen an.

Die Nordische Schule des Dienstleistungsmarketing hat viel vom Netzwerkansatz profitiert, während umgekehrt die Vertreter des Netzwerkansatzes die Ergebnisse der Dienstleistungsforschung nicht im selben Maße genutzt haben. Obwohl IMP-Mitglieder zunehmend bei RM-Konferenzen vertreten sind und in Texten über RM immer öfter zitiert werden, haben viele von ihnen noch nicht erfaßt, daß RM eine Ausweitung oder ein möglicher „Partner" des Netzwerkansatzes sein könnte: „... es ist belanglos, darüber zu reden, was danach kommt [nach dem

Netzwerkansatz], falls da überhaupt etwas ist".[15] Prominente IMP-Vertreter verwerfen das breiter gefaßte RM-Konzept, indem sie behaupten, daß RM sich nur mit Konsumgütermarketing beschäftige, sich nicht um Netzwerke, sondern nur um multiple Dyaden kümmere, die Akteure außerhalb der Dyade ignoriere, oder sogar, daß RM die Existenz des Beziehungsphänomens nicht glaubwürdig vermittle.[16]

Dies sollte jedoch niemanden davon abhalten, eigene Schlüsse zu ziehen und die IMP-Forschung als Bereicherung des RM zu nutzen. Meiner Ansicht nach bietet der Netzwerkansatz einen einzigartigen Beitrag zum Marketingdenken, der internationale Anerkennung gewonnen hat – außer in den USA und den amerikanischen Lehrbüchern. In den letzten zwanzig Jahren ist keine andere wichtige Theorie des industriellen Marketing aufgekommen. In den 90er Jahren beginnt man ihrem Beitrag zum RM mehr Aufmerksamkeit zu widmen. Der Netzwerkansatz wird auch von der interorganisationellen Theorie, der Transaktionskostenanalyse und weiteren Theorien beeinflußt, ist aber in erster Linie das Ergebnis der eigenen empirischen Studien der Netzwerkforscher.

Ich habe meine eigene Interpretation des Netzwerkansatzes entwickelt und sehe diesen Ansatz im Lichte seiner Beiträge zum RM-Konzept. Diese Interpretation stimmt nicht unbedingt mit den Auslegungen anderer überein, aber auch innerhalb der IMP-Gruppe gibt es schließlich verschiedene Lesarten des Netzwerkansatzes.

Der vernetzte Ansatz stellt die Interaktion in Beziehungsnetzwerken in den Vordergrund. Er hat zu den 30R beigetragen, indem er aufzeigt, daß *Kunde und Verkäufer viele Köpfe besitzen* können (R6) und daß *Megabeziehungen* einen wichtigen Einfluß haben (R18 bis R23). Die Betonung von Technologie und Einkauf hat zu den Vorstellungen der *interfunktionalen und interhierarchischen Abhängigkeit* und der *Beziehungen zwischen internen Kunden und Lieferanten* (R25) beigetragen. Obwohl sie das Qualitätskonzept nicht verwendet, hat *die IMP-Forschung die Notwendigkeit, die Kluft zwischen Technologie und Marketing zu überbrücken* (R26), hervorgehoben.

Qualitätsmanagement: Auffrischung der Marketingorientierung

Das Qualitätsmanagement ist die vierte Theorie, die den Ansatz der 30R angeregt hat. Das moderne Qualitätsdenken hat nicht nur das Qualitätsmanagement revolutioniert, sondern auch die Marketingorientierung aufgefrischt. Im Marketing wurde Qualität lange in einem allgemeinen, unscharfen Sinn verwendet. Sie wurde zu einem Klischee, das man routinemäßig in Werbetexte einbaute, mit dem

[15] Johanson (1994, S. 9).

[16] Easton und Håkansson (1996, S. 411 – 412).

Verkäufer ihre Reden ausschmückten und mit dem sich Generaldirektoren in Konferenzen und Banketten brüsteten. Qualität war zur hohlen Phrase verkommen.

Obwohl dies bis zu einem gewissen Grad noch immer der Fall ist, hat die Qualität in den 80er Jahren begonnen, sich neue Kleider zuzulegen. Heute bezeichnet das Wort Qualität die *von Kunden wahrgenommene Qualität*; der Begriff ist also marketingorientiert und auf die Kundenzufriedenheit ausgerichtet. Die Kundenseite der Qualität sollte jedoch nicht auf Kosten der technologischen Seite forciert werden. Vor der Qualitätsrevolution der 80er Jahre hatten die technologischen Aspekte die Oberhand, und deshalb war eine verstärkte Kundenausrichtung erforderlich, um das Gleichgewicht wiederherzustellen. Der kundenorientierte Ansatz zum Qualitätsmanagement ist natürlich für das Marketing von direkter Relevanz; dennoch würde ich langfristig eine ausgewogene Sichtweise befürworten.

Die systematischen Ansätze zum Qualitätsmanagement sind aus dem Management der betrieblichen Abläufe entstanden und waren bis zu den 80er Jahren nicht oder kaum im Marketing begründet.[17] Die Beiträge zur Dienstleistungsqualität wurden zum integrierten Bestandteil der Forschung und Praxis im Dienstleistungsbereich und folglich zu einem Teil der Theorie des Dienstleistungsmarketing.

Die Qualitätsperspektive hat sich nach und nach vom Fertigungsbereich in die Chefetagen emporgearbeitet. Dies zeigt sich deutlich an den heute so verbreiteten Qualitätsauszeichnungen. Der Malcolm Baldrige National Quality Award in den USA, der 1988 zum ersten Mal verliehen wurde, ist zum Vorbild für internationale und nationale Qualitätsauszeichnungen geworden. In Japan wurde der Deming-Qualitätspreis bereits 1952 eingerichtet, unterschied sich aber in seinem Konzept von den heutigen Auszeichnungen.

Die Bestimmungen für solche Auszeichnungen enthalten ausführliche Listen von Kriterien, die ein Unternehmen berücksichtigen muß, um die Qualität zu sichern. Ich würde behaupten, daß diese Auszeichnungen zum umfassendsten Qualitätsansatz, der je entwickelt wurde, geführt haben. Er würde es sogar verdienen, als Metatheorie der Qualität bezeichnet zu werden. Er geht von einer ganzheitlichen Perspektive aus, obwohl die gegenwärtige Theorie eher aus Komponenten als aus expliziten Beziehungen zwischen diesen Komponenten besteht, auch wenn die Beziehungen angedeutet werden.

Eine kurze Beschreibung des Baldrige Award soll eine Vorstellung dieser Metatheorie vermitteln.[18] Die Regeln werden jährlich angepaßt, und für 1997 wurden einige wesentliche Änderungen vorgenommen. Baldrige bietet sieben

[17] Zum Überblick über Qualitätsmanagement siehe z.B. Crosby (1979), Deming (1986) und Juran (1992).

[18] Dies stützt sich auf die Malcolm-Baldrige-Bestimmungen (1997) sowie auf Gespräche mit dem ehemaligen Baldrige-Direktor Curt Reimann; siehe auch den Überblick über den Baldrige Award in Hart und Bogan (1992).

Kategorien von Kriterien. Insgesamt 1000 Punkte werden auf die folgenden Kategorien aufgeteilt:[19]

1. Leadership (110 Punkte)
2. Strategische Planung (80)
3. Kunden- und Marktorientierung (80)
4. Information und Analyse (80)
5. Entwicklung und Management der Humanressourcen (100)
6. Prozeßmanagement (100)
7. Geschäftsergebnisse (450)

Das ist nichts anderes als eine Liste von Kriterien für eine vollständige Unternehmensprüfung! Es zeigt, daß Qualität nur dann erreicht werden kann, wenn sämtliche Aktivitäten innerhalb eines Unternehmens für die Qualität arbeiten; es verweist auf die interfunktionale und interhierarchische Interaktion. Das bedeutet nicht, daß das Qualitätskonzept an die Stelle des allgemeinen Managements getreten ist, sondern nur, daß jeder einzelne zur Qualitätsentwicklung beitragen muß. Es wäre ja auch erstaunlich, wenn bei einem schlechten Management der internen betrieblichen Aktivitäten eine Spitzenqualität herauskommen würde.

Etwas mehr als die Hälfte der Punkte bezieht sich auf die Aktivitäten, der Rest betrifft die Geschäftsergebnisse. Diese umfassen sowohl interne Aktivitäten als auch solche, die auf den Markt und die Gesellschaft ausgerichtet sind. Tabelle 7.1 zitiert Auszüge aus den Bestimmungen, die auf die Verbindungen zwischen Qualität und RM hinweisen.

Punkt 3.2 „Verbesserung der Kundenzufriedenheit und der Beziehungen“:

- „Beschreiben Sie, wie das Unternehmen die Zufriedenheit seiner Kunden feststellt und verbessert, um die Beziehungen zu verstärken... [und] ... erklären Sie, wie das Unternehmen dafür sorgt, daß Beschwerden effizient und rasch erledigt werden...“ (S. 9)
- „Beispiele von Ansätzen, die Teil einer Strategie des Zuhörens und Lernens sein könnten, sind: ... Aufbau von Beziehungen, inklusive einer engen Integration der Kunden ... Gespräche mit verlorenen Kunden, um herauszufinden, welche Faktoren ihre Kaufentscheidungen bestimmen ... Analyse gewonnener/verlorener Aufträge in bezug auf die Mitbewerber ... Nachbearbeitung einer Transaktion ...“ (S. 22 – 23)
- „... Die Verbesserung von Beziehungen bietet Unternehmen ein potentiell wichtiges Mittel, um die Kundenerwartungen zu verstehen und damit umzugehen. Das Frontpersonal im direkten Kundenkontakt kann ebenfalls entscheidende Informationen beitragen, um Partnerschaften und andere längerfristige Beziehungen zu Kunden aufzubauen.“ (S. 23)

[19] Malcolm Baldrige (1997, S. 2).

- „... Analyse und Prioritätensetzung für Verbesserungsprojekte, basierend auf den potentiellen Kosten von Beschwerden, wenn man berücksichtigt, daß die Kundenbindung damit zusammenhängt, wie wirksam Beschwerden erledigt werden." (S. 23)

Punkt 6.3 „Management der Lieferanten- und Partnerschaftsprozesse"

- „Beschreiben Sie ... wie die Lieferanten- und Partnerschaftsprozesse ausgelegt sind, um den gesamten Leistungsanforderungen zu entsprechen, darunter auch, wie die bevorzugten Lieferanten und Partner ausgewählt werden ... wie das Unternehmen sein Management der Lieferanten- und Partnerschaftsprozesse beurteilt und verbessert, um bessere Leistungen zu erzielen." (S. 16)
- „Für viele Unternehmen werden wesentliche Lieferanten und Partner ein zunehmend wichtiger Faktor für die Erfüllung nicht nur von Leistungs- und Kostensenkungszielen, sondern auch von strategischen Zielen." (S. 29)
- „ ... Verbessern der eigenen Beschaffungs- und Lieferantenmanagementprozesse (inklusive der Einholung von Feedback von den Lieferanten und „internen Kunden"), gemeinsame Planung, schneller Informations- und Datenaustausch, Verwenden von Benchmarking und vergleichenden Informationen, spezielle Abnehmer-Lieferanten-Teams, Schulung, langfristige Abkommen ..." (S. 29)

Punkt 7.4 trägt den Titel „Lieferanten- und Partnerergebnisse" (S. 30):

- „Dieser Punkt betrifft die gegenwärtigen Werte und Trends der Schlüsselkennzahlen bzw. Leistungsindikatoren der Lieferanten und Partner".

Zu den zentralen Werten und Konzepten der Auszeichnung gehört die „Partnerschaftsentwicklung" (S. 41):

- „Unternehmen müssen interne und externe Partnerschaften aufbauen, um ihre Gesamtziele besser zu erfüllen."
- „Interne Partnerschaften können eine Zusammenarbeit zwischen Personal und Management beinhalten, wie Abkommen mit den Gewerkschaften ... [und] ... vernetzte Beziehungen zwischen den Unternehmenseinheiten, um die Flexibilität, die Reaktionsfähigkeit und die gemeinsame Nutzung von Wissen zu verbessern."
- „Externe Beziehungen können zu Kunden, Lieferanten und Ausbildungsorganisationen bestehen ... Ein zunehmend wichtiger Typ von externer Partnerschaft ist die strategische Partnerschaft oder Allianz ... [die] ... einem Unternehmen Zugang zu neuen Märkten oder eine Basis für neue Produkte oder Leistungen verschaffen kann ... Zusammenlegung der Kernkompetenzen oder Führungsqualitäten der Unternehmen ... und damit Verbesserung der Gesamtleistungsfähigkeiten, inklusive Geschwindigkeit und Flexibilität."

Tabelle 7.1: RM-Themen in den Bestimmungen des Baldrige Award (Malcolm Baldrige, 1997)

Die Kundenzufriedenheit und die kundenbezogene Qualität sind Kernvariablen, aus denen ersichtlich wird, daß der Qualitätsansatz in hohem Maße marketingorientiert ist. Die Zitate in der Tabelle sprechen in spezifischer Weise RM-Themen an: Beziehungen, Kundenbindung, externe und interne Kunden, Beschwerdewesen und Wiedergutmachung, Partnerschaften nicht nur mit Kunden und Lieferanten, sondern auch mit anderen Beteiligten, darunter auch internen Partnern. Auch unter anderen Rubriken, zum Beispiel beim Prozeßmanagement und bei der strategischen Planung, werden RM-Themen erwähnt.

Der offensichtlichste Beitrag, den das Qualitätsmanagement zum RM geleistet hat, wurde in R26 behandelt, nämlich die Schaffung einer *Beziehung zwischen den technischen Funktionen und der Marketingfunktion*. In R25 brachte das Qualitätsmanagement die Konzepte des *internen Kunden* und des *Prozeßmanagements* ein, die den Zweck haben, eine *interhierarchische und interfunktionale Zusammenarbeit* zu etablieren. Das Qualitätsmanagement hat auch der *Kundenzufriedenheit* mehr Gewicht verliehen und damit sowohl die *allgemeine Lieferant-Abnehmer-Beziehung* (R1) als auch die *Beziehungen zu unzufriedenen Kunden* (R9) unterstrichen.

Das Konzept der *Beziehungsqualität* wurde 1985 im Qualitätsprogramm von Ericsson eingeführt.[20] Man wollte darauf aufmerksam machen, daß Beziehungen ein Teil der vom Kunden wahrgenommenen Qualität sind. Dieses Qualitätskonzept ist weit entfernt von der traditionellen Technikerlogik. Die Beziehungsqualität wurde zu einem bestimmenden Thema im Dienstleistungsmarketing, wo die Interaktion im Laufe des Produktions- und Bereitstellungsprozesses sich auf die Qualität der Dienstleistung auswirkt. In jeder Ecke eines Unternehmens gibt es Leute, die einen Einfluß auf die Qualität der Kundenbeziehungen ausüben. Sie sind *Teilzeitvermarkter* (R4) und treten in der *Servicebegegnung* (R5) und der *vielköpfigen Beziehung im industriellen Marketing* (R6) in Erscheinung.

Die Beziehungsqualität bezieht sich sowohl auf *berufliche* als auch auf *soziale Beziehungen*; beide sind wichtig. Um glaubwürdig zu sein, müssen Lieferanten sich in ihrer Branche auskennen und dies auch beweisen können. Aber häufig ist es der menschliche Aspekt, die Tatsache, daß man dem Kunden sympathisch ist, der den Differenzierungsfaktor für die vom Kunden wahrgenommene Qualität darstellt. R18 – *persönliche Beziehungen und soziale Netze* – hängt also ebenfalls mit dem Konzept der Beziehungsqualität zusammen.

Die gegenwärtige RM-Literatur: ein Vergleich mit dem Ansatz der 30R

Durch diesen Überblick über die vier Theorien haben wir die wichtigsten Vorläufer des Ansatzes der 30R kennengelernt. Keine dieser Theorien verwendet Relationship-Marketing (RM) als Schlüsselkonzept, obwohl der Begriff in den 80er

[20] Siehe Gummesson (1987).

Jahren sowohl im Dienstleistungsmarketing als auch im Business Marketing eingeführt wurde. Vielfach und ausführlich wurde in diesem Buch auf all jene, die Anregungen und Anschauungsbeispiele geliefert haben, Bezug genommen. Alles zu erwähnen, was über RM in den immer zahlreicher werdenden Artikeln, Büchern, Konferenzunterlagen und Fallstudien bereits geschrieben wurde, ist aber schlicht und einfach unmöglich, selbst wenn man sich auf den englischen Sprachraum beschränkt.

RM besitzt für verschiedene Autoren unterschiedliche Bedeutungen. Die Vielfalt und die Lebendigkeit der gegenwärtigen Forschung und Diskussion über RM, auch wenn sie meist fragmentarisch bleiben und sich aus der Sicht der traditionellen Marketingmanagement-Theorie mit Sonderfragen beschäftigen, haben der Entwicklung meines Ansatzes zusätzliche Impulse gegeben. Gleichzeitig haben sie mich in der Überzeugung bestärkt, auf dem mit dem Ansatz der 30R vorgezeichneten Weg zu bleiben.

Dieser Abschnitt arbeitet zunächst den Unterschied zwischen dem *Begriff* Relationship-Marketing und dem *Phänomen* Relationship-Marketing heraus – eine vielfach mißverstandene Frage. Danach wollen wir auf einige einflußreiche Bücher und Artikel zum Thema RM eingehen und eine Auswahl von Definitionen und vielfältigen Beziehungsansätzen vergleichen.

Begriff und Phänomen

Leider ist eine bedauerliche Verwirrung zwischen dem *Begriff* RM und dem Verständnis des tatsächlichen *Phänomens* festzustellen – eine Verwechslung, die unbedingt vermieden werden sollte. Von Wissenschaftlern wird erwartet, daß sie den gesamten Eisberg betrachten (das *Phänomen*) und nicht nur seine Spitze (den *Begriff*). RM ist ein *neuer Begriff*, steht aber für ein *altes Phänomen.*

Beziehungen, Netzwerke und Interaktion stehen seit Menschengedenken im Zentrum des Geschäftslebens und sind von den Geschäftsleuten auch sicher nicht ignoriert worden. Es gibt also auch einen wichtigen praktischen Unterbau. Das Traurige an der Geschichte ist bloß, daß das *Phänomen* als solches von den meisten Marketingprofessoren, Ökonomen, Autoren von Marketingbüchern und Marketingausbildern unerkannt geblieben ist.

Das *Phänomen* RM – die Tatsache, daß Beziehungen einen entscheidenden Einfluß auf den Geschäftserfolg haben – hat eine lange Geschichte, wahrscheinlich eine so lange wie der Handel selbst. Seit den 70er Jahren wurden viele Begriffe benutzt, um das Phänomen zu erfassen, wie *Netzwerkansatz und Interaktionsansatz* (IMP-Gruppe), *langfristige interaktive Beziehungen* und *neues Marketingkonzept* (Gummesson), *interaktives Marketing* (Grönroos). Weitere Begriffe sind *Datenbankmarketing, Direktmarketing, Nischenmarketing, geziel-*

tes Marketing, die Umhüllungsstrategie des *„wrap-around marketing"*, *direktes Beziehungsmarketing* und *Kundenmanagement.*

Der *Begriff* Relationship-Marketing wurde von Barbara Bund Jackson in ihrem Projekt über industrielles Marketing in den späten 70er Jahren benutzt und in einem bahnbrechenden Buch sowie in einem Artikel in der Harvard Business Review publiziert (1985 a, b). Sie verwendete den Begriff als Gegensatz zum Transaktionsmarketing. Der *Begriff* wurde auch von Berry in einem Konferenzbeitrag von 1983 benutzt, allerdings nur auf Dienstleistungen bezogen. Mit anderen Worten, der Begriff tauchte gleichzeitig im industriellen Marketing und im Dienstleistungsmarketing auf. In den 90er Jahren wird der *Begriff* zunehmend zu einem allgemeinen Marketingbegriff, obwohl die meisten richtungweisenden Arbeiten über das *Phänomen* bis jetzt andere Begriffe verwendet haben. Es wäre daher sinnlos, sich für die „Entdeckung" des *Phänomens* RM auf ein bestimmtes Datum oder eine bestimmte Person festlegen zu wollen.

Viele haben dazu beigetragen, das *Phänomen* RM sichtbar zu machen, wie es aus der vorhergehenden Beschreibung der verschiedenen Theorien hervorgeht. In einer Reihe von Büchern haben Forscher und Berater ihre eigenen RM-Ansätze entwickelt. Bei einigen kommt der Begriff im Titel vor, etwa bei Christopher, Payne und Ballantyne (1991), McKenna (1991), Cram (1994) und Buttle (1996). Bund Jackson (1985) sowie Berry und Parasuraman (1991) verwenden den Begriff als zentrales Thema, obwohl er nicht in den Titeln ihrer Werke enthalten ist.

Die meisten Autoren haben den Begriff zwar nicht verwendet, konzentrieren sich aber auf maßgeschneidertes Marketing in innovativer und fundierter Weise, wie Rapp und Collins in *The Great Marketing Turnaround* (1990) und *The New MaxiMarketing* (1995) oder Peppers und Rogers in *The One to One Future* (1993). Etliche Bücher stellen das Thema der Kundenbindung und Kundentreue in den Mittelpunkt: Sewell in *Customers for Life* (1990), Reichheld mit *The Loyalty Effect* (1995), Scheuing in *Creating Customers for Life* (1995) und Daffy in *Once a Customer, Always a Customer* (1996). In Schweden und Norwegen[21] und bestimmt auch in vielen anderen Ländern sind Bücher zu diesem Thema erschienen. Höchstwahrscheinlich wurde das *Phänomen* RM auch in längst vergessenen Texten erörtert. Kundentreue und Kundenpflege sind zum Beispiel nichts Neues, und zwar weder in der Literatur noch in der Geschäftspraxis.

Ein ganzer Schub von RM-Artikeln und Konferenzbeiträgen präsentiert verschiedene Herangehensweisen an das Thema. Einige dieser Referenzen werden in diesem Buch erwähnt. Andere werden in Übersichtsarbeiten von Webster (1992) sowie Morgan und Hunt (1994) besprochen. Sie zeigen, daß verschiedene Wege zum RM führen.

[21] Siehe Blomqvist, Dahl und Haeger (1993) sowie Selnes (1993).

Definitionen

Kurzdefinitionen sind niemals erschöpfend oder unmißverständlich, können aber den Kern eines Phänomens aufzeigen und damit eine erste Orientierung bieten. Verschiedene Autoren haben Definitionen des RM vorgeschlagen; eine Auswahl dieser Definitionen wird in Tabelle 7.2 angeboten.

Quelle	Definition
Berry (1983, S. 25)	„Relationship-Marketing ist das Anwerben, Erhalten und – in Multi-Dienstleistungsunternehmen – Verbessern von Kundenbeziehungen."
Bund Jackson (1985a, S. 165)	„Relationship-Marketing ist Marketing mit dem Ziel, starke und dauerhafte Beziehungen mit industriellen Kunden zu gewinnen, aufzubauen und zu erhalten."
Gummesson (1994, S. 5)	„Relationship-Marketing ist Marketing, betrachtet als ein Geflecht von Beziehungen, Netzwerken und Interaktion."
Grönroos (1996)	„Relationship-Marketing besteht darin, Beziehungen mit Kunden und anderen Partnern mit Gewinn aufzubauen, zu erhalten und zu verbessern, so daß die Ziele aller beteiligten Parteien erreicht werden; dies geschieht durch ein gegenseitiges Austauschen und Erfüllen von Versprechen."
Ballantyne (1994, S. 3)	„Ein in Entstehung befindlicher disziplinärer Rahmen für die Schaffung, Entwicklung und Weiterführung von Wertaustausch zwischen den beteiligten Parteien, wobei die Austauschbeziehungen sich zu kontinuierlichen und stabilen Gliedern in der Versorgungskette entwickeln."
Morgan und Hunt (1994, S. 22)	„Relationship-Marketing bezieht sich auf sämtliche Marketingaktivitäten, die darauf ausgerichtet sind, erfolgreiche Austauschbeziehungen zu schaffen, zu entwickeln und zu pflegen."
Sheth (1994)	„Das Verstehen, Erklären und Managen der laufenden kollaborativen Geschäftsbeziehung zwischen Lieferanten und Kunden" sowie „... eine aufkommende Schule des Marketingdenkens."
Porter (1993, S. 14)	„Der Prozeß, durch welchen der Käufer und der Anbieter eine ergiebige, effiziente, erfreuliche, enthusiastische und ethische Beziehung aufbauen – eine Beziehung, die sich für beide Parteien lohnt."

Tabelle 7.2: Ausgewählte Definitionen, die verschiedene Aspekte des RM betonen

Die Definitionen unterscheiden sich in ihrer Bandbreite und Gewichtung. Berrys Definition wurde im Rahmen des Dienstleistungsmarketing entwickelt. Im Folgetext erklärt er, daß es ihm um Kundenbindung geht und die Ressourcen auch dazu genutzt werden sollen, die Kunden zu behalten und die Beziehungen zu stärken, und nicht nur dazu, neue Kunden anzuwerben. Bund Jacksons Definition bezieht sich auf industrielle Kunden und einzelne Großkunden im Vergleich zu Massenmärkten und Massensegmenten. Auf Business-to-Business-Märkten soll sich der Lieferant für jeden einzelnen Kunden in jeder spezifischen Situation für die jeweils geeignetste Strategie entscheiden, entweder RM oder Transaktionsmarketing. Die Botschaften beider Definitionen sind ähnlich, beruhen und beziehen sich aber auf verschiedene Arten von Marketing, nämlich Dienstleistungsmarketing bzw. industrielles Marketing.

Die Definition von Gummesson stützt sich auf drei Kernvariablen, die sich aus der Forschung herauskristallisiert haben – Beziehungen, Netzwerke und Interaktion. Diese Variablen sind sowohl für das Produkt- und Dienstleistungsmarketing, als auch für das Konsumgüter- und Investitionsgütermarketing gleich. Während die anderen Definitionen Aktivitäten und Merkmale aufzählen, bietet diese Definition drei Kernvariablen als Vehikel für das Denken und Handeln. Sie basiert auf einer Beziehungsperspektive, daher auch der Begriff der Beziehungsbrille. Diese Definition enthält als einzige die Konzepte Netzwerk und Interaktion.

Grönroos bietet eine breite Definition, die Beziehungen nicht nur zwischen Lieferanten und Kunden, sondern zwischen einer ganzen Reihe von Beteiligten umfaßt. Er klammert allerdings die nicht auf Gewinn ausgerichteten Organisationen und damit den Großteil des staatlichen und des freiwilligen Sektors aus. Auch Morgan und Hunt sowie Ballantyne bieten weitgefaßte Definitionen. Zusammen mit Grönroos unterstreichen Porter und Ballantyne Win-win-Aspekte (Erfüllung von Versprechen, lohnend für beide Parteien, Wertaustausch) und berücksichtigen wie Bund Jackson und Sheth den langfristigen Aspekt (kontinuierlich und stabil, dauerhaft, laufend).

Fünf dieser acht Definitionen benutzen Begriffe wie Schaffung und Erhaltung von Beziehungen, aber keine erwähnt die Notwendigkeit, von gewissen Beziehungen Abstand zu nehmen, obwohl auch dies eine erforderliche und laufend angewandte Option darstellt.

Sheth definiert Beziehungen als kollaborativ im Gegensatz zur kompetitiven oder wettbewerblichen Beziehung und bringt eine gewisse akademische Dimension ein, indem er vom Verstehen und Erklären der Beziehungen spricht. Gemeinsam mit Ballantyne hält er RM für eine neue Schule des Denkens. Dies mag in bezug auf den Begriff stimmen, nicht aber in bezug auf das Phänomen. Beziehungen reichen weit in die Geschichte der geschäftlichen Praxis zurück und sind der Kern der Dienstleistungsmarketingtheorie wie auch des Netzwerkansatzes, selbst wenn der Begriff RM dort nicht vorkommt.

Porter fügt wichtige soziale Elemente hinzu. Beziehungen sollten nicht nur ergiebig und effizient, sondern auch erfreulich, enthusiastisch und moralisch sein. Die Marketingtheorie scheint zu vergessen, wie wichtig soziale Interaktion und Persönlichkeitsdimensionen in einer Geschäftsbeziehung sein können: Geschäft macht Spaß! Auch ethische Aspekte stehen im Mittelpunkt des RM, was darin zum Ausdruck kommt, daß viele Autoren – z.B. Morgan und Hunt – dem Vertrauen große Bedeutung beimessen.

Multi-Beziehungs-Ansätze

Aus den Definitionen geht hervor, daß einige RM auf die Dyade zwischen Lieferant und Kunde beschränken, während andere eine ganze Reihe von Parteien oder Beteiligten einbeziehen. In Tabelle 7.3 wird der Ansatz der 30R mit drei weiteren Ansätzen verglichen, die über die Lieferanten und Kunden hinausgehen und wo die Marketingbeziehungen in ein Netzwerk von vielfältigen Beziehungen eingebunden sind.

Quelle	**Kategorien**	**Unterkategorien**
Christopher, Payne und Ballantyne (1991)	6 Märkte	Kundenmärkte (1) Unterstützende Märkte (5)
Kotler (1992)	10 Mitspieler	Unmittelbares Umfeld (4) Makroumfeld (6)
Morgan und Hunt (1994)	10 Partnerschaften	Käuferpartnerschaften (2) Laterale Partnerschaften (3) Lieferantenpartnerschaften (2) Interne Partnerschaften (3)
Gummesson (1994)	30 Beziehungen	Marktbeziehungen: • klassische (3) • besondere (14) Nicht-Markt-Beziehungen: • Megabeziehungen (6) • Nanobeziehungen (7)

Tabelle 7.3: Vergleich zwischen den Kategorien in Multi-Beziehungs-Ansätzen zum RM. Die Anzahl der Beziehungen in jeder Unterkategorie ist in Klammern angegeben

Christopher, Payne und Ballantyne[22] schlagen ein „Sechs-Märkte-Modell“ vor, in dem die *Kundenmärkte* (bestehende und potentielle Kunden) von *unterstützenden Märkten* umgeben sind: *Empfehlungsmärkte* (zufriedene Kunden, die den Lieferanten weiterempfehlen), *Lieferantenmärkte* (für den Lieferanten eher ein Partner als ein Gegner sein), *Personalmärkte* (darauf achten, die richtigen Mitarbeiter einzustellen und zu fördern), *Einflußmärkte* (wie Finanzanalytiker, Journalisten und Regierungen) sowie *interne Märkte* (die Organisation und ihr Personal).

In seinem Konzept des „totalen Marketing“ meint Kotler, daß „es zumindest zehn kritische Mitspieler im Umfeld eines Unternehmens gibt, wovon der unmittelbare Kunde und der Endkunde nur zwei darstellen“.[23] Er unterscheidet zwischen vier Mitspielern im *unmittelbaren Umfeld* des Unternehmers – *Lieferanten, Distributoren, Endverbraucher* und *Mitarbeiter* – und sechs weiteren im *Makroumfeld – Finanzgesellschaften, Regierungen, Medien, Bündnispartner, Mitbewerber* und die *Öffentlichkeit*.

Morgan und Hunt[24] schlagen zehn Austauschbeziehungen mit vier Partnergruppen vor: *Lieferantenpartnerschaften (Zulieferer, Dienstleistungsanbieter), laterale Partnerschaften (Mitbewerber, nicht auf Gewinn ausgerichtete Organisationen, Regierungen), Käuferpartnerschaften (Endkunden, Zwischenkunden)* und *interne Partnerschaften (funktionale Abteilungen, Mitarbeiter, Geschäftseinheiten)*.

Die vierte Klassifizierung, die 30R, ist in den vorhergehenden Kapiteln dargestellt worden. Sie geht einen Schritt weiter als die anderen und bezieht nicht nur Parteien, sondern auch bestimmte Merkmale von Beziehungen ein. In diesem Sinn ist sie zwar weniger kohärent als die anderen, dafür aber umfassender. Die generischen Beziehungsmerkmale, die wir im Kapitel 1 kennengelernt haben, sind untrennbar mit den Beziehungen verknüpft; zusätzliche Merkmale wurden hinzugefügt und bilden ihre eigenen Rs. Einige sind inhaltsbezogen, wie die grüne Beziehung, die rechtlich bedingte Beziehung oder die kriminelle Beziehung; andere – wie die Allianzen – beruhen auf der Form, andere schließlich auf ihrem Träger, wie die elektronische Beziehung.

In einer vergleichenden Analyse hat sich herausgestellt, daß die Beziehungen aller vier Ansätze in Marktbeziehungen oder marktexterne Beziehungen und weiter in Mega- und Nanobeziehungen unterteilt werden können. Die verschiedenen Ansätze weisen untereinander große Entsprechungen auf; Gewichtung und Bandbreite sind zwar unterschiedlich, aber es gibt keine offensichtlichen Widersprüche oder Konflikte.

---

22 Christopher, Payne und Ballantyne (1991, S. 21 – 30).

23 Kotler (1992, S. 4).

24 Morgan und Hunt (1994, S. 21).

Schlußbemerkung

Diese Darstellung einer Auswahl von RM-Ansätzen zeigt, daß sich auf der Suche nach einer RM-Identität eine reichhaltige Literatur entwickelt hat, die derzeit mit exponentieller Geschwindigkeit wächst. Die Ansätze weisen unterschiedliche Gewichtungen und Bandbreiten auf, von Marktbeziehungen auf der Basis einer Konsument-Verkäufer-Dyade bis hin zu einer Reihe von unterstützenden, marktexternen Beziehungen; manche beschränken RM auf eine spezifische Anwendung wie das Dienstleistungsmarketing oder auf eine bestimmte Technik wie die Nutzung von Datenbanken und EDV. Der Ansatz der 30R ist von allen der breiteste und strebt nach einem hohen Ausmaß an Allgemeingültigkeit.

Der Weg zu einer allgemeinen Marketingtheorie

Die bis jetzt präsentierten Theorien sind *substantive* oder *spezifische* Theorien; sie betreffen einen spezifischen Bereich, zum Beispiel den Dienstleistungsbereich. Der nächste Schritt besteht darin, diese Theorien in Richtung *allgemeiner Theorien* auszuweiten, die einen größeren Bereich, nach Möglichkeit das gesamte Marketing, abdecken können.[25] Dies ist jedoch ein Endziel, das niemals erreicht werden wird. Es ist wissenschaftlich nicht zulässig, eine sachbezogene Theorie auf einen anderen Sachbereich zu verallgemeinern. Empirische Daten und empirisch fundierte Theorien jedes einzelnen Sachbereichs müssen „Gehör finden“. Leider ist genau dieser Fehler im Marketing gemacht worden, ganz besonders, als man die Theorie des Marketing-Mix zur allgemeinen Theorie des Marketingmanagements erhoben hat.

RM bietet sich in zweierlei Hinsicht als Vehikel für eine Generalisierung an:

1. Generalisierung über die traditionelle Dichotomie von *Produkten/Dienstleistungen* und *Konsumentenmarketing/Industriemarketing* hinweg. Auf dieser höheren Ebene stehen das *Gesamtangebot* und sein *Wert für die Kunden, die Lieferanten und die Gesellschaft* im Vordergrund.
2. Generalisierung auf eine Managementtheorie mit einer Marketingperspektive, was bedeutet, daß *Marketingmanagement* zum *marketingorientierten Management* wird.

Nachstehend möchte ich meinen Weg zur Generalisierung umreißen. Ich stelle keineswegs die Behauptung auf, daß dies *der* Weg ist; es ist einfach der, den ich gegangen bin.[26]

---

[25] Zur Diskussion substantiver und formeller Theorien siehe Glaser und Strauss (1967) und ihre fundierte Theorie.

[26] Dies ist eine Weiterentwicklung von Gummesson (1983 und 1987).

Abbildung 7.2 zeigt, daß die *erste Phase* des modernen Marketingmanagements auf Daten aus der Realität des Massenmarketing von Konsumgütern gestützt war. Die Marketingmanagement- und Marketing-Mix-Theorie kristallisierte sich als sachbezogene Theorie heraus. Sie besitzt an sich keine Gültigkeit außerhalb des Bereichs, aus dem die Daten abgeleitet wurden. Sie hat die Rohdaten der Realität konzeptualisiert und sie innerhalb ihres Sachbereichs anwendbar gemacht.

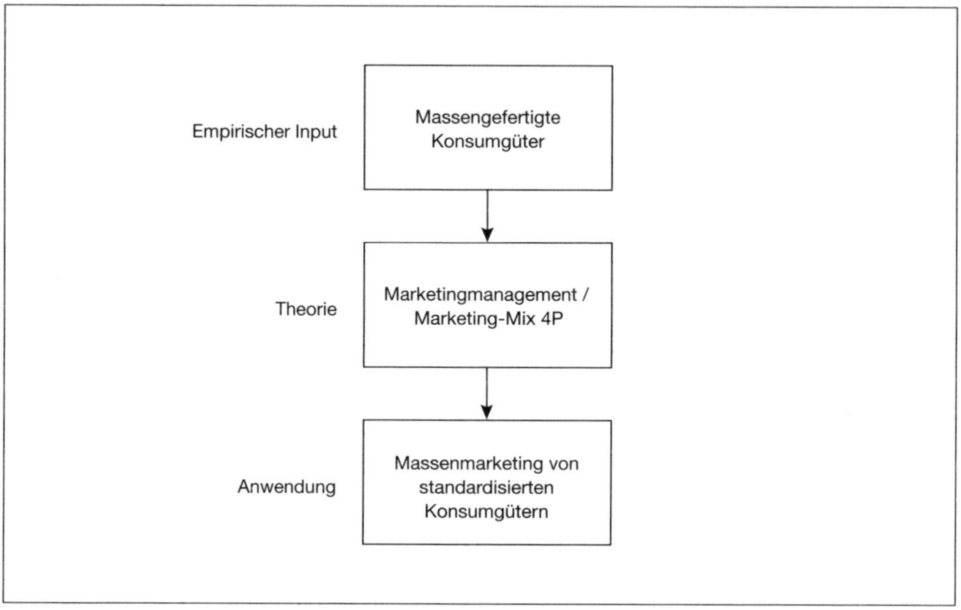

Abbildung 7.2: Die Theorie des Marketingmanagement und Marketing-Mix

In der *zweiten Phase* wurde diese Denkweise – auf deduktive Weise und kaum mit zusätzlichen Daten aus der Realität – auf das Dienstleistungsmarketing und das industrielle Marketing übertragen (Abbildung 7.3). Somit drang die Marketing-Mix-Theorie in das Dienstleistungsmarketing und das industrielle Marketing ein. Als die Theorie mit den Daten und der Praxis der Realität konfrontiert wurde, kam es zu Abweichungen. Man tat diese mit rein theoretischen und deduktiven Erklärungen ab. Man fügte neue Ps hinzu, die den Nutzen der Marketing-Mix-Theorie zwar verbesserten, aber immer nur vorübergehend. Das Ganze wurde zu einem Flickwerk, und die Theorie wurde immer mehr überdehnt. Um eine Redensart aus dem Telekommunikationsbereich zu verwenden, wurde sie zum Spaghettisystem – einem Kabelsalat voller Knoten, der schließlich so wirr wurde, daß man nichts mehr damit anfangen konnte. Das heutige Marketingmanagement erinnert an ein Spaghettisystem. Es ist auch zu einem Prokrustesbett[27] geworden: Die Realität wird in Kästchen gezwängt, in die sie nicht hineinpaßt. War ein Kästchen nicht voll, wurde die Theorie „langgezogen", lief das Kästchen über, wurde überschüssige Materie einfach „abgehackt".

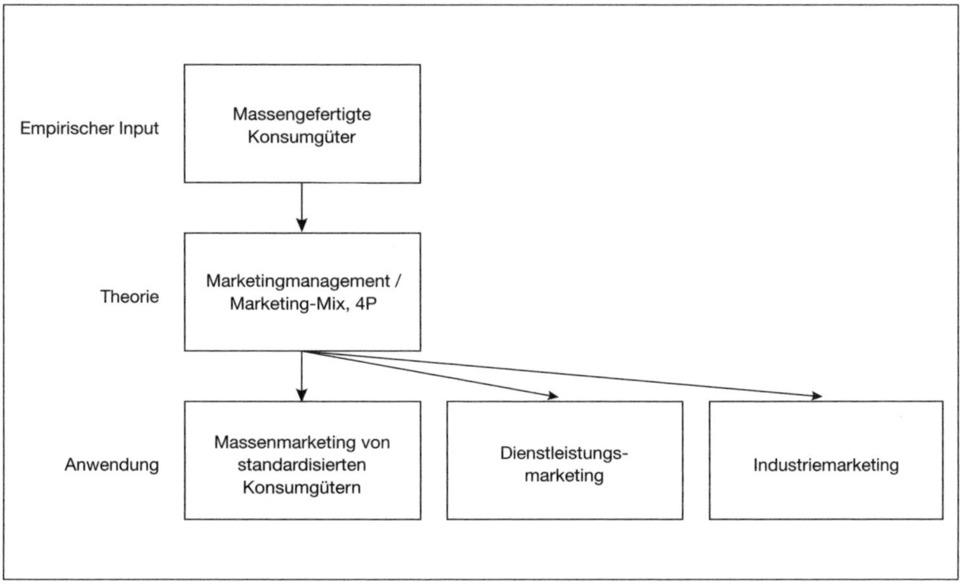

Abbildung 7.3: Die erzwungene Übertragung der Marketingmanagement- und Marketing-Mix-Theorie auf andere Marketingarten

In der *dritten Phase* wurden Dienstleistungsmarketing und industrielles Marketing eigenständig und in ihrem eigenen Umfeld untersucht. Zwei Theorien entstanden aus induktiven, empirischen Studien des Dienstleistungsmarketing und des industriellen Marketing. Die Grundlage war nicht mehr der Marketing-Mix, sondern nun prägte die Realität ihre eigenen Konzepte und Verbindungen (Abbildung 7.4). Anstelle des Prokrustesbettes trat die Empfänglichkeit für das, was uns die Realität zu sagen hat – wenn wir ihr nur zuhören wollen.

Die drei oben präsentierten Marketingtheorien lassen sich nach Produkttyp (Produkte oder Dienstleistungen) und Kundentyp (Endkonsument oder investiver Nachfrager) gliedern. Abbildung 7.5 zeigt die Zuordnung der Theorien zu verschiedenen Marketingsituationen.

[27] Nach dem griechischen Räuber Prokrustes, der so freundlich war, den Reisenden ein Bett anzubieten, aber verlangte, daß sie genau hineinpaßten. Wer zu klein war, wurde langgezogen; denjenigen, die zu groß waren, wurden die Füße abgehackt.

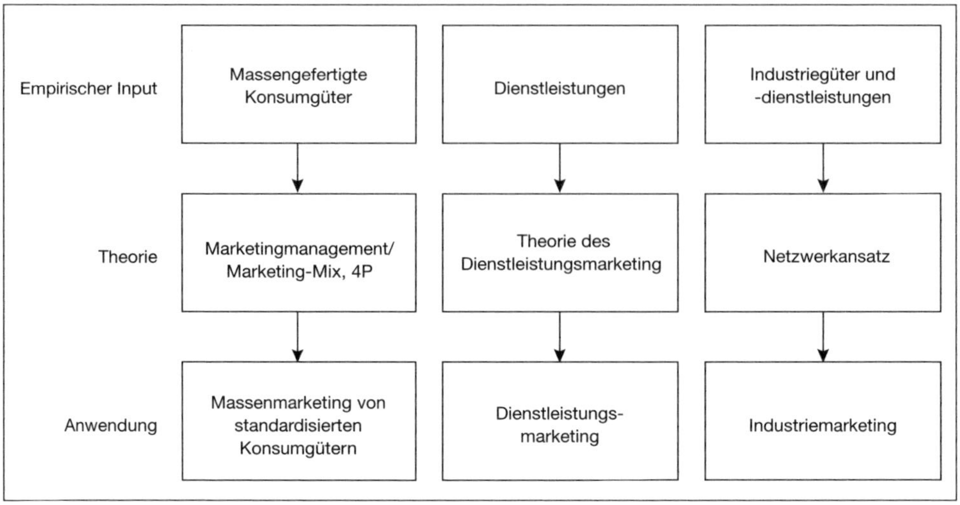

Abbildung 7.4: Reelle Daten als Grundlage für drei sachbezogene Marketingtheorien

Käufertyp / Produkttyp	Konsumenten	Investive Nachfrager
Produkte	Marketingmanagement/ Marketing-Mix, 4P	Netzwerkansatz
Dienstleistungen	Dienstleistungsmarketing-Theorie	

Abbildung 7.5: Die sachbezogenen Anwendungsgebiete der Marketingtheorien

In der *vierten Phase* wurde das Fundament verstärkt. Neben den drei Marketingtheorien kamen Beiträge aus dem Qualitätsmanagement, der Organisationstheorie, der Buchhaltung und der praktischen Erfahrung hinzu. Das erweiterte Modell wird in Abbildung 7.6 dargestellt.

Wir kommen nun zur *fünften Phase*, wo die Beiträge aus Theorien und Erfahrung zu einer allgemeingültigeren Marketingtheorie zusammenfließen: RM. Die RM-Theorie beschränkt sich nicht auf einen bestimmten Produkt- oder Kundentyp, sondern sie läßt sich auf alle Marketingsituationen anwenden (Abbildung 7.7). *Das heißt nicht, daß sie in gleicher Weise auf alle Unternehmen und bei allen Gelegenheiten angewandt werden sollte: Die Einzigartigkeit jeder Marketingsituation muß berücksichtigt werden. Das Allgemeine und das Spezifische müssen in einen konstruktiven Dialog miteinander eintreten.*

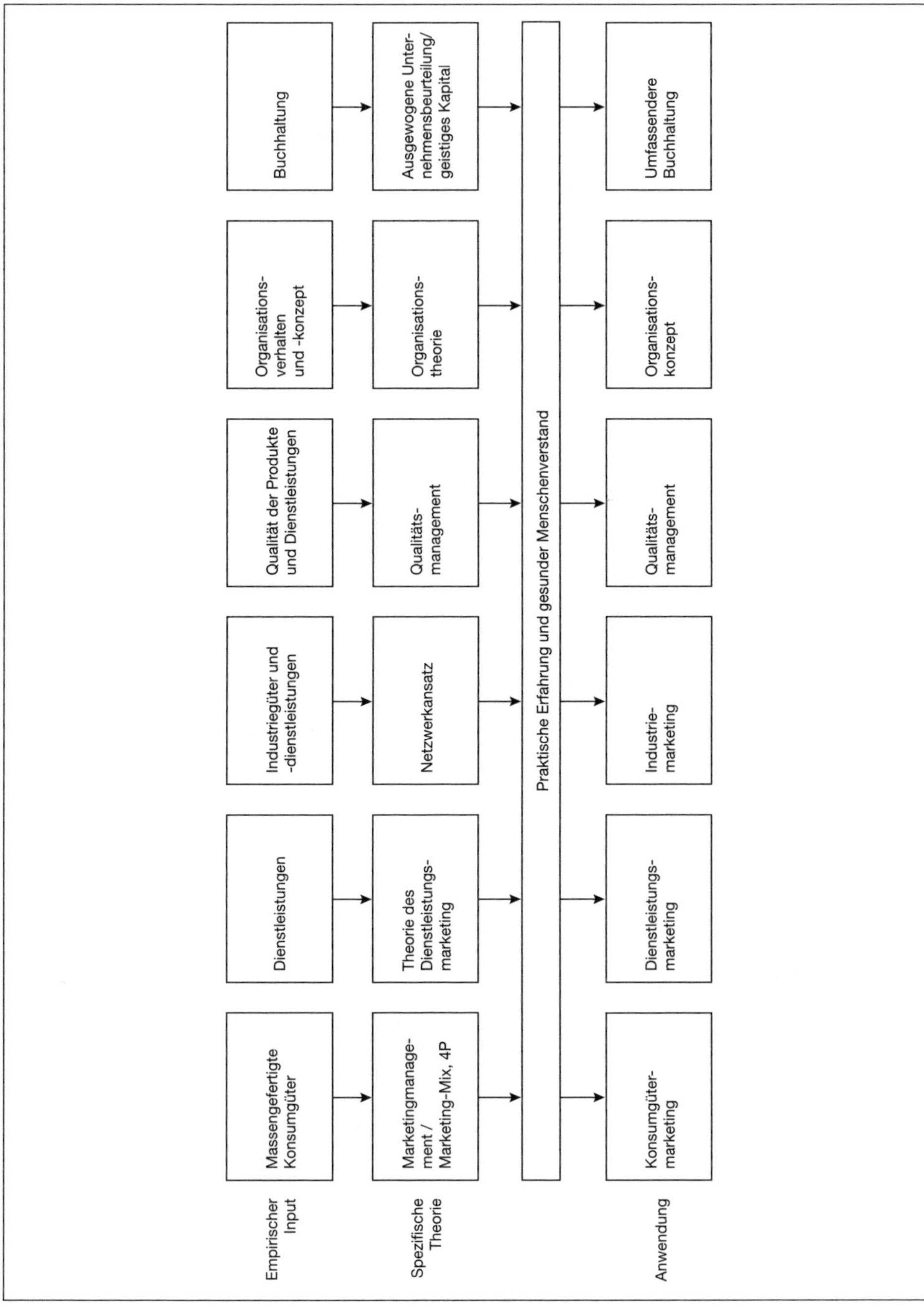

Abbildung 7.6: Beiträge von Marketingtheorien, anderen Theorien und praktischer Erfahrung zum RM

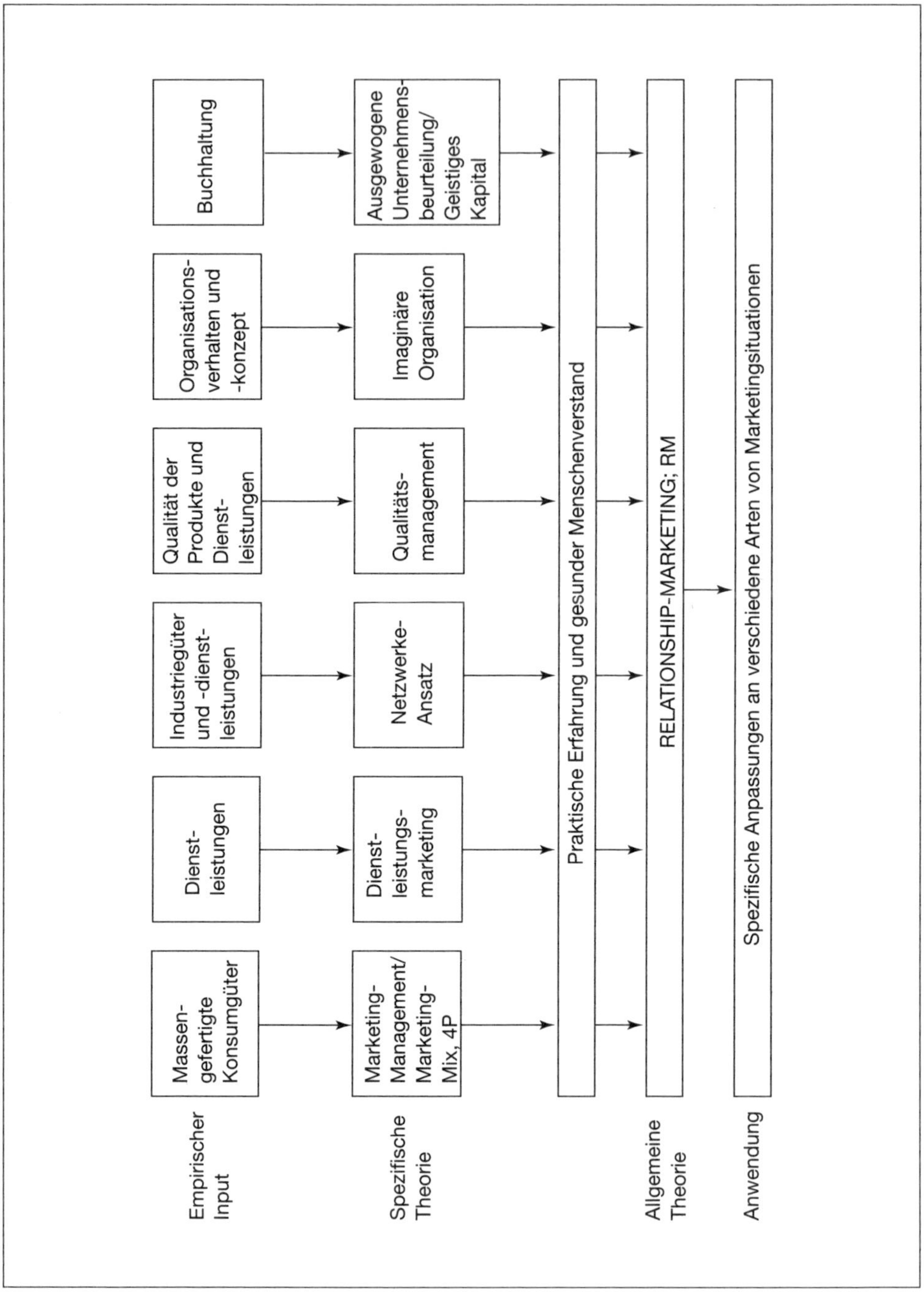

Abbildung 7.7: Synthese der spezifischen Theorien und Erfahrungen zu einer allgemeinen RM-Theorie

Ich kann mir aber noch eine *sechste Phase* vorstellen, bei der es um Marketinganwendungen geht, die bis jetzt als peripher betrachtet wurden, aber möglicherweise gleichermaßen von Bedeutung sein könnten. Wir haben in den 30R einen flüchtigen Blick darauf werfen können, aber sie besitzen keine so solide theoretische Grundlage wie die wesentlichen theoretischen Beiträge, die wir weiter oben dargestellt haben. Zu diesen Anwendungen gehören die Märkte, die durch *Börsen* geschaffen werden (Aktien, Wertpapiere, Metalle) und wo Preise, Lieferzeiten und Zahlung – in Sekundenbruchteilen – über elektronische Beziehungen festgelegt und abgewickelt werden; der *öffentliche Sektor* und sein Marketing *öffentlicher Dienstleistungen*, aber auch das *Marketing von Behörden*, das Marketing des *freiwilligen Sektors* und anderer *nichtkommerzieller Gesellschaften und Organisationen*, wie das Auftreiben von Geldern oder das Anwerben von Studenten an Universitäten, das Marketing von *Kulturorganisationen und Veranstaltungen* wie Filme, Theater oder die Olympischen Spiele, das *Marketing von Persönlichkeiten* (Schauspieler, Politiker) und das *Marketing von Standorten* (Fremdenverkehr, Einwanderung, Industriestandorte). All diese Bereiche haben zwar einen gewissen Einfluß auf das RM ausgeübt, der aber im Hinblick auf das Einnahmevolumen, das sie kontrollieren, und auf ihr Wachstum viel zu gering ist. RM läßt sich bis zu einem gewissen Grad auf diese Bereiche anwenden; man muß dabei aber beachten, daß sie nicht Gegenstand systematischer Studien für die Entwicklung meines RM-Konzepts waren.[28]

RM verschiebt Paradigmen!

Über Paradigmen

Ein Paradigma zu verschieben bedeutet, daß eine Wissenschaft oder eine Fachrichtung eine neue Grundlage erhält – mit neuen Werten, neuen Ausgangspunkten und neuen Methoden. Das Akzeptierte und Althergebrachte muß beiseite gelegt werden, indem es entweder völlig verschwindet und dem Neuen Platz macht oder indem es zu einem von mehreren nebeneinander bestehenden Paradigmen wird. Ein etabliertes Paradigma kann eine Hilfe darstellen, aber auch zum geistigen Kerker werden.

Organisationen verfangen sich in geistigen Fallen, glauben zu „wissen", was los ist, und errichten Denkmäler ihrer Vorurteile. „Gruppendenken" ist Überheb-

[28] Einige dieser Bereiche werden in speziellen Werken behandelt. Kotler und seine Koautoren zum Beispiel haben bahnbrechende Arbeit in den Bereichen Marketing von berühmten Persönlichkeiten, Bildungsinstitutionen, Non-Profit-Organisationen, Standorten und vor kurzem auch im Bereich Museenmarketing geleistet.

lichkeit, verbunden mit der Sicherheit der Zugehörigkeit zu einer Machtgruppe, zum Beispiel einer Unternehmensführung oder einer Marketingmanagement-Gruppe. Niemand wagt es, ihre Entscheidungen und Handlungen offen in Frage zu stellen. In der Geborgenheit des „Jasager-Chors" fühlen sich die Sänger durch Vorstellungen geschützt, die früher einmal realistisch waren, in einem veränderten Markt aber nichts anderes mehr sind als gemeinsame Illusionen.[29]

Die amerikanische Autoindustrie ist ein solches Beispiel. Als der Kleinwagen aus Europa und Japan kam, wurde er von den amerikanischen Herstellern nicht ernst genommen – von den Konsumenten aber sehr wohl. Morgan bietet dafür folgende Erklärung: „Die amerikanische Autoindustrie zu Beginn der 70er Jahre war eine Gefangene ihres frühen Erfolgs. Viele Unternehmen in anderen Industrien machten dieselbe Erfahrung und erlebten einen Abstieg und Rückgang als Folge jener Strategien, die sie in einem früheren Entwicklungsstadium zu weltweiten Führern gemacht hatten."[30]

Ich möchte vor Inkrementalisten warnen, die stets in kleinen Schritten voranschreiten wollen und glauben, daß neues Wissen kontinuierlich auf einer bestehenden und anerkannten Grundlage entsteht. Sie fragen: Sollen wir vielleicht alles über Bord werfen? Aber neues Wissen ist nur bis zu einem gewissen Punkt kumulativ und wird danach zur Belastung. Wenn man von neuen Perspektiven ausgeht und die Phänomene durch eine neue Brille betrachtet, bringt einen die alte Autobahn nicht mehr ans Ziel; sie ist zum Feldweg geworden.

RM als Paradigmenverschiebung

Manche behaupten, RM sei nichts weiter als eine marginale Variante der alten Denkweise mit ein oder zwei Zusätzen. Diese Ansicht zwingt RM mit Gewalt in das alte Schema, und so kann es seine Vorteile niemals entfalten. Paradigmenverschiebungen brechen bestehende Muster auf. Ein Kleinauto ist keine geschrumpfte Limousine, ein Tanker ist kein aufgeblähtes Paddelboot. Es handelt sich jeweils um verschiedene Konzepte, die verschiedenen Gesetzen folgen. Im gleichen Sinne verstehe ich RM als Paradigmenverschiebung im Marketing.

Tabelle 7.4 bietet eine Zusammenfassung meiner Ansichten über RM, seinen Beitrag zu einer Paradigmenverschiebung und zur Entstehung einer neuen Marketingtheorie.

[29] Zur Diskussion des Jasagers siehe Ortmark (1996).

[30] Morgan (1986, S. 201).

Definition	Relationship-Marketing ist Marketing, betrachtet als ein Geflecht von Beziehungen, Netzwerken und Interaktion.
Merkmale des RM	Der Wert für die beteiligten Parteien, zu denen der Kunde gehört, wird durch Interaktion zwischen Lieferanten, Kunden, Mitbewerbern und anderen geschaffen; die Parteien in einem Beziehungsnetz sind Koproduzenten und schaffen Wert füreinander.
RM greifbar und anwendbar machen	Spezifizieren von 30 Beziehungen, den 30R, die sowohl Marktbeziehungen als auch marktexterne Mega- und Nanobeziehungen umfassen.
Beziehungsportefeuille im Marketingplan	Als Teil des Marketingplanungsprozesses wird eine Auswahl von wesentlichen Beziehungen für die Planungsperiode festgelegt.
Werte	Mehr Win-win und weniger Win-lose-Beziehungen; mehr gleichberechtigte Parteien; alle Parteien haben die Verantwortung, in der Beziehung aktiv zu werden; langfristige Beziehungen.
Theoretische und praktische Grundlagen	Aufbauend auf einer Synthese zwischen dem traditionellen Marketingmanagement und dem Marketing-Mix (den 4P), dem Dienstleistungsmarketing, dem Netzwerkansatz zum industriellen Marketing, dem Qualitätsmanagement, den imaginären Organisationen, den neuen Buchhaltungsprinzipien und den Erfahrungen reflektierender Praktiker.
Verbindungen zum Management	RM ist mehr als Marketingmanagement, nämlich marketingorientiertes Management – ein Aspekt des gesamten Unternehmensmanagements – und beschränkt sich nicht auf die Marketing- oder Verkaufsabteilungen; der Marketingplan wird zu einem Teil des Unternehmensplans.
Verbindungen zur Buchhaltung	Die ausgewogene Unternehmensbeurteilung (Balanced Scorecard) und das geistige Kapital liefern die Instrumente zur Messung der Beziehungsrendite.
Verbindungen zur organisatorischen Struktur	RM ist der Marketingausdruck der imaginären Organisation und umgekehrt.
Vorteile für das Unternehmen	Verstärkte Kundenbindung und längere Beziehungsdauer; erhöhte Marketingproduktivität und daher bessere Rentabilität; verstärkte Stabilität und Sicherheit.

Vorteile für die Marktwirtschaft	RM ergänzt den Wettbewerb durch Zusammenarbeit und Regulierungen/Institutionen; die Symbiose der drei Elemente ist ein Beitrag in Richtung eines dynamischen Marketinggleichgewichts.
Vorteile für die Gesellschaft, die Bürger und die Kunden	RM ist das Marketing der Wertgesellschaft und der postmodernen Gesellschaft; maßgeschneiderte Produktion und Eins-zu-eins-Marketing erhalten mehr, standardisierte Massenfertigung und anonymes Massenmarketing weniger Gewicht.
Gültigkeit	Indem es Beziehungen, Netzwerke und Interaktion in den Vordergrund stellt, bietet RM einen realistischeren Marketingansatz als die gegenwärtig vorherrschenden Modelle der Marketinglehre. In der Praxis werden Geschäfte großteils über Beziehungsnetzwerke getätigt.
Verallgemeinerung	RM kann auf alle Arten von Organisationen und Angebote angewendet werden, aber das Beziehungsportefeuille und die Anwendung sind jeweils situationsspezifisch.

Tabelle 7.4: Die Hauptmerkmale des RM-Ansatzes der 30R und sein Beitrag zu einer Paradigmenverschiebung im Marketing

Ich bin davon überzeugt, daß die Paradigmenverschiebung in der Welt der Geschäfts- und Marketingrealität schon teilweise stattgefunden hat, aber nicht im gleichen Ausmaß in der Welt der Theorien, der Handbücher und der Lehre. Wir besitzen keine Sprache, um die Veränderungen, die in der Gesellschaft, den Organisationen und den Märkten stattgefunden haben, zu beschreiben; unsere Brillengläser haben den falschen Schliff, und die bestehende Marketingsprache versperrt uns die Sicht. So schafft die Theorie ihre eigene „Realität", und die Gültigkeit bleibt auf der Strecke. Studenten, die sich in Kursen und aus Büchern Theorien aneignen, bringen diese Theorien ins spätere Arbeitsleben mit und versuchen sie dort umzusetzen, meist mit geringem Erfolg oder sogar mit negativen Folgen. So verstricken wir uns in sterile Bemühungen, die Probleme von heute mit den Theorien von gestern zu lösen – Theorien, die vielleicht schon damals nicht zweckmäßig waren. Wir können die Tore zu einer Gesellschaft, die auf Dienstleistungen, Informationen und Wertschöpfung aufbaut, nicht mit den Schlüsseln des Industriezeitalters öffnen.

Ein neues Paradigma setzt neue wissenschaftliche Haltungen, Methoden und Techniken voraus. Zum Beispiel ist eine innovativere Anwendung qualitativer Ansätze angesagt. McKenna (1991) meint, daß erfolgreiches Marketing sich vor allem und in erster Linie aus qualitativen Studien und Beurteilungen und nicht aus quantitativen Forschungen ergibt. Die Marktforschung – verkörpert durch Marktforschungsinstitute, Berater und Wissenschaftler – bietet allzuoft eine fundamentalistische, eingeengte Sicht der Wissenschaft und der Suche nach der Realität. Unwesentliche Details werden geprüft, und was sich nicht mit einem Instrumentarium statistischer Techniken erfassen läßt, existiert einfach nicht; einem Großteil der Realität wird der Stempel „Für Forschung und Wissenschaft nicht geeignet" aufgedrückt. Dadurch wird eine Paradigmenverschiebung verzögert oder sogar abgewürgt.

In vielen Ländern und betriebswirtschaftlichen Fakultäten ist eine kurzsichtige Vorstellung der Rolle von Wissenschaft und Forschung festzustellen. Die meisten Forscher beherrschen ein oder zwei Meß- und Prüftechniken und gehen niemals darüber hinaus. Sie leben in der Überzeugung, daß „objektive", regelbestimmte Forschung den einzigen Weg zur Erkenntnis darstellt. Statistische Methoden basieren aber auf subjektiven Werten, willkürlichen persönlichen Entscheidungen und Intersubjektivität, und ihre „Logik" ist nur eine von vielen möglichen. Quantitative Ergebnisse erfordern qualitative Auswertungen, aber diese lästige Realität wird tabuisiert. Dieser Mangel an Verständnis ist unter den in der Praxis stehenden Managern weniger verbreitet, da die Realität und ihre Komplexität für sie offensichtlicher sind. Da aber immer mehr Manager von den betriebswirtschaftlichen Fakultäten kommen, könnten auch sie es vorziehen, sich auf armselige Landkarten zu verlassen und die Realität von sich zu weisen.

Neue Konzepte

Neues Denken verlangt neue Konzepte – eine Rekonzeptualisierung –, so daß die neuen Gedanken sich gemäß ihren eigenen Voraussetzungen entfalten können. Dies öffnet das Tor zu neuen Theorien und einer verbesserten Praxis.

Einige neue Konzepte wurden in diesem Buch bereits vorgestellt oder sind Weiterführungen zuvor verwendeter Konzepte. Einige glaube ich neu entwickelt zu haben; sollte ich irren, bitte ich, mich zu korrigieren.[31] Zu diesen Konzepten zählen die *Beziehungsbrille*, der *Vollzeitvermarkter* und der *Teilzeitvermarkter* – FTM und PTM, die *Megabeziehungen* und die *Nanobeziehungen*, die *gesichtslosen Beziehungen*, die *Allianzenmärkte*, der *elektronische Markt*, die *Servicekollision*, die *horizontale und vertikale Interaktion*, das *Machtunternehmen* und die *Machtindustrie*, die *pseudopersönliche Beziehung* und die *Pseudomitgliedschaft*, die *Wertgesellschaft*, das *bürokratisch-rechtliche Paradigma*, die *Beziehungsrendite*, das *Beziehungsportefeuille* und schließlich das *Marketinggleichgewicht*.

---

[31] Wie bereits hervorgehoben, ist es ganz wesentlich, zwischen einem Phänomen und dem Begriff, der zur Erfassung dieses Phänomens verwendet wird, zu unterscheiden. Ich habe keines der beschriebenen Phänomene erfunden; ich habe lediglich einige davon konzeptualisiert und ihnen Namen gegeben.

Einige der Beziehungen sind in der gegenwärtigen „allgemeinen" Marketingliteratur nicht vertreten, wie der *vielköpfige Kunde und der vielköpfige Lieferant* (R6), der *Kunde oder der Lieferant als Gefangener* (R10), die *elektronische Beziehung* (R12), die *parasozialen Beziehungen* (R13), die *grüne Beziehung* (R15), die *rechtlich bedingte Beziehung* (R16), das *kriminelle Netzwerk* (R17), die *Wissensbeziehung* (R21), *Megaallianzen* (R22) oder das *Qualitätsmanagement als Stütze der Beziehung zwischen Marketing und Technologie* (R26).

Weitere Konzepte und Begriffe sind von anderen entwickelt worden: Megamarketing, internes Marketing, interner Kunde, Servicebegegnung, imaginäre Organisationen, wissensbedingte Organisation, wanderndes und verankertes Wissen, Wertmonopol. Wir haben diesen Konzepten jedoch hier eine zentralere Rolle zugeordnet als in anderen allgemeinen Marketingausführungen und sie durch die Beziehungsbrille betrachtet.

Die neue Sprache des RM überwindet ein Dilemma. Unter anderem soll sie aufzeigen, daß die Grenzen in einem Netzwerk von Beziehungen – aus der Perspektive des Marketing wie der Organisation – nicht eindeutig sind. Die Grenzen sind je nach verfolgtem Zweck unterschiedlich; sie bleiben stets verschwommen und dynamisch und werden immer wieder überwunden. Gleichzeitig sehe ich mich gezwungen, mangels besser geeigneter Worte Begriffe wie intern/extern oder Unternehmen/Markt zu verwenden. Enge Freunde und Fachleute, denen ein stillschweigendes Verständnis ihres Berufs gemeinsam ist, können auch ohne Worte kommunizieren. Als ich Marlo Morgans[32] verblüffenden Bericht über ihr „Walk-about" mit einem Stamm von Aborigines in Australien las, packte mich der Neid. Dieses „primitive" Volk besaß ein kollektives, gemeinsames Bewußtsein und konnte daher schweigend, aber höchst effizient kommunizieren.

RM und die 4P

Wenn RM die Stelle des traditionellen Marketingmanagements und der Marketing-Mix-Theorie als neue Grundstruktur für das Marketingdenken einnimmt, stellt sich folgende Frage: Sind die 4P (5P, 6P usw.) damit gestorben? Die Antwort lautet: Nein! *Product, Price, Promotion* und *Place* werden immer wichtig bleiben und haben im RM ihre Rolle zu spielen, aber diese Rolle verändert sich. Ich sehe das folgendermaßen:

Die 4P spielen keine führende Rolle mehr, sondern eine unterstützende; der Schwerpunkt verlagert sich (Abbildung 7.8). In der Praxis sind die 4P – selbst wenn dies nicht die ursprüngliche Absicht war – so manipulativ geworden, daß die Glaubwürdigkeit und Funktionstüchtigkeit der Marketingdisziplin beeinträchtigt worden ist. Die 4P sind außerdem auf das Massenmarketing ausgerich-

[32] Morgan (1994).

tet, das zwar an Bedeutung verliert, aber immer ein Teil des Marketing bleiben wird. Produkte und Dienstleistungen werden in Zukunft als Mittel verstanden werden, um gemeinsam mit einzelnen Kunden einen Wert zu schaffen, und die Rolle des Kunden in der Produktion wird mehr Gewicht erhalten.

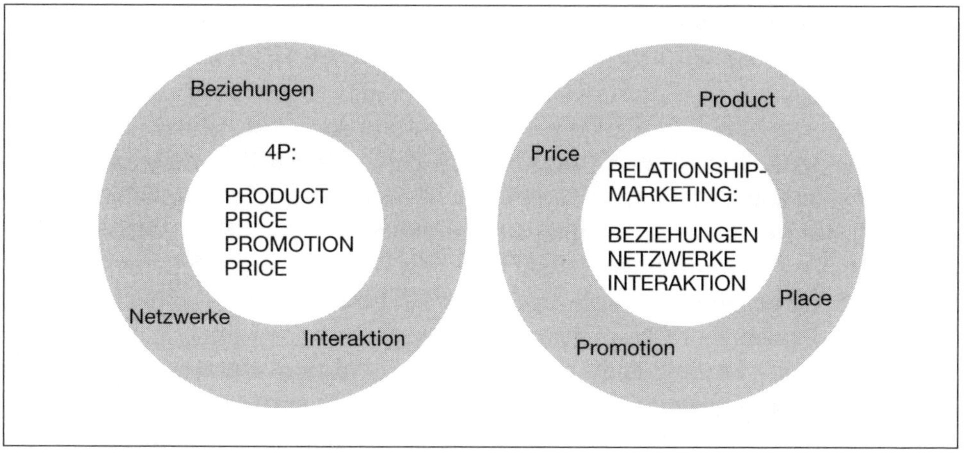

Abbildung 7.8: Schwerpunktverlagerung von den 4P im Mittelpunkt zum RM

Industriegesellschaft und Wertgesellschaft, Moderne und Postmoderne

Der Übergang zur imaginären Organisation stellt eine Paradigmenverschiebung dar, die mit dem RM eng verwandt ist, wie wir in Kapitel 6 gesehen haben. RM kann auch ein Anzeichen für andere Paradigmenverschiebungen auf einer allgemeineren, abstrakteren Ebene sein. Zwei solche Verschiebungen wollen wir hier besprechen: von der *Moderne* zur *Postmoderne*, und von der *Industriegesellschaft* zur *Wertgesellschaft*. Hier haben wir es mit *Megaparadigmen* zu tun, einem Begriff, der für jene, die bereits mit den Begriffen Paradigma und Postmodernismus auf Kriegsfuß stehen, wie ein rotes Tuch wirken mag.

Selbst wenn die Phänomene der Moderne und der Postmoderne undurchschaubar sind, reizen sie unseren Verstand. Wir ahnen, daß sie uns im langfristigen Übergang von bestimmten vorherrschenden Werten und Haltungen zu anderen Wesentliches enthüllen sollen.[33] Die Moderne fällt mit der Industriegesellschaft zusammen, die Postmoderne mit der neuen Wirtschaft, die ich als Wertgesellschaft bezeichne.

Die Moderne ist geprägt vom Fortschrittsglauben und von unbändigem Vertrauen in die Wissenschaft, das Rationale und die Experten; von unserer Fähig-

[33] Die Diskussion über Postmoderne und Marketing stützt sich in erster Linie auf Brown (1995).

keit, die Natur und das soziale Verhalten zu beherrschen; von der Entdeckung universeller Gesetze und absoluter Wahrheiten durch die Ansammlung eines objektiven, auf Fakten basierenden Wissens. Alles ist meßbar, und was nicht meßbar ist, existiert nicht. Mythen und Glauben werden durch Wissen ersetzt. Die Gesellschaft kann durch soziales Engineering geordnet werden, und soziale Gleichheit wird durch Planung, Regulierungen und Institutionen geschaffen.

Die Postmoderne wirft diese Vorstellungen über den Haufen. Giarini und Stahel (1989) sprechen im postmodernen Sinn von der neuen Gesellschaft als *Zeitalter der Ungewißheit*. Der Experte ist nicht mehr der weise, selbstsichere Fachmann, der weiß, „was los ist“, und sich auf „wissenschaftliche Beweise“ stützt, sondern wird zum „Makler der Ungewißheit“. Wir haben gesehen, daß die Organisation, der Lieferant, der Kunde und der Mitbewerber keine eindeutigen, klar abgegrenzten Phänomene mehr sind. Unternehmen können Lieferanten, Kunden und Mitbewerber zugleich sein und einander besitzen. Der Lieferant und der Kunde erscheinen als Koproduzenten von Dienstleistungen, zunehmend auch als Koproduzenten von Produkten und letztlich von Werten. Kunden, die eine Leistung einkaufen, können sich als zeitweilige Arbeiter in der Leistungsfabrik des Lieferanten verstehen. Wir haben es mit verschwommenen Phänomenen zu tun, mit einem klaren Kern, aber undeutlichen Grenzen, mit vielfältigen, überlappenden Perspektiven. Die persönlichen und organisatorischen Beziehungen, die sowohl technische Rationalität als auch Emotionen umfassen, sind für das Marketing von zentraler Bedeutung. Wissen wird als unvollständig und variabel anerkannt. Die imaginäre Organisation ist postmodern, fließend und in ständiger Veränderung begriffen. Komplexität wird als natürlich anerkannt und akzeptiert, nicht als lästig und nervenaufreibend. Chaos gehört zum Marketingalltag, aber selbst wenn wir *das* Chaos nicht managen können, haben wir gelernt, *im* Chaos zu managen. Zweideutigkeit und Wandel werden akzeptiert. Es besteht zwar kein Gleichgewicht, aber man strebt nach einer Ausgewogenheit, die niemals erreicht werden kann. Trends sind nicht kontinuierlich – viele treten gleichzeitig auf und bewegen sich in verschiedene Richtungen; ihr Kennzeichen ist das Paradoxon, aber nicht der innere Widerspruch. Der tiefgreifende Umschwung – die Diskontinuität, die Paradigmenverschiebung – kann ganz plötzlich auftreten, wie die Ölkrise in den 70er Jahren oder die sowjetische Perestroika und der Fall der Berliner Mauer in den 80er Jahren. Der Umschwung erscheint auch in Form von technologischen Neuerungen wie IT oder Gentechnik oder in Form von Umgestaltungen des sozialen Systems durch Privatisierung und Deregulierung.

Meiner Ansicht nach ist die Marketingpraxis überall dort, wo sie Erfolg hat, unbewußt postmodern. Theorie und Lehre hingegen haben – anstatt die Marketingpraxis zu verstehen und ihre Seele bloßzulegen – stets versucht, sie in Kästchen, Matrizen, statistische Techniken und andere vereinfachende Konstrukte einzusperren, häufig mit schwacher Verbindung zur Realität und folglich mit geringer

Gültigkeit. Branchen und Produkte werden in der Ökonomie und der Statistik zu statisch definiert. Realistischer gesehen wird die „Branche" zum vorübergehenden Hafen eines Unternehmens in einem pulsierenden Netzwerk mit verschwommenen Grenzen; Produkte werden zu Interaktionen mit Kunden und deren Erfahrungen und Empfindungen.

Rückblick: Nähern wir uns dem Ende – oder dem Anfang?

Als ich 1968 zum ersten Mal auf die Problematik der Beziehungen aufmerksam wurde, hatte ich keine Ahnung, wohin mich die Beschäftigung mit diesem Thema führen würde. Erst als das Manuskript für das Buch fertig war, stellte ich fest, daß ich den Deckel eines tiefen Brunnens geöffnet hatte und nicht bis auf den Grund sehen konnte. RM wurde zum unendlich scheinenden schwarzen Loch. Obwohl hier und da ein Stern leuchtet, bleibt das meiste nach wie vor im dunkeln. Daher fühle ich mich von Leuten irritiert, die mich belehren wollen, was RM ist und was nicht. Sie haben nicht nur keine Ahnung, sie sind auch noch langweilig. Sie halten die Eisschicht auf dem See für den Boden des Sees; wenn das Eis zu schmelzen beginnt, könnten sie bald im tiefen, kalten Wasser landen – ohne Boden unter den Füßen.

Was mich ursprünglich veranlaßte, mich mit RM zu beschäftigen, war der Wunsch, mit der Entwicklung einer neuen, allgemeinen Theorie zu einem realistischeren Marketingverständnis beizutragen. Auf der Suche nach einer solchen Theorie haben sich Beziehungen, Netzwerke und Interaktion als Kernkonzepte, als Fundament herauskristallisiert. Bei der Auswahl und Definition der 30R ging es mir in erster Linie darum, Phänomene zu verdeutlichen, die für Praktiker und Wissenschaftler von wesentlicher Bedeutung sind. Geboren sind die 30R aus der Beobachtung aktueller Fragestellungen in den Unternehmen, aus dem Studium der Literatur und Forschung sowie der Auswertung dieser Quellen. Aktuellen Themen nachzuspüren bedeutet nicht, einem kurzlebigen Modetrend zu verfallen; die Phänomene erwecken deshalb mein Interesse, weil ich glaube, daß sie von Dauer sein werden.

Als die Rs sich abzuzeichnen begannen – und ich noch keine Ahnung hatte, wie viele es letztlich sein würden –, versuchte ich, eine vereinheitlichende Logik zu finden. Daß ich diese Logik nicht finden konnte, verunsicherte mich, bis ich begriff, daß es ein Fehler war, nach einer einfachen Logik Ausschau zu halten. Ich konnte nicht verlangen, daß sich die Beziehungen in irgendeiner rationalen Weise in ein etabliertes Ordnungsmuster einzufügen hatten. Statt dessen verfolgte ich einen induktiven Ansatz und ließ die Rs sich aus den Daten herauskristallisieren. Die Theorien, die ich hier erwähnt habe, waren Quellen der Inspiration, und die von ihnen entwickelte Terminologie bot mir eine Orientierungshilfe. Es gibt kein streng vordefiniertes Prinzip, das eine solche Forschung leiten könnte – und man braucht auch kein solches Prinzip. Kategorien und Kernvariablen herauszufinden ist ein kontinuierlicher Prozeß des kreativen, aufgeschlossenen Vergleichs von Daten und Phänomenen, in welchem man die Kategorien und Kernvariablen hervortreten läßt, ohne sie zu erzwingen. Bei einem induktiven Ansatz sind die Daten Spermien und Eizellen, und ihre Interaktion bestimmt die Geburt neuen Lebens.

Mein wissenschaftlicher Ansatz akzeptiert die Tatsache, daß Phänomene verschwommen sind und ihre Beschreibung Raum für Zweideutigkeit und Unklarheit lassen muß. Kommunikation kann jedoch durch Strukturen erleichtert werden. Die Struktur der 30R ist ziemlich unkompliziert, wie auch die Struktur der 4P. Die 30R sind eine aufzählende und grobe Klassifizierung in klassische und besondere Marktbeziehungen sowie marktexterne Mega- und Nanobeziehungen. Die Beziehungen besitzen jedoch vielfältige Eigenschaften, und jede Klassifizierung kann in Frage gestellt werden.

RM ist ein Werkzeug und keine fundamentalistische Religion. RM schließt Transaktionsmarketing oder anonymes Massenmarketing dort, wo sie berechtigt sind, keineswegs aus. RM wirft auch die 4P nicht über Bord, sondern verändert nur ihren Stellenwert.

Das Buch nähert sich seinem Ende, aber dieses Ende kann so gesehen werden, daß es ein Sprungbrett für etwas Besseres geschaffen hat. Ich besitze ganze Kisten von Dokumenten und Regale voller Bücher, die ich nicht nutzen konnte und die in diesem Text keine faire Chance bekommen haben. Es ist zu hoffen, daß noch bessere RM-Ansätze entwickelt werden. Persönliche und wissenschaftliche Überlegungen und ein konstruktiver Dialog rund um die 30R – und ich halte Überlegungen und Dialog für die sinnvollsten wissenschaftlichen Prinzipien – werden unser Verständnis des RM schrittweise vertiefen.

Verzeichnis der Abbildungen und Tabellen

Kapitel 7

Literaturverzeichnis

Ahrnell, Britt-Marie/Nicou, Monica: Kunskapsföretagets marknadsföring , Malmö 1995, 2., durchgesehene Aufl.

Albinsson-Bruhner, Göran: Den rationella välfärdsstatens kollaps, in: Svenska Dagbladet, 4. September 1993

Albrecht, Karl/Zemke, Ron: Service America!, Homewood 1985

Alderson, Wroe: Dynamic Marketing Behavior, Homewood 1965

Alexander, Keith/Rothman, Andrea: Will Travel Agents Get Bumped by These Gizmos?, in: Business Week, 28. Juni 1993, S. 42

AMA: Board Approves New Marketing Definition, in: Marketing News, 1. März 1985

Arndt, Johan: Toward a Concept of Domesticated Markets, in: Journal of Marketing, vol. 43/ Herbst 1979, Seite 69–75

Arndt, Johan: The Political Economy Paradigm: Foundation for Theory Building in Marketing, in: Journal of Marketing, vol. 47/ Herbst 1983, S. 44–54

Axelsson, Björn/Easton, Geoffrey (Hrsg.): Industrial Networks: A View of Reality, London 1992

Badaracco, Joseph L. Jr.: The Knowledge Link: How Firms Compete through Strategic Alliances, Boston 1991

Baker, Michael J.: Evolution of the Marketing Concept, in: Baker, Michael J. (Hrsg.): Marketing: Theory and Practice, London 1976

Baker Michael J.: Marketing – Philosophy or Function?, in: Baker, Michael J. (Hrsg.): Companion Encyclopedia of Marketing, London 1995a

Baker, Michael J.: The Future of Marketing, in: Baker, Michael J. (Hrsg.): Companion Encyclopedia of Marketing, London 1995b

Ball, Robert: Brand Old, Brand New, in: Time, 11. November 1991, S. 53

Ballantyne, David: Marketing at the Crossroads, in: Asia-Australia Marketing Journal, vol. 2, no. 1/August 1994, S. 1–7

Bannon, Lisa: Latin Outrage. A Milan Investigator Opens Pandora's Box Of Italian Corruption, in: The Wall Street Journal Europe, 12–13 Juni 1992, Seite 1, 24

Baumgartner, Jim: Nonmarketing Professionals Need More Than 4Ps, in: Marketing News, 22. Juli 1991, S. 28

Benndorf, Hans: Marknadsföringsplanering och samordning mellan företag i industriella system, Stockholm 1987

Bergstrand, Bert-Olov/Lundgren, Christer/Södersröm, Per: Den dolda skattkistan: Människan och IT-lösningar i balansräkningen, Lund 1993

Berry, Leonard L.: Relationship Marketing, in: Berry L. L./Shostack, G. L./Upah, G. D. (Hrsg.): Emerging Perspectives in Service Marketing, Chicago 1983

Berry, Leonard L.: The Service Quality Agenda for the 1990s, in: Distinguished Papers, no. DP 89F-2, New York 1989

Berry, Leonard L.: Relationship Marketing of Services – Growing Interest, Emerging Perspectives, in: Journal of the Academy of Marketing Science, vol. 23, no. 4/ Herbst 1995, S. 236–245

Berry, Leonard L./Parasuraman A.: Marketing Services, New York 1991 [Deutsche Übersetzung: Berry, Leonard L./Parasuraman A.: Service Marketing. Wettbewerbsvorsprung durch erstklassige Qualität, Frankfurt 1992]

Berry, Leonard L./Parasuraman A.: Building a New Academic Field – The Case of Services Marketing, in: Journal of Retailing, no. 1, vol. 69/ Frühjahr 1993, S. 13–60

Bitner, Mary Jo: Evaluating Service Encounters: The Effects of Physical Surroundings and Employee Responses, in: Journal of Marketing, April 1990, S. 69–82

Blois, Keith: Relationship Marketing in Organizational Markets: When is it Appropriate?, in: Journal of Marketing Management, no. 12/1996, S. 161–173

Blomqvist, Ralf/Dahl, Johan/Haeger, Tomas: Relationsmarknadsföring: strategi och metod i servicekonkurrens, Gothenburg 1993

Blumberg, Paul: The Predatory Society, New York 1989

Booms, Bernhard H./Bitner, Mary Jo: Marketing Strategies and Organization Structures for Service Firms, in: Donnelly, James/George, William R. (Hrsg.): Marketing of Services, Chicago 1982

Boissevain, Jeremy: Friends of Friends, Oxford 1976

Borg, Erik A.: Beyond Modern Management, Malmö 1996

Bradford, Hugh: A New Framework for Museum Marketing, in: Kavanagh, Gaynor (Hrsg.): The Museums Profession: Internal and External Relations, Leicester 1991

Brandenburger, Adam M./Nalebuff, Barry J.: Co-opetition, Boston, 1996 [Deutsche Übersetzung: Nalebuff, Barry/Brandenburger, Adam: Coopetition – kooperativ konkurrieren. Mit der Spieltheorie zum Unternehmenserfolg, Frankfurt 1996]

Brandes, Ove/Brege, Staffan: Marknadsledarskap, Malmö 1990

Brown, Stephen: Postmodern Marketing, London 1995

Buck-Lew, M./Edvinsson, L.: Intellectual Capital at Skandia, Stockholm 1993

Bund Jackson, Barbara: Winning and Keeping Industrial Customers, Lexington 1985a

Bund Jackson, Barbara: Build Customer Relationships That Last, in: Harvard Business Review, November – Dezember 1985b, S. 120–128

Buttle, Francis (Hrsg.): Relationship Marketing: Theory and Practice, London 1996

Buzzell, Robert D./Gale, Bradley T.: The PIMS Principles: Linking Strategy to Performance, New York 1987 [Deutsche Übersetzung: Buzzell, Robert D./Gale, Bradley T.: Das PIMS-Programm. Strategien und Unternehmenserfolg, Wiesbaden 1989]

Calonius, Henrik: The Promise Concept, Helsinki 1987

Cang, Stephen: Organisational Change and the Doctor-patient Relationships as the Model for Client-consultant Relationships, vorgestellt auf dem Seminar on Client-Consultant Relationships, Niederlande 1976

Carlsson, Matts/Lundqvist, Mats: Work with and Implementation of New Concepts for Management of Product Developement – Some Emperical Findings, Gothenburg, 1992

Carlzon, Jan: Moments of Truth, Cambridge 1987 [Deutsche Übersetzung: Carlzon, Jan:Alles für den Kunden. Jan Carlzon revolutioniert ein Unternehmen, Frankfurt 1990, 4. Auflage]

Cristopher, Martin/Payne, Adrian/Ballantyne, David: Relationship Marketing, London 1991

Cialdini, Robert B.: Influence, New York 1984 [Deutsche Übersetzung: Cialdini, Robert B.: Überzeugen in Handumdrehen. Wie und warum sich Menschen überzeugen lassen, Landsberg am Lech 1993, 2. Auflage]

Clark, Margaret S.: Reactions to Aid in Communal and Exchange Relationships, in: New Directions in Helping, vol. 1, chapter 11/1983, S. 281–304

Coase, Ronald H.: The Nature of the Firm, in: Economica, 1937, S. 387–405

Coase, Ronald H.: The Institutional Structure of Production, in: Prize Lecture in Economic Science in Memory of Alfred Nobel, Stockholm 9. Dezember 1991

Cooper, Robin/Kaplan, Robert S.: Profit Priorities from Activity- Based Costing, in: Harvard Business Review, Mai – Juni 1991, S. 130–135

Cowles, Deborah L.: Relationship Marketing for Transaction Marketing Firms: Viable Strategy via Command Performance, in: Sheth, Jagdish N./Parvatiyar, Atul (Hrsg.): Relationship Marketing: Theory, Methods and Applications. 1994 Research Conference Proceedings, Atlanta 1994

Cram, Tony: The Power of Relationship Marketing, London 1994
Crosby, Philip: Quality is Free, New York 1979 [Deutsche Übersetzung: Crosby, Philip: Qualität ist und bleibt frei. Die Ratschläge des Qualitätspapstes für das 21. Jahrhundert, Wien 1996]
Crosby, Lawrence/Evans, Kenneth/Cowles, Deborah: Relationship Quality in Services Selling: An Interpersonal Influence Perspective, in: Journal of Marketing, vol. 54/Juli 1990, S. 68–81
Cutlip, S. M./Center, A. H./Broom, G. M.: Effective Public Realtions, Englewood Cliffs 1995
Czepiel, John A.: Managing Relationships with Customers: A Differentiating Philosophy of Marketing, in: Bowen, D./Chase, R./Cummings, T. (Hrsg.): Service Management Effectivness, San Francisco 1990, S. 299–323
Daffy, Chris: Once a Customer, Always a Customer, Dublin 1996
Darby, M. R./Karni, E.: Free Competition and the Optimal Amount of Fraud, in: Journal of Law and Economics, April 1973, S. 67–86
Davidow, William H./Malone, Michael S.: The Virtual Corporation, New York 1992 [Deutsche Übersetzung: Davidow, William H./Malone, Michael S.: Das virtuelle Unternehmen. Der Kunde als Co-Produzent, Frankfurt 1996, 2. Auflage]
D'Aveni, Richard A.: Hypercompetition, New York 1994 [Deutsche Übersetzung: D'Aveni, Richard A.: Hyperwettbewerb. Strategien für die neue Dynamik der Märkte, Frankfurt 1995]
Davis, Gary: Supply-chain Relationships, in: Buttle, Francis (Hrsg.): Relationship Marketing: Theory and Practice, London 1996
Davis, Stanley M.: Future Perfect, Reading 1987 [Deutsche Übersetzung: Davis, Stanley M.: Vorgriff auf die Zukunft, Freiburg i. Br. 1988]
DeBono, Edward: Sur/petition: Going Beyond Monopolies, London 1992
Degan, James M.: Warehouse clubs move from revolution to evolution, in: Marketing News, 3. August 1992, S. 8
Delaryd, Bengt: I Japan är kunden kung, Stockholm 1989
Deming, W. Edwards: Out of the Crisis, Cambridge 1986
Donnelly, James H. Jr./Berry, Leonard L./Thompson, Thomas W.: Financial Services – A Strategic Vision, Homewood 1985
Donovan, Hedley: Managing Your Intellectuals, in: Fortune, 23. Oktober 1989, S. 103–106
Dreyfuss, Joel: Reinventing IBM, in: Fortune, 14. August 1989, S. 20–27
Drucker, Peter F.: The Practice of Management, New York 1954
Drucker, Peter F.: The Coming of the New Organization, in: Harvard Business Review, Januar–Februar 1988a, S. 45–53
Drucker, Peter F.: Teaching the Work of Management, in: New Management Magazine, vol. 6, no. 2/Herbst 1988b
Drucker, Peter F.: The New Realities, Oxford 1989
Drucker, Peter F.: Managing the Nonprofit Organization, New York 1990
Easton, Geoff/Håkansson, Håkan: Markets as Networks: Editorial Introduction, in: International Journal of Research in Marketing, vol. 13, no. 5/1996, S. 407–413
Edenhammar, Hans/Syréhn, Ingemar: Wallenberg, Skanska, Volvo och Handelsbanken stärker sina positioner, in: Veckans Affärer, no. 15/16, 8. April 1992
Edfeldt, Åke W.: Påverkan, Stockholm 1992
Edvardsson, Bo/Thomasson, Bertil/Øvretveit, John: Quality of Service: Making It Really Work, London 1994
Edvinsson, Leif/Malone, Michael S.: Intellectual Capital, New York 1997
Ehrlemark, Gunnar: OTOM Paper, 7. November 1978 (wie zitiert in: The ForeSight Entrepreneur, no. 3/1989)
Eliott, Jaques: In Praise of Hierarchy, in: Harvard Business Review, no. 1/Januar – Februar 1990

El-Sayed, Refaat/Hamilton, Carl: Makten och ärligheten, Stockholm 1990
Englund, Karl: Försäkring och fusioner, Stockholm 1982
Entine, Jon: Let Them Eat Brazil Nuts, in: Dollar and Sense, März-April 1996, S. 30–35
Eriksson, Lars Torsten: Myndigheters marknadsföring, Stockholm 1988
Falcone, Giovanni/Padovani, Marcelle: Cosa Nostra: Domarens kamp mot maffian, Stockholm 1991
Faltermayer, Edmund: Does Japan Play Fair?, in: Fortune, 7. September 1992, S. 22–29
Feurst, Ola: Kost och hälsa i marknadsföringen, Stockholm 1991
Fisk, Raymond P./Brown, Stephen W./Bitner, Mary Jo: Tracking the Evolution of Services Marketing Literature, in: Journal of Retailing, vol. 69, no. 1/Frühjahr 1993, S. 61–103
Ford, David (Hrsg.): Understanding Business Markets: Interaction, Relationships and Networks, London 1990
Ford, D./Håkansson, H./Johansson J.: How Do Companies Interact?, in: Industrial Marketing & Purchaising, vol. 1, no. 1/1986
Forrester, Jay W.: A New Corporate Design, in: Halal, William E./Geranmayeh, Ali/Pourdehead, John (Hrsg.): Internal Markets, New York 1993
Frencker, Paulsson: ABC-kalkylen vad behövs mer?, in: Ekonomi & Styrning, no. 2/1993, S. 26–29
Fukuyama, Francis: Trust, New York 1995
Gadde, Lars-Erik: Developments in Distribution Channels for Industrial Goods, in: Baker, Michael (Hrsg.): Perspectives on Marketing Management, vol. 4, Chichester 1994
Gates, Bill: The Road Ahead, New York 1995 [Deutsche Übersetzung: Gates, Bill: Der Weg nach vorn. Die Zukunft der Informationsgesellschaft, Hamburg 1995]
Gerlach, Michael L.: Alliance Capitalism: The Social Organization of Japanes Business, Berkley 1992
Giarini, O./Stahel, W. R.: The Limits of Certainty: Facing New Risks in the Service Economy, Dordrecht 1989
Glaser, Barney G.: Basics of Grounded Theory Analysis, Mill Valley 1992
Glaser, Barney G./Strauss, Anselm L.: The Discovery of Grounded Theory – Strategies for Qualitative Research, New York 1967
Goodwin, Cathy: Private Roles in Public Encounter: Communal Relatonships in Service Exchanges, in: Proceedings from the 3rd International Research Seminar in Service Management, Aix-en-Provence Mai 1994, S. 312–332
Granovetter, Mark: The Strength of Weak Ties. A Network Theory Revisited, in: American Journal of Sociology, vol. 78, no. 3/1973, S. 3–30
Granovetter, Mark: Economic Action and Social Structure. The Problem of Embeddedness, in: American Journal of Sociology, vol. 91, no. 3/1985, S. 481–510
Gray, Barbara: Collaborating, San Francisco 1989
Gruen, Thomas W./Ferguson, Jeffery M.: Using Memberships as a Marketing Tool: Issues and Applications, in: Sheth, Jagdish N./Parvatiyar, Atul (Hrsg.): Relationship Marketing: Theory, Methods and Applications, Proceedings from the Second Research Conference on Relationship Marketing, Atlanta Juni 1994
Grönroos, Christian: Service Management and Marketing, New York 1990
Grönroos, Christian: Facing the Challenge of Service Competition: The Economies of Service, in: Kunst, Paul/Lemmik, Jos (Hrsg.): Quality Management in Services, Assen/Maastricht 1992
Grönroos, Christian: Quo Vadis, Marketing? Toward a Relationship Marketing Paradigm, in: Journal of Marketing Management, vol. 10/1994, S. 347–360
Grönroos, Christian: The Relationship Marketing Logic, in: Asia-Australia Marketing Journal, vol. 4/1996

Grönroos, Christian/Gummesson, Evert (Hrsg.): Service Marketing – Nordic School Perspectives, Research Report R1985:2, Stockholm 1985

Grönroos, Christian/Monthelie, Caroline: Service management i den offentliga sektorn, Malmö 1988

Gummesson, Evert: Marknadsföring och inköp av konsulttjänster, Stockholm 1977

Gummesson, Evert: A New Concept of Marketing, vorgestellt auf der European Marketing Academy (EMAC) Annual Conference, Grenoble April 1983

Gummesson, Evert: Marketing of Public Telecommunications, Stockholm 1984

Gummesson, Evert: Resultatinriktad marknadsföring, Stockholm 1984

Gummesson, Evert: Quality – The Ericsson Approach, Stockholm 1987a

Gummesson, Evert: The New Marketing: Developing Long-term Interactive Relationships, in: Long Range Planning, vol. 20, no. 4/1987b, S. 10–20

Gummesson, Evert: Qualitative Methods in Management Research, Newbury Park 1991

Gummesson, Evert: Quality Dimensions: What to Measure in Service Organizations, in: Swartz, Teresa A./Bowen, David E./Brown, Stephen W. (Hrsg.): Advances in Services Marketing and Management, Greenwich 1992

Gummesson, Evert: Quality Management in Service Organizations, New York 1993

Gummesson, Evert: Making Relationship Management Operational, in: The International Journal of Service Industry Management, vol. 5/1994, S. 5–20

Gummesson, Evert (Hrsg.): Quality, Productivity & Profitability in Service Operations, Stockholm 1995

Gumpert, David E.: Big Company, Small Company: The New American Partnership, in: Forbes, 20. Juli 1992, S. 225–240

Gustavsson, Bengt: The Transcendent Organization, Stockholm 1992

Hadenius, Stig/Weibull, Lennart: Massmedier, Stockholm 1993

Hägg, Ingemund/Johanson, Jan (Hrsg.): Företag i nätverk, Stockholm 1982

Håkansson, Håkan (Hrsg.): International Marketing and Purchasing of Industrial Goods, Chichester 1982

Håkansson, Håkan (Hrsg.): Industrial Technological Development, London 1987

Håkansson, Håkan/Snehota, Ivan: Marknadsplanering – Ett sätt att skapa nya problem?, Lund 1976

Håkansson, Håkan/Snehota, Ivan (Hrsg.): Developing Relationships in Business Marketing, London 1995 (Hrsg.)

Halal, William E./Geranmayeh, Ali/Pourdehead, John (Hrsg.): Internal Markets, New York 1993

Hallén, Lars/Widersheim-Paul, Finn: Psychic Distance and Buyer-Seller Interaction, in: Organisation, Marked og Samfunn, vol. 16, no. 5/1979, S. 308–324

Hallinen, Aino: Relationship Marketing in Professional Services, London 1997

Hamel, Gary/Prahalad, C. K.: Competing for the Future, Boston 1994 [Deutsche Übersetzung: Hamel, Gary/Prahalad, C. K.:Wettlauf um die Zukunft. Wie Sie mit bahnbrechenden Strategien die Kontrolle über Ihre Branche gewinnen und die Märkte von morgen schaffen, Wien 1995]

Hamilton, Carl: Absolut: Historien om flaskan, Stockholm 1994

Hammarkvist, K.-O./Håkansson, H./Mattsson, L.-G.: Marknadsföring för konkurrenskraft, Malmö 1982

Hammer, Michael/Champy, James: Reengineering the Corporation, New York 1993 [Hammer, Michael/Champy, James: Business Reengineering. Die Radikalkur für das Unternehmen, Frankfurt 1994]

Handy, Charles: The Age of Unreason, Boston 1990

Harper, Ross: Hunt for Holy Grail of Dispute Meditation, in: Scottish Gazette, 20. Oktober 1993, S. 10

Harrington, James H.: Business Process Improvement, New York 1991
Hart, Christopher W. L./Bogan, Christopher E.: The Baldrige, New York 1992
Hartley, Robert F.: Marketing Successes, New York 1985
Hauser, J. R./Clausing D.: The House of Quality, in: Harvard Business Review, no. 3/Mai-Juni 1988
Hawkins, Leonard S.: How To Succeed in Network Marketing, London 1991
Hedberg, B./Dahlgren, G./Hansson, J./Olve, N.-G.: Virtual Organizations and Beyond: Discover Imaginary Systems, London 1997
Heidenry, John: Theirs Was the Kingdom, New York 1993
Helling, Jan: Världsmästarna, Stockholm 1992
Hemmungs Wirtén, Eva: Mannen som var en kamera, in: Tur & Retur, no. 3/1992, S. 42–47
Henkoff, Ronald: Service Is Everybody's Business, in: Fortune, 27. Juni 1994, S. 26–30
Heskett, James L./Sasser, W. Earl/Hart, Cristopher, W. L.: Service Breakthroughs, New York 1990 [Deutsche Übersetzung: Heskett, James L./Sasser, W. Earl jr./Hart, Cristopher, W.: Bahnbrechender Service. Standards für den Wettbewerb von morgen, Frankfurt 1991]
Hessling, Torbjörn: Att spara eller inte spara – vilken fråga!, Stockholm 1990
von Hippel, E: The Sources of Innovation, Oxford 1988
Hirschmann, Albert O.: Exit, Voice and Loyalty, Cambridge 1970
Holm, Fredrik/Thunberg, Bo: Handla miljövänligt, Stockholm 1991, 2. durchgesehene Auflage
Howard, Philip: The Death of Common Sense: How Law is Suffocating America, New York 1994
Hultbom, Christina: Intern handel: köpar/säljarrelationer inom stora företag, Uppsala 1990
Hunt, Shelby D./Morgan, Robert M.: The Comparative Advantage Theory of Competition, in: Journal of Marketing, vol. 59/April 1995, S. 1–15
Iacocca, Lee: Iacocca, USA 1984 [Deutsche Übersetzung: Iacocca, Lee: Iacocca. Eine amerikanische Karriere, Düsseldorf 1995]
Jakobsson, Peter: Internet, Lund 1995
Jansson, Lennart: Ansvaret för kundkapitalet, Stockholm 1993
Johansen, John Ivar/Monthelie, Caroline: Lojalitetsredovisning, Göteborg 1996
Johanson, Jan: Marknadsnätverkens uppväxtår och framtid, in: MTC-Kontakten 1994
Johanson, Jan/Mattsson, Lars-Gunnar: Interorganizational Relations in Industrial Systems: A Network Approach Compared with the Transaction Cost Approach, in: International Studies of Management and Organization, vol XVII, no. 1/Frühjahr 1987, S. 34–48
Johnson, Thomas H.: Relevance Regained, New York 1992
Johnson, Thomas H./Kaplan, Robert S: Relevance Lost: The Rise and Fall of Management Acounting, Boston 1987
Johnson, Thomas H./Hägg, Ingemund: Extraprenuers – Between Markets and Hierarchies, in: International Studies of Management and Organisation, vol. XVII, no. 1/Frühjahr 1987, S. 64–74
Jones, Yang/Dori, Joan/Warner, Joan: Hear the Muzak, Buy the Ketchup, in: Business Week, 28. Juni 1993, S. 40–42
Judd, V. C.: Differentiate with the 5th P: People, in: Industrial Marketing Management, November 1987
Juran, J. M.: Then and Now in Quality Control, in: Upper Management and Quality, New York 1982
Juran, J. M.: Juran on Quality by Design, New York 1992 [Deutsche Übersetzung: Juran, Joseph M: Qualität von Anfang an, Landsberg am Lech 1993]
Kahn, Sikander/Yoshihara, Hideki: Strategy and Performance of Foreign Companies in Japan, Westport 1994
Kaikati, Jack G., zitiert in: Strategic Direction, Dezember 1993, S. 20–22

Kaiser, Bo P.: Produktlivscykler i detaljhandeln, Stockholm 1989
Kami, Michael: Präsentation auf der Management Center Europe's 2nd Global Conference on Marketing, Paris Mai 1992
Kanfer, Stefan: The Last Empire: De Beers, Diamonds of the World, New York 1996
Kanter, Rosabeth Moss: When Giants Learn to Dance, New York 1989
Kaplan, Robert S./Norton, David P: Putting the Balanced Scorecard to Work, in: Harvard Business Review, September-Oktober 1993, S. 134–147
Kaplan, Robert S./Norton, David P.: The Balanced Scorecard, Boston 1996
Karaszi, Peter: Använd pressen, Stockholm 1991
Karpesjö, Anders: Miljöprofilering, Malmö 1992
Kingman-Brundage, Jane: The Technology and Design of Service Quality, in: Scheuing, Eberhard E./Gummesson, E./Little, Charles H. (Hrsg.): Selected Papers from QUIS 2, New York 1992
Kingman-Brundage, Jane/George, William R./Bowen, David E: Service Logic: Achieving Service System Integration, in: International Journal of Service Industry Management, vol. 6, no. 4/1995, S. 20–39
Kirkpatrick, David: Breaking up IBM, in: Fortune, 27. Juli 1992, S. 120
Kotkin, Joel: Tribes, New York 1993
Kotler, Philip: Megamarketing, in: Harvard Business Review, März-April 1986, S. 117–124
Kotler, Philip: Total Marketing, in Business Week Advance, Executive Brief, vol. 2/1992
Kotler, Philip: Marketing Management, Englewood Cliffs 1997, 9. Auflage [Deutsche Übersetzung: Kotler, Philip/Bliemel, Friedhelm: Marketing-Management. Analyse, Planung, Umsetzung und Steuerung, Stuttgart 1995, 8., vollst. neubearb. u. erw. Auflage]
Kotler, Philip/Andreasen, Alan R.: Strategic Marketing for Non-Profit Institutions, Englewood Cliffs 1991
Kotler, Philip/Gregor, William/Rodgers, William: The Marketing Audit Comes of Age, in: Sloan Management Review, Winter 1989, S. 49–62
Lappalainen, Tomas: Maffian, Stockholm 1993
Larreché, Jean-Claude: Presentation at Management Center Europe's 2nd Global Conference on Marketing, Paris 1982
Laurelli, Rolf: TOTAL-säljaren, Lund 1979
Lethinen, Jarmo R.: Improving Service Quality by Analyzing the Service Production Process, in: Grönroos, C./Gummesson, Evert (Hrsg.): Service Marketing – Nordic School Perspectives, Research Report R1985:2, Stockholm 1985, S. 110–119
Lethinen, Uolevi/Hankimaa, Anna/Mittilä, Tuula: On Measuring the Intensity in Relationship Marketing, in: Sheth, J. N./Parvatiyar, A. (Hrsg.): Relationship Marketing: Theory, Methods and Applications, 1994 Research Conference Proceedings, Atlanta 1994
Lester, Tom: The Rise of the Network, in: International Management, Juni 1992, S. 72–73
Levitt, Theodore: The Marketing Imagination, New York 1983
Liljander, Veronika/Strandvik, Tore: The Nature of Customer Relationships in Services, in: Schwartz, Teresa A./Bowen, David E./Brown, Stephen W. (Hrsg.): Advances in Services Marketing and Management, Greenwich 1995
Liljegren, Göran: Interdependens och dynamik i långsiktiga relationer, Stockholm 1988
Lindell, Pia: Strategisk styrning och förändring, Dissertations no. 22, Linköping 1992
Linn, Carl Eric: Metaprodukten och marknaden, Malmö 1985
Ljungberg, Carl Johan (Hrsg.): Till bröders hjälp, Stockholm 1991
Ljunglöf, B./Rolander, D./Åman, P.: Strategi, struktur och lönsamhet: en empirisk studie över svenska börsföretag 1970–78, Stockholm 1980
Lorange, Peter/Roos, Johan: Strategic Alliances, Oxford 1992

Lovelock, Christopher H.: Classifying Services to Gain Strategic Advantage, in: Journal of Marketing, vol. 47/Sommer 1983, S. 9–20
Lovelock, Christopher H.: Managing Services, Englewood Cliffs 1992
Lowe, Andy: Small Hotels Survival: An Inductive Approach, in: The International Journal of Hospitality Management, vol. 7, no. 3/1988, S. 197–223
Lu, David J.: Translator's Introduction, in: Ishikawa, K.: What Is Total Quality Control? The Japanese Way, Englewood Cliffs 1985
Malcolm Baldrige National Quality Award 1997: Criteria for Performance Excellence, United States Department of Commerce, Gaithersburg 1997
Mårtensson, Rita: Marknadskommunikation, Lund 1984
Martin, Michael H.: Why the Web Is Still a No-Shop Zone, in: Fortune, 5. Februar 1996, S. 67–68
Mattsson, Lars-Gunnar/Lundgren, Anders: En paradox? – konkurrens i industriella nätverk, in MTC-kontakten, no. 22/1992-93, S. 8–9
McCarroll, Thomas: The Homongous Hookup, in: Time, 1993, S. 34–35
McCarthy, Jerome E.: Basic Marketing: A Managerial Approach, Homewood 1994
McKenna, Regis: The Regis Touch, USA 1985
McKenna, Regis: Relatinship Marketing, Reading 1991
McKinsey: A Career with McKinsey & Company, 1991
Meffert, Heribert/Bruhn, Manfred: Dienstleistungsmarketing, Wiesbaden 1995
Meyer, Anton (Hrsg.): Dienstleistungsmarketing. Erkenntnisse und praktische Beispiele, München 1994
Michels, Antony J.: Customers Drive Company Tie-Ups, in: Fortune, 27. Januar 1992, S. 8
Mills, D. Q.: Rebirth of the Corporation, New York 1991
Miyashita, Kenichi/Russell, David: Keiretsu: Inside the Hidden Japanese Conglomerates, New York 1996
Möller, Kristian/Wilson, David (Hrsg.): Business Marketing: Interaction and Network Approach, Boston 1996
Moore, James F.: The Death of Competition, Chichester 1996
Morgan, Gareth: Images of Organization, Newbury Park 1986
Morgan, Marlo: Mutant Message Down Under, New York 1994
Morgan, R. M./Hunt, Shelby D.: The Commitment-Trust Theory of Relationship Marketing, in: Journal of Marketing, no. 58/Juli 1994, S. 20–38
Murphy, Patrick E./Wood, Graham/Laczniak, Gene R.: Relationship Marketing = Ethical Marketing, in: Research Methodologies for the New Marketing, ESOMAR Publication Series, vol. 204, Amsterdam 1996
Nader, Ralph: Unsafe at Any Speed, New York 1965
Nagel, Roger/Allen, Dave: Virtual Winners, in: International Management, Juni 1993, S. 64
Naisbitt, John: Global Paradox, New York 1994 [Deutsche Übersetzung: Naisbitt, John: Global Paradox. Warum in einer Welt der Riesen die Kleinen überleben werden, Düsseldorf 1994]
Naisbitt, John/Aburdene, Patricia: Megatrends 2000, New York 1990 [Deutsche Übersetzung: Naisbitt, John/Aburdene, Patricia: Megatrends 2000. Zehn Perspektiven für den Weg ins nächste Jahrhundert, Düsseldorf 1990]
Nakane, Chie: Japanese Society, New York 1981
Nelson, Philip: Advertising as Information, in: Journal of Political Economy, Juli-August 1970, S. 729–754
Neuhauser, Peg C.: Tribal Warfare in Organizations, Cambridge 1988
Nilsson, Charlotte: Handbok i QFD, Stockholm 1990
Nilsson, John Peter: Disney à go-go, in: Nobis Nyheter, no.3/1993, S. 25–28

Nilson, Torsten H.: Värdeladdad marknadsföring, Malmö 1993
Nocera, Joseph: Fatal Litigation, in: Fortune, 16. Oktober 1995, S. 40–57
North, Douglass C.: Economic Performance Through Time, Prize Lecture in Economic Science in Memory of Alfred Nobel, Stockholm 9. Dezember 1993
Norling, Per: Tjänstekonstruktion, Stockholm 1993
Normann, Donald A.: The Psychology of Everyday Things, New York 1988
Normann, Richard: Service Management, Chichester 1991
Normann, Richard/Ramírez, Rafael: From Value Chain to Value Constellation, in: Harvard Business Review, July-August 1993
Nystrom, Paul C./Hedberg, Bo/Starbuck, William H.: Interacting Processes as Organization Designs, in: Kilmann, Ralph H./Pondy, L. R./Slevin, D. P. (Hrsg.): The Management of Organization Design, New York 1976, S. 209–230
Ohlson, Johan: Intervju med Ove Sjögren, in: Upp&Ner, no. 6/1994, S. 6–9
Ohmae, Kenichi: Triad Power – The Coming Shape of Global Competition, New York 1985
Ohmae, Kenichi: The Borderless World, New York 1990 [Deutsche Übersetzung: Ohmae, Kenichi: Die neue Logik der Weltwirtschaft. Zukunftsstrategien der internationalen Konzerne, Hamburg 1992]
Ohmae, Kenichi: The End of the Nation State, New York 1995 [Ohmae, Kenichi: Das Ende des Nationalstaates und der Aufstieg der regionalen Wirtschaftszonen, Hamburg 1996]
Olsen, Morten: Kvalitet i banktjänster, Stockholm 1992
Ortmark, Åke: Ja-sägarna, Stockholm 1996
Ottmann, Jacquelyn A.: Green Marketing, Lincolnwood 1992
o. V.: Affärsmännens förlorade heder, in: Affärsvärlden, no. 24–25, 11. Juni 1992, S. 18–19
o. V.: BSN Who?, in: Economist, 14. Mai 1994, S. 7
o. V.: Hon har kameran i fokus, in: Info, 1996, S. 53
o. V.: Germany: Organized crime ties up the east, in: International Management, September 1992, S. 24
o. V.: Black market turns importer to Iran for caviar, in: International Management, Juni 1994, S. 12–13
o. V.: The Black Economy, in: Newsweek, 30. Juni 1986, S. 20–26
o. V.: The Kissinger Clique, in: Newsweek, 27. März 1990, S. 34–35
o. V.: Eyes on the Future, in: Newsweek, 31. Mai 1993, S. 35 ff.
o. V.: Skandia Annual Reports, Stockholm 1996
o. V.: Corruption 101, in: Time, 10. Mai 1993, S. 16
o. V.: Free Trade Fever, in: Time, 3. Oktober 1994, S. 38–39
Parlour, Richard: Europe's Fight Against Dirty Money, in: European Business Report, 3rd Quarter 1993, S. 63–66
Pattinson, Hugh/Brown, Linden: Metamorphosis in the Marketspace, in: Irish Marketing Review, vol. 6/1996, S. 55–68
Patton, Michael Quinn: Qualitative Evaluation and Research Methods, Newbury Park 1990
Paulsen, Mats: Statoil rustar mot maffian, in: Dagens Industri, 3. November 1994, S. 15
Payne, Adrian: The Essence of Services Marketing, London 1993
Payne, Adrian/Rickard, John: Relationship Marketing, Customer Retention and Service Firm Profitability, Cranfield 1994
Payne, Adrian/Christopher, Martin/Clark, Moira/Peck, Helen: Relationship Marketing for Competitive Advantage, London 1995
Peppers, Don/Rogers, Martha: The One to One Future, New York 1993 [Deutsche Übersetzung: Peppers, Don/Rogers, Martha: Die 1:1 Zukunft. Strategien für individuelles Kundenmarketing, Freiburg 1994]

Persson, Göran/Virum, Rolf/Ericsson, Dag: Materialadministration för konkurrenskraft, Malmö 1991
Persson, Lars: Distributionsekonomi, Lund 1987
Pestov, Victor: Social Enterprises & Civil democracy in Sweden: Enriching Work Environment and Empowering Citizens as Co-Producers, Stockholm 1995
Peters, Tom: Thriving on Chaos, New York 1985 [Deutsche Übersetzung: Peters, Tom: Die neue Management-Praxis, Hamburg 1988]
Peters, Tom: Liberation Management, New York 1992 [Deutsche Übersetzung: Peters, Tom: Jenseits der Hierarchien. Liberation Management, Düsseldorf 1992]
Peters, Tom/Waterman, Robert J. Jr.: In Search of Excellence, New York 1982 [Deutsche Übersetzung: Peters, Thomas J./Waterman, Robert H. jr.: Auf der Suche nach Spitzenleistungen. Was man von den bestgeführten US-Unternehmen lernen kann, Landsberg am Lech 1992]
Pirsig, Robert M.: Lila: An Inquiry Into Morals, London 1992
Platen, Gustaf von: Han är en hjälpare i nöden, in: Svenska Dagbladet, 2. Mai 1992
Polanyi, Michael: Personal Knowledge, London 1962
Popcorn, Faith: The Popcorn Report, London 1992 [Deutsche Übersetzung: Popcorn, Faith: Der Popcorn-Report, München 1993]
Pope, N. W.: Mickey Mouse Marketing, in: American Banker, 25. Juli 1979a
Pope, N. W.: More Mickey Mouse Marketing, in: American Banker, 12. September 1979b
Porter, Clive, zitiert in: The Marketing Strategy Letter, Mai 1993, S. 14
Porter, Michael E.: Competitive Strategy, New York 1980 [Deutsche Übersetzung: Porter, Michael E.: Wettbewerbsstrategie. Methoden zur Analyse von Branchen und Konkurrenten, Frankfurt 1995]
Porter, Michael E.: Competitive Advantage, New York 1985 [Deutsche Übersetzung: Porter, Michael E.: Wettbewerbsvorteile (Competitive Advantages). Spitzenleistungen erreichen und behaupten, Frankfurt 1996]
Porter, Michael E.: The Competitive Advantages of Nations, New York 1990 [Deutsche Übersetzung:
Porter, Michael E.: Nationale Wettbewerbsvorteile. Erfolgreich konkurrieren auf dem Weltmarkt, München 1991]
Posten, in: Kundendialog, no. 1/1992
Postman, Neil: Amusing Ourselves to Death, New York 1987 [Deutsche Übersetzung: Postman, Neil: Wir amüsieren uns zu Tode. Urteilsbildung im Zeitalter der Unterhaltungsindustrie, Frankfurt 1988]
Priogene, Ilya/Stengers, Isabelle: Order out of Chaos, London 1985
Quinn, Feargal: Crowning the Customer, Dublin 1990
Quinn Feargal: The Boomerang Principle, in: European Business Report, Frühjahr 1994, S. 36–39
Quinn, James Brian: The Intelligent Enterprise, New York 1992
Ramsey, Richard David: It's Absurd: Swedish Managers' Views of America's Litigious Society, in: Scandinavian Journal of Management, vol. 6, no. 1/1991, 31–44
Rapp, Stan/Collins, Tom: The Great Marketing Turnaround, Englewood Cliffs 1990
Rapp, Stan/Collins, Tom: The MaxiMarketing, New York 1995
Rayport, J. F./Sviokla, J. J.: Managing in the Marketspace, in: Harvard Business Review, November-Dezember 1994, S. 142–150
Reichheld, Frederick F.: The Loyalty Effect, Boston 1996 [Deutsche Übersetzung: Reichheld, Frederick F.: Der Loyalitäts-Effekt. Die verborgene Kraft hinter Wachstum, Gewinnen und Unternehmenswert, Frankfurt 1997]
Reichheld, Frederick F./Sasser, W. E. Jr.: Zero Defections: Quality Comes to Services, in: Harvard Business Review, September-Oktober 1990

Rein, Irving J./Kotler, Philip/Stoller, Martin R.: High Visibility, London 1987
Rice, Faye: Be a Smarter Frequent Flyer, in: Fortune, 22. Februar 1993, S. 56–60
Rifa: Vi skapar framtidens Rifa, Stockholm 1983
Robèrt, Karl-Henrik: Det nödvändiga steget, Stockholm 1992
Roddick, Anita: Body and Soul, New York 1991 [Deutsche Übersetzung: Roddick, Anita: Body and Soul. Erfolgsrezept Öko-Ethik, Düsseldorf 1991]
Root, Paul H.: Relationship Marketing in the Age of Paradox: What Do We Know? What Do We Need to Know?, Präsentation auf dem 14th American Marketing Association Faculty Consortium, Atlanta Juni 1994
Rossander, Olle: Japanskt ledarskap, Stockholm 1992
Rowan, Roy: The 50 Biggest Mafia Bosses, in: Fortune, 10. November 1986, S. 20–32
The Royal Society for the Encouragement of Arts, Manufacture & Commerce: Tomorrow's Company: The Role of Business in a Changing World, London 1994
Rust, Roland T./Zahorik, Anthony J./Keiningham, Timothy L.: Return on Quality, Chicago 1994
Salzer, Miriam: Identity Across Borders: A Study in the IKEA-World, Linköping 1994
Sandholm, Lennart: Kvalitetsstyrning med totalkvalitet, Lund 1995
Saren, Mike J./Tzokas, Nikos X.: The Nature of the Product in Market Relationships, in: Bloemer, J./Lemmik, J/Kaspar, H. (Hrsg.): Marketing: Its Dynamics and Challenges, Proceedings from the 23rd EMAC Conference, Maastricht Mai 1994
SAS: The Quality Book, Stockholm 1987
Scheuing, Eberhard E.: The Power of Partnering, New York 1994
Scheuing, Eberhard E.: Creating Customers for Life, Portland 1995
Schlender, Brenton R: Apple's Japanese Ally, in: Fortune, 4. November 1991, S. 95–96
Schlesinger, Leonard A./Hallowell, Roger H.: Putting the Service Profit Chain to Work, in: Scheuing, Eberhard E./Christopher, William F.: The Service Quality Handbook, New York 1994
Schlesinger, Leonard L./Heskett, James L.: Breaking the Cycle of Failure in Services, in: Sloan Management Review, Frühjahr 1991
Schlossberg, Howard: Frequent milage club sends customers running to shoe stores, in: Marketing News, 3. August 1992, S. 12
Schlossberg, Howard: Home Club discounts give renters reason to stay, in: Marketing News, 15. Februar 1993, S. 15
Schneider, Benjamin: HRM – A Service Perspective, in: Service Industry Management, vol. 5, no. 1/1994, S. 64–76
Schön, Donald A.: The Reflective Practioner – How Professionals Think in Action, New York 1983
Schwedischer Verband der Dienstleistungsunternehmen (Tjänsteförbundet): Tjänsteföretagens värde, Stockholm 1993
Scott, John: Social Network Analysis, London 1991
Selnes, Fred: Relasjonsmarkedsføring, Oslo 1993
Senge, Peter M.: The Fifth Discipline, New York 1990 [Deutsche Übersetzung: Senge, Peter M.: Die fünfte Disziplin. Kunst und Praxis der lernenden Organisation, Stuttgart 1997, 4. Auflage]
Sewell, Carl: Customers for Life, New York 1990 [Deutsche Übersetzung: Sewell, Carl/Brown, Paul B.: Kunden fürs Leben. Die Erfolgsformel für mehr Service und Kundenzufriedenheit, Wiesbaden 1996]
Shamir, Boas: Between Gratitude and Gratuity, in: Annals of Tourism Research, vol. 11/1984, S. 59–78
Sheth, Jagdish N.: The Domain of Relationship Marketing, Thesenpapier auf der Second Reasearch Conference on Relationship Marketing, Atlanta 1994

Sheth, Jagdish N./Parvativar, Atul (Hrsg.): Relationship Marketing: Theory, Methods and Applications, 1994 Research Conference Proceedings, Atlanta 1994
Sheth, Jagdish N./Parvatiyar, Atul: The Evolution of Relationship Marketing, vorgestellt auf der Sixth Conference on Historical Thoughts in Marketing, Atlanta Mai 1993
Sheth, Jagdish N./Parvatiyar, Atul: Relationship Marketing in Consumer Markets: Antecedents and Consequences, in: Journal of the Academy of Marketing Science, vol. 23, no. 4/Herbst 1995, S. 255–271
Shostack, G. Lynn: How to Design a Service, in: Donelly, J. H./George, W. R. (Hrsg.): Marketing of Services, Chicago 1981
SIQ: Utmärkelsen Svensk Kvalitet, Gothenburg 1992
Sisula-Tulokas, Lena: Dröjmålsskador vid passagerartransport, Helsingfors 1985
Smith, Craig: The New Corporate Philantrophy, in: Harvard Business Review, Mai-Juni 1994, S. 105–116
Smith, P. G./Laage-Hellmann, J.: Small Group Analysis in Industrial Networks, in: Axelsson, Björn/Easton, Geoffrey (Hrsg.): Industrial Networks, London 1992
Södergren, Brigitta: När pyramiderna rivits, Stockholm 1987
Södergren, Brigitta: Decentralisering: Förändering i företag och arbetsliv, Stockholm 1992
Solomon, Robert C.: Ethics and Excellence, Oxford 1992
Stacey, Ralph D.: Strategic Management and Organisational Dynamics, London 1993
Stern, Louis W./Reve, Torger: Distribution Channels as Political Economies: A Framework for Comparative Analysis, in: Journal of Marketing, vol. 44/Sommer 1980, S. 52–64
Stern, Louis W./El-Ansary, Adel I.: Marketing Channels, Englewood Cliffs 1992
Stewart, Thomas A.: Your Company's Most valuable Asset: Intellectual Capital, in: Fortune, 3. Oktober 1994, S. 28–33
Storbacka, Kaj: The Nature of Customer Relationship Profitability, Helsinki 1994
Strandvik, Tore/Törnroos, Jan-Åke: Discovering Relationscapes – Extending the Horizon of Relationship Strategies in Marketing, in: Meenaghan, Tony (Hrsg.): New and Evolving Paradigms: The Emerging Future of Marketing, Chicago 1997
Strauss, Anselm/Corbin, Juliet: Basics of Qualitative Research, Newbury Park 1991
Sundqvist, Sven-Ivan: Refaat & Fermenta, Stockholm 1987
Sundqvist, Sven-Ivan: Exit PG, Stockholm 1994
Suneson, Björn: Inget avdrag för golf, in: Svenska Dagbladet, 8. Juni 1990
Sveiby, Karl Erik: The New Organizational Wealth, San Francisco 1997 [Deutsche Übersetzung: Sveiby, Karl Erik: Wissenskapital – das unentdeckte Vermögen. Immaterielle Unternehmenswerte aufspüren, messen und steigern, Landsberg am Lech 1998]
Sveiby, Karl Erik/Risling, Anders: Kunskapsföretaget, Malmö 1986
Taira, Kolji/Wada, Teiichi: Business-Government relations in modern Japan: a Todi-Yakkai-Zaikai complex?, in: Mizruchi, Mark S./Schwartz, Michael (Hrsg.): Intercorporate Relations, Cambridge 1987
Takala, Tuomo/Usuitalo, Outi: The Alternative View of Relationship Marketing: A Framework for Ethical Analysis, in: European Journal of Marketing, vol. 30, no. 2/1996, S. 45–60
TARP: Consumer Complaint Handling in America: An Update Study, US Office of Consumer Affairs, 1. April 1986, S. 50
Teldok: I en röd liten stuga ner vid sjön vill jag jobba, Report no. 73, 1992
Teutenberg, Penny: Renaming the Kiwi, in: New Zealand Marketing Magazine, April 1997, S. 28–34
Thorelli, Hans B.: Network: Between Markets and Hierarchies, in: Strategic Management Journal, no. 7/1986, S. 37–51

Tjosvold, Dean: Teamwork for Customers, San Francisco 1993
Treacy, Michael/Wiersema, Fred: The Discipline of Market Leaders, Reading 1995 [Deutsche Übersetung: Treacy, Michael/Wiersema, Fred: Marktführerschaft. Wege zur Spitze, Frankfurt 1995]
Tse, Eliza C./West, Joseph: Development Strategies for International Hospitality Markets, in: Teare Richard/Olsen, Michael: International Hospitality Management, London 1992
Törnqvist, Gunnar: Det upplösta rummet – begrepp och teoretiska ansatser inom geografin, in: Karlqvist Anders (Hrsg.): Nätverk, Stockholm 1990
Tuominen, Pekka: Investor Relationship Marketing, in: Tuominen, Pekka (Hrsg.): Emerging Perspectives in Marketing, Turku 1996, S. 185–210
Vandermerwe, Sandra: From Tin Soldiers to Russian Dolls: Creating Added Value Through Services, Oxford 1993
Varey, Richard J.: International Marketing: A Review and Some Inter-disciplinary Research Challenges, in: International Journal of Service Industry Management, vol. 6, no.1/1995
Vedin, Bengt-Arne: Elektroniska marknader – dagligvara eller vision, in: Teldok Info no. 15/ Dezember 1995
Verbeke, Willem/Peelen, Ed: Redefining the New Selling Practices in an Era of Hyper Competition, Rotterdam 1996
Waksberg, Arkadij: Sovjetmaffian, Stockholm 1992
Waksberg, Arkadij: Rysk prostitution går över alla gränser, in: Svenska Dagbladet, 13. Juni 1994
Walsh, James: The Triads Go Global, in: Time, 1. Februar 1993, S. 36–41
Webster, Frederick E.: The Changing Role of Marketing in the Corporation, in: Journal of Marketing, no. 56/Oktober 1992, S. 1–17
Weick, Karl E.: The Social Psychology of Organizing, Reading 1979
Weitz, Barton A./Jap, Sandy D.: Relationship Marketing and Distribution Channels, in: Journal of the Academy of Marketing Science, vol. 23, no. 4/Herbst 1995, S. 305–320
Wiedenbaum, Murray/Highes, Samuel: The Bamboo Network, New York 1996
Wennberg, Inge: Internpriser behövs (Interview mit Göran Arvidsson), in: Ekonomi & Styrning, no. 2/1994, S. 18–20
Wikström, Solveig/Normann, Richard: Knowledge and Value, London 1994
Wilkinson, Ian F./Young, Louise C.: Business Dancing – Understanding and Managing Interfirm Relations, in: Asia-Australia Marketing Journal, vol. 2, no. 1/1994, S. 67–79
Williamson, Oliver E.: Markets and Hierarchies: Analysis and Antitrust Implications, New York 1975
Williamson, Oliver E.: The Econonmics of Organization: The Transaction Cost Approach, in: American Journal of Sociology, vol. 87, no. 3/1981, S. 548–577
Williamson, Oliver E.: The Economic Institutions of Capitalism, New York 1985 [Deutsche Übersetzung: Williamson, Oliver E.: Die ökonomischen Institutionen des Kapitalismus. Unternehmen, Märkte, Kooperationen, Tübingen 1990]
Williamson, Oliver E.: The Firm as a Nexus on Treaties: an Introduction, in: Aoki, Masahiko/ Gustafsson, Bo/Williamson, Oliver E. (Hrsg): The Firm as a Nexus of Treaties, London 1990
Wilson, Aubrey: The Marketing of Professional Services, London 1972
Winai, Peter: Gränsorganisationer, Malmö 1989
WM-data: Annual Report, Stockholm 1992
Womack, James P./Jones, Daniel T./Roos, Daniel: The Machine that Changed the World, New York 1990 [Deutsche Übersetzung: Womack, James P./Jones, Daniel T./Roos, Daniel: Die zweite Revolution in der Autoindustrie. Konsequenzen aus der weltweiten Studie des Massachusetts Institute of Technology, Frankfurt 1992, 6. Auflage]

Worthington, S./Horne, S.: Charity Affinity Credit Cards – Marketing Synergy for Both Issuers and Charities?, in: Journal of Marketing Management, vol. 9/1993, S. 301–313
Wright, Richard W./Pauli, Gunter A.: The Second Wave, London 1987
Wurman, Richard S.: Information Anxiety, New York 1989
Yunus, Muhammad: Grameen Bank: Experiences and Reflections, Bangladesh 1992
Zeithaml, Valerie A./Parasuraman, A./Berry, Leonard L.: Delivering Quality Service, New York 1990 [Deutsche Übersetzung: Zeithaml, Valerie A./Parasuraman, A./Berry, Leonard L.: Was Ihre Kunden erwarten – was Sie leisten müssen, Frankfurt 1991]
Zeithaml, Valerie A./Bitner, Mary Jo: Services Marketing, New York 1996
Zohar, Danah/Marshall, Ian: The Quantum Society, London 1993
Zuboff, Shoshana: In the Age of the Smart Machine, New York 1988

Stichwortverzeichnis

C

N